사회복지학개론

정민기 • 강장미 • 김미영
김영철 • 심호섭 • 전은경

박영story

머리말

최근 들어 우리 사회의 주된 이슈는 사회복지가 되고 있다. 소위 진보와 보수가 대립하여 정권이 교체할 때마다 보편제와 선택제의 갈등 속에 사회 또한 분열하는 양상을 보이고 있다. 이런 현상에 난색을 보이는 이도 있겠지만, 사회복지는 이데올로기를 중심으로 정책이 전개되기 때문에 피할 수 없는 현상이다. 우리나라는 오랜 봉건통치와 일제강점기, 선성장 후분배의 신자유주의체제를 겪어 왔다. 특히, 전두환 정권의 진보복지에 대한 알레르기성 정책으로 인해 많은 국민들이 혼란을 가져온 게 작금의 현실이다.

흔히 우리는 복지논쟁에서 서구 선진복지국가를 모델로 삼지만, 실상 진보와 보수 간에 뚜렷한 승자는 보이지 않는다. 오히려 정권만 바뀌었을 뿐 과거 정권의 복지정책을 답습하는 경우가 허다하다. 그럼에도 불구하고, 상대 진영에 대한 공격으로 일관하고 있는 우리의 실정이다.

이제 사회복지는 우리 생활에 이미 깊숙이 파고들어 있다. 더구나 코로나19로 인한 국가적 지원이 목마른 상태에서 정부의 복지정책에 민감할 수밖에 없으리라. 이런 의미에서 사회복지 학습자들의 고민은 어떻게 하면 효율적으로 사회복지를 학습할 수 있는가에 모아져야 한다. 따라서, 사회복지는 사회복지 학습자들의 전유물이 결코 아니다. 오히려 비전공자들 중 상당수가 사회복지에 관심이 많다. 학문은 물론 각 분야에서 사회복지를 논해야 할 경우가 얼마든지 많다.

사회복지학은 물론 학문이다. 그러나 사회복지학은 학문 수준에만 머물러 있을 수는 없다. 사회복지학은 이론과 더불어 실행이 중요하고, 사례연구가 필연적으로 덧붙여져야 한다. 사실 학문함에 있어서 이론과 실제를 병행하기란 결코 쉬운 일이 아니지만, 사회복지학은 둘 다 요구하고 있다. 이 책은 이러한 사회복지 학습자들의 고뇌를 조금이라도 덜어드리고자 노력하고 있음을 밝히고자 한다.

이 책의 내용을 살펴보면 다음과 같다.

1장 사회복지의 이론적 기초
2장 사회복지의 역사
3장 사회복지의 가치와 철학
4장 인간발달과 생애주기
5장 복지국가
6장 사회보장
7장 사회보험
8장 공공부조
9장 사회복지의 전개
10장 장애인복지
11장 노인복지
12장 청소년복지
13장 아동복지

이 책을 세상에 내놓으려니 부끄러움이 앞서는 것은 학자의 양심이리라. 그래도 학습자 여러분의 질책을 받고 싶음은 영원한 사회복지 학도로서 존재감 때문이다. 우리 공동저자들은 부단히 학문에 정진할 것임을 학습자 여러분들에게 약속드린다. 이 책을 출판하기까지 수고하신 박영스토리 대표이사님과 관계자 여러분들의 노고에 심심한 감사와 위로를 드린다.

2023년 6월

대표저자 **정민기** 박사

차 례

PART I
사회복지의 일반적 이해

Chapter 1

사회복지의 이론적 기초

개요

사회복지는 인간이 행복을 추구하는 데 방해가 되는 생활불안에 대한 대책의 하나이다. 경제활동과 관련된 노동문제, 주택문제, 건강문제, 교육문제, 고령자문제, 장애로 인한 문제, 질병으로 인한 문제, 아동·청소년 보호와 관련된 문제, 가정문제, 빈곤문제, 범죄문제, 인구문제 등 다양한 영역에서의 생활불안을 제거하고 최소한의 보장을 위해 노력하는 것이다. 여기에서는 사회복지에 관한 기초적인 이론을 학습하고자 한다.

학습목표

1. 사회복지에 관한 대체적 이론 학습
2. 사회복지의 기본적 인식 확립
3. 사회복지와 타 학문과의 접목에 관한 토의

학습내용

1. 사회복지의 개념
2. 사회복지의 주체와 객체
3. 사회복지사
4. 사회복지시설
5. 사회복지의 연구방법

Chapter 1

사회복지의 이론적 기초

1. 사회복지의 개념

1) 사회복지의 정의

복지는 인간을 행복하게 만드는 것이다. 그렇다면 행복이란 무엇인가? 행복은 사람들마다 사고방식이나 가치관 등에 따라 각기 다른 기준과 인식을 가지고 있다. 복지는 개인의 행복뿐만 아니라, 다른 사람의 행복도 중요하게 생각하며, 함께 책임을 공유하는 것이다. 다른 사람들의 생각과 삶을 존중하고 관심을 가지며, 모든 인간이 인간다운 삶을 누릴 수 있도록 상부상조하며, 사회적인 연대를 이루어 가는 것이다. 사회복지는 인간이 행복을 추구하는 데 방해가 되는 생활불안에 대한 대책의 하나이다. 경제활동과 관련된 노동문제, 주택문제, 건강문제, 교육문제, 고령자문제, 장애로 인한 문제, 질병으로 인한 문제, 아동·청소년 보호와 관련된 문제, 가정문제, 빈곤문제, 범죄문제, 인구문제 등 다양한 영역에서의 생활불안을 제거하고 최소한의 보장을 위해 노력하는 것이다(윤정숙 외, 2023: 12).

대부분 사회에서 사회복지에 대한 의미는 크게 협의적·광의적 차원의 개념으로 구분된다(김영종 외, 2022: 62).

협의적 차원에서 사회복지는 '사람들의 고통이나 빈곤을 완화하려는 특정한 목적을 지향하면서, 공공이나 민간 부문에서 이루어지는 비영리 기능과 활동들을 중심으로 하는 것'으로 규정된다. 이에 따르면, 사회복지는 특정 취약계층(예, 저소득층)에 대해 사후적이고 잔여적인 성격의 도움을 제공하는 활동들을 주로 의미한다. 대표적으로 국가의 공공부조 프로그램이나 민간기관의 불우이웃돕기 등이 이러한 사회복지 활동에 해당한다. 이전에는 우리나라를 비롯한 많은 국가에서 '사회복지'라는 이름의 활동은 주로 이와 같은 협의적 차원의 개념에 해당되었다.

광의적 차원의 사회복지는 '사회의 존속을 위해 필수적인 사람들의 교육, 건강, 소득, 여타 사회적 욕구들이 충족될 수 있도록 하는 한 국가 전체의 프로그램이나 급여, 서비스를 망라하는 체계'로 정의된다. 이에 따르면, 사회복지는 특정 취약계층을 돕는 활동으로만 한정되지 않고, 사람들의 일상적인 삶에서 나타나는 보편적 욕구충족을 돕는 활동들을 모두 포함하는 의미가 된다. 예를 들어, 최근 국가적으로 확대되고 있는 방과 후 아동돌봄서비스는 서비스를 필요로 하는 아동이나 가족이 '불우'하거나 '취약'하기 때문에 제공되는 것이 아니다. 사회가 이들을 돌보는 이유는 이들이 우리 사회의 중요한 구성원이기 때문이고, 이들을 건강하게 돌보아야만 사회가 건강하게 존속될 수 있기 때문이다.

사회복지를 의미하는 'social welfare'의 사전적 의미를 살펴보면, social의 의미는 '지역사회나 집단 속에서 같이 지낸다'는 뜻을 가지고 있다. 즉, 'social'은 사회 안에서 삶의 질과 개인, 집단, 사회 전체 간의 사회 내적인 관계를 뜻하는 것으로, 물질적이거나 영리적인 요소보다는 비영리적이며, 이타적 속성의 공동체적 삶의 요소에 관심을 기울이는 것이라고 할 수 있다. 'welfare'는 사전적 의미로 '만족스러운 상태, 건강, 번영, 안녕' 등이다. 따라서, 'well'과 'fare'가 어우러진 것으로 '만족스럽게 지내는 상태'라는 의미이다. 즉, 사전적 의미로서 '사회복지'는 일단 사회 내의 사람들이 만족스럽고 평안한 상태를 유지할 수 있게 하는 것과 연결되어 있음을 알 수 있다(정무성 외, 2019: 18).

최근 'well-being'이 유행어가 되고 있다. well-being과 welfare는 용어상 약간의 차이가 있다. well-being은 흔히 복리, 안녕이라고 번역되기도 하는 데, 그 의미는 '복된 상태를 의미한다'고 할 수 있으며, welfare는 '복된 상태로 나아간다'는 역동적인 의미가 있다. 그래서 well-being은 welfare의 결과로서 이루어지는 상태를 말한다(최일섭, 2018: 14).

『이데올로기와 복지』
(2007년 출판)

테일러(Gary Taylor)는 2006년 그의 저서 『이데올로기와 복지(*Ideology and Welfare*)』에서, 복지는 건강, 교육, 주택, 그리고 현금과 자원 등에 대한 평가도 중요시된다(Taylor, 2007: 24). 이러한 의미를 내포하고 있는 사회복지는 기존의 사회복지제도들이 사회구성원의 기본적인 욕구를 충족시키는 데 실패하고 비공식적 상호부조 기제가 여의하지 않을 때, 공식적인 상호부조 기제를 발전시켜 기능적인 공백을 메우며 성장하였다.

사회복지의 개념은 국가에 따라서, 시대에 따라서 달라질 수밖에 없다. 오늘날 유럽의 복지국가들과는 달리, 전문사회사업(social work)을 중심으로 사회복지를 이해하려는 미국에서는 사회복지를 협의적으로 개념화하는 경향이 있다. 즉, 사회복지가 궁극적으로는 전 국민의 복지를 추구한다고 하지만, 실제로 그 대상범위는 상당히 제한되어 있고, 또 그렇게 될 수밖에 없다는 입장이다.

『사회사업개론』
(1999년 출판)

스키드모어(Rex A. Skidmore) 등은 1991년 그들의 저서 『사회사업개론(*Introduction to Social Work*)』에서, 그들은 사회복지와 사회사업이란 용어는 가끔 혼동되고, 때로는 동의어로 사용된다고 주장한다. 실제로 사회복지는 폭넓은 의미를 가지며, 사회사업, 공공복지 그리고 기타 관련된 프로그램과 활동을 포함한다(Skidmore et al., 1999).

사회복지와 사회사업은 흔히 혼동을 가져오는 개념으로, 학자들의 견해에 따라 그 의미가 다르기 때문에 이 두 가지 개념을 명확히 규정한다는 것은 쉬운 일이 아니다. 우리나라의 경우, 1950년대부터 1970년대 중반까지 미국 등 서구의 영향을 받아 '사회사업(social work)'이라는 개념이 교육이나 실천현장에서 통용되었다. 그러나 1970년대 후반에 이르면서 '사회사업의 토착화' 과제가 제기되었고, 당시 우리나라의 사회문제를 고려할 때, '사회복지'라는 광의의 제도적 접근이 필요하다고 하여 학계나 실천현장에서 사회사업(social work)의 이념적 접근이 우위를 차지하게 되었다. 그리하여 1980년대에는 사회사업과 사회복지라는 용어가 혼용되어 오다가, 1990년대에 이르러 '사회복지'로 통일되는 경향을 나타나게 되었다(권승, 2021: 64-66).

사회복지와 사회사업의 개념 비교는 <표 1-1>과 같다.

〈표 1-1〉 사회복지와 사회사업의 개념 비교

구분	사회복지	사회사업
어의적	이상적 측면을 강조 거시적, 추상적	실천적 측면을 강조 미시적, 실천적
목적적	사회환경 변화, 바람직한 사회	개인의 변화, 바람직한 인간
대상적	전체적, 불특정적	부분적, 특정적
방법적	제도적, 정책적, 고정적	지식적, 전문적, 기술적, 역동적
기능적	사전적, 예방적, 적극적	사후적, 치료적, 소극적
체계적	사회적 정책에 의한 제도적인 체계	전문적 기술에 의한 개입기술체계

자료: 윤정숙 외(2023: 23) 재구성.

2) 사회복지학의 특성

사회복지는 사회현상을 탐구하는 사회과학의 한 분야이다. 사회복지는 사회에서 발생하는 문제를 해결하는 데 필요한 전문적인 지식이나 기술을 활용한다. 사회복지는 인간의 기본적인 사회적 욕구와 사회문제를 해결하기 위해 전문적인 개입과 실천을 통한 조직적이고 체계적인 활동이다. 사회복지는 단순히 문제해결을 위해 필요한 서비스를 제공하는 것에 그치지 않고 대상자들이 스스로 문제를 해결해 나갈 수 있는 사회적인 기능을 향상시키는 데 궁극적인 목적을 두고 있다.

사회복지는 실천학문이며, 인간행위와 사회적 관계에 관심을 갖는다. 사회과학의 분야들과 밀접한 관계를 유지하면서 독자적인 영역을 추구하는 응용학문이라고 할 수 있다. 사회복지는 영리를 추구하지 않으며, 인간을 존중하고, 자율성, 잠재적인 능력(강점을 가진 존재)을 인정하는 데서 출발한다. 사회복지의 관점은 문제를 가진 개인 자체보다는 개인을 둘러싸고 있는 환경을 중시하는 환경 속의 인간을 중시한다.

사회복지학의 특성은 다음과 같다(류기덕 외, 2022: 16-17).

(1) 다학문적 성격

사회복지학의 학문적 주제가 남을 돕는 원조행위라고 하지만, 그 행위는 국가, 기업, 또는 자원단체 등에 의해 시행되는 집합적 행위이기 때문이다. 그것에 대한 이해를 위해서는 사회과학의 여러 분야가 제공되는 지식들의 활용이 요구된다.

(2) 사회과학의 가치성 관련

사회복지의 기본 개념은 개인주의적 전통과 집합주의적 전통으로 대별될 수 있는데, 사회복지학의 주류는 집합주의에 가깝다고 말할 수 있을 정도로 가치 지향적인 것이 특징이다.

(3) 절충주의적 태도

사회복지가 상호 협동적 사회구현을 지향하기 위해 평등의 가치에 대해 핵심적 중요성을 부여하며, 동시에 개개인에게 주어진 과제를 과학적인 방법에 의하여 그 법칙을 규명하는 학문이다. 따라서, 사회복지사들은 상대적으로 더 높은 수준의 평형감각을 요구받게 된다. 즉, 이상과 현실 정신과 물질, 이기심과 이타심, 권리와 의무, 자유와 평등 등과 같은 상호충돌 가능성이 있는 양극단의 어느 하나를 선택하기보다 양자의 장점을 함께 극대화하려는 것이다.

3) 사회복지의 기능

사회복지의 기능은 사회제도의 복지적 기능과 사회제도로 파악한 사회복지의 기능으로 분류한다(임정문 외, 2021: 44-47).

(1) 사회제도의 복지적 기능

사회복지는 기존의 사회복지제도들이 사회구성원의 기본적 욕구를 충족시키는 데 실패하고 비공식적 상호부조 기제도 여의치 않을 때, 공식적인 상호부조 기제를 발전시켜 기능적인 공백을 메우며 성장하였다.

국가와 사회의 존립요건으로는 국가와 사회의 구성원들이 근심 없이 살아갈 수 있도록 수많은 기능이 사회로부터 제공되어야 하며, 그러한 기능을 수행하기 위한 사회제도가 함께 마련되어야 한다. 국가와 사회가 그 구성원들에게 제공해야 할 기능 속에는 생산과 분배, 교육, 여가 등 인간다운 삶을 살기 위한 인간활동의 대부분이 포함되어 있다(오봉욱 외, 2022: 33). 즉, 전통사회에서 인간의 기본적 욕구를 충족시키는 일차적인 자원은 가족과 시장(경제)이었는데, 가족의 보호기능이 약화되고 시장의 생산과 분배기능이 균형을 이루지 못하여, 이에 국가의 개입이 늘어나면서 사회복지가 점차 발달하게 된 것이다. 주요한 사회제도는 다음과 같은 핵심기능을 수행하면서 나름대로 복지적 기능을 병행하고 있다.

(2) 사회제도로 파악한 사회복지의 기능

① 생산·분배·소비의 기능(경제제도)

생활에 필요한 재화나 서비스를 생산하고 분배하며, 소비하는 과정과 관련된 기능을 의미한다. 이러한 기능은 교통과 통신이 발달하지 않아 인구의 이동과 교역이 제한되었던 전통사회에서는 가족, 이웃, 마을 등의 지역공동체를 중심으로 수행되었으나, 현대사회에서는 국내외의 기업들, 정부를 비롯한 각종 전문기관, 종교단체, 교육기관 등에 의해서 수행된다. 이러한 기능을 주로 수행하는 제도는 경제제도이다.

② 사회화의 기능(가족제도)

사회화(socialization)는 사회존속에 필요한 가치관·관습 및 규범 등을 그 구성원에게 전수하는 기능을 의미한다. 이러한 과정을 통해서 사회구성원들은 다른 사회의 구성원들과 구별되는 생활양식을 터득하게 된다. 사회화 과정은 개인의 어린 시절에 특히 중요하나, 일생을 통해서 계속되는 것이 보통이다. 한 개인은 세상에 태어나면, 부모로부터 세상을 살아가는 데 필요한 가장 필요한 지식, 가치, 행동방식을 배우게 되며, 성장하면서 학교, 종교기관, 직장에서 또 인간관계를 통해서 보다 복잡하고 다양한 사회화를 경험하게 된다. 사회화의 기능을 수행하는 가장 일차적인 제도는 가족제도이다.

③ 사회통제의 기능(정치제도)

사회통제(social control)는 사회구성원들에게 일정한 법과 규범을 지키도록 함으로써 사회의 존속을 유지하는 기능을 의미한다. 모든 사회는 그 구성원들이 지켜야 할 법, 도덕, 규칙 등의 규범을 갖게 된다. 이러한 사회통제의 일차적 집단은 정부로서, 정부는 경찰력(공권력)과 사법권을 통해서 보다 보편적으로 적용될 수 있는 법을 집행하는 강제력을 발휘한다. 한편, 다른 조직인 가정, 학교, 종교기관과 사회복지기관들도 이러한 기능을 부분적으로 수행한다. 그러나 사회구성원들에게 가장 광범위하고 강력하게 규범의 준수를 요구하는 곳은 정부이기 때문에 사회통제를 담당하는 일차적인 제도를 정치제도라고 부른다.

④ 사회통합의 기능(종교제도)

사회통합(social integration)은 사회체계를 구성하는 여러 집단·단체·기관들 간의 결속력을 갖도록 하여 사회의 존속을 유지하는 기능을 의미한다. 사회통합이라는 용어 대신에, 사회참여(social participation)란 용어를 사용하기도 한다. 이는 지역사회가 제공하는 제반 활동에 그 구성원들이 자발적으로 참여하게 하는 것으로 이러한 기능을 수행하는 가장 대표적인 기관은 종교기관이다. 그러나 다른 사회적 기능에서와 마찬가지로 사회적 통합에 필요한 사회적 가치와 규범을 만들어 내는 사회조직으로서는 가정, 학교, 사회단체 등을 들 수 있다.

⑤ 상부상조의 기능(사회복지제도)

상부상조(mutual support, aid, assistance)는 개인 스스로 문제를 해결할 수 없을 때, 사회구성원들 간에 서로 도와주는 기능을 의미한다. 과거 전통사회나 오늘날 후진국가에서 상부상조의 기능은 가족과 친척, 이웃사람들, 친목단체나 자선단체와 같은 일차적 집단에 의해 수행되었으나, 현대사회에서는 이러한 기능이 정부, 민간사회복지단체, 종교단체, 경제단체, 자조집단 등으로 옮겨지게 되었다.

2. 사회복지의 주체와 객체

1) 주체

사회복지의 주체란 사회복지를 실천하는 주된 체계를 의미한다. 즉, 공여자이다. 역사적으로 보면, 사회복지의 주체는 사회복지가 하나의 제도로서 분화되지 않았던 시기에는 가족이나 시장기구에 통합된 상태로 존재해 왔다. 그러나 시대의 변화와 함께 다른 제도들이 각기 기능적 전문화가 일어나면서 사회복지도 세분화의 길에 접어들어 지금까지 활동하고 있다.

일반적으로 사회복지의 주체는 '공공부문'과 '민간부문'으로 구분할 수 있다. 즉, 공공부문은 중앙정부 및 지방자치단체 등이고, 민간부문은 법인의 형태로 운영되는 것과 종교단체, 기업체, 자원봉사단체, 개인 등이다. 이러한 주체별 구분은 현실적으로 의미를 상실하고 있는데, 그것은 각국에서 대부분 사회복지가 공공부문과 민간부문이 함께 혼합된 형태로 이루어지고 있기 때문이다. 그럼에도 불구하고, 사회복지의 주체에 관한 분석적이고 구체적인 구분이 필요하다. 사회복지를 합리적이고 효율적으로 운영하며, 사회복지서비스의 효과성을 높이기 위해서는 분석적인 검토가 요구되기 때문이다. 공공부문은 사회복지를 제공하는 사회복지기관이나 시설의 소유자가 중앙정부이다. 그리고 사회복지의 재원은 대부분 정부예산에서 확보되고 있으며, 그 운영은 공무원들이 담당하고 있다. 반면에, 민간부문은 사회복지를 제공하는 기관의 소유자가 민간이며, 재원은 민간차원에서 이루어지고 있다.

사회복지의 주체별 구분을 파악하기 위해서 사회복지재원의 출처와 사회복지급여를 상호 연관시킬 필요가 있다. 즉, 동일한 공적부문이라고 하더라도, 사회복지재원의 출처에 따라 완전 또는 부분으로 세분화할 수 있다. '공적부문'과 '사적부문'을 재원과 생산이라는 두 가지 차원에서 주체별 형태로 세분화하고 있다. 사회복지의 주체는 순수하게 공공부문과 민간부문으로 명확하게 구분하기보다는 매우 복잡하게 혼합되어 실시되고 있음을 알 수 있다. 오늘날 사회복지의 주체는 혼합된 형태로 이루어지고 있지만, 일단 공적인 사회복지 주체와 사적인 사회복지 주체가 지니고 있는 특성을 이해함으로써 양자를 적절하게 원용할 수 있을 것으로 본다. 즉, 기존 연구문헌에서 도출된 공공주체와 민간주체 양자의 장단점을 상호보완하면서 우리의 실정에 맞는 사회복지의 주체별 형태로 운용할 필요가 있다.

사회복지의 주체별 프로그램은 <표 1-2>와 같다.

〈표 1-2〉 사회복지의 주체별 프로그램

주체	프로그램
개인	개별적 원조, 상호부조
가족	가족복리, 가정복지
친척	친족 부양, 가족 간 경제적 지원
마을	계, 두레, 품앗이, 부역, 인보사업
직장	공공복지, 기업복지, 근로자복지, 직업복지
종교단체	자선사업, 박애사업
시장	상업적 사회복지, 상품과 서비스
지역사회	공동모금, 지역복지
상호부조조직	자조, 자원봉사, 비영리 사회복지서비스
정부	빈곤정책, 경제적 보장, 보건의료, 교육, 사회복지서비스
국가	사회사업, 사회정책, 사회복지

자료: 원석조(2018: 20) 재구성.

2) 객체(대상)

사회복지의 객체(대상)란 사회복지가 일차적으로 관심을 가지고 있는 것, 즉 이미 문제에 봉착한 사람들, 문제를 지닐 가능성이 있는 사람들, 문제를 야기시키는 조건 등을 의미한다. 사회복지의 대상은 단순히 빈곤이나 질병 등에 국한된 사회문제가 아니라, 복합체로서 보다 현실적이고 구체적인 반사회복지적 상황을 말한다. 이러한 대상은 사회복지가 역사적이고 사회적인 형성체이므로, 사회복지의 변화와 함께 다양하게 변천되어 왔다. 이런 맥락에서 사회복지의 대상을 일관성 있고 전체적인 특성을 조망하여 제시하는 것은 사실상 어렵다. 사회복지의 대상을 포착하는 것은, 사회복지를 보는 관점과 밀접하게 연관되어 있으므로 학자들에 따라 다양한 접근방법으로 논의되고 있는 실정이다.

사회복지 대상자 중심은 사회복지를 필요로 하는 사람들이 누구인가 하는 것인데, 이는 역사적으로 많은 변화를 거쳐 선정되어 왔다. 사회복지 초기단계에 있어서는 소수의 사회적 약자에 국한하여 사회복지서비스가 제공되어 왔으나, 현대사회로 접어들면서 모든 국민을 대상으로 사회복지가 확대되는 현상을 볼 수 있다.

사회복지 대상자 중심은 사회복지를 필요로 하는 사람들이 어떤 욕구의 변화를 갖게 되었는가 하는 것인데, 이것은 역사적으로 변화의 과정을 거치면서 발전되어 왔다. 사회복지 초기단계에서는 소수의 사회적 약자들을 대상으로 서비스가 제공되어 왔으나, 현대사회로 가면서 사회복지가 확대되는 현상을 볼 수 있다.

3. 사회복지사

1) 사회복지사의 정의

1970년대 사회복지사업종사자로 시작하여 1983년 5월 「사회복지사업법」이 개성되면서 사회복지사 또는 사회사업종사자의 명칭이 '사회복지사'로 규정되어 사회복지사 자격증이 발급되기 시작하였다. 이후 사회사업은 사회사업학의 학문적 체계에서 사용되었고, 사회복지사의 영문표기는 'Social Worker'로 사용하고 있다.

한국직업표준분류(KSCO)는 "사회복지사는 현대사회에서 발생하고 있는 청소년, 가족, 노인, 여성, 장애인 등 다양한 사회적·개인적 문제를 겪는 사람들에게 사회복지학 및 사회과학의 전문지식을 이용하여 문제를 진단·평가함으로써, 문제해결을 돕고 지원하는 업무를 담당하는 자"로 정의하고 있다. 미국사회복지사협회(NASW)에서는 사회복지사(social worker)를 개인, 집단, 지역사회의 복지를 촉진시키기 위해 활동을 수행하는 전문직으로 규정하였다.

우리나라는 「사회복지사업법」 제11조제1항의 규정에 의해 사회복지사는 "사회복지에 관한 전문 지식과 기술을 가진 자"로 규정하고 있다. 한국사회복지사협회에서는 "현대사회에서 발생하고 있는 청소년, 노인, 여성, 가족, 장애인 등 다양한 사회적·개인적 문제를 겪는 사람들에게 사회복지학 및 사회과학의 전문지식을 이용하여 문제를 진단·평가함으로써 문제해결을 돕고 지원하는 업무를 담당하는 자를 말한다."고 정의하고 있다. 또한 "「사회복지사업법」이 정한 유일한 국가자격자로서, 법률이 정한 사회복지사업을 시행하는 것은 물론, 사회복지사 윤리강령에 따른 문제를 해결하는 전문가이다."(한국사회복지사협회 홈페이지, 2023)라고 규정하고 있다.

사회복지사가 하는 일은 사람이 살아가면서 직면하게 되는 위기상황에 전문적으로 개입하여 사회복지서비스를 제공하는 것이다. 사회복지사는 대상자, 즉 클라이언트가 바라는 욕구를 충족시켜 주고, 그들이 각자 맡은 책임을 다할 수 있게 적절한 사회기능 수행의 향상을 돕는 일을 한다. 그리고 사회복지사는 사회복지서비스 제공 대상인 클라이언트의 욕구해결이라는 목적달성을 위한 매개체 역할과 클라이언트의 욕구와 자원을 연결시켜 주는 주체이다. 그리고 사회복지사는 클라이언트의 문제해결과 능력을 향상시키고 클라이언트에게 자원과 서비스 기회를 제공하는 연결체계를 이어 주며, 체계적인 효과를 증진시켜 사회정책의 개발과 개선을 위해 노력한다. 그렇기 때문에 사회복지 실천현장에서 핵심 역할을 수행하고 있는 사회복지사의 역할이 더욱 부각되고 있다. 현대사회에서 점차적으로 심각해지고 있는 각종 사회문제의 해결을 위한 사회복지의 역할은 날로 중요해지고 있으며, 사회복지사의 역할 또한 전문직으로서의 그 중요성이 부각됨에 따라 다양한 측면에서의 사회복지사의 역할과 역량이 매우 중요한 문제로 강조되고 있다.

2) 사회복지사의 주요 업무

한국사회복지사협회(홈페이지, 2023)가 규정하고 있는 사회복지사의 주요 업무는 다음과 같다.

(1) 사회적·개인적 문제로 어려움에 처한 상황과 문제를 파악하고, 그들이 필요로 하는 서비스의 유형을 판단한다.

(2) 문제를 처리, 해결하는 데 필요한 방안을 찾기 위해 관련 자료를 수집하고 분석하여 대안을 제시한다.

(3) 재정적 보조, 법률적 조언 등 의뢰인이 필요로 하는 각종 사회복지 프로그램을 기획, 시행, 평가한다.

(4) 공공복지서비스의 전달을 위한 대상자 선정작업, 복지조치, 급여, 생활지도 등을 한다.

(5) 사회복지 자원봉사자를 모집하여 교육시키고, 배치 및 지도감독을 한다.

(6) 사회복지정책 형성과정에 참여하여 정책분석과 평가를 하며, 정책대안을 제시한다.

(7) 정신건강사회복지사는 정신질환자에 대한 개인력 조사 및 사회조사 작업을 진행하며, 정신질환자의 사회복귀 촉진을 위한 생활훈련 및 직업훈련, 그 가족에 대한 교육, 지도 및 상담 업무를 수행한다.

3) 사회복지사 자격제도

보건복지부와 한국사회복지사협회는 「2018년 사회복지사 자격관리 지침」에서 사회복지사는 '사회복지에 관한 전문 지식과 기술을 가진 자'이며, 담당 업무는 사회복지사의 수행업무, 사회복지 프로그램의 개발 및 운영업무, 시설 거주자의 생활지도업무, 사회복지를 필요로 하는 사람에 대한 상담업무 등으로 규정하고 있다.

(1) 1급 사회복지사

① 2급 자격기준에 해당하는 자로서 사회복지사 1급 국가시험에 합격한 자

② 고등교육법에 의한 대학에서 전공·학과에 관계없이 보건복지부령이 정하는 사회복지학 전공교과목과 사회복지 관련 교과목(필수 10과목, 선택 7과목 이상)을 이수하고 학사학위를 취득하면 응시 가능

(2) 1급 국가시험

① 시험 시행시기 : 국가시험 일정은 시행기관인 한국산업인력공단(www.q-net.or.kr/1644-8000)이 계획하며, 매년 일정이 조금씩 변경될 수 있다. 대

략 10, 11월 정도에 시험공고가 발표되며, 다음 해 1, 2월경 시행한다.

② 시험방법

시험과목 수	문제 수	배점	총점	문제형식
3과목(8영역)	200	1점 / 1문제	200점	객관식 5지 선택형

③ 시험과목 및 시험시간

구분	시험과목		입실시간	시험시간
1교시	사회복지기초 (50문항)	• 인간행동과 사회환경(25문항) • 사회복지조사론(25문항)	09:00	09:30~10:20 (50분)
휴식시간 10:20~10:40(20분)				
2교시	사회복지실천 (75문항)	• 사회복지실천론(25문항) • 사회복지실천기술론(25문항) • 지역사회복지론(25문항	10:40	10:50~12:05 (75분)
점심시간 12:05~12:50(45분)				
3교시	사회복지정책과 제도 (75문항)	• 사회복지정책론(25문항) • 사회복지행정론(25문항) • 사회복지법제와 실천(25문항)	12:50	13:00~14:15 (75분)

(3) 2급 사회복지사

① 전공·학과에 관계없이 보건복지부령이 정하는 사회복지학 전공교과목과 사회복지 관련 교과목(필수 10과목, 선택 7과목 이상)을 이수하고 학사(전문학사 포함)학위를 취득한 자

② 「고등교육법」에 의한 대학원에서 사회복지학 또는 사회사업학을 전공하고, 석사 또는 박사학위를 취득하면 자격 취득

※ 다만, 대학에서 사회복지학 또는 사회사업학을 전공하지 아니하고 동 석사학위를 취득한 자는 보건복지부령이 정하는 '사회복지학 전공교과목과 사회복지 관련 교과목' 중 사회복지현장실습을 포함하여(개정된 사항 : 2004.

7.31. 이후 입학생부터 해당) 필수과목 6과목 이상(대학에서 이수한 교과목을 포함하되 대학원에서 4과목 이상을 이수하여야 함.)과 선택과목 2과목 이상을 각각 이수하고 학위를 취득하여야 함. 박사학위자는 사회복지 전공자에 한해 교과목 이수 불문, 학위취득 시 자격 획득

(4) 이수교과목(학사 및 전문학사 기준)

<table>
<tr><th>구분</th><th colspan="2">교과목</th></tr>
<tr><td>필수과목</td><td colspan="2">사회복지학개론, 인간행동과 사회환경, 사회복지정책론, 사회복지법제와 실천, 사회복지실천론, 사회복지실천기술론, 사회복지조사론, 사회복지행정론, 지역사회복지론, 사회복지현장실습(10과목)</td></tr>
<tr><td rowspan="2">선택과목</td><td>2020학년도 이전</td><td>2020학년도 이후</td></tr>
<tr><td>가족복지론, 교정복지론, 노인복지론, 사회문제론, 사회보장론, 사회복지발달사, 사회복지윤리와 철학, 사회복지자료분석론, 사회복지지도감독론, 산업복지론, 아동복지론, 여성복지론, 의료사회사업론, 자원봉사론, 장애인복지론, 정신건강론, 정신건강사회복지론, 청소년복지론, 프로그램 개발과 평가, 학교사회사업론
(20과목)</td><td>(7과목 추가)
가족상담 및 가족치료, 국제사회복지론, 복지국가론, 빈곤론, 사례관리론, 사회복지와 문화다양성, 사회복지와 인권
(27과목)</td></tr>
<tr><td rowspan="4">명칭변경</td><td>사회복지개론</td><td>사회복지학개론</td></tr>
<tr><td>사회복지법제론</td><td>사회복지법제와 실천</td></tr>
<tr><td>사회복지발달사</td><td>사회복지역사</td></tr>
<tr><td>의료사회사업론</td><td>의료사회복지론</td></tr>
<tr><td>실습시간</td><td>실습 120시간</td><td>현장실습 160시간(+40시간)
강의 30시간(신설, 1회 2시간 15회)</td></tr>
<tr><td>선택과목 추가</td><td>2020학년도 이전 입학자
4과목(12학점) 이수</td><td>2020학년도 이후 입학자
7과목 (21학점, 9학점 추가) 이수</td></tr>
</table>

4) 사회복지사 자격증 발급 현황

한국사회복지사협회(홈페이지, 2023)에 따르면, 1996년 21,244명이었던 사회복지사 자격증 취득자는 2000년에는 42,292명으로 증가했으며, 2005년에는 129,999명, 2010년에는 412,815명, 2015년 789,071명으로 증가세를 보이고 있다. 또한 2022년 1,391,794명으로 2021년에 비해서 7.0%의 증가세를 보였다. 성별 자격증 교부는 2022년 남자 352,989명, 여자 1,038,804명으로 각각 25.4%, 74.6%를 차지하고 있어서 여자 교부자가 약 3배 정도 많은 것으로 나타났다.

이러한 결과로 미루어 볼 때, 초기의 폭발적인 자격증 취득자의 증가는 최근 들어 주춤해지는 경향을 보이고 있다. 또한 전체 자격증 교부자는 2018년도에 100만 명을 돌파하여, 자격증에 대한 무용론까지 일선 현장에서 표출되고 있다. 특히, 사회복지사에 대한 처우문제가 이슈로 떠오르고 있다. 선진복지국가에서 사회복지사에 대한 사회적 예우가 중류층 이상임을 감안할 때, 저복지국가인 우리나라의 경우, 현실적 처우개선의 열악함에도 불구하고, 많은 발전 가능성을 내포하고 있다.

최근 자격증 교부 추계는 <표 1-3>과 같다.

〈표 1-3〉 최근 자격증 교부 추계(단위: 건, %)

구분	계	1급		2급		3급	
		누계	당해년도	누계	당해년도	누계	당해년도
2016	864,269	133,205	9,528	717,782	65,508	13,282	162
2017	938,040	138,808	5,603	785,787	68,005	13,445	163
2018	1,019,647	146,119	7,311	859,964	74,177	13,564	119
2019	1,107,119	153,866	7,747	939,688	79,724	16,656	1
2020	1,207,343	162,293	8,427	1,031,482	91,794	13,568	3
2021	1,300,878	178,648	16,356	1,108,656	77,174	13,574	6
2022	1,391,793	187,721	9,073	1,190,497	81,841	13,575	1

단, 3급은 2019.1.1.부터 자격폐지
자료: 한국사회복지사협회(홈페이지, 2023).

5) 사회복지사의 역할

사회복지사는 클라이언트의 문제나 욕구를 파악하여 적절한 개입을 할 수 있는 능력이 있어야 한다. 또한 지역 내의 사회자원 및 관계망에 대한 지식을 가지고 클라이언트와 기관 및 단체와 효율적 의사소통을 할 수 있어야 한다. 사회복지사는 기관(단체)의 성격과 담당하는 업무에 따라 한 가지 역할을 주로 수행하기도 하지만, 서로 다른 역할을 동시에 수행해야 하는 경우가 많으므로 상황에 맞는 적절한 소임을 수행해야 한다. 사회복지사의 역할은 다음과 같다(박종란 외, 2021: 99-106).

(1) 서비스 직접 제공

사회복지사는 실천현장에서 변화를 가져오기 위해 클라이언트에게 직접서비스를 제공한다. 즉, ① 자존감을 회복시키기 위해 지지와 격려 제공, ② 가치나 대도를 변화시기기 위한 교육, ③ 정보제공, ④ TV 프로그램이나 영화 등의 매체 활용, ⑤ 집단 프로그램을 계획·진행, ⑥ 가족치료나 집단과정에서 참여자들 간 의견 중재 등 다양한 역할을 수행한다.

상담자로서의 역할, 촉진자(facilitator)로서의 역할, 정보제공자로서의 역할, 교육자로서의 역할, 프로그램 진행자로서의 역할 등이 직접서비스 제공자의 역할에 포함될 수 있다. 부모기술훈련, 사회기술훈련, 사회적응훈련 등에서 교육자로서의 역할과 프로그램 진행자로서의 역할이 수행된다. 또한 문제해결을 위한 변화가 얼마나, 어떤 상태로 이루어지고 있는지를 모니터링하는 것도 클라이언트의 변화를 위해 필수적인 기능이다.

사회복지사가 클라이언트와 직접 대면하여 서비스를 제공하는 것을 의미하는 것으로, 조성자, 조력자, 교육자 등의 역할을 한다. 그 내용은 다음과 같다.

① 조성자

조성자(enabler)로서의 사회복지사 역할은 클라이언트 자신의 감정을 더욱 더 잘 이해하고, 행동을 수정하며, 문제상황에 대처하도록 도움으로써, 그들의 사회적 기능을 향상시킨다.

② 조력자

조력자로서의 사회복지사 역할은 클라이언트의 위기상황에서 다양한 스트레스에 대처하도록 돕는다. 조력자의 기술은 희망을 전하고, 저항이나 양가감정을 줄여 주며, 감정을 인식하고 관리하며, 개인의 강점이나 사회적 자원을 발굴하고 지지해 주는 것 등이다.

③ 교육자

교육자로서의 사회복지사 역할은 클라이언트와 다른 체계에 정보를 제공하며, 기술을 가르치는 일을 포함한다. 효과적인 교육자가 되기 위해 사회복지사는 정보를 명확히 전달하고 이해시키기 위한 효율적 의사소통이 필요하다.

(2) 체계 연결

사회복지사가 실천현장에서 변화를 가져오기 위해 클라이언트에게 그의 주변 환경과의 관계와 관련하여 서비스를 제공한다. 클라이언트는 종종 기존의 사회복지기관이 제공하지 못하는 자원들을 필요로 한다. 그리고 다른 유용한 자원들에 대한 정보가 부족하거나 그것을 이용할 능력이 부족하다. 사회복지사는 사람들을 다른 자원들과 연결하는 역할을 수행한다. 체계와 연결하는 역할과 관련해 사회복지사는 다음과 같은 역할을 수행한다.

① 중개자

중개자(broker)는 도움을 필요로 하는 클라이언트와 자원 및 서비스를 연결하는 역할이다. 사람을 자원과 연결시키기 위해서는 지역사회의 자원에 대해 잘 파악하고 있어야 적절하게 의뢰할 수 있다. 클라이언트에게 식량이나 주거, 법률적 도움이나 다른 필요한 자원을 얻도록 도와주는 역할이다. 연결 담당자와 좋은 업무관계를 유지하면서 자원체계의 정책을 잘 파악하고 있는 것이 성공적 의뢰의 필수요소이다.

② 옹호자

옹호는 사회복지 전문직이 생겨난 이래 줄곧 수행해 온 역할이다. 특히, 클라이언트 집단에 대한 옹호는 자원연결의 측면에서 볼 때, 클라이언트를 대신하여 자원과 서비스를 획득하는 활동과정을 의미한다. 옹호자(advocator)는 클라이언트 개인이나 가족의 권리를 옹호하고 정책적 변화를 모색하기 위한 활동을 하며, 클라이언트들이 적절한 서비스를 받을 수 있는 권리를 확보하거나 유지하도록 해야 한다. 또한 기관 내 프로그램이나 정책을 변화시키기 위해 적극적인 역할을 수행한다. 따라서, 옹호자의 역할은 클라이언트를 위해 일을 진행하고 대변하는 것이기 때문에, 특히 클라이언트가 필요한 것을 얻을 힘이 거의 없을 때 적절하다.

③ 중재자

중재자(mediator)는 미시체계, 중범위체계, 거시체계 간의 논쟁이나 갈등을 해결하는 역할을 담당한다. 견해가 다른 개인이나 집단 간의 의사소통을 향상하고 타협하도록 돕는 중재자는 중립을 유지하며, 논쟁에서 어느 한쪽 편도 들지 않는다. 중재자는 자신의 위치를 분명히 하고, 의사를 잘못 전달하는지 인식하며, 관련 당사자가 입장을 명확히 밝히도록 도와주는 역할이다. 중재자는 중립을 유지하며, 서비스 전달과정에서 존재하는 장애물을 제거하는 역할을 수행해야 한다.

④ 사례관리자/조정자

사례관리자(case manager)는 클라이언트를 다른 체계에 의뢰할 때, 능력, 기술, 지식, 자원 등이 부족하면, 사회복지사가 사례관리자의 역할을 수행해야 한다. 조정자(coordinator)는 클라이언트의 욕구를 평가하고, 다른 자원에서 제공된 필수 재화와 서비스 전달을 연결·조정하고, 클라이언트가 적절한 방식으로 서비스를 제공받을 수 있도록 개입한다. 따라서, 조정자의 대표적인 역할을 하는 것이 사례관리자이다.

(3) 체계 유지와 강화

사회복지사가 실천현장에서 변화를 가져오기 위해 사회복지기관의 직원으로서 서비스 전달의 효율성을 떨어뜨리는 기관 내의 구조, 정책적·기능적 관계를 평가할 책임이 있다. 이는 클라이언트에 대한 간접서비스를 제공하는 기능이다.

① 팀구성원

사회복지사는 많은 기관 및 공공기관(예, 정신건강, 건강보호, 사회적응 세팅)에서 클라이언트의 문제와 서비스 전달에 협력하는 임상팀의 일원으로 활동하게 된다. 팀 구성은 내과의사, 심리학자, 정신과의사, 사회복지사, 간호사, 재활상담가, 교사, 작업치료사, 레크리에이션 치료사 등으로 이루어진다.

② 촉진자

촉진자(facilitator)는 집단의 지도자 역할을 담당한다. 사회복지사는 가족치료집단이나 과업집단, 교육집단, 자조집단, 감수성 훈련집단, 그 밖의 다른 목적을 가진 집단에 개입한다. 촉진자 역할은 거시적 실천에도 적용할 수 있다. 이때 사회복지사는 사람을 모으고, 의사전달 통로를 만들고, 활동이나 자원을 전달하며, 전문지식이나 기술에 접할 수 있도록 하여 변화 노력을 촉진해야 하는 책임이 있다.

③ 조직분석가

조직분석가(organizational analyst)는 서비스 전달에 부정적 영향을 미치는 기관의 구조와 정책절차 등을 분석하고 지적하는 역할이다. 이 역할을 수행하기 위해서는 조직이론과 행정이론에 대한 지식을 갖추고 있어야 한다.

④ 자문가

사회복지사는 자문가(consultant)로서 자문을 제공하고 받는 역할을 모두 수행할 수 있다. 즉, 사회복지사가 전문지식을 가지고 자문제공자로서 해야 할 역할도 하지만, 때로는 약물남용, 아동학대, 성 문제 등과 같은 전문지식이 필요한 문제에 대해서는 그 분야의 전문가로부터 조언을 받아야 한다. 따라서, 자문은 사회복지사나 서비스 제공자가 전문가로서 클라이언트에 대한 지식·기술·태도·문제를 존중하는 태도를 증가시키고 발전시키며, 수정하고 자유롭게 함으로써 클라이언트에게 더 효과적으로 서비스를 전달할 수 있게 하는 과정이다.

4. 사회복지시설

사회복지시설의 분류를 살펴보면, 기관의 기능 또는 목적에 따른 분류, 기관 설립주체 및 재원 조달방식, 서비스 제공방식, 주거서비스 제공 여부 등으로 분류할 수 있다. 그 내용은 다음과 같다(김효선 외, 2022: 122-136 ; 조학래, 2019: 79-96).

1) 기관의 기능 또는 목적에 따른 분류

(1) 1차 현장

기관의 주된 기능과 목적은 사회복지서비스를 제공하는 것이다. 일반적으로 사회복지사들이 중심이 되어 활동한다. 예를 들어, 지역사회의 종합사회복지관, 장애인복지관, 노인복지관, 사회복귀시설 등이 있다.

(2) 2차 현장

기관의 일차적인 기능은 따로 있으며, 필요에 의해 사회복지서비스를 제공한다. 사회복지서비스가 기관의 목표달성과 서비스의 효과성에 미치는 긍정적 영향이 인정되어 사회복지실천이 부분적으로 수행되는 실천현장을 말한다. 예를 들어, 학교, 병원, 교정시설기관, 보육시설, 기업, 의료기관, 동행정복지센터, 보건소, 모자보건센터, 노인요양시설 등이 있다.

2) 기관 설립주체 및 재원 조달방식에 따른 분류

설립주체에 따라 공적부분과 민간부분으로 구분되는데, 공적부분은 국가와 지방자치단체가 주체가 되고, 민간부분은 재단법인, 사단법인, 종교단체, 사회단체에서 운영하는 비영리기관으로서 기부금이나 후원금, 재단전입금, 기타 서비스 이용료 등을 재원으로 하여 운영된다.

(1) 공공기관

공공기관은 정부지원에 의해 운영되며, 중앙부처인 보건복지부가 국가예산을 광역자치단체인 서울특별시, 광역시·도로 전달하면, 이들 기관은 다시 배정된 예산을 기초자치단체인 시·군·구로 하달한다. 다시 시·군·구는 배정된 예산에 따라 보다 구체적인 집행을 위하여 최일선 기관인 읍·면·동과 사회복지기관에 하달하여 사회복지 전문요원이나 사회복지기관의 직원들에 의해 이어지는 사회복지 전달체계를 형성하고 있으며, 사회복지서비스의 지원기관으로서 간접서비스를 제공하고 있다.

사회복지 전담공무원이 맡고 있는 업무를 살펴보면, 국민기초생활보장수급자 등 사회복지사업의 신청을 접수한다. 최저생계비, 신청자의 재산, 소득, 부양가족 등의 자료와 신청자와의 상담을 토대로 수급자를 선정한다. 수급자에게 생계, 주거, 교육, 장례, 출산 등의 급여를 지급한다. 장애인 차량지원, 경로당지원, 노인교통비지급, 소년소녀가장지원, 급식아동지원, 보육지원사업을 기획하고 실행한다. 자활이 가능한 대상자를 선정하고, 지역사회 사업장이나 관련 기관에 의뢰하여 근로할 수 있도록 지원하고 급료를 지급한다. 자원봉사자를 발굴하고 교육하며 배치한다. 지역 내 사회복지기관과 연계하고 자원봉사자를 연결한다.

(2) 민간기관

민간기관은 사회복지 관련 사업을 목적으로 하는 기관으로서, 사회복지법인이나 재단, 종교단체, 시민사회단체 등이 운영하는 비영리기관을 말한다. 민간기관은 서비스를 직접 제공하는 사회서비스기관과 간접서비스나 행정지원을 위해 조직된 협의체로 구분할 수 있다. 즉, 한국사회복지협의회, 사회복지공동모금회, 직능단체 등이 있다. 직능단체에는 사회복지관협회, 노인복지시설협회, 장애인복지관협회, 자활후견기관협회, 재가노인복지협회, 아동복지협회 등이 있다. 이러한 단체들은 서비스 대상자들에게 직접적인 서비스를 제공하기보다는 민간사회복지 행정조직체로서 사회복지기관의 운영을 지원하고, 이를 통해 사회복지서비스 대상자들을 간접적으로 지원하는 역할을 담당하고 있다.

3) 서비스 제공방식에 따른 분류

(1) 행징기관 : 간집서비스 제공

행정기관은 사회복지서비스가 효과적으로 복지 대상자에게 전달되도록 사회복지기관 또는 시설에 행정·재정적 지원을 주요 업무로 하는 간접실천의 장이다.

사회복지행정을 담당하는 정부기관은 주요 정책 관련 사무를 관장하는 중앙정부기관과 그 집행사무를 담당하는 지방정부기관으로 구분된다.

① 중앙정부

사회복지행정을 담당하는 중앙정부의 보건복지부와 여성가족부가 있다. 보건복지부는 아동, 장애인, 노인, 정신보건 등의 업무를 담당하며, 여성가족부는 청소년, 여성, 가족 등의 업무를 관장한다.

② 지방정부

지방정부의 사회복지 전달체계는 보건복지부에서 시·도, 시·군·구를 거쳐 읍·면·동의 공무원이나 사회복지 전담공무원을 통해 복지 대상자에게 서비스가 전달되는 형태로 이루어진다(최은희 외, 2017: 70－71).

(2) 서비스기관 : 직접서비스 제공

서비스기관은 주거서비스 제공 여부에 따라 생활시설과 이용시설로 구분한다.

① 생활시설

생활시설은 주거서비스를 포함한 사회복지서비스를 제공하는 기관을 말한다. 아동, 노인, 장애인, 모자가정, 성폭력 피해자, 노숙인 등에게 의·식·주 등에 대한 사회복지서비스를 24시간 제공하는 사회복지실천현장이다.

생활시설의 분류는 <표 1－4>와 같다.

〈표 1-4〉 생활시설의 분류

대상	생활시설
아동	아동양육시설, 아동일시보호시설, 아동보호치료시설, 공동생활가정, 자립지원시설
청소년	청소년쉼터, 청소년자립지원관, 청소년치료재활센터
여성 가족	모·부자가족시설, 미혼모자가족복지시설, 일시지원복지시설, 성매매피해자지원시설, 성폭력피해자지원시설, 가정폭력피해자보호시설
장애인	장애유형별거주시설, 중증장애인거주시설, 장애영유아거주시설, 장애인단기거주시설, 장애인공동생활가정
노인	양로시설, 노인요양시설, 노인요양공동생활가정

자료: 박종란 외(2021: 149).

② 이용시설

이용시설은 주거서비스가 제공되지 않으며, 자신의 집에 거주하는 클라이언트를 대상으로 사회복지서비스를 제공하는 기관을 말한다. 즉, 생활시설 생활인 또는 지역주민들을 이용하게 하여 사회복지서비스를 제공하는 사회복지 실천현장으로 설치목적에 따라 분류된다.

이용시설의 분류는 <표 1-5>와 같다.

〈표 1-5〉 이용시설의 분류

대상	생활시설
아동	아동상담소, 아동전용시설, 지역아동센터, 아동보호전문기관, 가정위탁지원센터, 어린이집
청소년	청소년상담복지센터, 청소년방과후아카데미
여성 가족	한부모가족피해자보호시설, 다문화가족지원센터, 건강가정지원센터, 성폭력피해상담소, 가정폭력피해상담소, 여성긴급전화1366
장애인	장애인직업재활시설, 장애인지역사회재활시설
노인	재가노인복지시설, 노인복지관, 경로당, 노인교실, 노인보호전문기관

자료: 박종란 외(2021: 151).

이외에도 지역사회복지시설로는 사회복지관, 자활센터 등이 있으며, 의료복지시설, 정신건강사회복지시설, 학교사회복지시설 등이 있다.

5. 사회복지의 연구방법

사회복지는 사회문제를 해결하는 응용과학으로써 사회정책과 사회사업을 포괄하는 실천학문이라 할 수 있다. 특히, 사회복지의 방법으로써 사회문제에 대한 개입은 정책론적·기술론적·병리론적 접근방법으로 구분하는 데, 그 구체적인 내용은 다음과 같다(이정자 외, 2022: 31-33).

1) 정책론적 접근방법

사회제도의 결함으로 생긴 사회문제를 해결하는 사회정책으로 보는 견해이다. 이것은 사회문제가 개인의 책임에 있다기보다는 국가나 사회의 책임으로써 국가정책에 의해 사회복지가 전개되어야 한다. 따라서, 사회정책의 연구대상은 빈곤문제, 노동문제, 계층문제, 사회구조문제 등에 관심을 두고 거시적인 맥락에서 접근하고 있다.

2) 기술론적 접근방법

개인의 성격결함에 대한 인간관계의 조정기술로 보는 견해이다. 이 관점은 인간의 욕구를 위기나 문제적 상황으로 규정하고, 문제의 소재가 부적응이나 욕구불만에서 일어난다고 본다. 이 접근방법은 주로 개인의 탈선행위, 심리적 부적응, 정신질환의 문제에 관심을 두고, 심리요법이나 환경조정 등을 통해서 해결하고 있다.

3) 병리론적 접근방법

사회병리현상의 원인을 발견하고 과학적 분석과 사회적 진단을 통해서 접근하는 견해다. 이 관점은 개인이나 집단의 병리적 근본문제를 해결하는 데 관심을 두고, 궁극적으로는 사회의 부분적 개량을 가능하게 하는 데 그 목적이 있다. 이 접근방법은 생물학적·심리학적 입장에서 신체장애인, 정신질병자, 자살자 등과 같은 '개인적 병리', 매춘, 이혼 등과 같은 혈연적 병리, 빈민가, 홍등가 등의 지연적 병리, 부랑인, 직장부적응 등의 직업적 병리 등으로 구분하여 접근하고 있다.

이러한 접근방법은 나름대로 특정 상황에 따라 문제해결을 위해 접근하지만, 현실적인 사회문제의 상황으로 볼 때, 한 가지 방법에 의해 해결하는 것은 한계가 있다. 따라서, 개인, 가족, 직장, 지역사회 등의 특정문제에 대해 두 가지 방법이 동시에 적용되거나, 세 가지 방법이 절충되어 통합적으로 접근해야 하는 경우도 있다.

연습문제

1. 사회복지 개념의 속성이 아닌 것은?

① 사회복지는 다른 사회제도와 구별될 수 있는 특유의 사회적 기능을 갖는다.
② 사회복지는 사회전체 성원의 안녕(well−being)을 추구한다.
③ 사회성원의 안녕은 그들의 사회적 욕구를 충족시킴으로써 증진된다.
④ 사회복지는 인간생활을 향상시키려는 제반 시책과 노력을 포함한다.
⑤ 사회복지는 국가재정의 지출을 의미하므로 이 제도를 실시할 필요가 없다.

2. 사회복지의 핵심가치가 아닌 것은?

① 인간의 존엄성 ② 인간의 자기결정권
③ 인간의 기회균등 ④ 인간다운 생활보장 ⑤ 정치적 자유

3. 사회복지의 목적이 아닌 것은?

① 인간의 존엄성 확보 ② 개인의 자립과 성장·발달 촉진
③ 사회의 통합과 안정 ④ 최저생활보장 ⑤ 통치수단

4. 다음 중 2급 사회복지사 선택과목이 아닌 것은?

① 사회복지사상 ② 빈곤론
③ 의료사회복지 ④ 복지국가론 ⑤ 노인복지론

5. 사회복지정책 관련 원칙과 가치를 연결한 것으로 옳지 않은 것은?

① 보충성 원칙−자력구제 우선
② 열등처우 원칙−비례적 평등
③ 보험수리 원칙−개인적 형평성
④ 소득재분배 원칙−능력에 따른 부담
⑤ 최소극대화(maximin) 원칙−개인적 자유

정답 1. ⑤ 2. ⑤ 3. ⑤ 4. ① 5. ⑤

Chapter 2

사회복지의 역사

개요

사회복지의 발전과정을 이해하려는 시도는 해당 사회의 시대별 사회문제와 그 대응 노력의 성패에 관한 고찰을 통해 현재 우리 사회에 적용할 수 있는 적합한 사회복지 제도를 수립하는 데 유용한 지침을 얻기 위함이다. 따라서, 현재의 사회복지를 제대로 이해하기 위해서는, 사회복지가 역사적으로 어떻게 등장하였고, 또한 그 후에 어떻게 발전되어 오늘에 이르렀는지를 논의할 필요가 있다. 여기에서는 사회복지의 역사를 학습하고자 한다.

학습목표

1. 시대별 이데올로기에 대한 기본 지식
2. 사회복지역사에 나타난 각국의 고유한 복지제도
3. 한국과 비교 토의

학습내용

1. 한국 사회복지의 역사
2. 영국 사회복지의 역사
3. 미국 사회복지의 역사

Chapter 2

사회복지의 역사

1. 한국 사회복지의 역사

한국 사회복지는 정부수립 전까지 큰 성과를 내지 못하고 있었다. 과거 봉건국가체제에서는 시혜적 성격이 있었다고 한다면, 일제강점기에는 식민지통치의 성격이 강했다고 할 수 있다. 미군정 역시 일시적이고 과도기적인 형태에 불과했다. 따라서, 정부수립 전까지는 국가적 차원의 사회복지라고 하기에는 미흡한 점이 많았다. 이런 면에서 한국의 사회복지 시행은 정부수립 이후로 보는 것이 타당하다. 그 내용은 다음과 같다.

1) 이승만 정부

1948년 8월 15일 대한민국 제1공화국 이승만 정부(1948.8－1960.6.)가 수립되어 보건후생부 및 노동부가 사회부로 통합됨에 따라 보건, 후생, 노동 및 부녀 등에 관한 행정을 관장하였다. 그 후 1949년 3월에 보건부가 창설되어 사회부에서 관장하던 보건행정을 분할하여 주관하였으나, 1955년 2월에 보건 및 사회 양부는 다시 보건사회부로 통합되었다.

정부수립 당시 제정된 헌법 제19조에는 "노령, 질병, 기타 근로능력이 없는 자는 법률이 정하는 바에 의하여 국가의 보호를 받는다."라고 하여 국민의 생존권을 명문으로 규정하였다. 그러나 이 헌법이 규정한 국민의 생존권을 보장하는 관계 법률이 제정되기도 전인 1950년에 한국전쟁이 발발하여, 신생 대한민국으로서는 도저히 물적으로나 인적으로나 감당하기 곤란한 일대 궁지에 빠지게 되었다. 즉, 요구호자는 일시에 엄청난 수로 급격히 증가하는 반면, 소요 물자와 자금은 극히 제한되어 있어서, 전쟁 중에는 주로 요구호자들의 최소한의 생명유지를 위한 응급구호에 치중할 수밖에 없었다.

한국전쟁의 결과, 전·사상자는 물론 수많은 피란민이 발생했다. 그중에서도 요보호아동의 구호와 보호문제는 당시의 여러 가지 사회문제와 더불어 긴급히 해결해야 할 문제로 제기되었다. 정부는 재정 부족 때문에 요구호자 구호를 위해 외국 원조단체들의 협조를 받게 되었다. 미군정 때부터 한국을 원조하고 있던 국제원조처, 경제협력처, 전시 긴급원조 한국민간구호단체, 유엔한국재건단(UNKRA) 등의 외국 원조단체는 중앙구호위원회를 조직하여 긴급구호를 실시하였다. 지방에서도 각급 구호위원회를 조직하여 중앙구호위원회의 지휘감독 아래, 부산지역에 우선 피난민수용소를 설치하여 수용·보호하는 한편, 거제도와 제주도에는 집단수용소를 설치하여 피란민 응급구호를 하였다(손병덕, 2020: 85−86).

한국전쟁으로 시설수용보호를 필요로 하는 난민이 다수 생겨났다. 이와 같은 사회적 요구에 따라 고아시설, 양로시설, 모자원 등의 각종 후생시설이 휴전협정 성립 후에 급속히 증가하여, 1959년에는 총 686개의 각종 시설이 설립되었다.

이 시기에는 한국전쟁 발발로 수많은 전쟁이재민, 고아와 미망인, 부상자 등이 발생하여 미국을 중심으로 한 외국 민간원조단체가 주축이 된 공공부조적인 구호활동이 주로 이루어졌다. 당시 정부는 사회복지를 추진할 적극적 의사는 물론 능력도 없었다. 따라서, 사회복지에 대한 법률로는 「근로기준법」과 「공무원연금법」 제정 외에는 특별한 입법이 없었다. 그리고 이러한 사회복지 입법은 사회복지법의 개념적 정의를 아직까지 내리지 못한 상태에서 실시되었다. 즉, 사회복지에 관한 입법이 법률적·입법적 근거에 의해 시행된 것이 아니라, 정부 관계 부처의 행정명령에 의해 시행되었던 것이다. 물론 제헌 헌법에 생존권을 명문화하였으나, 하위 조항이 없어서 실제로 생존권은 보장되지 못하였다(박진화, 2020b: 261).

이와 같이 정부수립 이후 1950년대의 사회복지는 임시응급구호와 전후 복구에 급급하였으며, 근대적인 사회복지제도가 제대로 자리 잡지 못하였다.

2) 박정희 정부

박정희 정부는 제3·4공화국(1961.5–1981.3.)을 이끌었다. 1960년 4·19혁명에 의해 새로이 탄생한 제2공화국 민주당 정부(1960.6–1961.5.)는 나름대로 자주적이고 민주적인 발전의 길을 모색하였다. 그러나 반목과 대립 속에서 정치적·사회적 혼란이 그칠 줄 몰랐고, 그 와중에 무정부적 혼란을 청산한다는 명분으로 1961년 5월 16일 군부가 쿠데타를 일으켰다. 군사정부는 절대 빈곤을 해소한다는 공약의 실천을 위해 1962년부터 제1차 경제개발 5개년 계획을 추진하였고, 1963년에는 박정희 대통령을 중심으로 한 제3공화국이 출범하였다. 사회복지제도가 그나마 형식을 갖추게 된 것은 이때부터이다(박태정, 2020: 218).

1962년부터 시작한 경제개발로 도시화 및 산업화 현상이 나타나고, 도시빈곤층, 가출 및 비행, 미혼모, 주택부족 등 과거와는 다른 여러 가지 사회문제들이 드러나기 시작하였다. 그러나 당시 군사정부는 한정된 재원을 경제개발에 집중하기 위해 사회복지에 대해서 소극적이었다. 한편, 노동자계층의 미성숙으로 노조의 조직력이 미약했고, 그들의 권익을 추구하기 위한 이익 표출은 거의 없었으며, 일반 국민의 경우도 사회복지에 대한 이해나 주장이 거의 없었다(홍숙자 외, 2023: 265).

군사정부는 국민의 지지를 얻기 위해 여러 가지 사회복지 관련법들이 제정·공포되었다. 사회보험 부문에서 「공무원연금법」(1960), 「선원보험법」(1962), 「군인연금법」(1963), 「산업재해보상보험법」(1963), 「의료보험법」(1963) 등이 제정되었고, 공공부조 부문에서 「생활보호법」(1961), 「군사원호보상법」(1961),

「재해구호법」(1962), 「국가유공자 및 월남 귀순자 특별보호법」(1962) 그리고 사회복지서비스 부문에서 「아동복리법」(1961), 「윤락행위 등 방지법」(1961), 「자활지도에 관한 임시조치법」(1968) 등이 제정되었다. 그 밖에 1963년에는 「사회보장법」이 제정되었다.

이와 같이 1960년대는 전례 없이 사회보험 및 생활보호를 중심으로 한 근대적인 사회복지법제를 마련하였다. 이와 같은 사회복지법제는 그 내용상으로는 비교적 장기적인 안목과 효율적인 합리성을 가지고 있었지만, 형식적인 사회복지법제의 도입이라는 의견이 많았다. 이는 사회복지제도가 구빈적·단편적 성격으로부터 벗어나 국가 중심의 체계적인 사회복지제도로 자리 잡는 계기는 되었으나, 그 시행은 성공적이지 못하였다.

1960년대 사회복지의 특징 중 하나는 공무원, 군인 등 사회적 지배계층을 위한 사회보장제도가 우선적으로 제정되었다는 것이다. 이는 후진적 사회복지 발달의 한 형태로서, 사회보장제도의 확충이 복지적인 측면보다는 정치적 지배의 편의성을 위해 이루어졌다. 1972년 박정희 대통령이 유신헌법을 만들어 대통령의 권한을 대폭 강화하고 유신체제를 유지하자, 이에 대한 체제 도전이 끊임없이 일어났다. 따라서, 체제의 정통성 확립을 위해 무언가 최소한 국민들의 지지를 받을 수 있는 유인을 제공하지 않으면 안 되는 정치적 상황이었다.

당시 사회경제적 상황을 보면, 1960년대 제1차 및 제2차 경제개발 5개년 계획이 성공적으로 수행됨으로써 산업화·도시화 현상이 나타나기 시작했고, 절대 빈곤에서 탈피하여 고도의 경제성장을 이룩하게 되었지만, 산업화·도시화 현상은 필연적으로 각종 사회문제를 가져왔다. 특히, 빈부격차가 심해져 상대적 박탈감 및 위화감이 사회에 팽배하여 사회적 불안이 조성되었다. 이런 상황에서 1972년부터 시작된 제3차 경제개발 5개년 계획부터는 본격적으로 사회개발정책을 수행하게 되었다.

1970년대의 사회복지 관련법들을 보면, 사회보험 부문에서는 「사립학교 교원연금법」(1973), 「국민복지연금법」(1973), 「개정 의료보험법」(1976), 「공무원 및 사립학교 교직원 의료보험법」(1977), 「월남귀순자 특별보상법」(1978)이 제정되었으며, 사회복지서비스 부문에서는 「사회복지사업법」(1970)이 제정되었다. 이 가운데 「사립학교 교원연금법」과 「공무원 및 사립학교 교직원 의료보험법」은 국가 건설과 유지에 필수적인 공무원과 교직원에 대한 특별한 배려로 통치수단의 일환이라고 볼 수 있다. 「국민복지연금법」은 법만 제정해 놓고 실시하지 못하였는데, 그 이유는 제도의 수립목적이 중화학공업을 위한 내자조달의 수단으로 국민들이 인식하게 됨으로써 국민의 지지와 호응을 받지 못했기 때문이다.

3) 전두환·노태우 정부

(1) 전두환 정부

1979년 10·26 사건으로 박정희 대통령의 유신체제가 종말을 고하고, 1980년 5·17 군사 쿠데타의 성공으로 전두환 정부(1981.3 – 1988.2.)의 제5공화국이 출범하였다. 전두환 정부는 민주주의의 토착화, 정의사회 구현, 교육혁신 및 문화창달과 더불어 복지사회의 건설을 국정지표로 내세웠으며, 1982년부터 시작된 '제5차 5개년 개발계획'에서도 경제와 사회의 균형적인 발전을 기본 목표로 삼았다.

전두환 정부는 부족한 체제 정통성을 확보하기 위하여 일단의 사회복지 입법을 단행하였다. 사회복지서비스 부문에서는 「사회복지사업기금법」(1980), 「심신장애자복지법」(1981), 「노인복지법」(1981)을 제정하였고, 「아동복리법」을 「아동복지법」(1981)으로 개정하였으며, 「사회복지사업법」(1983)을 전면 개정하여 사회복지종사자를 사회복지사로 그 명칭을 변경하고, 사회복지사 자격을 1급, 2급, 3급으로 구분하였다. 그리고 공공부조 부문에서는 「생활보호법」(1983)을 개정하여 생활보호 유형에 자활보호와 교육보호를 추가하였고, 「최저임금법」(1986)을 제정하였다.

전두환 정부 후반부터는 '한국형 복지모형'이 논의되기 시작하였다. 한국형 복지모형이 등장하게 된 배경은 1970년 중반 이후 선진복지국가에서 복지국가 위기론이 대두되고 있었기 때문에, 한국에서도 자칫 잘못하면 복지병을 유발할 수 있다는 정책 관련자들의 우려 때문이었다. 이는 엄밀한 의미에서 당시 영국 등의 사회주의 복지정책에 대한 반감과 복지재원 마련의 곤란을 이유로 한 복지 후퇴의 성격이 짙다고 할 수 있다(홍숙자 외, 2023: 266).

이러한 한국형 복지모형은 제6차 경제사회발전 5개년 계획(1987-1991)과 맥락을 같이하고 있다. 제6차 계획의 기본 방향은 ① 우리 경제·사회 발전수준에 맞는 복지시책이어야 하고, ② 가족과 지역사회의 복지기능을 최대한 조장하며, ③ 자립정신에 입각한 복지시책을 전개하고, ④ 민간의 복지자원을 최대한 동원한다는 것 등이다. 그리하여 1980년대 후반부터는 시설수용 위주의 복지사업으로부터 탈피하여 지역복지와 재가복지가 강조되기 시작하였다.

(2) 노태우 정부

1988년 출범한 노태우 정부(1988.2-1993.2.)는 제5공화국의 사회보험제도를 대부분 확대 시행하여, 국민연금제도(1988), 전국민의료보험제도(1989), 최저임금제도(1988)를 시행하였다. 제6공화국 정부에서 제정 또는 개정된 사회복지 관련법은 「모자복지법」(1989) 제정, 「심신장애자복지법」을 「장애인복지법」(1989)으로 개정, 「노인복지법」(1989) 개정, 「장애인 고용촉진 등에 관한 법률」(1990) 제정, 「의료보호」(1991) 개정, 「영유아보육법」(1991) 제정, 「고령자고용촉진법」(1992) 제정, 「사회복지사업법」(1992) 개정 등이었다.

노태우 정부의 사회복지제도 발전의 특징은 다음과 같다.

첫째, 국민연금제도, 최저임금제도, 전국민의료보험제도 실시 등 소득 및 의료보장의 확대가 이루어지기 시작하였다.

둘째, '88서울장애자올림픽' 이후 장애인 종합대책을 수립하였으며, 이어서 「장애인 고용촉진 등에 관한 법률」을 제정하여 장애인복지에 대한 변화를 시도하였다.

셋째, 지역복지의 중추적인 서비스 전달체계인 사회복지관을 전국적으로 확대 실시하였다.

넷째, 「아동복지법」과는 별도로 「영유아보육법」이 제정되면서 영유아 보육사업이 크게 부각되었다.

다섯째, 재가복지를 중시하여 재가복지봉사센터가 급격하게 증가, 1987년부터는 사회복지 전문요원을 영세민 밀집지역의 동사무소에 배치하기 시작하였다.

4) 김영삼 정부

김영삼 대통령의 '문민정부(1993.2–1998.2.)'가 등장한 1990년대는 세계화라는 흐름이 새로운 국제질서로 자리 잡아 가고 있었다. '우루과이라운드(UR)' 협상 타결에 이은 세계무역기구(WTO)체제가 세계경제를 규정하는 요소로 등장하면서 국가경쟁력이 중요한 국가적 과제로 떠올랐다. 이와 함께 독일의 통일, 동구 공산권의 몰락, 복지국가 위기론 이후 신자유주의 이데올로기의 확산 등 세계는 빠른 속도로 변화하고 있었다. 공산권이 몰락하면서 제2차 세계대전 이후 유지되어 오던 동서대립의 양극체제가 무너진 공간을 미국은 유일한 상대국으로서 세계화와 정보화라는 새로운 기준으로 세계를 재편해 나갔다.

김영삼 정부는 1993년 신경제 5개년계획의 사회복지 부문에서 '제7차 경제사회발전 5개년 계획'에서 복지정책의 기본 방향을 국가발전 수준에 부응하는 사회복지제도의 내실화에 두고, 국민복지를 증진시킬 것을 제시하였다. 또한 1995년에는 성장 위주의 정책에서 벗어나 삶의 질과 생산적인 국민복지에 적극적인 관심을 기울여야 할 것이라고 강조하였다(최원규 외, 2021: 419). 그러나 실질적인 성과는 미미하였다(홍숙자 외, 2023: 269).

김영삼 정부에서 제정 또는 개정된 사회복지 관련법들을 보면, 사회보험 부문에서는 「고용보험법」(1993) 제정, 사회복지서비스 부문에서는 「정신보건법」(1993) 제정, 「사회복지공동모금법」(1997)을 제정하였다. 또한 「사회보장에 관한 법률」을 폐지하고, 「사회보장기본법」(1995)을 제정하였다. 김영삼 정부의 사회복지제도에서 가장 큰 변화는 사회보험 부문으로, 전 국민 대상 국민연금제도의 확대 실시와 더불어 전 사업장에 대한 고용보험제도의 적용, 전 국민 의료보험의 실시 등으로 기존의 산재보험제도를 포함한 4대 보험체계를 완성하였다.

5) 김대중·노무현 정부

(1) 김대중 정부

1997년의 이른바 'IMF 외환위기'하에서 출범한 김대중 대통령의 '국민의 정부(1998.2–2003.2.)'에서는 대량실업사태로 인해 사회안전망이 취약하다는 분석과 함께 사회복지제도의 발전에 중요한 전기가 마련되었다. 주목할 만한 조치와 입법으로는 노사정위원회 출범(1998), 고용보험의 모든 사업장으로 확대(1998), 「사회복지공동모금회법」 제정(1998), 「국민건강보험법」 제정(의료보험 전체 통합, 1999), 전 국민 연금 실시(1999), 「국민기초생활보장법」(1999) 제정 등 사회안전망 구축에 힘을 쏟았다. 특히, 이른바 '생산적 복지'의 근간이 되는 국민기초생활보장제도는 지난 40년간의 시혜적 단순보호차원의 생활보호제도로부터 국가책임을 강화하는 현대식 복지제도로 대전환했다는 점에서 한국에서 복지국가의 출범을 가져다 준 획기적인 것으로 평가되고 있다(박진화, 2020a: 282).

국민의 정부에 의한 적극적 사회복지정책에 힘입어 한국은 비록 OECD국가들의 복지수준에는 뒤지지만, GNP 대비 10% 이상을 사회복지에 투자하는 이른바 '후진복지국가'의 대열에 진입하게 된 것이다.

(2) 노무현 정부

국민의 정부를 승계한 노무현 대통령의 이른바 '참여정부(2003.2–2008.2.)'에서는 '참여복지'가 주창되었다. 참여복지의 핵심은 '선성장 후분배'의 기조를 유지해 왔던 역대 정부들과는 달리, 경제성장과 분배정의 간의 균형발전을 모색하는 것이었다. 참여복지의 이념은 복지에 대한 국가의 책임 강화, 복지정책의 수립·집행·평가과정에서의 국민참여를 무엇보다 강조하였다. 그리고 참여복지의 시각에서는 복지와 경제, 분배와 성장의 선순환관계를 강조하였다. 즉, 복지증진을 통해 경제가 성장하고, 경제성장을 통해 복지증진을 꾀할 수 있다(박태정, 2020: 228).

참여정부의 참여복지 이념을 실현하기 위한 '참여복지 5개년 계획'은 「사회보장기본법」에 의거하여 2004년부터 2008년까지 추진될 '사회보장장기발전계획'이었다. 이는 보건복지부 주관 아래 민간 전문가와 5개 관계부처(문화관광부, 정보통신부, 노동부, 여성부, 건설교통부)가 공동으로 참여하여 수립된 범정부 차원의 장기복지종합정책이었다. 이 계획은 제1차 사회보장장기발전계획(1999–2003)에 의해 그 기본 틀이 갖추어진 사회안전망의 내실화를 목표로 하였다. 그리고 저출산·고령화 등 사회경제적 변화에 대응한 복지인프라 구축 및 복지서비스의 확대를 도모하였다. 나아가 전 국민에 대한 보편적 복지서비스 제공, 상대빈곤의 완화 등을 통해 풍요로운 삶의 질이 구현되는 참여복지공동체 구축을 목표로 하였다(홍숙자 외, 2023: 273).

이러한 목표에 따라 참여정부는 기초생활수급자와 의료급여수급자를 확대하는 등 기초보장의 확대를 추진하며, 장애수당 대상자를 확대하거나, 노인일자리를 확대하고, 빈곤아동에 대한 지원을 확대하는 등 사회서비스의 개선에도 노력하였다.

그 외 기존 복지제도로 대처하기 어려운 위기상황에 대처하기 위한 「긴급복지지원법」(2005)을 제정하였고, 24시간 긴급지원을 위한 '보건복지통합콜센터129'를 운영하기 시작했다.

저출산고령사회위원회 현판

새로운 지방의 복지수요 증대에 대처하여 사회복지재정의 지방 이양과 함께 지역복지인프라 확충에 노력하였다. 그 결과, 전국 시·군·구에 지역복지협의체가 구성되어 '지역사회복지계획'을 수립하고, 지역복지시책을 심의, 의결하는 기능을 하고 있다. 저출산대책으로 대통령이 위원장을 맡는 '저출산고령사회위원회'를 출범시켜(2005년 9월) '5개년 기본 계획'을 마련하였다(박진화, 2020a: 284).

참여정부가 실시한 새로운 사회복지제도는 2007년 노인장기요양보험과 2008년 기초노령연금(2014년 기초연금으로 변경)이다. 노인장기요양보험은 노인 케어비용을 사회보험화한 고령화 대비책이었다. 우리나라 고령화 수준에 비해 다소 이른 감이 있었지만, 세계 최고속도로 진행 중인 고령화에 선제적으로 대응한다는 의미가 있었다. 기초노령연금은 국민연금에서 배제된 노인을 위한 소득보장제도라는 점에서 의미를 부여할 수 있다(원석조, 2019: 422-423).

6) 이명박·박근혜 정부

(1) 이명박 정부

이명박 정부(2008.2-2013.2.)는 사회복지의 기조를 '능동적 복지'로 정했는데, 능동적 복지는 일할 능력이 있는 사람에게 일자리를 주고, 도움이 필요한 사람에게 국가가 따뜻한 손길을 제공하는 것이다. 정부는 이를 달성하기 위하여 평생복지 기반 마련, 예방·맞춤·통합형 복지, 시장기능을 활용한 서민생활안정, 사회적 위험으로부터 안전한 사회를 위한 성장과 분배 등 네 가지를 전략으로 내세운 사회복지정책을 추진하였다(원석조, 2019: 423).

이 시기에 사회복지 관련 법률에는 「다문화가족지원법」(2008)을 제정하고, 기존 「고령자고용촉진법」을 폐지하고 「고용상 연령차별금지 및 고령자고용촉진에 관한 법률」 및 「실종아동 등의 보호 및 지원에 관한 법률」(2008)의 개정, 2005년 제정 당시는 한시법이었던 「긴급복지지원법」을 영속법으로 개정(2009), 기존 「청소년의 성보호에 관한 법률」을 폐지하고 「아동·청소년의 성보호에 관한 법률」(2009) 개정, 「장애인연금법」(2010)을 제정하였다. 1994년에 제정된 「성폭력 범죄의 처벌 및 피해자 보호 등에 관한 법률」이 '성폭력 범죄의 처벌 등에 특례'와 '성폭력 범죄의 피해자 보호 등에 관한 사항'을 함께 규정하고 있어서, 이에 대한 효율적 대처에 한계가 있음을 인식하고, 2010년 4월 15일 「성폭력범죄의 처벌 등에 관한 특례법」과 「성폭력방지 및 피해자보호 등에 관한 법률」로 분리하여 제정하였다. 그리고 「장애인활동지원에 관한 법률」(2011) 제정과 사회복지사의 처우향상을 위하여 「사회복지사 등의 처우 및 지위향상을 위한 법률」(2011)을 제정하였고, 「노숙인 등의 복지 및 자립지원에 관한 법률」(2011)과 「장애아동복지지원법」(2011)을 제정하였고, 「사회보장기본법」(2012)의 전면 개정과 인화학교 아동 성폭력문제로 「사회복지사업법」(2012)이 대폭 개정되었다. 또한 「가족친화 사회환경의 조성촉진에 관한 법률」(2012)과 「장애인·고령자 등 주거약자 지원에 관한 법률」(2012)을 제정·시행함으로써 사회복지를 한 단계 더 성숙시켰다.

이명박 정부가 추진했던 '사회안전망'정책은 세 가지로 분류할 수 있다.

첫째, 보편적 복지정책으로 빈곤층뿐만 아니라, 중산층 이하의 일반 국민 대다수를 국가복지정책의 직접적 수혜대상으로 확대한 것이다.

둘째, 예방적 복지정책으로 실직이나 교육사각지대에 놓인 사람들이 적시에 도움을 받을 수 있도록 하는 정책을 표방하였다.

셋째, 맞춤형 복지정책으로 각각의 취약계층에게 맞춤형 복지혜택의 지속적인 제공이 가능하도록 사회복지 전달체계를 획기적으로 개선한 정책이다.

(2) 박근혜 정부

박근혜 정부(2013.2－2017.3.)는 2013년 1월부터 시행된 「사회보장기본법」의 전면 개정에 맞추어 '사회보장기본계획(2014)'을 수립하였는데, 사회보장의 비전을 '더 나은 내일, 국민 모두가 행복한 사회'로 하였으며, 생애주기별 맞춤형 사회안전망 구축, 일을 통한 자립지원, 지속 가능한 사회보장기반 구축의 3대 정책방향을 제시하였다. 이는 이전에 수립되었던 사회보장 장기발전방향과는 달리, 개별 계획보다 우선한다고 명시함으로써 기본 계획으로서 구속력을 강화하였으며, 소요재원 및 조달방안을 포함하여 구체성을 강화하였다.

박근혜 정부에서 사회복지 관련 법률로는, 기존의 「기초노령연금법」(2007)을 폐지하고 「기초연금법」(2014)을 제정하였다. 이는 노인세대를 위한 안정적인 공적연금제도를 마련하여 소득과 재산을 환산한 소득인정액이 보건복지부장관이 정하여 고시한 금액 이하인 65세 이상의 노인 중 소득 기반이 취약한 70%의 노인에게 기초연금을 지급함으로써, 노인 빈곤문제를 해소하고 노인의 생활안정과 복지증진에 기여하게 되었다.

2014년에는 「국민기초생활보장법」을 개정하여 탈수급의 경우, 지원이 전무한 상황에서 사각지대가 발생하고 있으므로 맞춤형 빈곤정책으로 전환하여 지원대상을 확대하고, 개별 맞춤형 급여체계를 마련함으로써 탈수급 유인을 촉진하고 빈곤예방기능을 강화하였다. 따라서, 절대적 빈곤선인 최저생계비 기준을 폐지하고, 상대적 빈곤선의 기준인 중위소득에 의한 보장대상자 선정기준에 따라 급여종류별로 다층화한 맞춤형 급여체계를 도입하였다. 또한 「사회보장급여의 이용·제공 및 수급권자 발굴에 관한 법률」(2014)을 제정하여 「사회보장기본법」에 따른 사회보장급여의 이용 및 제공에 관한 기준과 절차 등 기본적 사항을 규정하고, 지원을 받지 못하는 지원대상자를 발굴하여 지원함으로써 사회보장급여를 필요로 하는 사람의 인간다운 생활을 할 권리를 최대한 보장하고, 사회보장급여가 공정하고 효과적으로 제공되도록 하며, 사회보장제도가 지역사회에서 통합적으로 시행될 수 있도록 그 기반을 구축하는 것을 목적으로 하였다. 특히, 공공전달체계를 확립하였다.

2016년 「정신건강증진 및 정신질환자 복지서비스 지원에 관한 법률」은 1995년 제정된 「정신보건법」을 대체하였다. 이 법은 정신질환의 예방·치료, 정신질환자의 재활·복지·권리보장과 정신건강 친화적인 환경조성에 필요한 사항을 규정함으로써, 국민의 정신건강 증진 및 정신질환자의 인간다운 삶을 영위하는 데 기여하기 위하여 제정하였다. 이 법은 정신질환자의 범위를 중증정신질환자로 축소 정의하고, 전 국민 대상의 정신건강 증진의 장을 신설하며, 환자의 입원·퇴원을 강화하고, 정신질환자에 대한 복지서비스 제공을 추가하였다.

박근혜 정부의 중요한 복지정책은 다음과 같다.

첫째, '국가책임보육'의 명제 아래 소득수준에 관계없이 보편적으로 0−5세 무상보육과 양육수당정책의 도입이다.

둘째, 2014년 7월 1일부터 기초노령연금을 기초연금으로 확대 개편하여 65세 이상 노인에게 상향된 연금을 지급하는 정책이다.

셋째, 4대 중증질환에 대한 건강보험지원율에 대해 일부 급여항목을 대상으로 국가부담을 확대한 정책이다.

박근혜 정부 출범 시 사회복지정책은 과거의 지속적인 노력에도 불구하고, 여전히 해결해야 할 많은 문제점을 내재하고 있었다. 즉, 양극화 문제와 저출산·고령화 문제해결이 시대적 요청이었다. 박근혜 정부의 복지정책은 보수정권임에도 진일보하여 잔여적 복지모델에서 벗어나 보편적 복지정책의 시도가 많았다는 평가이다. 그럼에도 불구하고, 대선공약으로 기초연금을 65세 이상 노인 전부에게 지급하겠다는 보편주의 도입은 집권 후 전체 노인인구의 70%만을 수급대상으로 국한시킴으로써 신자유주의적 발상에서 벗어나지 못했다는 평가가 있다. 특히, 노인복지를 빙자한 정권재창출이라는 불명예를 얻기도 하였다.

그러던 중 2017년 3월 10일 박근혜 대통령은 탄핵으로 인해 헌법재판소에서 파면이 결정되었다. 이는 한국 헌정사상 초유의 사태로, 이 과정에서 사회는 혼란을 가져오게 되었고, 사회복지정책에서도 새로운 정책이 요구되었다.

7) 문재인 정부

박근혜 대통령의 탄핵으로 2017년 5월 10일에 문재인 대통령의 진보정권이 출범함에 따라 보편적 사회복지정책의 추구로 사회복지정책에 있어서 근본적인 변화가 일어나게 되었다. 즉, 신자유주의에서 사회민주주의의 요소를 추가하는 방향으로 정책기조가 변경됨으로써, 사회복지 각 분야에서 획기적인 전환이 이루어지게 되었다. 문재인 정부는 경제성장률 이상으로 정부지출을 더 늘리는 '확장적 재정정책'을 천명하고, 일자리 창출과 복지서비스 수혜범위의 대폭 확대를 강조하였다. 2017년 8월 29일에 발표된 '2018년 예산안'과 '2017－2021년 국가재정운용계획'에 따르면, 2018년 복지예산은 2017년보다 12.9% 증가한 146조 2천억 원으로, 전체 지출 429조 원의 34%에 해당하는 사상 초유의 규모이다. 대통령 임기 중 연평균 9.8%씩 늘릴 계획이며,

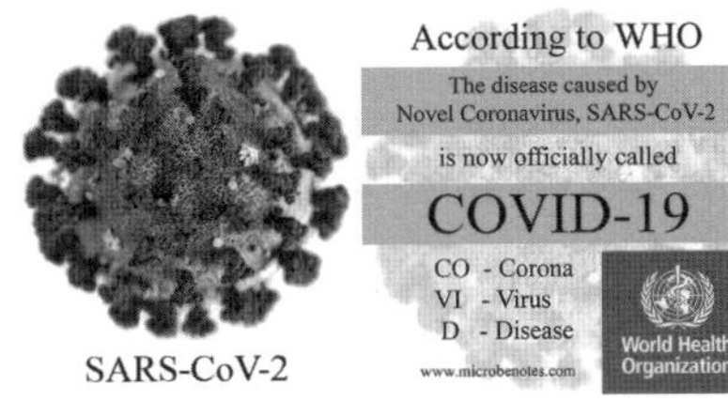

COVID－19

2021년 전체 예산 중 38%까지 올릴 것으로 계획·발표하였다. 그러나 2019년 12월 중국 우한(武漢)에서 처음 발생한 후, 전 세계로 확산된 새로운 유형의 코로나19(COVID－19, corona virus disease 19)로 인한 막대한 재정지출은 문재인 정부의 보편적 복지정책에 대해 선택제로의 정책 선회를 요구받기에 이르렀다.

문재인 정부의 사회복지정책은 '포용적 사회복지체계의 구축'에 있다. 문재인 정부는 이를 통해 국민의 삶의 질 수준을 2040년까지 세계 10위 수준으로 높이겠다는 목표를 제시했다.

8) 윤석열 정부

문재인 정부의 말기는 차기 대통령이 된 윤석열 당시 검찰총장과의 알력으로 인해 국정 자체가 제대로 운용되지 못하였다. 2022년 5월 10일 등장한 윤석열 정부는 등장 전부터 청와대 이전 등으로 국민적 분노를 유발시켰다. 특히, 윤석열 정부는 신자유주의로 정책 전환함에 따라 문재인 정부의 보편적 복지정책은 무시되었다. 윤석열 정부는 선택제를 채택함에 따라 국민건강보험을 비롯한 사회 각 분야에서 이해당사자와 충돌을 피할 수 없게 되었다. 더구나 집권 초기 소위 여소야대의 국회 상황에서 윤석열 정부의 사회복지정책은 야당에 의해 거부됨으로써 집권기간 사회복지정책의 혼돈은 불가피한 상황이 되었다.

21세기에 들어와서 한국 사회복지정책은 대상, 내용, 범위, 실시체계의 측면에서 복지국가에 진입한 것으로 평가되고 있다. 그러나 고부담 고복지에 대한 각계의 합의가 이루어지지 못하고 있고, 일단 증가된 복지지출은 감소할 수가 없어 재정위기를 겪은 국가의 대부분은 복지예산을 방만하게 운영하다가 어려움에 빠졌다는 지적이 있는 만큼, 경제와 복지의 균형발전에 정부, 기업, 민간부문의 합의가 요청되고 있다.

2. 영국 사회복지의 역사

1) 중세기 사회복지

중세 초기는 로마제국의 붕괴(476년)로 시작된 대략 6세기에서 10세기에 걸치는 기간으로 볼 수 있다. 영국의 각 지방은 장원제도에 따라 영주와 기사·평민·농노 등의 신분을 가지고 있었으며, 가장 하층계급인 농노들의 생활은 극도로 열악하였다. 농노들은 영주의 토지에 귀속되어 토지와 함께 매매되어 그들의 생활은 영주의 관리하에 놓여 있었다. 따라서, 농노들의 삶의 환경은 전적으로 자신이 소속된 영주의 지배형태에 따라 좌우되었다.

중세 영국의 공식적인 사회서비스 활동은 대부분 교구를 중심으로 주로 이루어졌다. 각 교구마다 지역 내 가난한 사람들에게 구제활동을 실시하였다. 또한 중세 상인들의 길드(Guild)제도는 상호부조의 기능을 수행하였고, 민간 자선단체에 의하여 구빈원 등 임시보호시설들이 설치되어 가난한 이수자들에게 무료숙식을 제공하거나 응급구호 서비스 등을 실시하였다.

15세기 노동자들의 실제 임금은 영국 역사에 있어 가장 높은 수준이었으나, 14세기부터 15세기에 걸친 백년전쟁(Hundred Years' War, 1337−1453)과 장미전쟁(Wars of the Roses, 1455−1485)에 참전했던 많은 군인들에게 적절한 지원이 이루어지지 않아 이들은 부랑인과 빈민으로 전락할 수밖에 없었다.

이러한 현실로 인하여 국민들의 자유와 노동력을 통제하기 위하여 관련 제도들이 출현하게 되었는데, 노동능력이 있는 사람들에게 노동을 강요하는 내용들로 이루어졌다. 노동능력이 없는 노인이나 빈민의 구호신청을 조사하고 걸인을 등록하도록 하여 구걸허가증을 발급하기에 이르렀다. 이와 같이 구걸과 자선은 노동능력이 없는 사람들에게만 허용되었다(최원규 외, 2021: 80−84).

중세 영국의 복지역사는 교회를 중심으로 자선과 구호로 시작하였으나, 흑사병 등과 같은 일련의 현상으로 인해 점차 국가가 개입하여야 하는 대상으로 바뀌는 전환점에 이르게 된다. 물론 당시 국가개입 또는 책임의 의미는 오늘날 국민의 권리와 국가 의무라는 측면에서 해석될 수 있는 특징과는 거리가 멀다. 그럼에도 불구하고, 빈민에 대한 접근이 국가를 통해 이루어져야 할 필요성이 등장했다는 점은 후일 등장하게 되는 본격적인 구빈제도의 견인차가 되었다는 점에서 중요한 의미가 있다(박태정, 2020: 51).

2) 엘리자베스 구빈법

영국에서는 일찍이 「엘리자베스 구빈법」 이전에 구빈법이라는 일련의 제도들이 만들어졌다. 엘리자베스(Elizabeth I, 1553–1603) 여왕은 그동안 제정되고 실시되어 온 구빈 관련법들을 집대성한 「엘리자베스 구빈법(The Elizabeth Act for Relief of the Poor)」(1601, 빈민법)을 제정하게 되었다. 이 법에서는 구빈사업을 교구 단위의 자선행위로부터 국가가 구빈세에 의한 재정과 행정지원으로 시행하게 되는 계기를 만들었다. 당시 부랑자 수가 꾸준히 늘어났기 때문에 국가가 이에 대한 가시적인 조치를 취할 수밖에 없었다. 「구빈법」은 문자 그대로 빈곤한 사람의 구제를 목적으로 만들어졌다. 이 법은 정치적·경제적·종교적인 변화의 시기에서 빈곤에 대한 정부의 조치에 일반 국민의 여론을 수렴한 법이라고 할 수 있다. 이 법은 주로 농촌사회에 초점을 맞춘 것으로, 가족이나 친족으로부터 부양받지 못하는 빈곤한 사람들의 생활유지는 그 지방의 공동체인 교구가 책임진다는 것을 확인하였다(장갑수 외, 2019: 101).

이 법은 모든 교구에 무급의 구빈감독관을 임명·배치하여 치안판사의 동의를 얻어 교구 내의 부자에게 적당한 금액의 구빈세를 부과하여 징수할 수 있도록 하였다. 또한 교구 내에 있는 빈민들을 위해 구제를 제공할 만한 재정이 부족한 경우, 다른 교구에 지원을 요청할 수 있도록 제도화하였다(박태정, 2020: 53).

이 법의 가장 중요한 원칙은 무능력자에 관한 사항이다. 무능력자들은 최저임금노동자 이하의 능력이라는 조건하에서만 도움을 받을 수 있다. 이 원칙은, 구빈원(workhouse)에 들어오기 어렵게 만들어져 있다. 구빈원에서는 공통의 기준을 두도록 시도하고 있지만, 매우 가혹한 곳도 있다.

「엘리자베스 구빈법」은 시행과정에서 여러 가지 부작용을 낳았다. 교구들은 교구 내 결혼을 가능한 한 억제했다. 새로 결혼한 부부 사이에 태어난 아이의 경우, 교구가 보살펴야만 하는 부랑자가 될 가능성이 컸기 때문이다. 이에 따라, 다수의 사생아가 출생했다. 또한 빈곤아동들은 토지노동, 가사노동 및 숙련노동의 고역을 도맡아야만 했고, 거의 노예에 가까운 비참한 대우를 받았다. 모든 형태의 빈민을 구제할 능력을 가진 교구는 극소수였다. 무보수 구빈감독관은 자신의 일에 성실하지 않았고 부패하기까지 하였다(원석조, 2019: 49).

「구빈법」은 20세기 초 사회적 서비스망의 설립을 통하여 허물어지기 시작하였다. 이러한 발전을 위한 많은 공적은 웹 부처(Webbs, Sidney Webb & Beatrice Webb)와 같은 사회개혁가의 힘에 기인한다. 이들은 영국법률위원회(Royal Commission on the Poor Laws, 1905-1909)에 의해 취해진 「구빈법」 운영의 재검토를 위해 중요한 역할을 하였다.

본래 이 법은 빈민통제에 목적을 두었기 때문에 대상자 선정의 엄격성을 견지하였고, 원외구호를 일정 수준 인정하면서도 본연의 방식은 원내구호를 기본 원칙으로 유지해 강제노동과 처벌 등 빈민억압정책을 주로 적용하였다. 특히, 빈민에 대한 가족 및 친족의 우선 책임을 명시하고, 대상자 선정에서도 엄격한 자산조사를 하였다는 점에서 공공부조제도의 시초라 할 수 있다. 그럼에도 불구하고, 빈민구제에 대한 국가(지방정부)의 책임을 최초로 규정하고 행정체계를 마련한 것은, 빈민에 대한 공적 개입과 지방정부 중심의 행정체계 구축의 시도라고 할 수 있는데, 이는 향후 근대적인 사회복지제도를 도입할 때 행정적 기반이 되었다고 평가되기도 한다(심상용 외, 2021: 59).

3) 정주법

「구빈법」에 따른 빈민구제의 책임은 전적으로 교구 중심의 지방정부에 있었다. 따라서, 만일 구제해야 할 빈민이 많을 경우에는 그만큼 교구민으로부터 더 많은 구빈세를 거둬야 하였다. 1660년대부터 농촌인구, 특히 빈민들이 대규모로 도시로 유입되면서 빈민을 구제해야 할 책임이 있던 교구 입장에서는 자신의 교구에 빈민들이 유입되어 구빈세가 증가하는 것을 달갑지 않게 여겼다. 그중에서도 재정 형편이 어려운 교구에서는 가능하다면 빈민의 수를 줄이거나 구빈의 수준을 낮추려고 하였다. 그 결과, 빈민에 대한 처우는 매우 열악해질 수밖에 없었다. 이 같은 열악한 처우는 빈민이 보다 나은 생활환경 또는 일자리 형편과 재정 형편이 좋은 교구를 찾아다니게 만드는 문제를 불러왔다. 반면, 귀족계급은 자신의 농지에 유입해 온 농촌 빈민에게 더는 관대하지 않았다. 이에 「구민법」이 제정된 지 약 60년의 시간이 흘러 구빈세를 부담하는 귀족과 교구에서는 빈민들의 거주이전을 보다 엄격히 제한하는 법률의 필요성을 제기하기 시작하였다(심상용 외, 2021: 64).

1662년 찰스 2세(Charles II, 1630-1685) 제위 시 제정된 「정주법(Settlement Act)」은 영국에서 성립된 부랑자 금지법을 말한다. 「정주법」은 빈번한 인구이동을 금지시키고, 빈민들을 농촌에 정착시키며, 구빈세(poor rate) 증가를 억제시킬 목적으로 제정하였다. 「정주법」은 「구빈법」의 거주에 관한 규정을 독립법으로 분리·강화한 것으로, 교구로 하여금 구빈의 관할지역에 새로운 빈민들이 들어올 경우, 특별한 사유가 없는 한 이전의 거주지로 송환할 수 있도록 한 법이었다.

그러나 「정주법」은 빈민에게는 거주이전의 자유를 통제하는 것이 되었고, 임금노동자를 필요로 하는 상공업 신흥자본가들에게 노동력의 확보를 어렵게 하였으며, 일할 수 있는 노동자들에게는 실업의 원인이 되는 결과를 낳았다. 이 법령은 빈민의 자유로운 이동을 금지하여 선의의 빈민의 거주선택의 자유와 정의에 대한 뚜렷한 침해라는 비판을 받았다.

하지만 「정주법」도 산업화의 불가피한 현상인 대도시로의 노동력 유입을 막을 수는 없었다. 경제가 확대되는 사회에서 많은 노동력이 필요했기 때문에 「정주법」이 실제에서는 엄격하게 적용되지는 않았지만, 지방정부의 책임을 강조하고 복지혜택을 받기 위해서는 거주조건을 충족해야 한다는 원칙은 오늘날에도 지속되고 있다. 지방주의의 극단을 보인 「정주법」은 1795년 폐지되었다(원석조, 2019: 51).

4) 신구빈법

1832년에 「구빈법」의 조사를 위한 왕실위원회(royal commission)가 발족하게 되었다. 왕실위원회의 보고에 따라 1834년 「구빈법」이 전면적으로 수정됨으로써, 이 수정된 법을 1601년 「엘리자베스 구빈법」과 비교하여 「신구빈법(New Poor Law)」 또는 「구빈수정법」으로 일컫는다. 「구빈법」이 교구를 단위로 하고 지방행정을 지주로 하고 있는 데 반하여, 국가통제로 빈민처우의 전국적 통일화와 구빈행정의 중앙집권화를 위하여 3명의 정부위원 밑에 각 지방의 선거에 의한 구빈위원회를 설치하였다. 조직의 특색은 중앙에 3명의 위원, 지방에는 구빈위원을 두어 교구연합을 통괄했고, 중앙위원은 국왕에 의해 절대권을 가졌다.

19세기 초 영국의 사회복지제도는 높은 구빈세 부담으로 자본가들의 기존 제도에 대한 불만이 커졌다. 또한 나폴레옹전쟁의 패배에 따른 실업자의 증가와 식료품을 비롯한 생활용품비의 폭락으로 인해 많은 영세농들이 몰락함으로써 기아가 급증하고 구제를 요구하는 사람들의 수는 폭발적으로 늘어났다. 「신구빈법」의 목적은 구빈비용을 최소화하는 데 있었으며, 균일처우의 원칙, 열등처우의 원칙, 작업장 활용의 원칙 등 3대 원칙이 강조되었다.

「원외구제법」을 폐지하고, 원내의 구빈 기준도 낮추고 「정주법」도 완화하여 노동능력이 있는 자에게 노동을 강제하는 것을 목표로 하였다. 즉, 공적구빈제도는 빈곤을 해결하지 못한다는 주장으로 빈곤의 자주 해결을 요구하고 원외구호를 최소화 내지 폐지, 재원은 구빈세로 하나, 종전의 지방자치단체에서는 관리하지 못하고 중앙정부에 의한 전국 획일적인 구제를 기도하였다. 그러나 자본주의의 모순이 심화되고 사회문제의 심각화로 파탄되어 1948년 「국민부조법」이 공포됨에 따라 폐지되었다.

그러므로 「신구빈법」은 영국 사회정책 역사에서 하나의 분수령이 되었다. 「신구빈법」 이후 빈민에 대한 어정쩡한 자비심이 완전한 억제로, 빈곤은 재발되는 문제가 아니라, 가차 없이 제거되어야 할 문제로 인식이 바뀐 것이다(원석조, 2019: 73).

5) 자선조직협회와 인보관운동

(1) 자선조직협회

민간자선기관과 단체 간의 연락·조정·협력의 조직화와 구제의 적정화를 시도하기 위하여 1869년에 자선조직협회(Charity Organization Society, COS)가 설립되었다. 자선조직협회는 자원봉사자인 우애방문원(friendly visitor)을 통해 빈민의 생활상태를 조사하기 위하여 가정방문과 면접을 실시하고, 구호신청자들에게 협회에 등록하게 하여 구호의 중복을 방지하고자 하였다. 이러한 자선조직협회의 활동은 이후 사회사업방법론인 개별사회사업과 지역사회조직론의 발전에 기초를 마련하게 되었다. 또한 우애방문원의 구성원은 대부분 여성으로 되어 있었는데, 단기간의 공식적인 교육과 훈련을 통하여 사회사업가의 자질을 확보하여 전문사회사업가의 양성이 이루어지게 되었다.

자선조직협회의 활동과 함께 당시 민간자원봉사운동이 발생하게 되는데, 도시빈민을 위한 조직적인 자선사업의 하나로서 옥스퍼드대학교와 케임브리지대학교의 학생들을 중심으로 시작된 인보관운동을 들 수 있다. 이들은 도시빈곤지역에서 빈민들과 함께 거주하면서 도시빈곤지역의 문제를 실제로 조사하여 도시빈민의 생활실태를 자세히 파악하고, 교육과 계몽 그리고 집단활동을 통하여 지역사회의 환경을 개선하고 빈민들의 자활능력을 향상시켜 빈곤의 문제를 해결하려 하였다.

(2) 인보관운동

경제적 상류층에 의하여 주도된 것이 자선조직화운동이라면, 급진적이고 개혁을 지향하는 대학생과 지식인들을 중심으로 이루어진 것이 인보관운동(Settlement Movement)이다. 인보관운동은 대학생을 중심으로 지식인들이 빈민지역에서 빈민들과 함께 공동생활하면서 빈민들에게 교육과 문화수준 향상을 목적으로 하는 사회개량운동으로, 집단사회사업, 사회행동, 지역사회조직의 사회사업 기술발전에 기여하였다(박태정, 2020: 93).

영국의 유명한 인보관으로 토인비 홀(Toynbee Hall, 1884)이 있다. 또한 인보관운동과 동시에 이루어진 것은 빈곤에 대한 사회조사활동이었다. 자선조직협회에서 활동하던 우애방문원들이 빈곤의 원인을 개인에게서 찾았던 것과는 대조적으로, 인보관운동에 참여한 사람들은 주거환경과 사회제도의 결함에 관심을 두었다(박원진 외, 2018: 57).

도시노동자들의 빈곤문제에 관심이 있었던 찰스 부스(Charles Booth, 1840-1916)를 비롯한 사람들이 런던시민 생활실태에 관한 조사를 통하여 직업, 생활 및 노동조건, 작업시간 및 임금, 실업상태 등을 조사하였다. 그 결과, 런던 인구의 30%가 빈곤선(poverty threshold, 빈곤소득선) 이하의 생활을 하고 있음을 발견하였고, 빈곤의 원인이 개인의 책임보다는 불충분한 임금, 부적절한 주택, 불결한 위생시설 등이라고 지적하였다.

이러한 조사결과들은 빈곤의 원인이 개인에게 있기보다는 사회구조적 결함에 의해 발생하는 것이기 때문에 사회문제에 대하여 범사회적인 대책이 필요함을 입증한 것이다. 이러한 사회조사활동들은 합리적인 조사를 통한 사회복지의 과학화에 기여하였다.

자선조직협회와 인보관운동의 비교는 <표 2-1>과 같다.

〈표 2-1〉 자선조직협회와 인보관 운동의 비교

구분	자선조직협회	인보관 운동
사회문제의 원인	개인적 속성	환경적 요소
이데올로기	사회진화론	자유주의와 급진주의
참여주도층	상류층	중류층과 대학생
활동의 초점	빈민 개조와 역기능의 수정	빈민과의 거주와 사회질서의 비판
사회문제 해결방법	자선기관의 서비스 조정	서비스의 직접 제공
활동의 내용	우애방문원의 가정방문	각종 서비스와 사회개혁 활동
의의	지역사회조직 실천방법의 출발	민간사회복지관활동의 출발

6) 베버리지 보고서와 그 영향

처칠(Winston Leonard Spencer Churchill, 1874－1965) 정부는 제2차 세계대전 이후 붕괴된 사회복구에 필요한 조치를 강구하게 되었다. 경제학자인 베버리지(William Henry Beveridge, 1879－1963)를 위원장으로 하는 '사회보험과 관련 서비스에 관한 정부부처 간 조사위원회'를 설치하고, 1942년 「사회보험 및 관련 서비스(Social Insurance and Allied Services)에 관한 보고서」(The Beveridge Report)를 작성하여 국회에 제출하였다(원석조, 2020: 152－153).

「베버리지 보고서(Beveridge Report)」의 주요 내용은 국민생활의 불안요인이 되고 있는 5대 사회악으로 결핍(want)·질병(disease)·불결(squalor)·무지(ignorance)·태만(idleness)을 규정하였다. 이 가운데 사회보장의 궁극적 목표로 '빈곤'을 최우선적으로 제거해야 할 사회악으로 간주하고, '빈곤'한 국민들을 경제적 빈곤에서 벗어날 수 있도록 소득을 보장하는 사회보장제도의 기준을 제시하였다. 핵심적인 내용으로는 사회보험제도로서, 사회보험제도의 원칙을 체계적으로 확대하여 적용하면 모든 국민의 빈곤문제를 해결할 수 있다고 주장하고 있다. 사회보험제도는 소득이 중단되거나 부수적인 비용지출이 생기는 경우, 사망·질병·재해·노령·결혼·출산·실업 등에 대비하여 일정 소득액을 보장하는 것을 내용으로 하고 있다(김영화 외, 2020: 63).

베버리지는 사회보험이 성공하기 위해서 세 가지 기본 전제조건이 필요하다고 주장하였다. 즉, 가족수당(family allowances), 포괄적인 보건서비스(comprehensive health service), 완전고용(full employment)이 그것이다. 가족수당은 가족의 크기와 소득을 고려하여 결정되어야 하고, 보건서비스는 치료적일 뿐만 아니라, 예방적이어야 한다. 실업은 실업수당의 비용과 그에 따른 임금 손실을 감안하면 가장 낭비적인 문제이므로 완전고용은 매우 긴요한 전제조건이다(원석조, 2019: 238).

7) 대처리즘과 제3의 길

(1) 대처리즘

1960년대까지 영국은 세계적인 경제적 호황에 힘입어 「베버리지 보고서」에서 제시한 복지국가를 안정적으로 발전시켜 나갔다. 그러나 1970년대 이후 불어 닥친 세계석유파동에 따른 경기침체로 영국은 경제적 위기를 맞게 되었고, 1970년대 후반에는 소위 '복지국가 위기론'이 등장하게 되었다. 따라서, 「베버리지 보고서」가 제시한 전 국민을 대상으로 한 복지서비스를 국가의 책임으로 하였던 보편주의 원칙을 포기하고, 욕구대상자를 중심으로 한 선별주의적 사회복지정책으로 선회함으로써 제도적 서비스에서 보충적 서비스로 전환하게 되었다.

마가렛 대처

신자유주의의 이념을 국정목표로 삼았던 마가렛 대처(Margaret Hilda Thatcher, 1925–2013) 수상의 보수당 정부(1979–1990)는 사회복지의 공공재정 지출을 축소하고, 사회보장과 사회서비스 전달체계를 변화시켰으며, 대인적 사회서비스 영역에서는 지역 내의 사회보호서비스를 강조하였다. 그리고 지방정부 사회서비스의 조직과 운영을 개혁하여 서비스 전달체계에서 정부 및 공공부문 중심의 역할을 축소하고, 민간부문의 역할을 강조하는 정책을 단행하게 되었다(박태정, 2020: 162).

프리드리히 폰 하이에크

대처 수상은 오스트리아 출신 신자유주의 경제학자 하이에크(Friedrich August von Hayek, 1899–1992)의 이론인 경쟁을 강조하는 자유시장 경제체제 이론을 바탕으로 사회복지를 공격하면서 「신구빈법」이 번창했던 "빅토리아 시대로 돌아가자."라는 슬로건을 세우고, 복지에 대한 국가책임 대신 자조(self–help)와 개인주의의 원칙을 강조하였다. 대처 정부에서 복지수급자가 되기 위해서는 자산조사를 거쳐야 했는데, 지나친 엄격함으로 인해 복지수급자에게 엄청난 수치심을 갖게 했다. 특히, 실업자들에게 유례없는 가혹한 조치들을 취했는데, 이들을 '일할 능력이 있음에도 불구하고, 일하지 않는 자, 국가복지에 기생하려는 복지의존자들'이라고 공격하면서 집권기간 내내 실업급여를 삭감하고 통제하는 정책으로 일관했다. 또한 노동유인을 강화하기 위해 실업급여를 받기 위한 근속기간 규정을 강화하는 한편, 남용을 방지한다는 명분 아래 자격규정을 까다롭게 함으로써 사실상 자격 있는 실업자 역시 굴욕감으로 수급을 포기하도록 유도했다.

대처 수상은 1983년과 연이어 1987년 총선에서도 승리하였고, 1990년 사임하기까지 11년 반 동안 영국 수상으로 재임하면서 성공한 정치가였다. 그러나 복지국가시대에 구축되었던 복지에 대한 합의를 파괴하고, 강력한 복지 감축정책을 실시하였으며, 시민권으로 주어지는 국가복지 대신, 능력에 따른 시장에의 의존을 고무함으로써 '작지만 강한 정부'를 달성하고자 하였다. 대처 수상은 자조원칙을 외치면서, "스스로 돕고 싶지만 여러 가지 장애로 스스로 도울 수 없는 사람들이 많다."는 사실을 애써 외면했다. 이런 점에서 대처 집권기는 복지의 암흑기였다(박병현, 2015: 128－129).

결국 대처 정부의 등장은 영국의 사회보장 및 사회복지 역사에 있어서 전환점을 이루는 대사건이다. 즉, 전후시대를 지배했던 베버리지적 복지원칙은 자유주의적·빅토리아적 복지원칙으로 대체되었다. 이는 국가에 의한 국민적 최소생활의 유지와 연대적 공동체의 형성이라는 제2차 세계대전 이래의 복지국가 대원칙을 무너뜨리고, 그 자리에 자유경쟁과 적자생존의 논리를 채워 넣은 복지국가의 새로운 단계를 의미하는 것이다(박진화, 2020b: 216). 그러나 대처의 신자유주의 이념의 복지정책은 이후 보수당 정권에서뿐만 아니라, 노동당 정권에서도 답습되었다.

(2) 제3의 길

토니 블레어

1997년 정권을 창출한 노동당의 토니 블레어(Tony Blair, Anthony Charies Lynton Blair, 1953-) 수상은 과거 보수당 정부에서 추진하였던 복지축소정책을 고수할 것인지에 대해 딜레마에 빠지게 되었다. 복지개혁을 추진함에 있어 이전 보수당 정부의 선별주의 복지정책을 추진하느냐, 아니면 노동당의 전통인 보편주의 복지정책을 추진하느냐 하는 딜레마 속에서 블레어는 사회학자인 기든스(Anthony Giddens)가 주장하는 '제3의 길(the third way)'이라는 새로운 복지정책노선을 채택하게 되었다. 즉, 고복지-고부담-저효율로 요약되는 사회민주주의 복지국가 노선(제1의 길)과 고효율-저부담-불평등으로 정리되는 신자유주의적 시장경제 노선(제2의 길)을 지양하고 새로운 정책노선으로서, 시민의 사회경제생활을 보장하는 동시에, 시장의 활력을 높이자는 신노동당 프로젝트, 즉 구식 사회민주주의와 신자유주의로부터의 차별화 전략이었다(원석조, 2019: 339).

블레어 정부는 대처 정부에서 추진했던 복지축소정책의 틀에서 교육과 노동을 통합한 복지, 그리고 개인의 저축을 강조하는 방법론을 선택하고, 적극적인 서비스, 소비자 중심 서비스, 전산 서비스를 통한 투명적 서비스 전달체계, 사회서비스 남용을 근절하기 위한 통합복지 시스템 구축, 서비스조직 간의 협력과 서비스전달의 효율을 강조하는 효율적 서비스를 구축하는 정책을 시행하였다.

3. 미국 사회복지의 역사

1) 사회복지 초기

19세기 초 미국은 주로 영국에서 이주해 온 식민지 개척자들이 대부분 사회의 각 분야에서 중추적인 활동을 하였는데, 그들은 영국의 법제나 관습을 그대로 가져와 미국의 정책에 적용시키려고 하였다. 청교도 윤리(puritanism)가 지배적이었기 때문에 노동을 미덕으로 여기고 나태는 죄로 여겼는데, 빈곤의 책임은 개인의 책임이라는 생각을 뒷받침하였다. 따라서, 이 시기의 빈민에 대한 구호활동도 이러한 빈곤관에 입각하여 시행되었다. 또한 활동의 주요 범위는 최소한의 범위로 이루어졌고, 대상도 고아, 과부, 병자, 장애인 등 노동능력이 없는 자와 일시적으로 노동능력이 상실되어 구제를 필요로 하는 자로 제한하여 시행되었다. 1886년 뉴욕에 근린조합이 설립되었으며, 이것은 미국 최초의 인보관이었다. 그 후 시카고에서 아담스(Jane Adams, 1860－1935)에 의해 헐 하우스(Hull House)가 세워졌는데, 이곳에는 오늘날의 지역사회복지관이 제공하는 서비스가 존재하였고, 노동조합의 활동공간이자 각종 사회문제를 토론하는 공간이기도 하였다(박원진 외, 2018: 65).

제1차 세계대전에 이어 1929년 시작된 '경제대공황(the Great Depression)'은 10월 주식시장의 붕괴로 이어지면서 상품가격은 떨어지고, 실업자 급증을 초래하여 약 1,200만 명에서 1,500만 명에 이르는 노동자들이 직장을 잃게 되었다. 이로 인해 1920년대에는 실업과 빈곤이 급증하고, 노동자, 소작인, 흑인 및 미망인 등의 불평등이 표출되었다.

대량의 빈민과 실업자들을 구제하기 위한 민간단체나 주정부의 자원과 재정이 고갈되어, 이러한 사회문제를 해결하기 어려운 상황에 봉착하게 되었다. 이에 루즈벨트(Franklin Delano Roosevelt, 1882－1945) 대통령(제26대)은 뉴딜(New Deal)정책을 발표하여 실업자를 구제하기에 이르렀다. 뉴딜정책의 목적은 정부의 개입과 규제력에 의해 자본과 노동을 조직화하고, 이것을 통하여 산업에서는 일정한 이윤을 보증하게 함과 동시에, 실업이나 저임금이 더 이상 확대되지 않도록 하자는 데 있다(김영화 외, 2020: 61).

루즈벨트 대통령은 1933년 「연방긴급구호법」을 제정하고, 연방긴급구호청을 창설하여 연방정부의 실업대책으로 구제사업을 위한 보조금을 주정부에 교부하고, 대규모 노동력을 투입하여 공공사업을 단행하였다. 1935년 8월 14일에 제정 공포된 「사회보장법」은 강제적 사회보험과 공공부조를 양축으로 하고 세 부분으로 구성되어 있는데, 그 내용은 다음과 같다.

① 사회보험 프로그램으로 연방노령보험체계와 연방정부와 주정부가 함께 하는 실업보장제도

② 공공부조 프로그램으로 노령부조, 요보호 시각장애인 부조, 요보호아동 부조 등을 포함시키는 3개 집단을 위한 연방정부지원제도

③ 사회복지서비스 프로그램으로 모자보건서비스, 아동복지서비스, 지체장애아동서비스, 직업재활 및 공중보건서비스 등에 대한 연방정부의 보조금 지급

그 후 1943년 「직업재활법」과 1944년의 「공중보건서비스법」, 1946년에는 사회보장의 단일행정기구로서 사회보장청이 설립되었다. 미국 사회보장제도의 특징을 살펴보면 다음과 같다.

① 연방정부가 직접 운영·관리하는 노령연금제도

② 각 주정부의 실업보험, 공공부조, 사회복지서비스에 대한 지원제도

이처럼 여기에서 특기할 점은, 종전의 영국 사회보험제도는 사회보험만을 대책으로 하고 있으나, 미국에서는 공공부조, 사회복지사업을 포함한 종합적인 대책이라는 점에서 다르다.

2) 복지국가로의 진통과 발전

미국 사회복지는 베트남 전쟁으로 인해 후퇴하지 않을 수 없었다. 존슨 대통령은 막대한 전쟁비용을 충당하기 위해 케인즈(John Maynard Keynes, 1883–1946)의 수정자본주의를 사회복지에 적용할 수 없었다(원석조, 2019: 32).

존 케인즈

케인즈의 복지이론은 소극적 복지에서 적극적 복지로, 작은 정부에서 정부개입으로의 전환을 의미하는 데, 신자유주의 이후 재도입되었다.

미국의 경우, 1960년대와 1970년대 베트남 전쟁 후 경제적 호황과 유가파동으로 인한 불황 등 사회적 변화가 복지정책에 끼친 영향은 다음과 같다.

① 유가파동에 의한 경기침체로 실업과 빈곤대책을 강구하기 위한 많은 정책들의 수립

② 흑인과 여성의 인권운동, 반전운동, 학생운동, 복리권 시위 등 시민의 권익옹호운동으로 사회사업 분야에서도 많은 법령을 새로 제정하거나 개정하였고, 관대한 사회복지정책 시행

1980년대에는 복지국가 위기론이 대두되면서 신자유주의 성향의 정책이 시행되었다. 이로 인해 복지국가는 사회보장제도의 내용과 양적인 측면에서 모두 축소되는 경향을 보였다. 즉, 이러한 변화는 정부의 복지비용의 삭감 및 지출구성의 변화, 공공서비스를 포함한 공공부문의 민영화 및 기업에 대한 규제의 완화, 지방정부의 역할축소, 노조를 포함한 사회세력의 역할 등의 정책기조를 취하는 등 최소 정부를 지향하게 되는데, 이를 가리켜 '레이거노믹스(Reaganomics)'라고 한다. 결과적으로, 레이건 행정부(1981–1988)의 정책은 인플레이션을 감소시키고 미국경제의 일시적인 호황을 가져왔지만, 영국의 대처리즘(Thatcherism)과 같이 불평등의 증대를 큰 한계로 남기게 되었다. 이는 사회복지 지출을 감소하고 역진적 조세를 부과한 결과로 발생한 것이며, 실질적으로 불로소득과 자본이득의 증대로 노동자계층이 소외당하고 실질임금이 감소하고 실업이 증가하는 격심한 불평등을 발생시켰다. 이렇듯 레이거노믹스는 자본의 새로운 축적구조를 형성하지 못한 채 한계를 안고 있었다(박진화, 2020b: 218). 사회복지의 세계사적 의미에서 볼 때, 동시대에 이루어진 레이거노믹스와 대처리즘으로 인해 사회복지는 신자유주의의 엄청난 파도에 휩쓸리

게 되어 후퇴의 길을 겪게 되었다.

1992년 민주당 빌 클린턴(Bill Clinton)이 대통령에 당선되면서 보편주의에 입각한 사회복지 프로그램을 제안하였으나, 여소야대의 의회에서 거부되었다. 그리고 과거 빈곤층에 대한 일률적인 복지정책이 빈곤층의 고착화를 야기하였다는 야당인 공화당의 빈곤정책 재검토의 요구에 의하여 빈곤층에 대한 대책으로 일자리 창출에 '근로자 연계형 복지(welfare to work)'제도를 도입하여, 생활보호대상자가 일을 할 경우, 일정 금액을 정부가 지원해 주는 방식으로 관련법을 전면 개정하였다(홍봉수 외, 2017: 106).

1990년대 미국 의회는 상원과 하원 모두 보수성향이 높은 공화당이 다수를 확보함으로써 사회복지정책은 단계적으로 축소되었다. 그 결과, 부양아동이 있는 빈곤가족에 대한 보조제도인 공공부조 등의 자격요건을 강화시켰고, 생산적 복지를 강조하게 되었다.

미국 사회복지는 신자유주의 시장경제 이념에 기초한 정책을 지속적으로 유지하고 있다. 미국은 개인주의와 지방분권주의를 중시하는 지조를 강조하는 데, 이런 차원에서 공공부조의 의존도를 낮추고 자조능력을 갖춘 자에 대한 빈곤대책을 활발히 전개하고 있다. 그리고 지방분권주의에 입각한 제도의 운영이 기본적으로 각 주의 자치에 맡겨진 결과, 주정부마다 급부조건에 큰 차이가 있다는 특징을 지니고 있다.

미국과 영국의 사회복지를 역사적인 관점에서 비교해 볼 때, 서로 상반되는 면을 볼 수 있다. 영국은 사회제도정책을 발전시켜 왔으나, 오늘날은 이에 못지않게 직접적 대인서비스와 사회복지방법론적 접근에도 역점을 두고 있는데 반하여, 미국은 역사적인 특수성이나 개인존중이라는 신자유주의의 특징으로 대인적 서비스, 즉 사회방법론의 발달에 큰 성과를 거두어왔으나, 최근 보다 바람직한 제도와 사회정책 및 계획의 과제연구가 활발히 전개되고 있다.

20세기 말 이후 영국과 미국 등 서구 복지국가들은 조정단계에 있다. 전후 복지국가들의 사회복지제도들은 대부분 대량생산방식에 기반을 둔 산업사회의 구조에 맞는 제도들이었다. 그러나 세계화, 탈산업화, 정보화 등이 진행되면서 국가 간 경쟁이 심화되었고, 이러한 국가 간 경쟁은 과거 국가단위 사회복지체제에 변화를 요구하게 되었다.

일찍 세계화와 정보화에 성공한 영국과 미국 등 영미계 국가들은 1990년대 이후 동서냉전이 끝나고 정치적 이데올로기가 무너져 가고 있던 상황에서, 새로운 무역·금융 질서와 경제체제(WTO, FTA)로 세계질서를 재편해 나가기 시작하였다. 즉, 정치적 이데올로기에 의하여 유지되었던 균형이 시장을 중심으로 한 신자유주의적 경제질서로 대체되었던 것이다. 그리고 이러한 변화에서 상대적으로 뒤떨어진 독일, 프랑스, 스웨덴 등 전통적인 유럽의 복지국가들은 국가경쟁력이 상대적으로 약화되면서, 사회민주주의적 이데올로기를 지닌 국가 중심의 사회복지체제에서 벗어나 국가경쟁력을 확보하고자 하는 노력들이 나타나고 있다.

연습문제

1. 한국 사회복지정책의 역사에서 가장 나중에 나타난 일은?

① 일반적 공공부조제도의 실시
② 산재보험의 전 사업장 확대
③ 통합주의 건강보험 실시
④ 기초노령연금 실시
⑤ 생산적 복지 추진

2. 다음 중 인보관운동이 사회복지실천에 미친 영향이 아닌 것은?

① 가정방문, 면담, 기록, 사례연구 등의 개별사회사업실천기술의 기초가 되었다.
② 학습과 성장을 강조했다.
③ 민주적인 접근을 하였다.
④ 사회환경이 사람들에게 주는 영향을 강조했다.
⑤ 다른 배경을 가진 사람들과 직접적인 상호작용을 했다.

3. 영국의 복지국가 발달과정에 관한 설명으로 옳지 않은 것은?

① 1930년대 경제공황으로 경제문제에 대한 국가개입의 필요성이 증대되었다.
② 베버리지는 강제적인 사회보험을 국민최저선 달성을 위해 가장 중요한 제도로 보았다.
③ 1950년대와 1960년대는 복지국가의 황금기에 해당된다.
④ 베버리지는 결핍(궁핍), 질병, 무지, 불결, 나태를 5대 악으로 규정하였다.
⑤ 영국의 구빈법이 공식적으로 폐지된 것은 1차 대전 이전의 일이다.

4. 1970년대 복지국가 위기 이후 일어난 일이 아닌 것은?

① 신자유주의 정치 이념의 확대
② 새로운 사회적 위험에 대한 관심 증가
③ 복지에 대한 시민권 강조
④ 복지의 민간공급 확대
⑤ 사회투자국가모형 대두

정답 1. ④ 2. ① 3. ⑤ 4. ③

Chapter 3

사회복지의 가치와 철학

개요

사회복지정책은 가치 지향적이다. 사회복지정책은 사회복지정책이 중요하다고 생각되는 가치가 사회에서 실현될 수 있도록 하기 위한 활동이다. 즉, 가치는 사회복지정책의 목표가 되는 것이다. 여기에서는 사회복지의 철학을 학습하고자 한다.

학습목표

1. 가치, 이념, 윤리에 대한 이해
2. 각 이론의 철학적 사고 토론
3. 각 이론 간 비교 분석

학습내용

1. 가치
2. 이념
3. 윤리

Chapter 3

사회복지의 가치와 철학

1. 가치

1) 가치의 개념

가치는 귀중함의 정도 또는 중요함의 비중을 구분하는 것과도 연관된다. 또한 가치는 주관적이며, 개인마다 다른 비중을 가지며, 연령과 자신이 살아가는 상황에 따라 변화될 수 있다. 사회구성원들의 완전히 일치되는 가치는 존재하기 힘들지만, 공공정책을 수행하는 데 있어서 사회적 자원을 사회구성원에게 어떻게 배분할 것인가에 대한 합의를 만들어 내는 가치분석과 선택은 매우 중요하다. 예를 들어, 정책목표가 이중적이거나 애매할 경우, 정책목표를 명확히 밝히는 것이 매우 중요하기 때문에 가치는 사회복지정책의 형태나 모형을 결정짓는 중요한 역할을 한다(김보기, 2022a: 23).

사회복지정책은 가치 지향적이다. 사회복지정책은 인간의 존엄성을 유지시켜주고 인간다운 생활을 영위할 수 있도록 최소한의 생활을 보장해 주는 것을 목적으로 하는 활동이라는 점에서 그렇다. 따라서, 사회복지정책은 사회복지정책이 중요하다고 생각되는 가치가 사회에서 실현될 수 있도록 하기 위한 활동이다. 즉, 가치는 사회복지정책의 목표가 되는 것이다.

가치(value)라는 말은 라틴어 '*valere*'인데, 이는 '강함, 승리, 또는 그럴 만함'을 의미한다. 가치의 정의에 대한 설명으로는 ① 선(good)이나 바람직한(desirable) 것이며, 정서를 가진 질적인 판단, ② 사람에 관하여 그리고 사람을 다루는 적절한 방법에 대하여 전문직이 갖고 있는 신념, ③ 믿음과 같은 것으로 좋고 바람직한 것에 대한 지침이며, 적절한 행동의 선택에 대한 지침, ④ 어떤 선택을 하도록 영향을 미치는 이념 등이다.

이와 같이 가치에 대한 정의는 달리 표현될 수 있지만, 공통적인 의미가 담겨 있다. 즉, 가치는 바람직하다고 생각하는 삶의 방식이나 기준, 신념을 의미한다. 가치는 사회복지정책의 수립과 집행의 준거가 되고 또한 사회복지정책의 분석 기준이 된다. 말하자면 가치는 사회복지정책이 추구해야 하는 방향성을 제시한다(오세영, 2020: 46). 따라서, 사회복지정책의 가치를 파악하는 것이 매우 중요하다. 사회복지정책의 가치는 다음과 같다.

2) 사회복지의 핵심 가치

사회복지 전문직이 사회복지를 실천하기 위해 실천의 가치로 삼아야 하는 것에 대한 논의는 여러 차원에서 진행되고 있다. 사회복지실천의 핵심 가치는 다음과 같다(양옥경 외, 2018 : 55).

첫째, 인간존엄(human dignify)이다. 인간이라면 천부적으로 갖고 태어난 인간존엄성과 인간에 대한 가치의 존중이다.

둘째, 자원접근의 평등(equality)이다. 모든 인간은 생애주기 문제를 해결하기 위해 필요한 자원에 접근할 권한을 가져야 하며, 이는 기회의 평등까지도 포함한다.

셋째, 진실성(integrity)이다. 사회복지사는 항상 진실되게 행동해야 한다.

넷째, 인간관계(relationship)의 중요성이다. 관계는 클라이언트의 변화를 초래하기 위해 사회복지사가 사용하는 가장 중요한 도구이다. 따라서, 이 관계를 사용할 때는 인간존엄에 기초해서 사용해야 한다.

다섯째, 능력(competence)이다. 사회복지사가 전문적 능력을 갖추는 것은 오늘날 사회복지사의 의무이자 기본 가치가 되었다.

그러므로 사회복지사는 지식과 기술, 전문성의 범위 안에서 최선을 다해 클라이언트에게 서비스를 제공해야 한다. 이것이 사회복지실천의 가치이다.

3) 사회복지실천과 가치 갈등

사회복지사의 실천활동은 개인적 가치, 전문적 가치, 클라이언트와 클라이언트 집단의 가치, 사회의 가치에 의해 영향을 받으며, 이러한 가치 갈등으로 윤리적 딜레마에 빠지기도 한다. 사회복지사가 겪게 되는 다양한 가치 갈등의 유형을 살펴보면 다음과 같다(최세영, 2021: 46–48).

(1) 가치 상충

가치 상충은 윤리적 갈등이 가장 빈번히 야기될 수 있는 상황으로, 사회복지사가 두 개 또는 그 이상의 대립적 가치 또는 경쟁적 가치에 직면했을 때, 어떤 가치를 우선적으로 선택해야 할지 결정하지 못하는 경우에 겪게 되는 윤리적 갈등을 말한다. 윤리적 문제에서 상충되는 가치뿐만 아니라, 전문가의 가치와 개인적 가치 사이의 상충, 클라이언트의 가치 상충 등이 있을 수 있다. 가치 상충으로 인한 윤리적 갈등은 가장 빈번하게 발생하는 상황이다.

(2) 의무 상충

사회복지사가 자신이 속한 기관에 대한 의무와 클라이언트에 대한 의무 사이에서 갈등하게 되는 경우 겪게 되는 윤리적 갈등을 말한다. 사회복지사는 자신이 속한 기관의 정책을 지켜야 할 의무뿐 아니라, 클라이언트를 위해 행동해야 할 의무도 있는데, 이 두 가지 의무가 상충되면서 윤리적 갈등을 겪을 수 있다.

(3) 클라이언트체계의 다중성

클라이언트가 여러 명일 경우, 누가 클라이언트이고, 누구의 이익을 최우선적으로 고려하여 개입해야 하는지를 판단하기 어려워 겪게 되는 윤리적 갈등을 말한다. 누구의 이익을 우선시할 것인가의 문제는 개입의 우선순위와 내용에 중요한 영향을 미친다. 또한 특정 클라이언트를 위한 선택이 다른 클라이언트에게 부정적 결과를 가져올 경우에도 윤리적 갈등이 발생한다.

(4) 결과의 모호성

사회복지사가 내릴 결정의 결과가 불투명할 때, 사회복지사는 어떤 결정을 내려야 할지에 대한 윤리적 갈등을 말한다. 특히, 사회복지사는 클라이언트가 아동일 때 어떻게 결정하는 것이 아이를 위한 최선인지, 앞으로 5~10년 후에도 최선일 수 있는지, 무슨 권리로 아동에 대한 결정을 해야 하며, 바른 윤리적 결정이 무엇인지 모호한 상황에 종종 부딪히게 된다.

(5) 힘 또는 권력의 불균형

사회복지사와 클라이언트의 관계가 권력적으로 평등하지 않기 때문에 생기는 윤리적 갈등을 말한다. 클라이언트는 도움을 받는 입장이고, 사회복지사는 전문가로서 도움을 제공하기 때문에 클라이언트가 전문가에게 의존하는 관계가 되기 쉬운데, 이러한 상황에서 발생하는 갈등이다.

2. 이념

1) 인간의 존엄성

인간의 존엄성은 인간이 신분이나 직업, 경제상태나 신체적 조건, 출신지역이나 민족, 피부색, 성별, 연령 등을 이유로 해서 차별하거나 차별받거나 인간성이 부정되어서는 안 된다는 가치이다.

현대사회에서는 이러한 인간의 존엄성을 전제로 한 복지라는 이념이 중요한 가치로 추구된다. 모든 인간은 인간으로서 살아갈 존엄한 가치와 권리가 있다는 사실을 전제로, 만약 누구든 기본적 욕구가 충족되지 못하거나 못할 가능성이 있는 경우, 이를 사회 또는 국가가 도와주어야 한다는 사상이 사회복지사상이다. 사회복지는 인간의 존엄성을 기본 가치로 하는 인간 지향적인 제도와 활동이라는 데 그 특징이 있다. 즉, 사회복지는 인간이면 누구나 인간으로서의 존엄성을 지켜나가면서 인간다운 삶을 보장하는 데 그 목적을 둔다(이정자 외, 2022: 21).

대부분의 현대국가는 나름대로 '국민에게 건강하고 문화적인 삶의 수준을 보장하는 것이 국가의 의무'라고 헌법에 명시하고 있다. 국가는 국민의 생존권 보장을 위해 국민최저기준(national minimum)의 확보를 위해 노력해 왔는데, 그 내용은 사회보장제도의 충실화로 대변된다. 생존권이 보장되기 위해서는 국민최저수준의 생활을 영위하지 못하는 국민이 자신의 삶의 수준을 향상시켜 주도록 국가에 요구하는 권리, 즉 사회권으로서의 생존권이 보장되어야 하는 것이다. 그러나 사회보장제도에 의한 최저생활보장은 인간존엄성의 가치를 실현하기 위한 필요조건일 뿐 충분조건은 아니다. 이 가치는 사회문화 차원에서 노력이 병행되어야 한다. 그 노력이란 편견과 차별이 없는 사회를 만들기 위한 노력이며, 그것에 의해서 인간존엄의 완전한 실현이 비로소 가능한 것이다. 정상화(normalization)의 실천과 그 문화의 보급은 그 노력으로서 평가되는 것이다.

인간의 존엄은 인간이 주체적인 존재라는 사실과 적극적인 자극과 기회제공에 의해 반드시 바람직한 변화를 가져오는 존재라고 하는 사실을 인식한다. 전자의 인식에 의해 '자기결정의 가치'가, 후자의 인식에 의해 '발달보장의 가치'가 생성되는 것이다. 인간의 존엄과 가치가 사회복지에 의해 어떻게 구현되는가는 사회의 지배적 가치체계에 의해 결정된다(오세영, 2020: 47-48).

2) 자유

사회복지정책에서 고려해야 할 중요한 가치 중의 하나가 자유(freedom)이다. 자유는 사회복지정책의 확대를 비판하는 사람이 중요하게 생각하는 가치이기도 하면서 사회복지정책의 확대를 지지하는 사람들 또한 사회복지정책을 통해 추구하는 가치라는 점에서 흥미롭다.

이러한 자유(freedom)의 개념은 두 가지로 나누어 논의된다. 하나는 소극적 자유(negative freedom)이며, 다른 하나는 적극적 자유(positive freedom)이다(Berlin, 1969). 여기서 소극적 자유란 다른 사람의 간섭 또는 의지(will)로부터의 자유를 말하는 반면, 적극적 자유는 자신이 원하는 것을 할 수 있는 자유를 말한다. 전자는 자유의 '기회(opportunity)'의 측면을 강조하는 반면, 후자는 자유의 '능력(capacity)'의 측면을 강조한다(양정하 외, 2020: 82).

『자유론』
(2002년 출판)

벌린(Isaiah Berlin, 1909－1997)은 그의 저서 『자유론(*Liberty Incorporating Four Essays on Liberty*, 2002)』에서, 자유를 소극적 자유라고 하였다. 벌린은 '일체의 억압으로부터의 자유'라는 소극적 자유의 중요성을 강조하면서 적극적 자유를 비판적으로 검토하고 있다. 또한 소극적 자유는 홉스(Thomas Hobbes, 1588－1679), 로크(John Locke, 1632－1704) 이래 전통적·고전적 자유의 개념으로, 외적 강제가 없는 상태를 의미하며, 언론과 사상의 자유, 종교의 자유 등 소위 국가로부터의 자유, 자유권의 내용이 이에 해당된다.

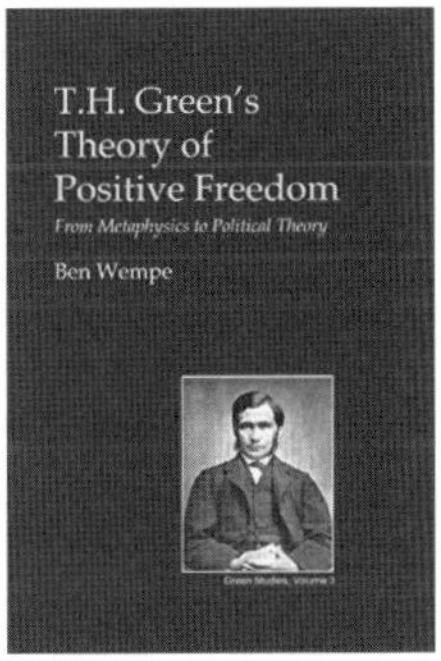

『그린의 적극적 자유』
(2017년 출판)

이에 반해, 적극적 자유는 자주적으로 또는 타인과의 협동에 의해 인격의 성장에 노력하는 자유인데, 그린(Thpmas Hill Green, 1836－1882)은 적극적 자유를 강조한다. 그린에 따르면, 인간에게 있어 목적은 인격의 성장이며, 자유는 그 목적을 달성하기 위한 수단이므로 공공의 복지를 위해서는 개인 자유의 제한이 있을 수 있다는 적극적 자유라는 새로운 관념을 확립시켰다. 그린이 자유의 의미를 변경한 것은, 정부의 적극적 기능을 정당화하기 위한 것이다(Wempe, 2017).

사회복지정책의 확대를 비판하는 사람들이 지지하는 자유의 개념은 '개인의 생각·행위에 대한 억압이나 통제가 없는 상태'를 의미한다. 이는 소극적 자유이다. 자유의 가치를 신봉하는 사람들은 시장에서의 '자유로운 선택'에 의한 자원분배가 가장 바람직하다고 본다. 이들은 국가가 시장에 개입하여 사람들의 자유로운 선택을 제한하는 것은 비효율적인 자원분배를 초래한다고 생각한다. 소극적 자유는 강요와 강압의 부재를 의미하기 때문에 침해당할 수 있는 경우가 간혹 존재하게 되는데, 대표적 예가 사회복지사의 가정방문을 받게 된다거나, 아동이 학교를 다니지 않으면 안 되는 경우이다(류연규, 2021: 33-34).

사회복지정책은 다분히 사회주의적 자유의 개념에 입각해 있다. 국가의 조세를 통한 소득보장, 교육, 건강 프로그램 등은 정부의 기능과 역할에 대한 고전적 자유주의자의 견해로부터 벗어나는 것을 의미한다. 그러나 사회복지정책에는 자유주의의 영향도 많이 남아 있다. 즉, 사회문제의 원인을 개인의 잘못으로 보고, 사산조사를 통하여 최소한의 급여나 서비스를 제공하거나, 개인의 자조를 강조하는 것 등은 고전적 자유주의의 잔재라고 볼 수 있다.

3) 평등

평등(equality)에는 태어날 때부터 평등하다는 관념과, 실제적으로 평등한 대우를 받아야 한다는 규범적인 측면이 포함되어 있다. 이 이념은 인간의 존엄성과 관련시켜 논의할 수 있다. 인간의 존엄성과 평등의 개념을 연관시켜 볼 때, 평등의 이념에 기본적으로 내재되어 있는 것이 인간의 존엄성이다. 곧 사람의 능력, 그리고 사람이 처해 있는 환경 역시 각각 다르지만, 인간으로서의 가치나 존엄성은 모든 사람에게 태어날 때부터 절대적으로 평등하다. 따라서, 어떠한 사람도 사람의 몸에서 태어난 이상, 인간으로서 대우받을 권리가 있다. 인간으로서 대우받는다는 것은 인간이 수단이 아니라, 인격 그 자체로 대우받아야 한다는 것을 뜻하며, 이러한 대우는 누구에게든지 평등하게 보장되어야 한다(김보기 외, 2022a: 76).

평등은 일체의 차별을 부정한 균형의 상태를 의미하며, 조화라는 의미와도 상통한다. 사회복지가 생각하는 이상적인 사회의 모습 중의 하나는 바로 인간다운 삶의 질이 보장된 조화로운 사회이다. 인간다운 삶의 가장 기본적인 조건은 차별 없는 사회이다(오세영, 2020: 49).

일반적으로 평등에는 세 가지 유형이 있다. 그 내용은 다음과 같다(박경일, 2020: 59-60).

(1) 기회의 평등

기회의 평등(equality of opportunity)은 오늘날 자본주의 사회에서 가장 널리 퍼져 있는 평등의 범주이다. 이것은 각 개인은 자신의 소질과 능력을 자유롭게 계발할 평등한 권리와 기회를 가질 뿐 아니라, 동일한 업적에 대해서는 동일한 보상이 주어진다는 입장이다. 또한 모든 사회적 제도에 대한 접근을 모든 사람에게 균등하게 열어 놓는다는 입장을 밝히고 있다. 거기에는 혈통, 종교, 가문 등의 객관적 조건이 아니라, 개인의 주관적 능력이 결정적인 규정요소로 등장한다. 예를 들어, 모든 사람을-신체장애인, 건강한 청년, 부유층의 자녀, 철거민의 아이든 가리지 않고-100m 출발선 위에 똑같이 세워놓고 자유롭게 달리기 경주를 시키는 경우와 흡사하다.

(2) 조건의 평등

조건의 평등(equality of condition)은 기회의 평등과 연결되는 것으로 사회적 기회를 획득하려는 자유경쟁의 출발 조건을 평등하게 정비하고자 노력한다. 따라서, 순수하게 개인의 능력에 모든 것을 맡기는 것이 아니라, 개인의 능력 부족을 사회적으로 메워주는 작업이 필수적이라고 인식한다. 예컨대, 100m 달리기에서 신체장애인은 얼마쯤 앞에서 출발하도록 하는 것이다. 이러한 조건의 평등은 사회적 약자에게 호의적 조치를 취함으로써 실질적 평등을 이루려는 것으로 볼 수 있으므로 이것은 긍정적 조치, 적극적 조치 또는 차별철폐 행동(affirmative action)이라고 말할 수 있다.

(3) 결과의 평등

결과의 평등(equality of outcome)은 출발점이나 자연적 능력은 고려하지 않고 법적 조치나 정치적 수단을 이용하여 마지막 결과의 평등만을 얻고자 한다. 즉, 출발단계의 불평등을 마지막 단계의 사회적 평등으로 뒤바꾸어 놓으려 한다. 따라서, 이 경우 자유로운 경쟁이나 개인적 역량의 발휘는 억제되거나 무시된다. 예를 들어, 100m 달리기에서 모든 사람을 똑같이 골인시키는 것과 같다. 이러한 결과의 평등은 가장 적극적인 평등개념으로, 모든 사람에게 그들의 욕구나 능력의 차이에는 관계없이 사회적 자원을 똑같이 분배하는 것을 말한다. 그러나 수량적 평등의 개념이 의미하는 결과의 완전한 평등은 어떠한 사회에도 존재하지 않으며, 현실적으로도 존재할 수 없다. 그렇지만 사회복지에는 완전한 수량적 평등은 아니더라도, 부분적인 수량적 평등을 가치로 삼고 있으며, 대표적 예로 공공부조를 들 수 있다.

4) 정의

정의(justice)는 공정함을 말하며, 아리스토텔레스(Aristoteles, B.C 384–B.C 322)는 평균적 정의와 배분적 정의로 나누었다. '평균적 정의'는 '같은 것을 같게'를 이르는 것으로 절대적 평균을 이른다. 예를 들어, 한 나라의 국민이라면 모든 사람에게 똑같이 선거권을 인정해 주어야 한다는 것이다. 영국이나 프랑스의 경우, 100여 년 전에는 여자와 노동자, 농민에게는 선거권을 주지 않았기 때문에 정의롭지 않은 사회였다고 할 수 있을 것이다. 배분적 정의는 '다른 것은 다르게'를 이르는 것으로 이는 각각의 사람들에게 각자의 몫을 나누어주라는 것으로, 급여나 성적을 줄 때 다른 사람보다 더 열심히 일한 사람이나 더 열심히 공부한 사람에게는 그에 상응하는 만큼의 대가를 주는 것이다.

존 롤즈

롤즈(John Bordley Rawls, 1921–2002)는 1971년 그의 저서 『

정의론(*A Theory of Justice*)』에서 정의로운 상태에 관해 언급하였으며, 정의와 관련해 두 가지 원칙을 주장하였다. 하나는 '평등의 원칙'으로 모든 사람은 자유와 권리를 평등하게 갖는다는 것과, 다른 하나는 '차등의 원칙'이다. 즉, 사회적·경제적으로 불평등이 존재한다면, 그 사회에서 가장 혜택을 받지 못하는 사람에게 가장 큰 이익을 줄 때 정의가 실현된다. 예컨대, 저소득층에게만 문화비를 지원해 주는 '문화 바우처'가 있다면, 그 혜택을 받지 못하는 사람들은 상대적으로 불평등하다고 느낄 수도 있을 것이다. 그러나 그러한 불평등이 그 사회에서 경제적인 어려움을 겪고 있는 사람에게 이익을 주는 것이라면, 모든 사람에게 공평하지 않다고 하더라도 정의롭다고 할 수 있다.

롤즈의 정의론은 공리주의의 대안으로 소외계층의 자유까지도 포함할 수 있는 정의의 원칙을 제시한다.

(1) 분배적 정의

분배적 정의는 어떤 것을 나눌 때 어떻게 하는 것이 공정한 것인가와 관련된 것을 말한다. 특히, 분배는 이익이 되는 것과 부담이 되는 것으로 나눌 수 있다. 예컨대, 이익이 되는 것은 임금이나 용돈, 성적, 선거권 같은 것이며, 부담이 되는 것은 숙제, 세금, 청소나 집안일 같은 노동, 벌 등이다. 아리스토텔레스나 롤즈에 따르면, 분배 시에 '같은 것은 같게', '다른 것은 다르게'의 원칙을 적용하면, 정의로운 분배가 될 것이다. 어떤 것을 받기 위해 노력한 정도나, 그것을 받을 만한 일을 했다거나, 꼭 그것을 받아야 할 필요가 같은 사람이 있다면 서로 같도록 분배하고, 다르다면 서로 다르게 분배하는 것을 이르는 것이다.

(2) 교정적 정의

교정적 정의란 어떤 잘못이나 피해에 대한 대응이 공정한가와 관련된 것이다. 예컨대, 수업시간에 교실에 있지 않고 운동장에 있다가 친구와 싸워서 친구를 다치게 했을 때, 수업시간에 자리를 이탈한 것과 친구와 싸운 것은 교칙을 위반한 잘못을 한 것이며, 교칙위반과 상관없이 친구를 다치게 한 것은 피해를 입힌 것이라고 할 것이다. 즉, 교정적 정의는 '잘못'에 대해 어떤 처벌을 할지, '피해'에 대해 어떤 배상을 할지를 결정하는 것이다. 이때 정의로운 해결을 하려면, 당연히 잘못은 교칙에 따라 공정하게 처벌하여야 할 것이며, 피해에 대해서는 합당한 배상을 받아야 할 것이다.

(3) 절차적 정의

절차적 정의란 어떤 것을 결정하고 판단하기 위해 필요한 정보를 모으는 방법이 공정했는지, 결정과 판단 과정의 공정 여부와 관련한 정의이다. 예컨대, 어떤 재판에서 재판 결과를 바꿀 만한 결정적인 증거를 새롭게 확보하였다고 했을 때, 새로운 증거확보과정에서 법으로 금지된 도청이나 불법으로 개인정보를 확보한 경우는 증거의 효력이 없는 경우와 같다. 이는 과정이 정의롭지 못했기 때문이므로 절차적 정의에 위배되었다고 할 수 있다. 또 다른 예를 살펴보면, 학교시험에서 부정행위한 학생을 어떻게 처벌할지를 두고 열린 회의에서 부정행위를 했다고 의심되는 학생 당사자에게 자신의 의견을 말할 기회도 주지 않고 감독자의 견해만으로 처벌을 한다면, 이 또한 정의롭지 못하다는 것이다. 따라서, 절차적 정의는 어떤 것을 결정하거나 판단할 때의 과정이 공정한지를 판단하는 것으로, 사회복지정책에서 말하는 사회정의(social justice)는 모든 국민이 인간다운 생활을 누리도록 보장하는 윤리라고 할 수 있다.

롤즈의 사회정의론은 '공정성으로서의 정의(justice as fairness)'를 강조한다. 즉, 어떠한 불평등도 가장 불리한 입장에 있는 사람들에게 최대의 이익을 부여하는 경우에는 허용이 가능하지만, 기타의 경우에는 모든 결과가 평등해야 한다. 예컨대, 부, 권위, 사회적 기회가 모든 사람을 위해 골고루 수혜되거나, 특히 사회적으로 가장 불리한 구성원을 위해 혜택이 주어질 경우에만 정당하다.

5) 사회적 적절성

적절성(adequacy)의 가치는 사회복지급여 수준이 그 사회에서 바람직한 생활수준을 유지할 수 있을 만큼 적정한가의 문제이다. 「사회보장기본법」 제10조제1항에서 "국가는 모든 국민이 건강하고 문화적인 생활을 유지할 수 있도록 사회보장급여의 수준 향상을 위하여 노력하여야 한다."라고 규정하고 있어, '건강하고 문화적인 생활을 유지할 수 있는 수준'을 사회적 적절성이라고 볼 수 있다.

「국민기초생활보장법」 제2조에서는 "'최저보장수준'이란 국민의 소득·지출수준과 수급권자의 가구 유형 등 생활실태, 물가상승률 등을 고려하여 제6조에 따라 급여의 종류별로 공표하는 금액이나 보장수준을 말한다."고 규정하여 사회복지정책의 종류에 따라 보장하는 사회적 적절성의 수준이 다른 것으로 보이기도 한다(류연규, 2021: 37－38).

적절성의 가치는 사회복지급여 할당이 평등한가 또는 그의 업적에 따른 비례적인 것(형평)이냐 하는 것과는 달리, 급여수준이 신체적·정신적 안녕에 적절한 정도가 되어야 한다는 것을 말한다. 즉, 사회복지급여는 개인이 살아가고 있는 사회적 수준에 적절한 정도의 수준이어야 한다는 것을 말한다. 이 사회적 수준에 적절성의 가치는 시장과 환경에 따라 변화하는 성격을 지닌다. 이와 같이 적절성은 최저생계비 또는 최저임금, 빈곤선 등으로 구체화된다(박경일, 2020: 61－62).

사회적 적절성의 기준은 시대와 상황에 따라서도 다르다. 2004년에는 4인가구 최저생계비가 110만 원 정도였는데, 2015년에는 167만 원, 2021년에는 292만 원으로 상승하였다. 최근에는 최저임금 인상에 대한 찬반 논의가 매우 뜨거운 데, 사회를 바라보는 가치관에 따라 사회적 적절성의 수준이 달라지기도 한다.

6) 국민적 최저기준

국민적 최저기준(national minimum)은 국가가 사회보장, 기타의 공공정책에 의해 모든 국민에게 보장하는 최저생활수준을 말한다. 원래는 국민적 효율(national efficiency)과 연계되어 주장된 것으로, 영국 국민이 국민적 효율에 적합한 생활을 유지하는 것이 가능한 정도의 최저한을 의미한다. 페이비언주의자(fabianist)인 영국의 웹(Webb) 부부는 고한산업(sweating industry)에서 근로자의 열악한 생활환경을 보고 처음으로 국민적 최저기준을 제창하였고, 국민적 최저기준은 1942년의 베버리지 사회보장계획에서 구체적인 정책목표로 설정되었다. 이것은 국민적 합의를 얻은 기준이라는 의미로 규범적 니드(normative need)로서, 규범적 개념으로 사용되는 경우도 있고, 베버리지 계획처럼 구체적인 정책 개념으로 쓰이는 경우도 있다. 국민적 최저기준이 구체적으로 나타난 것이 최저생계비이지만, 그 수준은 국가나 사회에 따라 서로 다르거나 변하기도 한다. 국민적 최저수준을 보장하는 목적은 급여수준을 결정하는 주요 요인이기 때문이다. 그러나 그가 영국 사회보장발달사에 비추어 볼 때, 국민적 최저기준은 급여수준을 결정하는 데 있어서 애매모호(ambiguity)하다.

한편, 최근 지방분권화가 추진되면서 지역적 최저수준(regional minimum)이나 시민적 최저수준(civil minimum)이 강조되고 있다. 시민적 최저수준은 1970년대 전후에 논의된 것으로 복지영역뿐만 아니라, 교육, 여가 등 넓은 생활영역에 관계되어 있다. 시민적 최저수준은 생활권과 도시의 정책기준의 두 가지 측면으로 구성되어 있다. 생활권은 시민의 권리이고 그 권리가 보장되지 않을 경우, 시민은 이의를 제기하고 그 실현을 요구할 수 있다. 또 생활기준의 측면은 정책기준의 실현이 자치단체의 의무로 부여되어 있고 수치화되어 표시되는 것이 바람직하다. 예를 들어, 인구당 복지시설 수, 전담공무원당 수급자 수, 인구당 의료병상 수, 인구당 공원면적 등과 같이 목표치로 나타내고 있다.

3. 윤리

1) 윤리의 개념

사회복지실천에서 고려해야만 하는 것으로 윤리(ethics)가 있다. 여기서 말하는 윤리는 직업윤리를 의미하며, 전문적 행위로서, '해서 옳은 일과 하지 말아야 할 일'의 판단기준을 지칭하는 말이다.

일반적으로 윤리는 '도덕(morality)'과 비슷하게 해석되기 쉽다. 도덕과 윤리를 구분하면, 도덕은 인간으로서 바람직한 생각, 좋게 생각되는 행위를 그 사회나 시대가 가지고 있는 사회적 규범에 비추어 결정하는 것이다. 그에 반해, 윤리는 인간의 양심에 기초하여 그가 놓인 사회나 시대의 특수성을 넘어 보편적으로 인간으로서 올바른 행위나 정의의 가치관을 지칭한다. 윤리는 사람에게 무엇이 옳은지 그른지를 결정하면서 어떤 지침이 되는 원칙을 발견해 내는 데 초점을 둔다.

오늘날 윤리의 중요성이 대두된 것은, 과학기술과 사회발전에 의한 영향이 크다. 특히, 의학과 공학의 발달로 생명연장이 가능해지고, 장기이식, 유전공학 등을 실현하면서 클라이언트의 욕구도 다양해졌다. 예를 들어, 인공수정, 안락사, 성을 감별한 후 유산하는 등 윤리적 결정을 해야 하는 다양한 상황이 생겼다. 그와 함께 사회가 성숙하면서 사회복지 대상자의 권리를 인정하자는 사회분위기로 다양한 형태의 윤리적 갈등이 발생하였고, 이를 해결하기 위해 윤리적 지침이 필요하게 되었다.

레비(Levy, 1976)는 사회복지실천윤리에 대한 정의에 대해 사회복지실천윤리란 다양한 배경을 지닌 사회복지사들이 복잡한 실천분야에서 직면할 수 있는 다양한 윤리적 쟁점에 대하여 올바른 판단을 내릴 수 있도록 하는 '체계적 준거틀'이라고 하였다.

가치와 윤리의 비교는 <표 3-1>과 같다.

〈표 3-1〉 가치와 윤리의 비교

구분	가치	윤리
특징	• 믿음, 신념 같은 것 • 어떤 행동이 좋고 바람직한가와 관련-객관적으로는 증명할 수 없고, 주관적으로 선호하는 것 • 인간의 적절한 행동을 선택하는 데 지침이나 기준이 됨(방향 제시).	• 무엇이 옳고, 그른가에 대한 판단 • 가치 기반 위에 구현된 행동지침 • 가치에서 나오기 때문에 가치와 조화를 이루어야 함.
관심	• 선하고 바람직한 것에 관심	• 올바르고 정확한 것에 대한 관심
표현	• 인간의 생각 속에서만 그치기도 함.	• 행동으로 나타나는 것
기준	• 하나의 신념으로 과학적 근거가 없음-규범적 기준이 필요하지 않음.	• 행동에 대한 사회적 태도로 규범적인 것
개입	• 인간관계가 개입되지 않기도 함.	• 인간관계의 상호작용 속에서만 해당됨.

자료: 최세영(2021 : 44).

2) 전문직 윤리강령의 의미

최근 들어 법, 의료, 사회복지, 심리, 정신의료, 기술, 언론 등 각종 전문직에 종사하고 있는 실천가들의 행동에 대한 책임 추궁이 빈번히 발생하면서 전문직 윤리에 대한 중요성이 갈수록 강조되고 있다. 모든 전문직들은 윤리강령을 가지고 있다. 가장 오랜 전통을 가진 의료윤리강령의 역사는 고대 그리스시대로 거슬러 올라간다. 히포크라테스(Hippocrates, B.C 460－B.C 377)는 의사를 위한 윤리강령을 작성하여 의사들의 전문적이며 윤리적인 행위를 강조하였다. 그가 만든 의료윤리강령은 오늘날까지 의사들을 위한 행동지침으로 널리 사용되고 있다.

특정 직업을 전문직으로 발전시키기 위해서는 윤리강령이 필요하다. 사회복지도 예외는 아니다. 미국에서는 리치몬드의 도움으로 1920년에 최초의 사회복지사 윤리강령 초안을 만들었다. 미국사회복지사협회(The American Association of Social Workers, AASW)에서도 사회복지를 전문직으로 발전시키기 위한 전문가 윤리강령의 중요성을 제시하였다. 1924년에 이 협회의 공식저널인 *The Compass*에서 "사람들이 과연 사회복지사가 일상적인 상황에서 어떻게 행동하는지를 알아야 할 권리를 갖고 있는가?"라는 질문을 던짐으로써 윤리적 실천의 문제를 밝히고 사회복지사를 위한 윤리강령을 만들도록 재촉하였다. 1960년에 미국사회복지사협회(National Association of Social Workers, NASW)에서는 사회복지사들을 위한 공식적인 윤리강령을 채택하여 발표하였다. 그 후 미국에서는 사회복지사 윤리강령의 실천적 유용성과 현실성을 고려하여, 1979년에는 그전의 것과는 다른 새로운 윤리강령을 선포하였고, 1990년에 개정하였다. 사회복지사 윤리강령은 사회복지 전문직의 위상을 높이고 실천의 지침을 제공한다는 점에서 큰 의미를 갖는다.

3) 사회복지실천과 윤리적 갈등

윤리적 갈등(ethical dilemmas)은 사회복지사가 전문가로서 지켜야 하는 윤리적 의무와 책무가 서로 충돌함에 따라 어떠한 실천행동을 선택하는 것이 윤리적으로 올바른 것인지 판단하기 힘든 상태를 말한다. 사회복지실천에서 윤리적 갈등이 발생하는 이유는 사회복지사를 비롯한 전문가들은 전문적 가치에 맞는 행동을 해야 한다. 그러나 사회복지사의 행동이 어떤 측면에서 보면 윤리적인 반면, 다른 측면에서 보면 비윤리적인 경우가 종종 발생한다. 이러한 경우, 두 가지 이상의 의무나 가치, 원칙 등이 동등하게 유용하다고 여겨지지만, 이 원칙들이 서로 모순되거나 충돌하는 상황이 생기기 때문에 어떤 결정을 해야 할지 판단하기 어려운 윤리적 상황에 놓이면서 발생한다.

사회복지실천과정에서 윤리적 갈등의 범주를 세 가지 측면에서 살펴볼 수 있다(최세영, 2021: 45－46).

(1) 직접적인 실천과 관련된 윤리적 갈등

직접적인 실천과 관련된 상황에서 사회복지사는 개인, 가족, 또는 집단을 대상으로 직접적인 사회복지실천 활동을 수행해 나가는 과정에서 여러 윤리적 갈등에 직면한다.

(2) 사회복지정책 및 프로그램 차원에서 갈등

사회복지정책 및 프로그램을 기획하고 실행해 나가는 과정에서 발생하는 것으로, 간접적인 사회복지실천 활동으로 분류되는 영역에서 제기되는 갈등이다. 대표적으로 분배문제에서 제한된 자원은 누구에게, 어떻게, 얼마만큼 배분하는 것이 가장 공평한 것인가를 결정하는 과정에서 윤리적 문제를 경험할 수 있다.

(3) 사회복지 조직체 및 동료 사회복지사와 관련된 윤리적 갈등

사회복지 조직체 및 동료 사회복지사 사이의 관계와 관련된 것으로, 한 조직체의 일원, 즉 고용된 사람으로서의 사회복지사가 겪을 수 있는 갈등이다. 예를 들어, 사회복지사가 함께 근무하는 동료 사회복지사가 인터넷 중독 등에 빠져 업무를 소홀히 하거나, 클라이언트에게 피해를 입힌 사실을 알게 되었을 때, 이 사실을 전문 직업인으로서 기관장에게 알려야 하는가의 문제에 윤리적 갈등을 경험할 수 있다.

연습문제

1. 소극적 자유에 대한 설명으로 틀린 것은?

① 국가권력의 간섭을 받지 않을 자유를 의미한다.
② 개인의 기본 인권 및 정치적 자유를 의미한다. 즉, 시민적 자유를 말한다.
③ 신체의 자유, 양심의 자유, 언론과 사상의 자유, 신앙의 자유 등이다.
④ 소극적 자유와 권리를 보장해 줄 수 있는 제도로는 법원이다.
⑤ 사회적·경제적 자유를 의미하기도 한다.

2. 사회복지정책의 가치에 관한 설명으로 옳은 것은?

① 결과의 평등정책보다 기회의 평등정책은 빈자들의 적극적 자유를 증진한다.
② 적극적 자유는 타인의 간섭이나 구속으로부터의 자유를 의미한다.
③ 결과의 평등정책은 부자들의 소극적 자유는 침해하지 않는다.
④ 열등처우의 원칙은 형평의 가치를 반영한 것이다.
⑤ 긍정적 차별(positive discrimination)은 형평의 가치를 저해한다.

3. 사회복지정책 관련 원칙과 가치를 연결한 것으로 옳지 않은 것은?

① 보충성 원칙 – 자력구제 우선
② 열등처우 원칙 – 비례적 평등
③ 보험수리 원칙 – 개인적 형평성
④ 소득재분배 원칙 – 능력에 따른 부담
⑤ 최소극대화(maximin) 원칙 – 개인적 자유

4. 사회적 적절성에 관한 설명으로 옳은 것은?

① 사회적 적절성은 '원하는 것을 얼마나 얻을 수 있게 할 것인가'에 관한 것이다.
② 사회적 적절성에 기초하여 자원배분은 시장이 국가보다 효율적이다.
③ 사회적 적절성과 형평성은 상충하는 개념이다.
④ 기여의 크기에 따라 보상의 수준도 비례하여 커지는 것은 사회적 적절성의 개념에 따른 것이다.
⑤ 사회적 적절성은 욕구의 객관성보다 주관성을 중시한다.

정답 1. ⑤ 2. ④ 3. ⑤ 4. ③

Chapter 4

인간발달과 생애주기

개요

인간발달은 생애발달적 접근을 갖는 발달심리학의 대상으로서, 인간의 전 생애에 걸친 모든 발달적 변화 양상과 과정을 의미한다. 인간발달은 개인의 상승적 변화를 의미하며, 인간이 수정에서부터 죽음에 이르기까지 시간의 경과에 따라 발생하는 규칙적이고 연속적인 변화를 의미한다. 여기에서는 인간발달과 생애주기를 학습하고자 한다.

학습목표

1. 인간발달과 인간환경의 비교 토의
2. 생애주기에 관한 이론 습득
3. 생애주기의 발달과업 정리

학습내용

1. 인간발달
2. 생애주기

Chapter 4

인간발달과 생애주기

1. 인간발달

1) 인간발달의 개념

인간발날은 개인의 상승석 변화를 의미하며, 인산이 수성에서부터 죽음에 이르기까지 시간의 경과에 따라 발생하는 규칙적이고 연속적인 변화를 의미한다(이인정 · 최혜경, 2021: 20). 인간발달은 출생에서부터 죽음에 이르기까지 신체적·인지적·정서적·사회적 측면 등 전인적인 측면에서 전 생애에 걸쳐 연속적으로 일어나는 변화 양상과 과정을 발달 또는 발달적 변화라고 말한다. 인간발달은 생애발달적 접근을 갖는 발달심리학의 대상으로서, 인간의 전 생애에 걸친 모든 발달적 변화 양상과 과정을 의미한다(장수복 외, 2020: 35).

인간은 수정되는 순간부터 죽음에 이르는 전 생애에 걸쳐 정체되어 있는 것이 아니라, 역동적 변화를 거듭하는 존재이다. 인간은 태어나는 즉시 말도 못하고 몸도 제대로 움직이지 못하여, 실제로는 스스로 아무것도 할 수 없다. 그러나 생후 1년 후에는 서고, 걷고, 가족들을 알아보며, 웃기도 한다. 자신이 기쁠 때는 손뼉도 치고, 가족과 가족이 아닌 타인들도 구별할 수 있게 된다. 3, 4세쯤 되면 언어를 구사하여 자기 의사를 밝힐 줄 알고, 사극이나 사람을 보고 자기 나름대로 사고할 수도 있다. 어른의 행동을 모방할 수 있고, 자기 감정을 노래로 표현하며, TV나 라디오에서 노래를 따라 부를 수 있고 결정행동을 모방하며 즐거워한다. 이러한 행동변화는 출생 후에만 일어나는 것이 아니라, 출생 전 태내부터 큰 행동의 변화와 신체조직의 변화가 나타난다. 이러한 출생 전 및 후에 나타나는 행동변화를 '인간발달(human development)'이라고 한다. 그러나 모든 변화를 발달이라고는 할 수 없다.

인간발달은 성장(growth)이나 성숙(maturation), 학습(Learning)과 유사하게 사용된다. 그 내용은 다음과 같다(표갑수 외, 2021: 14－15 ; 장수복 외, 2020: 36 ; 김경은 외, 2020: 11－12).

성장(growth)은 시간의 경과에 따라 신장이나 체중, 근력의 증가 등 양적인 변화를 의미하며, 크기, 복잡성, 기능이 정점에 이를 때까지 계속 양적인 확대가 이루어지다가 일정한 시기가 지나면 정지되는 인간의 신체적 부분에 한정하여 변화를 설명할 때 사용한다.

성숙(maturation)은 경험이나 훈련과 같은 외적 환경과 관계없이 유전적 메커니즘에 의해 나타나는 체계적이고 규칙적으로 진행되어 가는 생물학적인 변화를 의미한다. 즉, 성장하는 동안 어느 기간에 이르면 환경의 영향이나 외부의 자극 없이도 자연적으로 그 기능을 발휘하게 되는 과정이다. 예를 들어, 감각처럼 특별한 학습을 하지 않더라도 완전한 발육상태에 이르거나, 사춘기를 지나는 동안 신체적 발달은 성인과 거의 같은 수준까지 진행되어 청소년기가 끝나면 더 이상 키가 자라지 않거나, 성징이 발달하지 않는 성숙단계에 도달하게 된다.

학습(learning)은 직접 또는 간접적 경험이며 후천적으로 훈련과 연습의 결과로 가치관이나 태도 등을 형성하면서 일어나는 개별적이며 내적인 변화이다. 예를 들어, 외국어 사용 능력, 컴퓨터 활용 능력 등은 훈련과 연습에 의해 이루어진 결과로 유전적 요인 및 경험이나 훈련에 의해 일어나는 변화, 내적 및 외적 변화까지 포함하는 발달보다는 협의의 개념이다. 성숙은 행동발달에 있어 기본조건으로 충분히 성숙되지 않았을 때 학습시키는 것은 역효과를 가져온다.

이러한 성장, 성숙, 학습은 상호 분리되어 있는 것이 아니라, 서로 연결되어 있으며, 세 가지 과정이 공존할 때 비로소 인간발달은 이루어진다. 즉, 일생을 통해 성장, 성숙, 학습에 의해 이루어지는 복합적 과정이 인간발달이다.

2) 인간발달의 원리와 특성

(1) 인간발달의 원리

발달원리(developmental principle)는 다음과 같다(김보기 외, 2019: 18).

첫째, 발달에는 일정한 순서가 있다. 아동의 성장과정을 살펴보면 태어나서 앉을 수 있게 된 다음에야 비로소 설 수 있으며, 설 수 있게 된 다음에 걸을 수 있다.

둘째, 발달은 일정한 방향으로 진행된다. 머리에서 발 방향으로, 안에서 바깥으로, 일반적인 것에서 특수한 것으로 발달한다. 예를 들어, 유아는 방바닥에 떨어진 머리카락 하나를 줍기 위해 거의 온몸을 다 사용하지만 시간이 지나면서 엄지손가락과 집게손가락만 사용한다.

셋째, 발달은 연속적인 과정이지만 그 속도는 일정하지 않다. 신체나 정신기능에 따라 발달의 속도는 각각 다르다. 예를 들어, 신체의 발달은 아동기와 사춘기에 급격한 증가를 보이고, 다른 시기에는 발달의 속도가 느려진다.

넷째, 발달에는 개인차가 있다. 모든 사람이 보편적인 성장과정을 거치지만 개개인을 살펴보면 분명히 뚜렷한 개인차를 확인할 수 있다.

다섯째, 발달의 각 영역은 상호 밀접한 연관이 있다. 사회정서적 발달과 신체적 발달은 인지적 발달에 영향을 미치고, 인지적 발달은 사회정서적 발달에 영향을 미친다. 즉, 신체적 발달, 인지적 발달, 사회정서적 발달은 각자 독립적으로 이루어지지 않는다.

(2) 인간발달의 특성

인간발달은 인간과 환경의 상호작용을 통하여 일정한 순서에 따라 이루어진다는 원리하에 기초 형성이 필요하며, 결정적인 시기가 존재한다는 특성을 갖는다. 또한 인간발달의 연속적 과정에서 결손이 생기면 누적되어 심각한 결손이 된다.

인간발달의 특성과 내용은 <표 4－1>과 같다.

〈표 4-1〉 인간발달의 특성 및 내용

특성	내용
기초성	인생 초기의 신체적 · 정서적 · 지적 · 사회적 · 성격적 발달은 그의 일생을 결정하는 기초가 됨.
적기성	인간의 발달에는 결정적 시기, 가장 적절한 시기가 있음. 즉, 인간의 모든 측면의 발달은 제각기 서로 다른 최적기가 존재하며, 적절한 시기를 놓치면 다음 시기에 특정한 발달과업을 보충하기 어려움.
누적성	인간발달에서 적절한 시기에 특정한 발달과업을 성취하지 못하면 다음 시기에 계속적으로 누적되며, 인생 후기에 보충하기 어려움.
불가역성	인간의 신체적 · 정서적 · 지적 · 사회적 · 성격적 발달은 최적기를 놓치면 그 이후에 이를 교정하거나 보충하기가 매우 힘들게 되며, 거의 회복할 수 없게 됨.

자료: 김영철 외(2022a: 8).

3) 인간발달요인

인간의 발달과정과 현상을 연구하는 학자들의 주요 관심 중에 하나는 발달의 요인에 관한 것이다. 이와 함께 많은 학자들은 유전과 환경이 인간에게 미치는 영향 정도와 내용에 관해 연구해 왔으며, 서로 다른 입장에서 열띤 논쟁과 함께 상이한 이론들을 주장하였다. 인간발달에 있어서 유전과 환경 중 어느 것이 더 결정적인 영향을 미치는가 하는 문제에 대해 현재까지 끊임없이 이어진 논쟁 중의 하나이다(이주희, 2013: 95).

최근에는 인간발달에서 유전과 환경의 상대적인 영향력을 엄격하게 구분할 수 없으며, 또한 발달영역에 따라 두 요인의 영향에 차이가 있다는 주장이 확산되면서 인간발달은 유전과 환경이 상호작용하는 과정에서 진행되는 것으로 설명하고 있다. 발달요인은 다음과 같다.

(1) 유전적 요인

인간발달에 생물학적 요인을 강조하는 유전설은 발달을 규정하는 원동력은 개체 내에 있다고 보는 입장이며, 생득설(nativism) 또는 선천설이라고 한다. 즉, 유전설은 발달의 본질로 생득적인 요인인 유전을 강조하며, 인간의 모든 발달특성은 부모로부터 유전된다고 보는 것이다. 인간은 유전인자를 포함하고 있는 46개의 염색체로 구성되어 있으며, 수정되는 순간에 부모로부터 물려받아 개개인의 독특한 체질과 특성에 의해 발달하는 것이다. 따라서, 유전론을 주장하는 학자들은 발달에 있어서 선천적으로 타고나는 태생적인 요인을 강조하고, 환경요인은 발달에 거의 영향을 미치지 않는 것으로 설명한다. 또한 발달이나 변화의 과정을 생물학적으로 예정된 순서와 계획에 의해 단계적으로 일어나는 현상으로 보고, 성숙요인과 생득적 요인을 중시한다. 그 예로, 모든 영아들이 성숙 이정표에 따라 앉고, 서고, 걷는 보편적으로 발생하는 발달현상이나 사춘기의 성적 발달, 또는 일란성 쌍생이들이 다른 형제지메에 비해서 발달영역에서 상관관계가 높다는 사실들은 유전이 개개인의 발달에 중요한 작용을 하고 있음을 입증하는 것이다. 인간발달을 주장하는 학자들은 가계연구나 쌍생아연구, 입양아연구의 결과를 통해 자신들의 입장을 증명하고 있다(강경미, 2016: 14).

발달의 유전적 요인을 주장하는 학자들은 입양아를 대상으로 양부모·친부모 간의 유사성의 차이를 비교해서 설명하였다. 그 예로, 입양아의 발달특성이 자신의 친부모 및 친형제·자매간의 특성과 흡사하다면 이것은 유전의 영향으로 볼 수 있다. 또한 일란성 쌍생아가 입양되어 서로 다른 환경에서 양육된 경우에 두 쌍생아 간의 공병률이 높다고 하면, 이는 유전적 영향에 대한 강력한 증거가 되는 것이다. 따라서, 입양아 연구는 발달의 유전적 요인과 환경적 요인을 분리할 수 있는 방법으로, 가계연구와 쌍생아연구의 단점을 보완할 수 있는 우수한 연구법이라고 할 수 있다.

(2) 환경적 요인

인간은 일생 동안 지속적으로 외부적 조건인 환경의 영향을 받게 된다. 인간발달의 요인을 환경이라고 주장하는 학자들은 인간발달의 모든 변화는 유전보다는 환경에 의한 것이라고 설명하였다.

환경은 단순히 물리적인 조건만을 의미하는 것이 아니라, 인간발달에 영향을 미칠 수 있는 모든 외적인 조건들을 말한다. 발달의 측면에서 보면, 물리적 환경 자체보다는 사회적 환경들이 인간의 마음에 작용하는 심리적 환경에 더 많은 영향을 미치는 것으로 인식되고 있다.

환경론과 함께 외부에서 주어진 자극에 의해 인식하게 되는 경험이 발달에 영향을 미치게 된다고 주장하는 경험론이 있다. 이 설은 로크(John Locke, 1632－1704)에 의해 발전되어 온 인식론으로 발달심리학적 입장에서는 환경론에 해당된다. 환경이 인간발달에 영향을 미치는 것은 임신하는 순간부터 시작된다(이주희, 2013: 95). 그 예로, 임신 중에 모체가 약물을 복용하거나 음주, 흡연을 하게 되면, 그 영향이 태아에게 미치게 되면서 신체기형이나 장애를 초래할 수 있다. 또한 가정환경이나 부모의 자녀양육태도 등은 아동의 발달에 긍정적·부정적 영향을 미치게 된다. 따라서, 생득설이 주장하는 것처럼 발달의 가능성은 개체의 내부에 있다고 해도, 환경이 변화되면 개인의 발달에 다양한 변화를 초래할 수 있기 때문에 외부적 환경이 발달의 주요 영향요인이라고 주장하는 것이다.

(3) 유전과 환경의 상호작용

최근에는 생애발달적 관점과 발달적 맥락주의에 근거해서 발달은 유기체에 이미 존재하고 있는 유전적 가능성과 함께 발달과정에서의 환경조건에 따라 차이가 있다는 새로운 관점이 제시되었다. 이와 함께 현재 대다수의 심리학자들은 인간의 발달을 유전과 환경 간의 역동적인 상호작용의 결과로 이해하고 있다. 그 예로, 성격은 유전적 요인에 의해 기초가 형성되지만, 환경적 경험이나 자극의 의해 수정될 가능성도 있기 때문이다. 따라서, 동일한 유전적 요인을 가지고 있더라도, 주어지는 환경조건이나 심리적 자극에 따라 성격과 행동의 양상이 달라질 수 있는 것이다.

유전과 환경의 상대적인 영향은 발달내용에 따라 다르지만, 대부분의 행동특성은 환경과 유전의 두 가지 요인에 의해 영향을 받는다는 사실이 확산되고 있다. 그 예로, 성숙이 선행되어야만 학습은 그 효과가 높으며, 학습 여부를 통해 성숙은 어느 정도 촉진 또는 지연될 수 있다. 또한 아동의 지적 능력은 거의 전적으로 유전에 의해 결정되나, 태내 모체의 조건이나 성장하면서 생활환경의 영향을 받아 정신지체아 또는 우수아로 발전할 수 있는 것이다. 따라서, 환경은 선천적으로 타고난 잠재력의 범위 내에서 영향을 미치게 되며, 동시에 같은 유전적 가능성을 가지고 출생했음에도 불구하고, 환경의 영향에 따라 그 가능성이 발전되는 정도는 다르다고 할 수 있다(강경미, 2016: 17-18).

인간의 발달에 유전과 환경 중 어느 것이 더 큰 영향을 미치는가에 대한 논의는 오래전부터 계속되었다. 유전과 환경이 발달에 미치는 영향을 설명하는 조망 중 하나는 유전과 환경이 상호작용한다는 것이다. 이 조망에서는 두 요인의 상호작용이 역동적으로 이루어지기 때문에 두 요인이 발달에 미치는 영향을 분리할 수 없다고 주장한다.

4) 발달과업

인간에게는 전 생애에 걸친 발달단계를 거치는 과정에서 각 단계별로 특별히 요구되는 중요한 과업이 존재하는데, 이를 발달과업이라고 한다.

발달단계별 주요 발달과업은 <표 4-2>와 같다.

〈표 4-2〉 생애주기에 따른 발달과업

발달단계	발달과업
영 · 유아기	① 보행 학습, ② 고형분의 음식 섭취 학습, ③ 언어학습, ④ 배설통제 학습, ⑤ 성차 인식, ⑥ 생리적 안정 유지, ⑦ 환경에 대한 단순 개념 형성, ⑧ 타인과의 정서적 관계 형성 학습, ⑨ 양심의 발달
아동기	① 놀이에 필요한 신체기술 학습, ② 자신에 대한 건전한 태도 형성, ③ 또래친구 사귀는 법 학습, ④ 성역할 학습, ⑤ 기본 학습기술(3R)의 습득, ⑥ 일상생활에 필요한 개념 학습, ⑦ 양심, 도덕, 가치체계의 발달, ⑧ 사회집단과 제도에 대한 태도 발달
청소년기	① 자신의 신체 및 성역할 수용, ② 동성 또는 이성친구와의 새로운 관계 형성, ③ 부모와 다른 성인으로부터의 정서적 독립, ④ 경제적 독립의 필요성 인식, ⑤ 직업 선택 및 준비, ⑥ 유능한 시민으로서의 기본적인 지적 기능과 개념 획득, ⑦ 사회적 책임에 적합한 행동, ⑧ 결혼 및 가정생활의 준비, ⑨ 과학적 세계관에 근거한 가치체계의 발달
성인기	① 배우자 선택, ② 배우자와의 생활방법 학습, ③ 가정 형성, ④ 자녀양육과 가정관리, ⑤ 시민으로서의 의무 완수, ⑥ 친밀한 사회집단 형성
중 · 장년기	① 사회적 의무의 완수, ② 경제적 표준생활 확립과 유지, ③ 10대 자녀의 훈육과 선도, ④ 적절한 여가 활용, ⑤ 배우자와의 친밀한 관계 유지, ⑥ 중년기의 생리적 변화 인정 및 적응, ⑦ 노년기 부모에의 적응
노년기	① 신체적 건강 쇠퇴에의 적응, ② 은퇴와 수입 감소에의 적응, ⑤ 배우자의 사망에 대한 적응, ④ 동년배와의 유대관계 재형성, ⑤ 사회적 시민의 의무 수행, ⑥ 생활에 적합한 물리적 환경의 조성

자료: 김영철 외(2022a: 12).

2. 생애주기

인간의 발달단계에 대한 구분은 기억, 언어, 성격, 사회인지 등의 각 영역에서의 발달이 어떻게 이루어지는가에 따라 구하거나, 성장시기나 연령별로 구분하기도 하는 등 학자들마다 다른 접근법을 취하기도 한다. 일반적으로 연령별로 구분하여 보면 인간발달은 8단계, 즉 태내기, 영아기, 유아기, 아동기, 청소년기, 성인기, 중년기 및 노년기로 구분할 수 있다.

1) 태내기

태내기(prenatal period)는 태내발달에서 가장 긴 시기이며, 수정 후 8주경부터 출생하기 전까지를 말한다. 이 시기에는 배아기에 형성된 신체기관이 성장하고 좀 더 정교해진다. 태아는 골격과 근육을 가지고 있어서 발로 차기도 하고, 팔을 구부리고 손을 폈다 접었다 할 수도 있으며, 심지어 손가락을 빠는 행동을 보이기도 한다. 태아의 움직임은 배아기가 끝나는 시점부터 어머니는 성장이 상당히 진행된 후인 수정 후 17－20주 사이에 태아의 움직임을 느끼기 시작한다. 20주쯤에는 외음부가 형성되어 태아의 성별을 초음파로 파악하는 것이 가능해진다(엄태완 외, 2020: 277).

태아는 양막에 둘러싸여 있고, 양막과 태아 사이에는 양수가 들어 있어 태아는 양수 속에 둥둥 떠 있게 된다. 그렇다면 태아는 양수 속에서 어떻게 숨을 쉴 수 있을까? 태반과 태아 사이에는 탯줄(umbilical cord)이 모체와 연결된다. 탯줄은 영양분이 포함된 혈액을 태아로 운반하는 정맥 하나와 노폐물을 태아에서 운반하는 동맥 하나로 이루어져 있다. 아직 폐가 미성숙한 태아는 이 탯줄을 통해 전달받는 어머니의 혈액으로부터 산소를 공급받는다.

정상적인 태내발달은 37－40주에 완성되고, 대부분의 아기는 이 시기에 출생을 한다. 하지만 가끔씩 37주 이전에 태어나는 아기들이 있는데, 이런 아이들은 조산아라고 불린다. 조산을 했을 경우에 생존할 수 있는 가장 이른 시기는 22－26주이며, 이보다 전에 태어난 아기들은 폐가 매우 미성숙하고, 뇌가 아직 호흡이나 체온을 조절할 수 있는 기능을 갖추지 못하였기 때문에 생존율이 낮다(윤가현 외, 2022: 201). 이 시기는 정자와 난자가 만나는 순간부터 출생의 시기이며, 어머니의 자궁 내에서 태아의 신체 조직이 발달하고, 신체 성장이 가장 큰 폭으로 일어나는 시기이다. 인간의 개인적 차이는 환경뿐 아니라, 유전에 의해서 영향을 받는다. 따라서, 태아에게 유전적 요인과 환경적 요인 등이 영향을 미치기 때문에 각별히 조심해야 하는 시기이다(김영철 외, 2022a: 29).

2) 영아기(출생-만 2세)

출생 후 약 2주간의 기간을 신생아기라고 하며, 만 2세까지를 영아기(infancy)로 부른다. 이 기간에는 성장속도가 매우 빠르다. 영아기는 신체적·심리적으로 성인에게 의존하며, 부모나 형제자매 등 돌보는 사람에게 애착행동을 보이게 된다. 영아기의 가장 큰 변화는 일어서서 이동하는 능력을 나타내는 것이다. 또한 감각운동의 시기이며, 한두 단어를 사용할 수 있게 된다. 이 기간 동안 무력한 존재인 영아는 하나의 독립된 개체로서 성장할 준비를 하게 된다. 특히, 신생아기는 태내환경과 너무나 상이한 새로운 환경에 적응해야 하므로 매우 중요한 의미를 갖는다.

영아기는 인간발달의 여러 영역에서 매우 급속한 성장이 이루어지며, 무력한 존재에서 스스로 뛰어다닐 만큼 빠른 속도로 신체발달이 이어지는 시기이다. 또 다른 사람과 의사소통이 이루어질 만큼 언어능력도 발달한다. 부모와의 애착관계 형성에 따라 사회성 발달에 영향을 미치는 시기이며, 인지발달을 촉진시키기 위해 여러 감각에 대한 자극들이 필요한 시기이다. 따라서, 영아기에 부모와의 정상적인 애착이 형성되도록 무조건적인 사랑으로 돌보아야 하며, 인지발달에 필요한 자극이 주어지도록 환경을 조성해 주어야 한다(이억범 외, 2014: 144).

3) 유아기(만 3-6세)

유아기(early childhood)는 대개 만 3세부터 6세가량의 기간을 말한다. 이 시기에는 자기주장과 지배에 대한 욕구가 매우 강하다. 이는 개인으로서의 자신을 의식하기 시작하는 데서 비롯된 것으로 반항과 고집, 자기주장이 나타나기 시작한다. 이 시기의 아동이 경험하는 긴장은 아이의 행동을 제한하고 규제하려는 환경의 요구에서 비롯된다. 따라서, 유아는 자신의 행동에 타인의 요구를 고려해야 한다는 것을 배우게 된다. 이러한 과정을 거쳐 초기에는 타인과의 상호관계를 고려하지 않는 자기 중심적 존재로부터 타인과의 상호관계를 고려하는 존재로 성장해 간다. 이 시기에는 자신의 고유성을 인식하기 시작하여 유아기 후반에 가면 '내 마음대로' 하는 것보다는 '내 스스로' 하는 것에 더 관심을 갖게 된다(김이영 외, 2015b: 180).

이 시기에 언어발달은 중요한 부분을 차지하게 되는데, 언어는 여러 현상을 이해하고 개념화하기 위한 인지적 수단이 되고, 자신의 생각을 표현하고 타인의 생각과 의도를 이해함으로써 대인관계를 형성하기 위한 기본적 수단이 되기 때문이다. 유아기 언어발달의 개인차에는 가정의 물리적·심리적 환경, 인지발달, 성차, 출생순위나 형제자매 수 등이 영향을 미친다(정미경, 2015: 130).

4) 아동기(만 7-12세)

아동기(middle & late childhood)는 신체적 성장이 급속히 일어나지 않고, 꾸준한 성장을 보인다. 살이 빠지고 팔, 다리가 성장하면서 머리와 신체의 비율이 성인과 유사하게 되어 간다. 초기 아동기에는 인지능력과 언어가 놀라운 속도로 발달하기 시작하며, 도덕성이 발달하고 또래관계를 형성하기 시작한다. 후기 아동기는 논리적 사고, 읽기 능력, 자아, 도덕성, 또래와 우정 등이 증진되는 시기이다(윤가현 외, 2022: 202).

아동기에는 학교 경험이 시작됨으로써 유아기보다 복잡한 사회적 영향을 받게 된다. 아동기 이전의 시기인 학령 전기까지 거의 전적으로 가족의 영향에 놓여 있었으나, 학교는 아동에게 가족 이외의 외부로부터의 평가, 성공과 실패 기회, 또래집단과의 경험 등을 제공하는 중요한 영향력의 원천이 된다(김이영 외, 2015b: 181).

이 시기에는 지속적 성장기로서 발육이 왕성하고 운동이 활발하므로 영양공급이 매우 중요하며 충분한 수면이 필요하다. 아직 신체의 소화·흡수 능력이 아직 미숙하며, 식사 행동도 자립하려는 단계이다. 이 시기의 식품선택과 섭취량은 음식의 종류와 양뿐만 아니라, 식사 분위기, 형제, 자매, 친구, 부모, 그리고 아이의 생활에 영향을 줄 수 있는 다른 어른의 태도에 따라 결정된다. 이 시기에는 아이에게 식사준비를 할 때 돕도록 함으로써 식사에 대한 올바른 태도를 형성하게 하고 영양인식을 높이는 것도 좋은 방법이다. 신체성장이

꾸준히 계속되고 도덕관념이 발달하며, 모방과 성역할을 구분하고 활동이 증가되는 시기이다. 이 시기에 식사시간은 사회적 관점에서 중요한데, 사회화와 성역할 구분의 중요한 시간이 된다(이억범 외, 2014: 145).

아동기는 대략 아동이 일반적으로 초등학교에 들어가는 연령인 만 7세부터 초등학교를 졸업하는 12세 정도까지의 시기이다. 일부에서는 유치원부터 아동기로 삽입하기도 한다. 유치원은 학교교육을 받는 시기라고 보기 어려우나, 가족 이외의 사회적 영향력이 새롭게 등장한다는 점에서 이전의 시기와 구별된다. 따라서, 아동기를 유치원 시기에 해당하는 아동기 전기와 초등학교 시기에 해당하는 아동기 후기로 구분하기도 한다(김이영 외, 2015b: 181).

5) 청소년기(만 13-24세)

청소년기(adolescence)는 아동에서 성인기로 전환하는 시기이다. 연령적으로 대략 만 13－24세이며, 13－18세의 청소년 전기와 18－24세의 청소년 후기로 구분할 수 있다. 많은 학자들은 청소년 전기를 청소년기로 분류하고 있으며, 그 이후는 성인기 또는 성인기 전기로 표기한다. 특히, 제21대 국회의원 선거(선거일: 2020년 4월 15일)에 만 18세부터 투표할 수 있도록 선거법 개정이 이루어졌다.

청소년 전기에는 급속한 신체적 변화와 인지적 발달을 경험하며, 청소년 후기는 자아정체감 확립과 더불어 성인생활을 준비하기 위한 여러 가지 과제에 집중한다. 또한 청소년기에는 급격한 신체발달과 더불어 운동능력의 발달도 현저하다. 이것은 개인의 만족과 자신감을 키워주는 역할을 한다(정미경 외, 2015: 132).

청소년기의 가장 중요한 과업은 자아정체감을 형성하는 것이다. 자아정체감은 자신의 독특성에 대한 비교적 안정된 느낌을 말한다. 자아정체감은 개별성, 통합성, 연속성(또는 계속성)의 차원을 갖는다. 개별성은 '다른 사람과 구별되는 고유한 존재'라는 인식을 말하며, 통합성은 자신의 행동이나 태도 등이 전체적으로 일관성이 있으며 통합되어 있다는 인식을 말하고, 연속성은 시간의 경과에도 불구하고, '동일한 사람'이라는 인식을 말한다. 자아정체감 형성은 아동기 때부터 시작되는 것으로 볼 수 있으나, 청소년 후기에 가장 중요한 인생과업으로 등장한다. 자아정체감 형성을 위해서는 자신의 신념, 가치관 등에 대한 고통스러운 의문 제시가 선행되어야 하며 따라서, 일종의 위기를 경험하게 된다. 자신이 경험한 많은 요소를 모아 통합된 명확한 자기정의를 내리는 것은 어려운 일이므로 자아정체감을 형성하는 과정에서 누구나 혼란과 우울증을 경험할 수 있다.

청소년 후기에는 대학 입학·졸업, 군 입대, 직업선택 구상, 활발한 이성교제 등에 에너지를 소비하며, 인생의 큰 도전을 맞는 시기이기도 하다(김이영 외, 2015b: 181).

6) 성인기(만 25-40세)

성인기(adulthood)로 들어가는 것은, 일생에서 주요한 전환이다. 이전의 모든 발달은 성인기를 준비하는 시기라고 볼 수 있으며, 성인기 이후는 이제까지 준비해 온 것을 실현하고 구체화시키는 시기이다. 성인기는 대략 25세에서 40세까지로 잡는다. 성인기는 신체적·지적 측면에서 가장 정점에 있는 시기라고 할 수 있다. 사회적 측면에서는 다른 사람을 사랑하고 보살피는 능력이 심화되는 시기이다. 즉, 이전의 시기에 자아정체감을 형성한 사람은 이제 타인과의 상호관계에 집중할 수 있게 된다. 성인기에는 대부분 직장인이 되면서 경제적으로 독립하게 되고 사회인으로서의 책임과 의무가 생기게 된다. 결혼을 통해 가정을 갖게 되고 자녀가 생기고 자녀를 독립시키는 과정 및 은퇴와 신체적·심리적 노화를 경험하게 되는 시기이다(정미경 외, 2015: 132).

이러한 맥락에서 성인기에 경험하는 가장 큰 변화는 직업을 갖고 결혼을 하는 것이다. 발달에 대한 잠재력은 전 생애에 걸쳐 존재하지만, 성인기 이후의 발달은 아동기나 청소년기와는 그 성격이 다르다. 다시 말해서 성인기 이후의 발달은 새로운 신체적 기능이나 인지적 능력의 획득에 의해 일어나기보다는 주로 사회적·문화적 요소에 의해 주도된다.

7) 중년기(장년기, 만 41-64세)

중년기(middle adulthood)는 성년기 후기라고도 하며, 일반적으로 41－45세 이후부터 65세 이전까지 약 20－25년의 기간을 말한다. 중년기는 인생의 목표를 성취해 나가는 시기로 심리적·직업적·가정적으로 안정되어 있으며, 사회에 공헌할 수 있는 능력과 태도를 갖추게 된다. 특히, 중년기의 자녀성장이나 직업적 성취, 후배 배출 등의 생산성은 중년기 발달에 원동력으로 작용한다. 중년기 발달에서 가장 현저하게 진행되는 변화는 노화로 신체적·성적 변화가 우선하며, 이와 함께 나타나는 심리적 변화로 성격과 정서의 변화가 있다. 사회적으로는 가정과 사회에서 윗사람으로서의 역할 변화가 있다(상셩미, 2016: 362).

이 시기에는 경제적·직업적으로 비교적 안정되는 기간이기도 하지만, 새로운 위기가 시작되는 기간이기도 하다. 중년기에 들어서면서 지혜를 통하여 문제해결을 시도하고, 대인관계를 이성보다는 사회적인 관계로 받아들이며, 감정의 대상을 다양화하고, 새로운 사고에 대하여 수용적이어야 건강하다고 할 수 있다. 이 시기는 사회적 관점에서 '빈 둥지(empty nest) 시기'라고 한다. 이는 자녀가 성장함에 따라 집을 떠나게 되어 부부만 남게 되는 것을 말한다. 각 가정의 부부의 결혼 연령, 자녀 수, 자녀들의 교육기간, 자녀의 결혼 유무, 결혼 시기 등과 같은 여러 요인에 따라 그 기간이 결정된다.

이 시기는 남성보다는 여성에게, 특히, 어머니의 역할에 집중을 하고 살아온 전업주부는 심리적으로 공허감이나 우울감을 느끼게 되어 부적응적 양상이 나타날 수 있으며, 이를 '빈 둥지 증후군(empty nest syndrome)'이라고 한다. 이러한 현상에 잘 대처하기 위해서는 원만한 부부관계를 유지하기 위한 노력이 필요하며, 다양한 사회활동에 참여하는 것이 좋다.

8) 노년기(만 65세 이상)

노년기(late adulthood)는 인생의 마지막 단계로, 일반적으로 65세 이상인 사람을 노인이라고 한다. 이를 세분해서 60−69세를 연소노인, 70−75세를 중고령노인, 75−84세를 고령노인, 85세 이상을 초고령노인으로 구분하는 경향이 있다. 그러나 노화가 시작되는 시기는 개인에 따라 차이가 있고, 또한 개인마다 운동능력과 사고능력의 노화 정도가 다르고 의식수준도 개인차가 심하기 때문에 노인을 한마디로 규정하기는 어렵다. 일반적으로 일상활동이 감소하면서 사회와 유리되는 은퇴시기를 노년기로 간주하고 있다(강경미, 2016: 372−373).

이 시기에는 자녀양육 책임으로부터 벗어나 부부관계에 보다 초점을 맞추게 되고, 또한 자녀들이 성인이 되는 등, 중년기까지의 자신의 삶이 결혼생활과 자녀양육에서 그리고 직업 등에서 성공했는지 실패했는지를 평가할 수 있는 증거가 축적된다. 따라서, 노년기에는 지나온 삶에 대한 평가를 하게 되는데, 이 과정에서 자신의 성취한계를 깨닫고, 어느 정도의 실망을 하게 된다. 문제는 이것을 어떻게 받아들이는가인데, 어떤 경우에는 지나온 삶을 돌아보면서 극도의 우울감에 빠져 현재의 어떤 경험도 그 우울감을 보상하지 못하는 경우가 있는가 하면, 어떤 경우에는 지나온 삶에 대한 평가를 지나치게 긍정으로 합리화하여 극도의 자신감을 표현하는 경우도 있다(김영철 외, 2022a: 86−87).

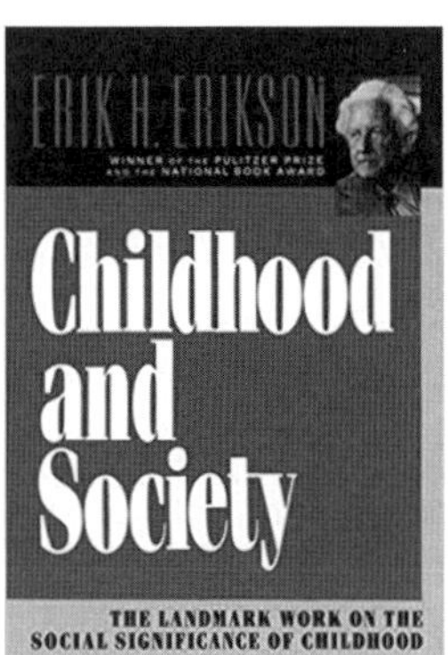

『아동기와 사회』
(1993년 출판)

에릭슨(Erik Homburger Erikson, 1902−1994)은 1950년 그의 저서 『아동기와 사회(*Childhood and Society*)』에서 8단계의 생애주기이론을 주장하였다. 즉, 그는 생애주기를 심리사회학적 이론에 따라 8단계설을 주장하였는데, ① 영아기 ② 초기 유아기 ③ 유아기 ④ 아동기 ⑤ 청소년기 ⑥ 성인기 ⑦ 중년기 ⑧ 노년기 등이다. 그 후 이 이론은 생애주기이론을 대표해 왔다.

8단계 생애주기이론은 <표 4-3>과 같다.

〈표 4-3〉 에릭슨의 심리사회학적 발달 8단계

발달단계		심리사회적 위기	덕목	주요 대상
1	영아기	기본적 불신 대 신뢰(basic mistrust vs. trust)	희망(hope)	어머니 (모성 인물)
2	초기 유아기	자율성 대 수치심과 의심 (autonomy vs. shame and doubt)	의지(will)	부모(부성 인물)
3	유아기	주도성 대 죄책감(initiative vs. guilt)	목적(purpose)	기본 가족
4	아동기	열등감 대 근면성(inferiority vs. industry)	능력 (competence)	이웃, 학교
5	청소년기	정체성 대 역할 혼란 (identity vs. role confusion)	충실(fidelity)	동료집단, 외부집단
6	성인기	친밀감 대 고립감(intimacy vs. isolation)	사랑(love)	친구, 연인, 회사동료 등
7	중년기	유발 대 침체(generation vs. stagnation)	돌봄(care)	분업과 가사분담
8	노년기	자아통합 대 절망(ego integrity and despair)	지혜(wisdom)	인류, 우리들

자료: 김보기 외(2019b: 82).

에릭슨의 생애주기이론은 1982년 그의 부인 조안 에릭슨(Joan M. Erikson)과 공동으로 집필한 『완성된 생애주기(*The Life Cycle Completed*)』에서, 기존 8단계에서 1단계를 추가하여 '9단계(the ninth stage)'를 제시함에 따라 완성도를 더 높이게 되었다. 그들은 이 저서에서 마지막 9단계를 '절망감 대 노령초월(despair vs. gerotranscendence)'로, 덕목은 '전진(headway)'으로 설명하고 있다(Erikson and Erikson, 1998: 105-114). 즉, 80-90대의 나이에는 과거의 절망 따위는 사치이다. 이는 '죽음의 문(death's door)'이 열려 있기 때문이다. 따라서, 90세 이상에서는 장애물과 손실물(hurdles and losses)에 대처하면서 살아가야 한다. 9번째 단계에서 절망감 대 노령초월로

『완성된 생애주기』
(1998년 출판)

이어지는 길에서 성공적으로 전진(headway)하도록 설득하고 있다(Erikson and Erikson, 1998: 112).

에릭슨 부부가 주장하는 생애주기 9단계는 <표 4-4>와 같다.

〈표 4-4〉 에릭슨의 완성된 발달단계(9단계)

발달단계		심리사회적 과제와 위기	덕목
1	영아기	기본적 불신 대 신뢰(basic mistrust vs. trust)	희망(hope)
2	초기 유아기	수치심과 의심 대 자율성 (shame and doubt vs. autonomy)	의지(will)
3	유아기	죄책감 대 주도성(guilt vs. initiative)	목적(purpose)
4	아동기	열등감 대 근면성(inferiority vs. industry)	능력 (competence)
5	청소년기	정체성 혼란 대 정체성(identity confusion vs. identity)	충실(fidelity)
6	성인기	고립감 대 친밀감(isolation vs. intimacy)	사랑(love)
7	중년기	침체감 대 유발(stagnation vs. generation)	돌봄(care)
8	노년기	절망감과 혐오 대 통합(despair and disgust vs. integrity)	지혜(wisdom)
9	80~90세	절망감 대 노령초월(despair vs. gerotranscendence)	전진(headway)

자료: Erikson and Erikson(1982) 재구성.

연습문제

1. 인간발달의 원리에 대한 설명으로 옳은 것은?

① 발달에는 개인차이가 없다.
② 발달은 유전과 환경의 상호작용에 의해 이루어진다.
③ 발달은 연속적이며 발달의 속도는 일정하다.
④ 발달은 꼬리에서 머리, 하부에서 상부로 진행된다.
⑤ 발달에는 결정적 시기가 따로 있을 수 없다.

2. 영아가 낯가림이나 분리불안을 보이는 것은 어떤 특성이 형성되었기 때문인가?

① 자기중심성 ② 대상영속성
③ 보존개념 ④ 애착 ⑤ 시각형성

3. 청년기의 특징으로 옳은 것은?

① 독립으로 인한 양가감정을 느낀다.
② 직업선택과 여가선용이 가장 중요한 역할과제이다.
③ 자아정체성을 확립해야 하는 시기이다.
④ 심리사회적 유예기간으로 직업탐색이 중요한 시기이다.
⑤ 직업적 성취도가 최고조에 이르러야 한다.

4. 성년기(30대)의 발달과업에 대한 설명으로 옳지 않은 것은?

① 확대가족관계 재조정하기 ② 부부관계 적응
③ 직장생활 적응과 유지 ④ 자녀 출산 및 부모역할 적응하기
⑤ 사회관계 재조정하기

5. 노년기의 발달과업은 무엇인가?

① 자아정체감 ② 자아통합감
③ 자기효능감 ④ 자아성취감 ⑤ 자아존중감

정답 1. ② 2. ④ 3. ① 4. ⑤ 5. ②

Chapter 5

복지국가

개요

복지국가는 전형적으로 모든 시민들에게 권리 성격의 급여제공, 경제에 대한 정부의 통제, 그리고 완전고용이라는 세 가지 거시적 원칙을 가지고 있다. 또한 복지국가는 이념적으로 사회민주주의, 정치적으로 의회민주주의, 경제적으로 혼합경제, 그리고 사회적으로 완전고용과 사회보장제도가 실현된 국가를 지칭한다. 여기에서는 복지국가를 학습하고자 한다.

학습목표

1. 복지국가의 이념 파악
2. 복지국가 유형의 비교 분석
3. 복지국가 위기론의 유형 분석

학습내용

1. 복지국가의 개념
2. 복지국가의 유형
3. 복지국가 위기

Chapter 5

복지국가

1. 복지국가의 개념

복지국가(welfare state)라는 용어는 영국 켄터베리 대주교인 템플(William Temple, 1881–1944)이 1941년에 간행한 『시민과 성직자(*Citizen and Churchman*)』라는 팸플릿에서 사용하였다. 즉, 템플이 독일 나찌시대의 '전쟁국가(warfare state)' 또는 '무력국가(power state)'에 대비하여 영국을 복지국가로 대조시켜 규정한 데서 비롯되었다. '복지국가'는 1945년 집권한 영국 노동당 정부가 「베버리지 보고서(1942)」를 근간으로 1948년 '요람에서 무덤까지'의 사회보장제도를 실시함으로써 일반적으로 사용되기 시작했는데, 1948년을 복지국가의 원년이라고 부른다(박경일, 2020: 93). 그러나 복지국가라는 명칭을 1950, 60년대에는 무슨 뜻인지도 모르고 사용되었고, 낯선 것이었다. 사회개혁가이자 관리자로서 복지국가 영국의 아버지로 존경받는 윌리엄 베버리지(William Henry Beveridge, 1879–1963)는 복지국가란 의미가 '공짜로 얻기(something for nothing)', '산타클로즈 국가(Santa Claus State)' 등을 암시하고 있다는 것을 마땅치 않게 여겼다. 복지국가 이론가 마셜(Thomas Humphrey Marshall, 1893–1981)은 그의 유명한 강의 『시민정신과 사회계급(*Citizenship and Social Class*, 1950)』에서 복지국가란 용어를 사용하지 않았으며, 유명한 페이비언 티트머스

(Richard Morris Titmuss, 1907－1973) 역시 '복지국가'란 용어는 사회복지정책의 친구가 아니라 적대적인 용어로 보았다(Garland, 2016).

복지국가를 명확히 정의하는 데에는 어려움이 있지만, 갈랜드(David Garland)는 2016년 그의 저서 『복지국가개론(*The Welfare State: A Very Short Introduction*)』에서, 이 분야의 전문가들은 일반적으로 복지국가의 세 가지 아주 다른 개념들 가운데 하나를 주장한다고 말한다. 그 내용은 다음과 같다.

『복지국가개론』
(2016년 출판)

첫째 개념은 복지국가를 빈곤층을 위한 복지를 구현하기 위해서 노력하는 국가로 규정한다.

둘째 접근방법은 사회보험, 사회적 권리와 사회서비스 등에 초점을 둔다.

셋째 개념은 경제적 관리와 모든 복지국가에서 이루어지고 있는 경제통제를 강조한다.

복지국가는 전형적으로 모든 시민들에게 권리 성격의 급여제공, 경제에 대한 정부의 통제, 그리고 완전고용이라는 세 가지 거시적 원칙을 가지고 있다. 또한 복지국가는 이념적으로 사회민주주의, 정치적으로 의회민주주의, 경제적으로 혼합경제, 그리고 사회적으로 완전고용과 사회보장제도가 실현된 국가를 지칭한다. 따라서, 복지국가는 보호가 필요한 사람들뿐만 아니라, 모든 시민들에게 소득을 보장해 주고, 건강보호서비스와 교육서비스도 제공한다(박병현, 2011: 11).

그러므로 복지국가란 개인의 일상적 생활보장과 사회적 위험 및 사회적 문제를 해결하고 자유와 평등을 포함한 인간의 행복을 추구하기 위한 권리를 정부와 민간조직이 보장하기 위해 적극 노력하는 국가, 즉 소득의 상실로부터 가족의 최저생활수준을 보호하기 위해 고안된 사회서비스를 제공하는 나라를 말한다.

복지국가의 특징은 다음과 같다(노기남 외, 2021: 94).

첫째, 사회복지정책의 형성과 집행에서 국가의 역할이 중요하다.

둘째, 정치적 제도로서 민주주의를 복지국가 성립의 수반조건으로 한다.

셋째, 사회복지정책의 일차적 목표를 모든 국민의 최소한의 생활보장에 둔다.

넷째, 복지국가는 궁극적으로 '결과의 평등'을 추구한다. 기회의 평등을 추구하는 것은 아니다.

2. 복지국가의 유형

복지국가 유형을 연대기적 서술로 살펴보면 다음과 같다.

1) 윌렌스키와 르보

『산업사회와 사회복지』
(1958년 출판)

윌렌스키와 르보(Harold L. Wilensky & Charles N. Lebeaux)는 1958년 그들의 저서 『산업사회와 사회복지(*Industrial Society and Social Welfare*)』에서 잔여적 관점과 제도적 관점으로 유형화하고 있다. 그 내용은 다음과 같다(Wilensky and Lebeaux, 1965: 138－139).

(1) 잔여적 관점

잔여적 관점(residual view)은 사회복지가 일차적으로 가족과 시장기구에 의해서 공급되는 것을 원칙으로 한다. 보완적 관점이라고도 한다. 사회복지제도는 가족과 시장기구에 의해 움직여지고, 그러한 기구를 통해 개인의 욕구가 충족될 수 있다. 그런데 가족 또는 시장기구가 정상적으로 제 기능을 발휘하지 못할 때 사회복지제도로서의 보완적 모형이 작동된다. 이 모형은 가정생활이 파괴되거나 시장기구나 제대로 움직일 수 없어 정상적인 경로로는 사회복지가 공급될 수 없을 때 나타난다. 그것은 가족과 시장기구가 작동하지 못할 때 출현하는 일시적이고, 긴급한 기능이며 보조적인 성격을 띤다. 예컨대, 자선사업과 의연금이 그러한 유형의 사회복지활동이며, 가족과 시장기구가 다시 제 기능을 회복할 때 보완적 사회복지활동은 작동이 중지된다.

(2) 제도적 관점

제도적 관점(institutional view)은 누구나 일정한 조건, 즉 법적·제도적 조건만 갖추게 되면 사회복지 혜택을 받을 수 있는 경우를 말한다. 복지사회를 건설하기 위해 사회복지 혜택을 받을 수 있는 경우를 말한다. 그들은 "사회복지는 각 개인이나 집단이 만족할 만한 수준의 삶과 건강을 누릴 수 있도록 도와주기 위해 만들어진, 사회적 서비스와 제도의 조직화된 체계(the organized system of social services and institutions)이다."(Wilensky and Lebeaux, 1965: 139)라고 주장한다. 윌렌스키와 르보는 산업화가 진행될수록 보완적 모형보다 제도적 모형이 더욱 강조될 것이라고 보고 있다.

이 두 가지의 관점은 상반되는 것으로 나타나지만, 실제에 있어서 미국의 사회복지는 이 둘을 결합하려고 시도해 왔으며, 사회복지에 있어서의 현재의 경향도 중간노선을 걷고 있다. 구질서가 무너지는 것을 비통해하는 사람들은 제도적 관점의 이데올로기가 개인적인 특성과 국가의 사회구조를 모르는 사이에 해치고 있다고 주장한다. 한편, 오늘날 우리가 유토피아에 도달하지 못한 것을 슬퍼하는 사람들은 잔여적 개념에 대해 우리들이 '모든 사람을 위해서 행복한 생활'을 달성하기 전에 제거되어야만 할 장애물이라고 반박하고 있다. 윌렌스키와 르보(1965: 139)에 따르면, 두 가지의 이데올로기가 모두 진공상태에 존재하는 것이 아니라, 더 넓은 사회문화적 상황의 반영이며, 산업화가 더욱 진전됨에 따라 제도적 개념이 더 우세하게 될 것 같다고 본다.

잔여적·제도적 복지국가의 비교는 <표 5-1>과 같다.

〈표 5-1〉 잔여적·제도적 복지국가의 비교

구분	잔여적 복지국가	제도적 복지국가
사회복지 등장	가족이나 시장과 같이 사회의 정상적인 주요 제도들이 복지욕구를 충족하지 못할 때, 즉 가족이나 시장이 실패할 때	사회의 정상적인 최일선(first line)의 기능을 함.
사회복지 욕구해결의 주된 역할	가족이나 시장	국가
국가의 복지기능	최소화	극대화
가족이나 시장의 복지기능	자연적이고 정상적인 주된 기능	극소화
사회복지 급여수준	낮음	높음
수급절차	까다롭고 낙인감을 주는 자산조사를 실시한 후 급여제공	사회권으로서 보편적으로 급여제공
강조하는 이념	개인주의, 개인책임, 경쟁	집합적 사회결속
사회복지서비스 제공근거	수급자격 유무에 근거-(도움을 받을)자격 있는 빈민과 (도움을 받을)자격 없는 빈민으로 구분	욕구에 근거-사회구성원 대부분이 수혜자 : 복지수혜자와 비수혜자의 구분이 무의미
대표적 국가	미국, 일본 등	스웨덴, 노르웨이 등 스칸디나비아 국가

자료: 김기원(2020: 131) 재구성.

윌렌스키(Wilensky, 1975: 30－31)는 22개국을 복지국가로 규정하고, 그들 국가 중 9개국을 선진복지국가, 8개국을 중진복지국가, 그리고 나머지 5개국을 후진복지국가로 분류하였다. 세 가지 유형의 복지국가로 구분할 때 그가 사용하였던 기준은 극히 단순하게 1966년 당시 사회보장비가 국민총생산에서 차지하는 비율이었다. 비율이 15% 이상이면 선진복지국가로 분류되었는데, 여기에는 오스트리아, 서독, 벨기에, 네덜란드, 프랑스, 스웨덴, 이태리 등 9개국이 속해 있었고, 비율이 10~15%이면 중진복지국가로 규정되었으며, 영국, 덴마크, 핀란드, 노르웨이, 뉴질랜드, 아일랜드, 캐나다 등 8개국이 여기에 소속되었다. 나머지 5개국, 예컨대, 스위스, 호주, 이스라엘, 미국 등은 비율이 10% 미만이기 때문에 후진복지국가로 분류되었다.

2) 퍼니스와 틸톤

퍼니스와 틸톤(Norman Furniss & Timothy Alan Tilton)은 그들의 저서 『복지국가사례(*Case for the Welfare State: From Social Security to Social Equality*)』에서, 사회복지 욕구에 대한 정부개입의 형태에 따라 복지국가의 모형을 적극적 국가, 사회보장국가, 사회복지국가로 분류하고 있다.

(1) 적극적 국가

적극적 국가(positive state)의 일차적 목표는 시장의 불안정과 재분배 요구로부터 자본가를 보호하는 데 있다. 이에 정책방향은 경제성장을 위한 정부와 기업의 협조를 강조하며, 국가시장경제에 개입하여 독점을 규제하고, 지나친 사회적 불평등을 예방해야 한다. 또한 적극적 국가에서는 경제성장을 저해하는 사회복지정책은 가급적 피하며, 완전고용정책의 극소화를 비롯하여 노동조합의 지나친 임금인상 요구나 집단행동을 규제한다.

이런 점에서 볼 때, 적극적 국가는 중산층 이상만 보호를 받을 수 있어서 이러한 국가를 복지국가라 할 수 없으며, 그리고 미국이 그 대표적인 나라로 꼽힌다.

(2) 사회보장국가

사회보장국가(social security state)는 국민들에게 최저수준의 복지를 보장하는 국가를 말한다. 이에 사회보험제도 외에도 공공부조와 각종 사회복지 분야 서비스제도를 확대 실시한다. 특히, 사회보장국가는 완전한 평등을 추구하기보다는 최저수준의 생활을 보장하는 데 그친다. 이것은 개인 자신이 자발적으로 복지향상에 기여할 수 있게 하기 위한 조치이다. 대표적인 나라가 영국이다.

(3) 사회복지국가

사회복지국가(social welfare state)는 광범위한 사회복지서비스를 비롯하여 평등과 정치활동 참여 등으로 모든 국민의 안녕을 보장하는 나라를 말한다. 특히, 이러한 국가에서의 정부는 노동조합과 긴밀한 협조하에 고용정책이나 임금정책을 실시하여 최하층의 요구를 우선적으로 수용하는 정책을 펴게 된다. 따라서, 사회복지국가에서는 경제정책보다는 사회정책이 우선시 되며, 국민들의 삶의 질을 저해하는 도시계획이나 재개발은 금지된다. 스웨덴이 그 대표적인 나라이다.

퍼니스와 틸톤의 복지국가모형은 <표 5-2>와 같다.

〈표 5-2〉 퍼니스와 틸톤의 복지국가모형

국가유형	사회복지국가	사회부장국가	적극적 국가
국가정책 목적	평등 및 화합	전체 국민의 생활안정	시장의 불안정으로부터 자본가를 보호
국가정책 방향	• 정부와 노조 간의 협력 • 완전고용정책 • 최하위 계층의 요구를 우선적으로 고려함.	• 완전고용정책의 극대화 • 기회균등 실현 협력	• 경제성장을 위한 정부와 기업의 협력 • 완전고용정책의 극소화
사회정책 방향	• 최저수준 이상 보장 • 정부지원에 따라 사회보장 및 공공부조 프로그램의 극대화 • 권력분산 및 국민참여확대	• 최저수준 보장 • 기본생존수준 이하의 빈곤퇴치 • 국민생활수준 향상 및 개선 • 사회보장제도 외에 무상서비스 필요함.	• 경제적 효율성에 기여할 수 있는 복지서비스만 실시 • 수평적 재분배 및 수익자부담의 사회보험제도 운영 • 잔여적 복지 • 사회통제수단으로 복지정책을 채택
해당 국가	스웨덴	영국	미국

자료: 고광신 외(2017: 328).

3) 미쉬라

미쉬라(Ramesh Mishra)는 1984년 그의 저서 『복지국가 위기(*The Welfare State in Crisis: Social Thought and Social Change*)』에서, 복지에 대한 국가책임의 사상과 현실적 제도와의 관련에 따라 복지국가모형을 분화적 복지국가와 통합적 복지국가로 분류하고 있다. 그에 따르면, 조합주의에 입각한 새로운 형태의 통합적 복지국가(integrated welfare state)는 복지국가의 발전적인 방향의 모색이며, 혼합경제와 복지국가의 근본정신에 위배되지 않으면서 복지국가의 위기를 타개할 수 있는 진정한 대안이 될 수 있다고 주장한다(Mishra, 1984: 101－102).

『복지국가 위기』
(1984년 출판)

(1) 분화적 복지국가

분화적 복지국가(differentiated welfare state)에 이론적 배경을 제시하고 있는 학자는 베버리지와 케인즈이다. 분화적 복지국가는 다음과 같다.

첫째, 경제분야에서 공급측면보다 수요측면에서 경제를 조절하고 있으며, 재정정책 및 금융정책을 통해 수요의 창조나 억제를 위한 정부 경제활동의 활성화 조치를 취하고 있다.

둘째, 사회복지분야는 경제와 구별되는 상대적 자율성을 유지하고 있으며, 국가는 경제와 관련하여 뚜렷한 연계를 거의 갖지 않는 사회적 서비스를 제공하고 있다.

셋째, 정치분야의 경우 분화적 복지국가는 다원주의 이론에 근거하여 움직이고 있다. 정치형태 및 사회의 의사결정과정에서 자유경쟁 또는 시장모델을 적용하고 있으며, 의회주의적 정부형태를 선호하고 있고, 완전한 시민적 자유와 정치적 자유를 보장하고 있다. 더욱이 산업분야에서 자유로운 집단협상 방식을 선택하고 있다. 예컨대, 대표적인 분화적 복지국가는 미국과 영국을 들 수 있다.

(2) 통합적 복지국가

통합적 복지국가(integrated welfare state)는 조합주의를 기반으로 성립하기 때문에 분화적 복지국가와는 두 가지 점에서 다르다.

첫째, 조합주의를 토대로 성립하고 있는 통합적 복지국가는 경제정책과 사회정책이 상호 밀접하게 관련되어 있어서 양자의 통합 필요성을 제기하고 있다(Mishra, 1984: 104).

둘째, 조합주의적인 접근방법은 복지국가의 제도 속에 함축되어 있는 체계통합(system integration)과 사회통합(social integration)은 상호 관련된 것으로 본다(Mishra, 1984: 104–105).

그러므로 조합주의라는 용어는 여러 가지 측면에서 조직화된 경제적 이해관계 및 현대국가의 의사결정구조와 과정을 연계한 것으로 보고 있다. 그는 이런 상황에서 조합주의에 기반을 둔 통합적 복지국가의 유형을 제시하고 있으며, 그것과 유사한 구조를 가진 다원주의 또는 분화적 복지국가를 대조시키고 있다. 이러한 대조는 복지국가에 접근하고 있는 조합주의의 분명한 특징을 나타내 주고 있다(Mishra, 1984: 102).

그러므로 미쉬라의 분화적 복지국가와 통합적 복지국가의 특징은 다음과 같이 정리할 수 있다. 즉, 미쉬라의 복지국가모형은 퍼니스와 틸톤의 모형보다 진일보했다는 것을 알 수 있다. 퍼니스와 틸톤 역시 복지국가의 특성을 설명했지만, 그것을 실현시킬 수 있는 구체적인 방안이나 수단에 관한 언급은 없었다. 반면, 미쉬라는 분화적 복지국가에서 통합적 복지국가로 이행하기 위한 전제조건, 즉 실천적 방안으로서 조합주의를 제시했다는 점은 높이 평가받을 만하다. 그렇지만 미쉬라의 복지국가 모형은 선진 자본주의 국가의 복지모델에 관해서만 언급하고, 후발자본주의 국가의 복지모델에 대해서 언급이 없다는 점이 아쉬움으로 남고 있다.

미쉬라의 복지국가모형은 <표 5-3>과 같다.

〈표 5-3〉 미쉬라의 복지국가모형

국가 형태	분화적 복지국가	통합적 복지국가
주창자들	케인즈, 베버리지	후기 케인즈주의자
유사한 국가	미국, 영국	오스트리아, 스웨덴, 서독, 네덜란드
경제분야	• 수요측면에서의 경제조절 • 수요의 창조나 억제를 위한 정부의 경제활동 활성화조치(재정정책 및 금융정책)	• 수요측면과 공급측면(이윤, 투자, 임금수준, 인플레이션, 노동시장의 조건 등)에서의 경제조절 • 광범위한 경제문제의 조절 및 합의형성(법적 기구를 통하든 아니든 간에)
사회복지 분야	• 경제와 구별되는 상대적인 자율성 유지 • 경제와 관련하여 뚜렷한 연계를 거의 갖지 않는 국가의 사회적 서비스 제공	• 경제 및 경제 정책으로부터 자율적인 영역으로 간주하지 않음. • 사회와 경제 간의 상호의존성과 상호관련성이 제도화됨. • 사회와 경제 간의 기능적 관계 및 상층관계는 정책결정에 정보를 제공함.
정치분야	• 이익집단 다원주의적 성격 • 정치형태 및 사회의 의사결정과정에서 자유경쟁 또는 시장모델 적용 • 산업분야에서의 자유로운 집단협상 방식을 선택 • 조직화된 집단, 정당 및 의회를 통한 분파적 이익의 추구 • 사회적 책임이 결여된 경제력 행사 • 의회주의적 정부형태 • 완전한 시민적 및 정치적 자유	• 중앙집권적 다원주의 성격 • 광범위한 경제 및 사회정책에 걸쳐 주요 이해집단의 대표와 최고조합들 간의 협상 • 경제집단의 상호의존성이 인식되어 계급협력과 사회적 합의의 형태로 제도화됨. • 주요 경제집단에 사회적 책임 존재 • 의회주의적 정부형태 • 완전한 시민적 및 정치적 자유

자료: Mishra(1984, 102-103).

『이데올로기와 사회복지』
(2013년 출판)

4) 조지와 윌딩의 4분류

조지와 윌딩(Victor George and Paul Wilding)은 1976년 그의 저서 『이데올로기와 사회복지(*Ideology and Social Welfare*)』에서, 그들은 복지국가를 정치이념의 차이에 따라 반집합주의, 소극적 집합주의, 페이비언주의, 마르크스주의 등으로 4분류하고 있다. 그 내용은 다음과 같다(George and Wilding, 2013).

(1) 반집합주의

반집합주의(anti–collectivism)에서는 자유, 개인주의 및 불평등이 기본 가치다(George and Wilding, 2013: 19–43). 이는 하이에크(Friedrich August von Hayek)와 프리드먼(Milton Friedman) 등과 같은 극우 자유주의 경제학자들이 주장하는 유형으로, 빈곤의 완화는 국가개입보다 자선과 자원적 방식으로 해결되어야 한다고 보며, 중앙의 계획은 권위주의적 사회주의 국가로 귀결될 수 있다고 보면서 반대한다. 반집합주의는 19세기 영국을 지배했던 이데올로기였다. 그러나 반집합주의 이데올로기는 19세기 말경에 이르면서 점차 도전받기 시작했으며, 20세기에는 학문적으로나 정치적으로 매우 희미한 존재로 전락하고 말았다. 그렇지만 또다시 반집합주의는 이제 왕성하게 활동하고 있으며, 학문적으로나 정치적으로 커다란 영향력을 발휘하고 있다.

(2) 소극적 집합주의

소극적 집합주의(reluctant collectivism)는 자본주의와 시장기능의 약점을 보완하기 위한 최소한의 정부개입을 주장한다(George and Wilding, 2013: 44–68). 따라서, 국민최저수준의 보장 개념과 이에 대한 국가의 책임을 인정한다. 소극적 집합주의자들은 제대로 규정되어 있지는 않지만, 명확한 집단을 형성하고 있다. 그들은 규제되지 않은 자유시장체제(unregulated free market system)에 대한 신뢰가 아주 강하지 않다는 점에서 반집합주의자들과 구별된다. 즉, 그들은 반집합주의자들과 달리, 정부에 의해 관리되는 경제가 필요하며, 또 그것이 좋은 결과를 가져올 수 있다고 믿는 것이다. 한편, 소극적 집합주의자들은 사적인 기업활동을 열성적으로 옹호한다는 정부의 행위를 마지 못해 소극적으로(reluctantly) 인정한다는 점, 그리고 적극적인 평화주의적 정책은 받아들이지 않는다는 점에서 페이비언주의자들과 구별된다.

(3) 페이비언주의

페이비언주의(fabianism) 또는 페이비언 사회주의(fabian socialism)는 빈곤이나 불평등의 해결을 위하여 자유시장 체제에서의 점진적 변화를 선호한다(George and Wilding, 2013: 69－94). 따라서, 페이비언주의의 사회주의적 이데올로기를 실현하기 위한 방식은 점진적 개량주의이다. 페이비언 사회주의는 소극적 집합주의와 마르크스주의 사이의 다소 모호한 중간영역에 위치한다. 페이비언 사회주의와 다른 이데올로기를 구분할 수 있는 경계는 때로 분명하지 않으며, 그 경계가 무너지는 경우도 흔히 있다. 페이비언 사회주의는 사회주의에 대한 일련의 정치적·이론적 가정들을 가지고 있다. 페이비언 사회주의의 이 가정들이 어떤 사람들에게는 발전된 사회민주주의(developed social democracy)로 보일 수도 있고, 또 다른 어떤 사람들에게는 마르크스주의적 사회주의(marxist socialism)로부터 단지 몇 발자국만 벗어난 것으로 보일 수도 있다. 이처럼 차이에도 불구하고, 페이비언주의를 하나로 보이게 할 수 있는 연결고리가 있는데, 그 두 가지는 첫째, 민주주의적 과정에 대한 전적인 옹호이고(total commitment to the democratic process), 둘째는 사회복지서비스에 대한 분명한 지지이다(unequivocal support for social welfare services).

(4) 마르크스주의

마르크스주의(marxism)는 자본주의체제에서의 계급갈등을 가장 큰 문제로 본다(George and Wilding, 2013: 95－119). 마르크스주의자들은 자본주의는 체제

자체의 결함에 따르는 복지국가에 대한 대안으로서 급진적 정치변동을 제시하고 있다. 마르크스주의자들은 사회적 가치(social values), 국가의 본질(the nature of the state), 정부의 역할과 복지국가의 바람직성(the role of government and the desirability of the welfare state) 등과 같은 쟁점들에 대해 반집합주의자들과 완전히 반대되는 견해를 가지고 있지만, 마르크스주의와 반집합주의는 위의 쟁점들에 있어서 두 가지 공통적인 특징을 가지고 있다.

첫째, 마르크스주의자들과 반집합주의자들은 위의 쟁점들을 발전된 이론적 틀 내에서 소극적 집합주의자들이나 페이비언주의자들보다 더 광범위하게 고찰하고 있다.

둘째, 마르크스주의자들과 반집합주의자들은 복지국가를 개혁하기 위한 방안을 제시함에 있어서, 실용적인 점증주의(pragmatic incrementalism)보다는 기본적인 원칙에 근거하고 있다.

조지와 윌딩의 4분류는 <표 5-4>와 같다.

〈표 5-4〉 조지와 윌딩의 4분류

이데올로기	중심가치	국가역할 / 빈곤 · 복지개입			대표인물
		사회 · 국가관	정부개입	빈곤개입	
반집합주의	소극적 자유 개인주의	불평등 인정 경쟁 강조 이윤추구 인정	반대	반대	하이에크 프리드먼
소극적 집합주의	소극적 자유 개인주의 실용주의 인본주의 합리주의	자본주의는 비효율적 요소를 소유함.	찬성	찬성	베버리지 케인즈
페이비언주의	평등 적극적 자유 동포애	수정자본주의 옹호	매우 찬성	매우 찬성	웹부부 티트머스
마르크스주의	적극적 자유 평등 우애	자본주의는 생산수단이 일부 계층에 집중	매우 반대	매우 반대	마르크스 엥겔스

5) 조지와 윌딩의 6분류

조지와 윌딩(Victor George and Paul Wilding)은 1993년 그의 저서 『복지와 이데올로기(*Welfare and Ideology*)』에서, 사회복지의 이데올로기 관점에 따라 6가지로 분류하고 있다. 앞서 4분법과 대조할 수 있는 부분은, 6분법에서는 사상사를 반영하여 우파·좌파, 새로운 사조로 3분한 다음 이를 다시 구체화한 것이라고 볼 수 있다. 또한 4분법에서 다루었던 페이비언주의를 그 진화과정에 맞춰 사회민주주의 틀 안에 삽입하고 있다. 그들은 특히 정치사상에서 원용하여 극우파, 중도노선, 중도좌파, 극좌파의 분류를 도입하였다. 따라서, 우파의 분류는 신우파와 중도노선이 있다. 즉, 조지와 윌딩은 4분법을 보다 세분화하여 6분법으로 분류하였다. 그 내용은 다음과 같다.

(1) 신우파

신우파(the new right)에 대해 피츠패트릭(Tony Fitzpatrick, 2011: 130-133)과 프리덴(Michael Freeden, 2003: 87-90)은 보수주의(conservatism)로, 이근식(2009: 25)은 신자유주의(new liberalism 또는 neo liberalism)라고 칭한다.

조지와 윌딩(George and Wilding, 1994: 15-45)에 따르면, 신우파는 국가 역할의 강화를 통한 사회복지정책 확대에 대해 가장 강한 적대감을 보인다. 신우파는 1970년대에 지적·정치적 세력으로 부상하면서, 1970년대와 1980년대에는 많은 나라에서 영향력 있는 위치를 확보했다. 어떤 의미에서 이런 움직임은 1973년 이후 세계경제를 휩쓴 경제위기의 산물이었다. 그러나 1960년대 공공복지지출의 급격한 확대와 공공정책의 성공 여부 및 그 영향에 대한 불확실성의 확산에 대한 반동이기도 했다. 신우파의 행적은 기본적으로 국가활동(state action)에 관한 고전적 자유주의(classical liberal)의 비판을 확대·발전시킴으로써 경제 및 사회정책상의 중요한 현안문제에 신자유주의(the new right)적인 비판을 적용한 것이었다. 그것은 확고한 이데올로기적 토대(ideological base)에 근거한 강력한 비판이었다. 또한 전통적 지식에 대한 명백한 이데올로기적 도전이었으며, 복지국가의 역할에 관한 분석에서 중요하지만, 간과했던 일련의 문제들을 논의 중심으로 끌어들였다.

신우파는 복지에서 국가의 역할을 총체적으로 거부하지는 않지만, 복지국가의 이념에 대한 그들의 일반적인 태도는 모호하고 불확실하며 이해하기 어렵다.

신우파에 대한 평가에 대해 조지와 윌딩(1994: 35)은 공적인 면에 있어서, 경제적으로 쟁점이 되고 있는 효율성 및 효과성에 대한 논의와 목표·산출·비용에 대한 예리한 문제 제기라고 주장한다. 이 신우파는 다원주의 제도 속에서 근본적으로 국가복지가 제공될 수 있는 방식을 모색하면서, 민간부문 및 사적 복지 공급의 중요성을 주장했다는 점을 중요한 공헌으로 들 수 있다. 그러나 조지와 윌딩(1994: 45)은 신우파가 복지국가의 역할과 복지국가정책에 대해 수많은 핵심적인 문제를 제기하였으나, 궁극적으로 신우파의 기여는 비판 이상의 것은 아니라고 주장한다. 신우파가 복지국가정책의 대안으로 제시한 것은 20세기 후기 사회의 복잡한 문제와 욕구에 대한 해결책이 되지 못한다고 볼 수 있다. 만일 그 대안이 효과가 있다면, 신우파가 제시하는 이상사회(ideal society)에 대한 전망은 대다수 사회구성원에게 자유와 기회를 강화하기보다는 축소하는 결과를 낳을 것이라고 조지와 윌딩은 분석하고 있다.

(2) 사회민주주의

사회민주주의(democratic socialism)는 사회복지정책이 정치적 권리와 시장의 힘만을 강조하는 자유시장의 한계를 극복할 수 있으며, 불평등을 완화하고 평등한 사회를 구축하면서 사회복지정책 확대를 적극적으로 지지한다(George and Wilding, 1994: 74－101). 조지와 윌딩(1994: 89)에 따르면, 사회민주주의자들이 동경하는 사회주의의 일관된 핵심 특징은 점진주의와 민주주의(gradualist and democratic nature)이다. 사회민주주의자들은 이슈에서 의견을 일치시키지는 못하지만, 그들의 이상사회인 사회민주주의는 자본주의(capitalism)보다 우월한 체제라는 기본적인 신념에는 공감하고 있다. 사회민주주의자들에게 복지국가는 자유방임적(laissez-faire) 자본주의에서 사회주의(socialism)로 이행하는 중요한 중간단계이다. 그들은 복지국가의 많은 실패에 대해 때로는 비판적이었지만, 19세기와 20세기 초반의 자유방임적 자본주의로부터 인류문명의 매우 중요한 진일보를 이룩한 것이 복지국가라고 주장한다. 사회민주주의자들은 의회적 절차 이외에는 어떤 형태로의 이행이든 실용적이며 도덕적인 이유를 내세워 지속적으로 거부함으로써 사회민주주의는 단계적이고 점진적으로 이행하는 것을 이해했다.

사회민주주의에 대한 평가와 관련하여 조지와 윌딩(1994: 99)은 사회민주주의자들이 항상 보편적 복지국가(universalist welfare state)의 가장 강력한 옹호자였다고 주장한다. 그러나 사회민주주의자들은 최근에 들어 노동계급의 분열, 신우파 이론과 이데올로기의 등장, 경제적 불황, 사회적 욕구의 확대, 담세거부운동 등이 등장함으로써 복지국가와 사회민주주의에 대한 자신들의 태도를 재고할 수밖에 없도록 강요받고 있다고 주장한다. 또한 조지와 윌딩(1994: 101)은 사회민주주주의자들이 논리적 모순에 빠져 있다고 진단한다. 즉, 목적달성을 위해 수단을 변화시키려고 한다는 것이다. 과거 사회민주주의는 민주주의적 염원보다는 평등을 강조했지만, 오늘날에는 민주주의적 신념을 강조한다. 다시 말해서 수단과 목적의 관점에서 볼 때, 이것은 과거의 사회주의와는 매우 다른 종류의 사회주의이다. 따라서, 미래의 사회주의는 과거의 사회주의보다 자본주의적 요소를 더 많이 보유할 것이라고 본다.

(3) 마르크스주의

마르크스주의(marxism)는 사회복지가 자본주의를 방어하고 정당화하는 기계에 불과하다고 보면서 사회복지정책 확대를 반대한다(George and Wilding, 2003: 102-129). 조지와 윌딩(1994: 102)에 따르면, 많은 마르크스주의자들에게 있어서 '복지국가(welfare state)'라는 용어는 자본주의를 염려하는 듯한 인상을 나타내고 있으며, 복지국가의 현실적인 기능을 사회적으로 왜곡하고 있기 때문에 속임수의 한 형태라는 것이다. 즉, 마르크스주의자들에게 있어서 복지국가는 전적으로 악의에 찬 것만도 아니며, 그렇다고 자비로운 것도 아니라는 것이다. 따라서, 고프(Ian Gough, 1979: 3)는 복지국가란 현대 자본주의를 구성하는 한 형태에 지나지 않는다고 주장한다.

복지국가에 대한 태도에 있어서, 조지와 윌딩(1994: 102)에 따르면, 마르크스주의자들은 복지국가의 발달에 관해 복지국가가 모순적 사회구성체(contradictory social formation)라고 주장한다고 분석한다.

마르크스주의에 대한 평가에 있어서 조지와 윌딩(1994: 128)은 마르크스주의가 많은 약점을 지녔음에도 불구하고, 그들이 주장하는 이데올로기에 있어서 가장 만족할만한 유형이라고 주장한다.

결론적으로 마르크스주의는 복지국가의 기능을 고려할 때, 복지국가가 전적으로 자본주의에 기여했다는 것을 지나치게 강조하고 있다. 따라서, 마르크스주의는 미래 이데올로기로 예측할 수 있는 좋은 징조를 전혀 보이지 않고 있음을 알 수 있다.

(4) 중도노선

중도노선(the middle way)은 사회복지정책이 빈곤이나 불평등과 같은 자유시장체제의 모순을 해결하는 측면을 가지고 있다고 보면서 사회복지정책 확대를 제한적으로 지지한다(George and Wilding, 2013: 46－73).

(5) 페미니즘

페미니즘(feminism)은 사회복지가 노동시장에서 여성이 평등한 지위를 보장받을 수 있도록 하는 데 필요한 서비스를 제공할 수 있다는 측면에서는 지지를 보내지만, 사회복지정책 입안자들은 주로 남성이고 여성은 단지 정책수혜자인 남성지배적인 국가라고 비판하면서 복지국가를 제한적으로 지지한다(George and Wilding, 2013: 130－160).

(6) 녹색주의

녹색주의(greenism)는 경제성장이 개인적 풍요나 공공서비스의 자원을 증가시킴으로써 사회복지를 강화하는 수단이며, 경제성장이 환경문제를 조장하여 결과적으로 비복지로 연결된다고 주장하면서 사회복지정책을 반대한다(George and Wilding, 2003: 161－188).

조지와 윌딩의 6분류는 <표 5－5>와 같다.

〈표 5-5〉 조지와 윌딩의 6분류

이데올로기	복지국가에 대한 입장	복지국가관
신우파	반대	자유시장의 걸림돌
중도노선	제한적 지지	사회안정과 질서유지
사회민주주의	열광적 지지	사회 조화, 평등한 사회실현
마르크스주의	반대	자본주의체제 강화
페미니즘	제한적 지지	여성평등지위 보장
녹색주의	반대	경제성장(환경문제) 조장

자료: 김보기 외(2022a: 193).

6) 에스핑-앤더슨

에스핑－앤더슨(Gøsta Esping－Andersen)은 1990년 그의 저서 『복지자본주의의 세 가지 세계(*The Three World of Welfare Capitalism*)』에서 처음으로 '복지국가 레짐(regime)'이란 용어를 사용하여 복지국가를 탈상품화(de－commodification), 계층화(stratification), 시장·가족의 역할관계 등을 기준으로 자유주의 복지국가, 보수조합주의 복지국가, 사회민주주의 복지국가 등 세 가지의 유형으로 분류하였다. 특히, 최저 급여액의 평균 근로자임금에 대한 비율, 평균 급여액의 평균 근로자임금에 대한 비율, 급여를 받을 수 있는 자격조건(기여연수), 전체 프

『복지자본주의의 세 가지 세계』
(1990년 출판)

로그램 재원에서 수급자가 지불하는 비율, 실제 수급을 받는 사람들의 비율 등 다섯 가지 변수를 가지고 탈상품화 지수를 측정하였다. 에스핑-앤더슨의 복지국가체제모형은 다음과 같다(Esping-Anderson, 1990: 26-33).

(1) 자유주의 복지국가

자유주의 복지국가는 안전망으로서 잔여적(residual) 복지를 실시하며, 매우 부분적인 욕구만을 충족하기 위해 공공부조 위주의 복지정책을 실시하고, 사회보험이나 사회서비스는 발달하지 못한 복지체제이다.

(2) 보수조합주의 복지국가

보수적이고 강한 조합주의적 복지국가체제에서는 피보험자의 기여를 재정적 근간으로 하는 사회보험을 강조한다.

(3) 사회민주주의 복지국가

사회민주주의 복지국가체제는 복지와 노동의 결합을 중시하며, 완전고용을 강조한다.

에스핑-앤더슨의 복지국가체제모형은 <표 5-6>과 같다.

〈표 5-6〉 에스핑-앤더슨의 복지국가체제모형

구분	자유주의 복지국가	보수조합주의 복지국가	사회민주주의 복지국가
일반적 특징	자유주의적 노동윤리 강조, 시장원칙에 입각한 차별적 수혜	정부·자본·노동의 협조관계	보편주의와 사회권을 통한 최대수준의 복지 추구
탈상품화	최소화	제한적	극대화
보편주의	빈곤층 대상	제한적 수혜	보편적 복지
사회권	미약	인정	강조
포괄성(종류)	최소 범위	필요시 확대	다양화
급여수준	최저생계비	능력별 차등	중간계층
본인부담	높음	공동부담	낮음
가족책임	강함	일부 인정	미약
자산조사	엄격	가족의 복지제공능력 고갈 입증	축소
소득재분배	매우 미약	미미	강함
전형적인 국가	미국, 캐나다, 영국, 호주	독일, 프랑스, 오스트리아	스웨덴, 덴마크, 노르웨이

자료: 김기원(2020: 138) 재구성.

이상과 같이 복지국가의 유형화를 논함에 있어서 가장 이상적인 복지국가의 유형화는 사회복지정책이나 제도 및 프로그램의 내용(대상, 자격, 급여수준, 재원조달방법 등)을 분석하고, 그것의 효과(재분배 효과나 빈곤감소 효과 등)를 분석하여 유형화하는 것이다. 그러나 이러한 분석에 의한 유형화는 각 국가의 제도나 프로그램 내용이 각각 달라서 일률적으로 비교·분석하기가 쉽지 않다.

3. 복지국가 위기

1) 복지국가 위기의 배경

1973년의 유가폭등을 불러온 오일쇼크(oil shock)는 제2차 세계대전 이후 30년간 지속되어 온 복지국가의 안정체제를 뒤흔드는 결정적인 계기가 되었다. 오일쇼크 이후 경제성장률은 떨어지고, 물가는 빠르게 상승했으며, 실업률도 상승하였다. 이러한 경제혼란은 국가－자본－노동 간의 화해적 정치구조에 치명적인 균열을 가져왔다. 이러한 균열의 결과, 영국에서는 1979년 노동당 정부가 실각하고 대처의 보수당 정부가 들어섰으며, 미국은 1981년 민주당 정부가 실각하고 레이건의 공화당 정부가 수립되었다.

복지국가 팽창기 동안 진보적 정당들은 제2의 정당으로 물러나고, 1977년 제2차 오일쇼크 이후 오늘날까지 복지국가는 재편기에 접어든다. 이러한 보수회귀의 흐름은 하나의 사회운동이며, 정치세력인 신우파의 신보수주의가 등장하게 된다. 그들은 국가의 경제개입과 복지개입을 모두 비판하고, 복지국가의 해체를 통해 자유시장체제를 확고히 하려는 이데올로기적 공세를 전개했다. 보수세력이 새로운 정권을 잡은 구미 각국은 대대적으로 복지예산을 삭감하고, 복지국가의 구조를 축소하기 시작하였다. 그러나 보수정권에 의한 복지축소는 복지비 지출의 증가율을 둔화시켰을 뿐, 복지비의 절대액을 감축시키지는 못했다. 그 결과, 1970년대 오일쇼크와 보수정권에 의한 복지축소가 있었지만, 복지비의 증가율은 경제성장률보다 크게 앞섰다(박경일, 2020: 106).

2) 복지국가의 위기 사례

복지국가의 위기는 각 방면에서 발생하였다(박주현, 2021: 332－334).

(1) 정부의 위기

복지국가의 황금기에 대규모로 팽창한 정부부문은 그 자체가 거대한 관료기구가 됨으로써 유연성과 효율성을 상실하고 말았다. 또한 복지서비스에 대한 정부의 독점성은 경쟁원리의 부재로 말미암아 합리성과 효율성을 추구할 수 있는 내·외부의 자극이 부재한 상태에서 계속 관료조직을 비대하게 만들었다. 이러한 비효율성과 경직성은 적재적소에 적당량의 재원을 투입하는 것을 어렵게 만들었고, 서비스 영역에 따라 과잉과 과소 문제를 일으켰으며, 정부의 지출과 비교하여 효과는 상대적으로 미흡한 문제점을 노출했다. 또한 복지국가의 팽창은 경제와 정부의 과부담으로 나타났다. 경제가 호황일 때는 이것이 은폐될 수 있는 문제였지만, 경제가 침체하고 스태그플레이션(stagflation)이 나타나자 복지국가를 위한 재정의 팽창과 정부의 다양한 개입활동은 경제와 국가시스템 전반에 큰 부담으로 작용했다.

(2) 재정의 위기

프랑스를 제외한 복지국가 대부분은 심각할 정도의 부채를 안고 있었고, 대표적인 복지국가로 불리던 영국은 정부 재무잔고가 특히 심각한 상황에 있었다. 주목할 점은 대부분 복지국가에서 이러한 재정적자 누적의 원인으로 국방비와 함께 과잉 팽창한 사회복지비를 제시하였다는 점이다. 하지만 복지국가의 정치구조는 정부의 복지지출 삭감을 통한 재정의 적자해소를 어렵게 했다. 정치적으로 복지혜택 감소에 대한 국민의 저항이 있었으며, 선거민주주의는 이러한 상황에서 취약성을 드러내곤 했다. 또한 경제적으로 침체국면에 들었기 때문에 세수입 증대를 통한 균형재정도 어려운 처지였다. 결국 여러 국가는 사회복지 예산 마련을 위해 적자재정을 편성할 수밖에 없었으며, 이는 재정위기의 악순환 고리를 만들었다.

(3) 정당성의 위기

정당성의 위기는 재정의 위기와 함께 지적되는 복지국가의 대표적 위기이다. 이 정당성의 위기는 복지국가가 의회주의와 복지정책을 통해 자본주의의 폐해를 없애고, 사회적 정의를 달성할 수 있다는 믿음의 상실을 의미한다. 이러한 정당성의 위기는 복지국가에 대한 여론의 악화, 사민당과 노동당 등 좌파 정당에 대한 지지 감소, 그리고 조세에 대한 저항으로 나타났다. 물론 여론의 악화는 경기침체, 복지 프로그램의 오용과 남용, 경제적 풍요과정에서의 사회적 결속력의 약화 등 다양한 요인에서 비롯된 것으로 볼 수 있다. 하지만 여론의 상당부분은 정부의 사회복지 지출확대에 대한 비판에 모였다고 할 수 있다. 여론의 악화는 좌파 정당에 대한 지지의 하락으로 나타났다. 1975년에서 1982년 사이 영국, 미국, 서독에서 우파 정당이 집권하게 되고, 사회민주주의 정당이 오랫동안 강력한 영향력을 행사해 왔던 덴마크, 노르웨이, 스웨덴에서도 좌파 정당이 선거에서 패배하였다. 그리고 여론의 악화는 세금 증가에 대한 저항으로 나타났다. 경기침체기에 조세부담에 대한 저항으로 나타난 것이다.

(4) 사회적·문화적 위기

사회적·문화적 위기로서 사회통합의 이완현상이 시작되었다. 이는 복지국가의 중요한 전제인 사회적 연대가 파괴되는 것을 의미한다. 사회통합의 이완현상은 크게 아노미(anomie)와 에고이즘(egoism, 이기주의)이 확대되는 것, 즉 규범적 불안정과 사회적 유대의 약화가 증가하는 것으로 설명된다. 대표적 예로서, 이혼율과 자살률의 증가를 들 수 있다. 물론 이혼율과 자살률 증가 등의 현상이 반드시 위기인 것은 아니며, 하나의 사회적·문화적 변화로서 이해할 수도 있으나, 여기서는 복지국가의 여러 프로그램이 이러한 현상을 조장한다는 측면에서, 그리고 새로운 변화에 적절히 대응하지 못한다는 측면에서 문제가 제기되었다.

연습문제

1. 사회복지 이념에 관한 설명으로 옳지 않은 것은?

① 제3의 길 – 근로와 복지가 연계될 필요가 있다.
② 케인즈주의 – 시장실패에 대해 국가가 적절히 개입해야 한다.
③ 페이비언 사회주의 - 가족 등 비공식부문의 역할이 상대적으로 중요하다.
④ 마르크스주의 – 복지국가는 자본과 노동계급 간 갈등의 결과이다.
⑤ 반집합주의 – 사회복지는 개인의 자유와 선택을 제한한다.

2. 에스핑-앤더슨의 복지국가 유형에 관한 설명으로 옳지 않은 것은?

① 탈상품화와 계층화 등을 기준으로 복지국가 유형을 분류하였다.
② 스웨덴은 사회민주주의, 미국은 자유주의, 독일은 보수주의 복지국가의 대표적인 예이다.
③ 자유주의 복지국가는 공공부조의 비중이 다른 유형의 복지국가보다 크다.
④ 사회민주주의 복지국가는 산업별로 분절된 사회보험제도를 가지고 있다.
⑤ 보수주의 복지국가는 전통적으로 가부장제가 강하여 전형적인 남성생계부양자 모형에 속한다.

3. 제3의 길이 강조한 복지국가 개혁의 방향으로 옳지 않은 것은?

① 권리와 의무의 조화 ② 근로와 복지의 연계
③ 사회복지 공급주체의 다원화 ④ 전통적 사회민주주의 복원
⑤ 사회투자국가

4. 복지국가와 사회복지정책의 변화 내용이 아닌 것을 고르시오.

① 신자유주의 정책의 대두, 시장만능과 규제완화
② 복지서비스의 조치제도로부터 계약제도로의 변화
③ 선별주의적 복지정책의 강화
④ 사회경제적 약자의 절대적 보호
⑤ 국가의 실패로 인한 복지혼합주의의 강화

정답 1. ③ 2. ④ 3. ④ 4. ④

PART II
사회복지의 영역

Chapter 6

사회보장

개요

사회보장은 국민이 안정적인 삶을 영위하는 데 위험이 되는 요소에 대해 국가적인 부담 또는 보험방법에 의하여 행하는 사회안전망을 가리킨다. 사회보장은 자본주의가 필연적으로 야기할 수밖에 없는 빈곤 등의 문제에 대해 국가가 이를 보증함으로써 자본주의 국가를 유지하고 안정을 도모하기 위한 것이다. 여기에서는 사회보장을 학습하고자 한다.

학습목표

1. 사회보장의 개념 파악
2. 사회보장의 형태별 분석
3. 사회보장의 역사적 배경

학습내용

1. 사회보장의 개념
2. 사회보장제도의 전제조건
3. 사회보장의 형태
4. 사회보장제도의 문제점

Chapter 6

사회보장

1. 사회보장의 개념

1) 사회보장 도입 배경

(1) 역사적 배경

사회보장이 성립하려면 빈곤을 자본주의 사회의 사회적·필연적 산물로 받아들인 다음 국가의 책임으로 빈곤에 대한 대책을 강구하는 것이 전제가 되어야 한다. 자본주의 사회의 성립기(15세기 말~1760년대)와 확립기(1760~1870년대)에는 빈곤이란 개인적 노력 부족과 태만이 몰고 온 것이자 '자연의 형벌'이라고 여겨 왔으므로, 빈곤은 개인의 책임이라고 인식되었다. 따라서, 이런 인식하에서는 빈곤에 대한 국가적 대책이 실시될 가능성이 없었다. 그러나 서양의 선진 자본주의 국가들은 1873년 경제공황으로 20여 년 동안 만성불황에 시달리며 수많은 실업자들이 발생하였다. 이러한 상황에서 실업을 면했던 노동자들도 실업자가 될 수 있다는 두려움 때문에 저임금과 열악한 노동조건에 놓이게 되었다. 이러한 상황에서 빈곤자들이 계속 증가하면서 실업은 '사회의 질병'으로 여겨지게 되었다. 이에 빈곤은 점차 사회의 책임이라고 인식하는 경향이 대두되기 시작했으며, 국가는 빈곤에 관한 책임을 추궁당하게 되었다.

즉, 빈곤대책은 국가의 책임으로 부상했으며, 이는 사회보장이 출발하는 시작점이 되었다.

1880년대 독일을 시작으로 '사회보험'제도가 생겨났고, 1891년 최초의 '공공부조'가 덴마크에서 탄생하였으며, 1926년에는 '가족수당'이 뉴질랜드에서 지급되기 시작하였다. 이러한 제도들은 노동자들에 대한 대책인 사회보험과 가족수당, 빈곤자 대책인 공공부조, 그리고 사회사업 등으로 나뉘어 진행되었다. 그러다 1929년에 발생한 세계 대공황부터 제2차 세계대전 전후로 국민 모두의 생활을 균등하게 지키는 사회보장 쪽으로 발전하게 되었다. '사회보장'이란 용어는 1935년 미국의 뉴딜정책이 「사회보장법(Social Security Act)」을 채택하면서 처음으로 사용되었다.

(2) 케인즈와 사회보장

자본주의 사회에서는 개인과 그 가족이 능력껏 경제활동에 종사하여 이를 통해 얻어진 소득, 즉 경제적 자원을 가지고 생활하는 것이 일반적이었다. 그런데 산업혁명 이후 시장경제가 본격적으로 발전하면서 불평등과 빈곤의 심화, 산업재해, 실업, 퇴직 등 개인의 힘으로는 어쩔 수 없는 사회문제와 사회적 위험(social risk)이 발생되면서 기본적인 생계유지를 못하는 사람들이 상당수 생겨나게 되었다. 18－19세기의 자유방임주의에서는 이들에 대한 국가의 개입이 제한적이었다. 그러나 자유경쟁 시장이 가져오는 심각한 사회문제와 사회적 위험에 대해 국가와 사회가 공동으로 대처해야 된다는 인식이 확산되면서 20세기 이후 복지국가가 형성되기 시작했다. 이러한 복지국가의 이념을 실현하기 위한 핵심적인 제도로서 사회보장제도가 생성되었다(김진구, 2022: 68).

사회보장제도는 시장경제에서 이루어진 소득분배에 대해 국가가 세금 또는 보험료를 징수하고, 이를 다시 필요로 하는 사람들에게 분배하는 것이다. 즉, 시장경제의 일차적 분배에 대해 국가가 개입하여 강제적으로 재분배하는 역할을 한다. 따라서, 시장경제에 대해 국가의 개입을 반대하던 자유주의 이념이 지배하던 18－19세기에는 사회보장제도가 발달하기에 여건이 충분하지 못하였다. 그러나 20세기 초에 발생한 대공황과 대량실업 등 자본주의의 체제적 불안정성이 증대되면서 자유시장에 대한 국가개입의 필요성을 역설하는 케인즈 경제이론이 등장하기에 이르렀다. 제2차 세계대전 이후 사회보장제도가 크게 발전한 것은 이와 같은 케인즈이론에 힘입은 바가 크다.

『고용 · 이자 및 화폐의 일반이론』
(2017년 출판)

케인즈의 경제이론은 자본주의의 구조를 그대로 유지하면서 자본주의에서 나타날 수 있는 독점과 부당경쟁, 노동에 불합리적인 모순들을 정부가 개입해 완화시키자는 것이었다. 이를 '수정자본주의(revised capitalism)'라고 한다. 케인즈는 시장원칙에 의해 수요와 공급이 자동으로 조절된다는 애덤 스미스(Adam Smith, 1723–1790)의 경제이론을 반박했다. 케인즈는 1936년 그의 저서 『고용 · 이자 및 화폐의 일반이론(*The General Theory of Employment, Interest and Money*)』에서, 실업은 유효수요의 부족으로 발생한다고 보고, 실입자를 줄이기 위해서는 정부의 적극적인 공공지출을 통한 유효수요를 늘려야 한다고 주장하였다.

(3) 우리나라의 사회보장제도

우리나라는 1960년 제4차 개정 헌법에서 처음으로 '국가의 사회보장에 관한 노력'을 규정하였고, 1962년 제3공화국 헌법이 "모든 국민은 인간으로서의 존엄과 가치를 가지며, 이를 위하여 국가는 국민의 기본적 인권을 최대한으로 보장할 의무를 진다."라고 규정함에 따라 1963년 11월 법률 제1437호로 전문 7개조의 「사회보장에 관한 법률」을 제정하였다. 그러나 이는 지나치게 추상적인 원칙만을 규정한다는 비판에 따라 폐지되었고, 1995년 「사회보장기본법」이 제정되었다. 이 법률은 사회보장에 관한 국가 · 지방자치단체 · 가정 및 개인의 책무를 규정하고, 모든 국민이 사회보장급여를 받을 수 있음을 선언하며, 사회보장 전달체계의 구축 및 전문인력의 양성에 관하여 규정하였다.

사회보험은 1964년에 시행된 산업재해보상보험(산재보험)을 비롯하여 건강보험(구 의료보험, 1977), 국민연금(1988), 고용보험(1995), 노인장기요양보험(2008) 등 5대 사회보험이 실시되고 있으며, 이외에도 공무원연금(1960)과 국방부군인연금, 사립학교교직원연금 등이 추가로 실시되고 있다.

공공부조에 있어서는 1961년 「생활보호법」을 제정하여 생활보호제도를 실시해 오다가 이를 대체한 '국민기초생활보장제도'가 2000년 10월부터 실시되고 있다. 국민기초생활보장제도는 빈곤계층에 대해 국가가 생계·주거·교육·의료 등 기본적인 생활을 보장하는 것으로, 최저생계비에 소득이 미달하는 대상자에게 그 미달 금액을 국가가 지원해 주는 것이다.

2) 사회보장의 정의

사회보장(social security)은 국민이 안정적인 삶을 영위하는 데 위험이 되는 요소(빈곤이나 질병, 생활불안 등)에 대해 국가적인 부담 또는 보험방법에 의하여 행하는 사회안전망을 가리킨다. 다시 말해서 사회보장은 국민이 안정적인 삶을 영위하는 데 위험이 되는 요소, 이른바 빈곤이나 질병, 생활불안 등에 대해 국가적인 부담 또는 보험방법에 의하여 행하는 사회안전망을 말한다. 사회보장은 자본주의가 필연적으로 야기할 수밖에 없는 빈곤 등의 문제에 대해 국가가 이를 보증함으로써 자본주의 국가를 유지하고 안정을 도모하기 위한 것이다.

미국은 1935년 「사회보장법(the Social Security Act)」을 제정하였다. 「사회보장법」은 1929년 대공황으로 궁핍해진 미국인의 삶을 회복하기 위한 종합적이고도 포괄적인 사회보장을 규정한 법률이다. 이 법은 '사회보장'이라는 용어를 세계 최초로 사용한 법률이다. 이 법의 전문에는 사회보장의 목적과 사회보장을 구성하는 제도를 규정하고 있다. 물론 미국의 사회보장이 세계 최초의 사회보장제도는 아니다. 독일은 이미 1880년대 사회입법을 통해 사회보험(건강보험, 연금, 산재보험)을 시행했고, 영국도 1911년에 국민보험(건강보험과 실업보험)을 도입하였다.

미국의 「사회보장법」은 전반적인 복지(general welfare)의 증진을 위해, 연방정부가 관장하는 노령급여제도와 주정부가 관장하는 노인, 시각장애인, 요보호아동, 장애아동을 위한 복지, 모자복지, 공중보건 및 실업보상법의 관리운영을 지원하며, 사회보장청의 신설과 재정조달 및 기타 목적을 추진하기 위한 법이다.

이 법의 전문은 사회보장의 목적이 전반적인 복지의 증진에 있다는 것을 밝히고 있다. 전반적인 복지는 사회복지와 같은 의미이다. 따라서, 사회보장의 목적은 사회복지의 증진이고, 사회보장은 연방정부가 관장하는 사회보장연금(노령급여)과 주정부가 관장하는 실업보험, 공공부조, 사회복지서비스(노인복지, 아동복지, 장애인복지, 모자복지 등) 및 공중보건 등으로 구성된다. 사회보장연금과 실업보험이 사회보험이라는 점을 감안하면, 미국의 사회보장은 사회보험, 공공부조, 사회복지서비스, 공중보건으로 구성되어 있음을 알 수 있는데, 공중보건을 제외하면 우리나라 사회보장의 구성과 같다.

미국 사회보장제도의 주무부처인 사회보장청(the Social Security Administration, SSA)에 따르면, 사회보장은 생계능력의 중단 또는 상실에 처한 사람과 결혼, 출생, 사망과 같은 특별한 지출이 필요한 사람의 소득을 보장하는 법정 프로그램이다. 사회보장은 이외에도 가족수당과 보건의료를 포함한다. 여기서 말하는 생계능력의 중단 또는 감소는 노령, 장애, 사망, 질병, 출산, 산업재해, 실업 등과 같은 사회적 위험으로 인한 소득의 중단 또는 감소를 말한다. 소득의 중단은 소득이 일시적 또는 영구적으로 없어지는 상태를, 소득의 감소는 질병치료나 출산 및 기타의 이유로 추가적인 지출이 늘어 실질적으로 소득이 줄어드는 것을 뜻한다. 그리고 사회보장청은 사회보장을 소득유지 프로그램(income maintenance programs)과 직접서비스(direct services)로 구분했다. 소득유지 프로그램은 소득상실의 일정 부분을 보전하는 현금급여이고, 직접서비스는 진료서비스나 재활서비스와 같은 현물급여다.

국제노동기구(ILO)에 따르면, 사회보장은 사회가 고령, 실업, 질병, 장애, 재해, 출산, 생계수단의 상실을 당한 개인과 가구에게 보건의료를 제공하고 소득을 보장해 주는 것이다. 사회보장은 인간의 기본적인 권리이다. 사회보장은 건강보험, 연금, 실업급여, 조세로 재정을 조달하는 사회급여를 포함한다(ILO, 2001b). ILO의 사회보장의 정의는 사회보장의 대상이 고령, 실업, 질병, 장애, 재해, 출산, 생계수단의 상실을 당한 개인과 가구라는 것과 사회보장이 인간의 기본권이라는 사실을 강조한다. 사회보장을 건강보험, 연금, 실업급여, 조세로 재정을 조달하는 사회급여(공공부조)로 한정시킨 것은 사회보장의 포괄범위를 좁게 본 것이다.

「사회보장기본법」 제3조제1항은 "사회보장이란 출산, 양육, 실업, 노령, 장애, 질병, 빈곤 및 사망 등의 사회적 위험으로부터 모든 국민을 보호하고 국민 삶의 질을 향상시키는 데 필요한 소득·서비스를 보장하는 사회보험, 공공부조, 사회서비스를 말한다."라고 정의하고 있다. 또 '사회보장의 아버지'로 불리는 「베버리지의 보고서」에 따르면, 사회보장은 실업·질병 또는 재해에 의하여 수입이 중단된 경우의 대처, 노령에 의한 퇴직이나 본인 이외의 사망에 의한 부양상실의 대비, 출생·사망·결혼 등과 관련된 특별한 지출을 감당하기 위한 소득보장을 의미한다. 베버리지는 사회보장을 빈곤과 결부시켜 '궁핍의 퇴치'라고 말했는데, 이는 국민소득의 재분배로 실현할 수 있으며, 이를 통한 일정 소득의 보장은 결국 국민생활의 최저보장을 의미하는 것이다.

3) 사회보장의 중요성

최근 들어 사회보장이나 이와 관련된 용어를 사용하는 경우가 잦아지고 있다. 오늘날 대부분의 국가는 어떤 형태이든 사회보장제도를 갖추고 있다. 또한 많은 국가에서 사회보장은 헌법에 보장된 권리에 속하고 있다. 그리고 현대에 들어서 사회보장은 거의 모든 국가에서 중요한 논쟁거리가 되고 있다. 왜냐하면 현대사회에서 사회보장은 개인과 가족과 국가에게 더욱더 중요한 역할을 하고 있기 때문이다. 사실 복지국가에서 핵심적인 프로그램은 사회보장 프로그램인 경우가 많다. 이러한 이유로 사회보장은 중요하다(노병일, 2020: 13-14).

밀러(Jane Millar) 등이 2004년 편집한 『사회안전이해: 정책과 실천 논쟁(*Understanding Social Security: Issues for Policy and Practice*)』에서 제시된 사회보

『사회안전이해』
(2018년 출판)

장이 중요한 이유는 다음과 같다.

첫째, 사회보장은 국민 전체에서 중요한 부분을 차지하고 있기 때문이다. 무엇보다도 사회보장은 규모가 크다. 예를 들어, 미국에서 사회보장은 중요한데, 그 이유들 중의 하나는 사회보장의 규모가 매우 크기 때문이다.

둘째, 사회보장은 정부지출에서 규모가 가장 큰 영역이기 때문이다. 또한 사회보장은 정부가 경제적 목적과 사회적 목적을 추구하기 위한 수단이 되기 때문이다.

셋째, 생계를 유지하기 위해 사회보장에 의존하는 사람의 수가 많기 때문이다. 실제로 자기 소득의 전부 또는 일부를 사회보장에서 얻고 있는 사람이 매우 많다. 사실상 사회보장제도에서는 모든 나이에 속하는 사람들에게 급여를 제공하고 있다. 따라서, 개인의 경제적 측면과 관련해서 사회보장은 매우 중요하다.

넷째, 사회보장은 소득을 재분배하기 위한 가장 중요한 도구 중 하나이기 때문이다.

다섯째, 사회보장에서 제공하는 급여는 사람들이 생활하는 방식에 영향을 미칠 수 있기 때문이다. 실제로 사회보장 급여는 일자리, 저축, 퇴직, 가족의 구성과 관련해 사람들이 내리는 결정에 영향을 미칠 수 있다.

그러므로 사회보장제도가 발달한 것은, 20세기에 사회정책 영역에서 가장 중요하게 이룬 업적에 속하고 있다. 그리고 사회보장은 앞으로도 계속해서 중요한 위치를 차지할 것으로 보인다. 특히, 앞으로 전체 인구층에서 노인이 차지하는 비율이 높아지고 고용이 더 불안정해짐에 따라 현대사회에서 사회보장은 더욱더 중요해질 것으로 보인다.

4) 사회보장의 목적

사회보장이 추구하는 목적은 시대와 국가와 대상자에 따라 차이가 나는 경우가 많다. 또한 사회보장의 목적이 분명하게 겉으로 드러나지 않는 경우도 많다. 그리고 때에 따라서는, 사회보장이 추구하는 하위 목적들 서로 모순되는 경우도 있다(Ditch, 1999). 특히, 학자나 기관에 따라 사회보장의 목적으로 강조하는 측면에서 차이기 난다. 그러나 대부분의 학자나 기관이 사회보장과 관련해 공통적으로 제시하는 목적은, 사회적 위험에 대해 미리 대비함으로써 사회구성원이 최저생활을 유지하고 결과적으로 사회구성원이 안정된 생활을 하게 하는 것이다(김진구, 2023: 39).

사회보장의 목적과 관련해서 인식할 필요가 있는 점은 다음과 같다(Walker, 2004).

첫째, 잘 발달된 사회보장제도에서는 다양한 목적을 추구하고 있다.

둘째, 특정한 한 가지 목적을 추구하기 위해 취한 방안은 다른 목적에도 영향을 미칠 수 있다.

사회보장의 정의와 이에 따른 사회보장의 범위가 변하는 것과 마찬가지로, 사회보장의 목적도 끊임없이 변할 것으로 보인다. 어느 때에는 사회보장의 목적이 서서히 변해서 거의 인식하지 못할 수 있다. 이것은 사회보장정책을 자연스럽게 서서히 실시할 경우에 그렇다. 그러나 어느 때에는 사회보장의 목적이 매우 크게 변할 수 있다. 이것은 사회보장의 급여체계를 전체적으로 다시 검토할 경우나, 또는 새로운 정부가 들어섰을 경우에 특히 그렇다. 향후 사회보장의 목적은 여러 측면을 고려하는 방향으로 나아갈 것으로 보인다.

5) 사회보장의 주체와 객체(대상)

(1) 사회보장의 주체

우리나라 헌법 제34조제2항에 "국가는 사회보장·사회복지의 증진에 노력할 의무를 진다."라고 규정되어 있고, 「사회보장기본법」에는 사회보장에 대한 국가 및 지방자치단체의 책임에 대해 규정하고 있어서 사회보장의 주체는 국가와 지방자치단체가 된다.

(2) 사회보장의 객체(대상)

사회보장의 발달사적으로 볼 때, 처음 사회보험제도가 도입되었을 때에는 그 대상이 근로자와 그 가족이었다. 그 후 점차적으로 대상범위를 넓혀 오늘날 사회보장의 대상은 모든 국민이 된다. 우리나라의 헌법 제34조제1항에는 "모든 국민은 인간다운 생활을 할 권리를 가진다."라고 규정되어 있어 사회보장의 대상이 전체 국민임을 명확하게 명시하고 있다. 그리고 국내에 거주하는 외국인에게 사회보장제도를 적용할 때에는 「사회보장기본법」 제8조에 따라 상호주의의 원칙에 따른다.

한편, 모든 국민은 사회보장의 대상이 되어 사회보장 관계 법령에서 정하는 바에 따라 사회보장급여를 받을 권리를 가질 수 있으나, 그에 따른 책임도 또한 준수해야 한다.

6) 유사용어와의 상관성

(1) 사회복지

일반적으로 사회보장을 협의의 관점에서 보면, 사회보험과 공공부조를 의미한다. 즉, 협의의 사회보장은 금전적이고 물질적인 소득보장에 주로 초점을 맞춘다. 사회보장을 협의의 개념인 사회보험과 공공부조로만 볼 경우, 사회보장은 '사회적 위험으로부터 모든 국민을 보호하기 위해 국가가 금전적이고 물질적인 소득보장을 제공해 주는 제도적 장치'라고 정의할 수 있다. 그러나 우리나라 「사회보장기본법」에서는 사회보장을 광의의 개념으로 보고 있다. 동법 제3조제1호에는 사회보장을 "출산, 양육, 실업, 노령, 장애, 질병, 빈곤 및 사망 등의 사회적 위험으로부터 모든 국민을 보호하고 국민 삶의 질을 향상시키는 데 필요한 소득·서비스를 보장하는 사회보험, 공공부조, 사회서비스"로 규정함으로써 금전적이고 물질적인 소득보장뿐 아니라, 비금전적인 사회서비스를 포함하고 있다. 특히, 사회서비스의 경우 "국가·지방자치단체 및 민간부문의 도움이 필요한 모든 국민에게 복지, 보건의료, 교육, 고용, 주거, 문화, 환경 등의 분야에서 인간다운 생활을 보장하고 상담, 재활, 돌봄, 정보

제공, 관련 시설 이용, 역량개발, 사회참여 지원 등을 통하여 국민의 삶의 질이 향상되도록 지원하는 제도"라고 광범위하게 규정하고 있다. 또한 국가나 지방자치단체와 함께 민간도 주체로 언급하고 있어 사회보장의 개념을 매우 넓게 정의하고 있다. 즉, 협의의 개념은 사회보험과 공공부조를 말하며, 광의의 개념은 여기에 사회서비스를 추가한다.

한편, 사회복지를 협의의 관점에서 보면, 사회적·경제적 약자나 보호를 필요로 하는 사람을 위한 사회적·정책적 제도를 말한다. 즉, 「사회보장기본법」 제13조제4항에서 규정하고 있는 상담, 재활, 돌봄, 시설이용 등의 사회서비스가 여기에 속한다. 그러나 광의의 관점에서 사회복지란 사회보험과 공공부조를 통한 금전적이고 물질적인 소득보장뿐 아니라, 비금전적인 전문적 사회서비스 프로그램을 모두 포함한다고 할 수 있다. 즉, 협의의 사회복지가 사회서비스를 말한다면, 광의의 사회복지는 여기에 사회보험과 공공부조를 추가한다. 이렇게 되면 광의의 사회보장은 광의의 사회복지와 같은 개념이 된다. 사실 사회보장과 사회복지는 대상자들에게 사회적 차원의 보호와 구제를 그 목표로 하는 점에 있어서는 같은 의미를 가진다. 그러나 우리나라의 헌법 제34조제2항에는 "국가는 사회보장·사회복지의 증진에 노력할 의무를 진다."고 규정함으로써 사회보장과 사회복지를 구분해 놓았다. 그런데 「사회보장기본법」이 사회보장의 범위를 '사회보험, 공공부조, 사회서비스'로 규정해 놓았기 때문에 헌법에서 말하는 사회복지는 어디에 포함되어야 할 것인지 의문이 생기기도 한다. 하지만 사회복지의 개념 자체가 확장성을 가지고 있는 사회성 짙은 용어로 간주한다면 이러한 개념 차이를 충분히 이해할 수 있다.

사회보장과 사회복지의 범위에 대해 사회보장의 범위를 사회보험과 공공부조의 소득보장으로 제한해서 보고, 사회복지의 범위는 사회보장과 사회서비스로 넓게 보는 것이 옳다고 주장하는 국내 학자들의 견해들이 다수 있다. 또한 「베버리지 보고서」에서도 사회보장은 사회보험, 공공부조, 민간보험을 포함하고 있고, 사회복지는 아동수당, 보편주의 보건서비스, 재활서비스 및 완전고용을 포함하고 있어 사회보장보다 사회복지를 더 넓게 보고 있다(박진화,

2020a: 19−21). 즉, 사회보장이 소극적으로 사회적 위험으로부터 개인을 보호하는 데 목적이 있다면, 사회복지는 보다 더 포괄적으로 공동체의 복지를 지향한다는 것이다. 반면, 사회보장을 사회복지보다 상위개념으로 보고 좀 더 포괄적으로 이해하는 견해도 있다. 이 경우, 사회복지의 범위는 소득보장을 제외한 전문적 사회서비스에 국한된다.

결국 사회보장과 사회복지의 관계는 어느 것을 상위 또는 하위의 개념으로 볼 것인가에 따라 달라진다. 즉, 사회보장을 사회복지의 하위개념으로 보는 경우, 사회보장은 협의의 개념으로서 사회보험과 공공부조에 국한하고, 반면 사회복지를 사회보장의 하위개념으로 볼 경우, 사회복지는 협의의 개념으로서 사회서비스만을 의미하게 된다. 어느 관점을 채택하든 무방하다고 할 수 있으나, 우리나라 「사회보장기본법」의 기준으로 본다면 사회보장을 사회복지보다 포괄적인 개념으로 보고 있다고 할 수 있다. 즉, 사회복지는 사회보장제도의 실현과정에 사용되는 서비스의 한 영역으로 간주된다. 따라서, 사회보장과 사회복지의 관계는 광의의 개념인 사회보장제도 안에서 소득보장에 중점을 두는 사회보장과, 전문적 서비스에 중점을 두는 사회복지로 이루어져 있다.

(2) 사회안전망

최근에는 '사회안전망(social safety nets)'이라는 용어가 국제통화기금(International Monetary Fund)과 세계은행(World Bank)을 중심으로 사용되고 있다. 사회안전망은 구조조정을 위한 개혁조치가 사회적 취약계층에 미치는 역효과를 최소화하기 위한 정책적 조치(주로 단기적인 사회복지정책)라는 의미이다(Chu & Gupta, 1998).

IMF와 세계은행은 원활한 시장경제의 작동과 개발도상국 및 후진국에 대한 경제적 원조를 목적으로 하는 대표적 국제금융기구인데, 1970년대 후반부터 재정지원을 받은 개발도상국들에게 제시한 구조조정 프로그램들, 즉 국가재정지출의 축소, 자본시장의 개방, 노동시장의 유연화, 국영기업의 민영화 등이 실업자의 양산과 빈곤의 심화 등 부정적 결과가 나타나자 양대 국제금융기구에 포진한 신자유주의 경제학자들은 이를 해결하기 위한 사회보장정책들을 모색하기 시작했다. 이 과정에서 이들은 사회보장이라는 용어보다는 사회안전망이라는 용어를 더 선호하여 사용하였다. 우리나라에서는 1997년 외환위기 당시 IMF 및 세계은행으로부터 구제금융의 조건으로 사회안전망 확충을 요구받으면서 사회안전망이란 용어가 본격적으로 논의되고 사용되기 시작했으며, 2012년 개정된 「사회보장기본법」에서는 사회보장과 별도로 '평생사회안전망'이라는 용어를 도입하였다.

한편, 유럽의 경우, 사회보장이라는 용어 대신 다른 용어로 '사회적 보호(social protection)'를 사용하는 경향이 있다(Abel-Smith, 2009). 이 사회적 보호는 사회보장보다 더 넓은 의미를 지니는 뜻으로 사용되고 있다. 즉, 사회적 보호에는 법령에 의해 도입되지 않은 민간제도도 포함되기 때문이다. 일부 국가의 경우, 사회보장이라는 용어를 좀 더 좁은 의미로 사용하고 있다. 예를 들어, 영국은 법령에 따라 제공되는 현금급여만을 사회보장으로 보고 있으며, 사회서비스라는 용어가 사회보장, 의료, 교육, 주택, 사회사업 및 사회복지와 관련된 급여를 가리키는 말로 사용된다. 미국에서 사회보장이라는 용어는 연방정부 수준의 사회보험제도를 의미하는 용어로 사용되고 있다. 즉, 미국에서의 사회보장은 노령·유족·장애보험(Old Age, Survivors, Disability Insurance, OASDI, 1935년 최초 실시)을 가리키는 말로 사용되고 있어 주정부 수준에서 제공하는 급여와 구분되고 있으며, 공공부조와도 구분되는 용어로 사용되고 있다. 그리고 유럽에서 공공부조라고 부르지만, 미국에서는 '복지(welfare)'라고 부르고 있다.

2. 사회보장제도의 전제조건

사회보장제도는 산업화, 자본주의, 민주주의 등과 같은 역사적·사회적 장치들과 함께 전개, 발전되어 온 사회제도이다. 사회보장제도는 인간다운 생활을 유지하기 위해 인류가 발전시켜 온 중요한 유산이자 사회제도이지만, 여전히 한계를 지니고 있다. 따라서, 사회보장제도는 진공상태 속에 존재하는 것이 아니라, 각국의 역사적·사회적 맥락 안에서 다양한 형태를 띠고 있다.

사회보장제도가 제대로 기능하려면, 그 기본 바탕이나 환경적 여건이 갖추어지는 것이 필요하다. 예를 들어, 농업국가에서 농·어업인이 대다수를 차지하는 곳에서 사회보장이 가능할 것인가? 사회보장제도를 운용할 수 있는 기술적 이력과 기술적 지식이 없는 곳에서, 특히 복잡한 사회적 위험발생과 그것에 대응한 보험급여의 계산방법, 개인의 생애에 걸친 생활사고의 대응과 국민 전체에 대한 인구사회학적 미래예측력 등의 통계학적 인구가족, 미래학적 금융회계 및 거시경제 사회정책적 분석과 대응능력이 불가능한 사회에서 사회보장제도 실현이 가능할 것인가? 결코 그렇지 못할 것이다. 사회보장제도가 제대로 작동되어 국민들에게 인간다운 생활을 영위할 수 있도록 하기 위해서는 그 전제조건이 필요하다. 어느 정도의 산업화, 자본주의체제의 성장발전, 노사정의 건강한 사회적 합의를 이룰 수 있는 성숙한 민주주의, 인구사회학적으로 안정적 사회, 더 나아가 위험공동체를 견인할 수 있는 교양 있는 시민의식 그리고 사회 전체의 공공복지증진을 위해 개인의 자유의 제한을 균형 있게 이룰 수 있는 복지국가의 법질서 등의 조건이 전제가 되어야 한다. 이 중에서 좀 더 구체적으로 언급되는 사회보장제도의 기본 전제조건은 다음과 같다(현외성, 2018: 64-68).

1) 생존권 보장

생존권은 인간다운 생활보장을 국가에 요청할 수 있는 국민의 기본적 권리이다. 어떤 사회적 위험 상황에서도 국민은 보호받아야 하며, 인간다운 생활을 영위할 수 있도록 하는 것을 국가 존립의 근거로 하는 복지국가야말로 사회보장제도 실현의 기본 전제이다. 헌법은 국가 존립과 기능을 담은 최상위의 법규범이므로, 생존권 보장을 헌법에 규정함은 물론 그 하위 법률과 명령 등을 통하여 생존권을 실현하기 위한 구체적인 행위로서 사회보장제도를 실시하는 내용을 담아야 한다.

세계 각국은 1919년 바이마르 공화국이 헌법에 생존권 규정을 도입한 이후 거의 모든 국가들이 생존권 조항을 헌법규정에 도입함으로써 복지국가를 지향하고 있다.

2) 완전고용의 실현

완전고용은 일해야 하는 의지와 능력이 있는 사람은 일할 수 있는 상태를 말하는 것으로서, 케인즈가 말하는 자발적 실업, 마찰적 실업, 비자발적 실업 중에서 비자발적 실업이 없는 경우를 의미한다. 사회보장제도는 임금노동자의 임금 또는 보수를 근거로 하여 설계·운용되기 때문에 임금노동자의 존재를 기본 전제로 하고 있다. 즉, 임금근로자가 매월 받는 급료를 기반으로 연금보험, 산재보험, 고용보험, 건강보험 등을 운용하며, 공공부조 역시 이들의 보수를 기반으로 하는 조세를 재원으로 운영되고 있기 때문에 완전고용의 실현이 사회보장제도의 전제조건이 된다.

베버리지 역시 1942년 그의 보고서에서, 사회보장의 전제조건으로서 아동수당, 포괄적 의료서비스, 고용수준의 유지 등을 세 가지 전제조건으로 할 때, 만족스러운 사회보장제도가 된다고 하였다. 완전고용은 사회보장의 기저를 이루는 전제조건임과 동시에 사회보장제도를 실시함으로써 고용을 안정시키고 완전고용을 이루는 상호보완적인 관계도 성립된다.

3) 최저임금제의 실시

완전고용이 되었다 할지라도, 근로자의 임금수준이 인간다운 생활을 보장할 수 없을 뿐만 아니라, 미래의 위험에 대응할 수 있도록 보험료를 지불할 수 없을 만큼 임금수준이 낮다면, 현실적으로 사회보장제도는 작동할 수 없게 된다. 따라서, 완전고용과 함께 임금근로자의 임금수준이 인간다운 생활을 영위할 만큼, 그리고 사회보험료를 지불할 수 있을 만큼 최저임금제도가 실행되어야 하는 것이 사회보장제도의 기본 전제조건이다. 이런 측면에서 세계 각국은 최저임금제도를 공공복지를 위해 강제적으로 실행하는 것을 원칙으로 하고 있는 추세이다.

최저임금제와 사회보장제도의 관계를 살펴보면 다음과 같다.

첫째, 최저임금제는 사회보험의 급여수준 및 공공부조의 기준이 될 수 있다. 최저임금제의 확립은 사회보장제도의 급여수준을 향상시키는 데 영향을 미친다. 공공부조의 수준은 비록 열등처우의 원칙(principles of less eligibility)이 적용된다 하더라도, 모든 국민의 인간다운 생활을 위한 최저생활보장의 기반이 될 수 있다. 열등처우의 원칙이 적용되지 않으면, 근로자의 노동의욕을 상실하게 할 수 있기 때문이다.

둘째, 사회보장의 재원에서 근로자의 갹출금은 임금비례제를 일반적 원칙으로 한다. 따라서, 임금이 너무 낮으면 사회보장재정에 파탄이 올 수 있다. 이를 막기 위해 국고부담이 커질 수 있다.

셋째, 저임금에 따른 비례갹출 비례급여의 원칙을 적용하면 저부담 저급여가 되는데, 이것은 모든 국민의 인간다운 생활에 대한 보장이라고 하는 사회보장의 의의와 기능을 기대할 수 없게 된다. 따라서, 최저임금제는 사회보장의 전제조건이 된다.

4) 인구학적 재정적 안정 : 지속가능성

사회보장제도는 기본적으로 '사회적 위험'의 공동부담과 공동대응이라는 사회연대 원리에 입각해 있다. 사회연대 원리는 사회구성원 모두가 이러한 사회보장제도가 가진 특성 이해를 기반으로 하면서 사회구성원들이 공동부담으로 보험료와 세금을 납부하는 것을 의미한다. 그만큼 도움을 받는 대상이 있는 반면, 도움을 제공해야 하는 집단도 있다. 이러한 상호성과 호혜성은 인구학적으로나 재정적으로 지속적이고 안정적인 사회적 구조를 갖출 것을 필요로 한다. 만일 도움을 받아야 하는 인구집단이 상대적으로 많고 도움을 제공해야 하는 인구집단이 상대적으로 적다면, 국가적·사회적으로 재정적 안정이 붕괴되고 사회보장제도는 성립하기 어렵다. 따라서, 장단기적으로 사회보장제도가 견실해야 하는데, 이를 위해서는 인구 및 재정적 안정이 필수불가결하고 전제조건이 되는 것이다.

21세기 현대복지국가에서 저성장·세계화와 함께 저출산·고령화는 사회보장제도에 심각한 도전이 되고 있다. 임금과 연계된 사회보장제도와 다른 한편으로는 인구구성과 연계된 사회보장제도의 미래가 불확실하여 각국은 다양한 제도와 정책으로 지속 가능한 사회보장제도를 모색하고 있다.

3. 사회보장의 형태

사회보장은 어떤 형태나 형식으로 사회적 위험을 해결하려고 하는가? 다시 말해서 사회보장은 어떻게 구성되어 있는가? 사회보장의 형태 역시 역사적으로 진전·변화되어 왔다. 처음에는 사회적 위험을 해소하기 위하여 국가 사회적으로 제공할 수 있는 급여형태는 주로 현금 중심이었고, 가능한 한 현금으로 환원할 수 있는 급여로 제공되었다. 그 다음으로는 보건의료의 중요성을 인정하면서부터 보건의료급여가 중요한 급여로 부가되었다. 현금과 보건의료로 해결할 수 없는 심리사회적 문제나 위험이 발생함으로써 또는 존재함으로써 다시금 사회복지서비스 또는 사회서비스가 새롭게 사회보장의 급여체계에 첨가되었다.

다른 측면에서는 사회적 위험에 처한 인구집단을 위한 사회보장 대응방식 역시 각국의 정치적·경제적 상황과 여건에 따라 다르게 진행되었다. 한 국가에서는 공공부조 방식으로, 다른 국가는 사회보험방식으로 시작되어 일정한 역사적 시점에서는 이 두 가지 제도가 수렴되고 혼합되는 모습을 띠어갔다.

일반적으로 사회보장의 내용은 다음과 같다(이성기 외, 2020: 38－81 ; 현외성, 2018: 19－20).

1) 사회보험

사회보험은 사회구성원들이 일상생활에서 직면하는 사회적 위험을 보험방식으로 대처하여, 주로 소득과 건강을 보장하기 위해 국가가 강제보험 형식으로 시행하는 보험을 말한다. 사회보험의 시행 주체는 국가이며 그 대상은 국민이다. 국민인 사용자와 노동자, 경우에 따라서는 국가가 일부 부담하는 보험료를 정기적으로 납입하고 미리 예정하여 만들어진 사회적 위험에 대응한 정형화된 보험사고에 국민이 직면하였을 때 보험급여를 제공받는 형식이다. 따라서, 사회보험은 임금근로자가 주된 대상이 되고, 정기적으로 보험료를 갹출할 수 있는 인구집단을 대상으로 일반 민간보험 원칙을 적용하는 특징을 가진다.

일반적으로 사회보험은 연금보험, 산재보험, 건강보험, 실업보험(고용보험) 등이 주류이고, 농민보험, (노인)장기요양보험, 선원보험 등 다양한 사회보험이 있다.

2) 공공부조

공공부조는 스스로가 생활유지 능력이 없거나, 어려운 사람들을 대상으로 국가가 인간다운 생활을 영위하도록 돕는 제도이다. 공공부조의 대상은 주로 자본주의 사회에서 근로능력이 없고 자산을 갖지 못한 사회적 취약계층이며, 이들은 국가에서 설정해 놓은 인간다운 생활을 영위하기 위해 필요한 최소한의 생활수준(최저생계비 등) 이하의 저소득 또는 절대 빈곤층이 그 핵심을 이룬다.

공공부조는 국가에서 국민에게 받는 세금을 재원으로 운영되며, 현금급여에서부터 건강, 사회복지 및 사회서비스급여 등이 포함된다. 공공부조는 국가에서 설정해 놓은 일정 수준 이하의 소득과 자산을 가진 경우에 자산조사를 거쳐 급여대상자로 선정한다.

사회보험과 공공부조의 비교는 <표 6-1>과 같다.

〈표 6-1〉 사회보험과 공공부조의 비교

구분	사회보험	공공부조
목적	산업재해·노령·실업 등에 따른 미래사회의 불안에 대처	생활무능력자의 최저생활보장
대상	보험료 부담 능력이 있는 국민	생활무능력자
비용부담	수혜자, 국민, 국가, 기업	국가 전액 부담
종류	국민건강보험, 노인장기요양보험, 국민연금, 고용보험, 산업재해보상보험	생활보호, 의료보호, 재해구호
특징	강제 가입이 원칙, 능력별 부담, 비영리 보험으로 상호부조적 성격이 강함.	소득재분배 효과가 크지만, 국가의 재정부담이 크고, 근로의욕을 상실시킬 우려가 있음.

자료: 김보기 외(2022a: 335).

3) 사회수당

사회수당은 사회보험과 공공부조를 통해 특정한 사회적 사고에 대응하기 어려운 경우에 일정한 조건을 기반으로 현금급여를 제공하는 사회보장의 한 형태이다. 사회수당은 급여대상자로부터 보험료를 받지 않고 국가예산을 통해 현금급여를 제공하는 점에서 공공부조의 성격을 지니고 있으나, 자산조사도 없기 때문에 사회보험적 특성도 지닌다. 하지만 사회수당 급여대상자는 공공부조 대상자와 같이 빈곤대상자가 아니라 하더라도 일정 부분 제한적인 자산조사는 고려되며, 경우에 따라서는 특별한 사회적 가치에 따라 제공되는 사회통합적 의미를 가지는 급여이기도 하다. 아동수당, 노령수당, 장애인수당, 가족수당과 같은 수당 등 다양한 사회수당이 존재한다.

4) 사회복지서비스

사회보장의 한 형태로서 사회복지서비스는 현금이나 현금으로 환원할 수 있는 경제적 급여 이외에 제공되는 급여이다. 주로 인적(human)인 대인(interpersonal) 활동이나 노력을 통해서 제공되는 급여로서의 특성을 지닌다. 사회구성원들이 생활상 직면하게 되는 심리사회적인 문제나 가족 및 인간관계로 말미암은 사회적 사고문제에 대응하는 급여인데, 이는 특별히 서비스급여라고 표현되는 급여이다.

사회복지서비스는 통상 사회복지(social welfare) 또는 사회사업(social work)이라는 전문적인(professional) 노력을 통하여 제공되는 급여를 말한다. 따라서, 사회복지서비스급여 역시 대상자로부터 서비스급여 접수(intake) 후 상담과 조사를 거쳐 급여가 제공되는 특징이 있어서 일종의 선별적 급여인 동시에, 국가예산을 통하여 제공되는 사회보장제도의 일종이다.

5) 사회서비스

사회서비스는 사회복지서비스를 포함한 더 넓은 범위의 서비스급여를 의미한다. 주로 보건의료 교육, 고용, 주거, 문화, 환경 등의 분야에서 사회구성원으로 하여금 인간다운 생활을 보장하고, 상담, 재활, 돌봄, 정보의 제공, 관련 시설의 이용, 역량 개발, 사회참여 지원 등을 통하여 삶의 질이 향상되도록 지원하는 사회보장제도를 말한다.

복잡하고 다원화된 현대사회에서 일상생활상 겪게 되는 다양한 시회적 위험에 대응하여 사회보험, 공공부조, 사회복지서비스를 넘어 한층 복잡한 전문서비스급여를 사회구성원들이 필요로 하는 것이 전제되어 있다. 따라서, 사회서비스급여 역시 사회복지서비스와 같은 특징을 지니고 있으며, 급여이용이 보다 다양하다.

4. 사회보장제도의 문제점

현대사회에서 사회보장은 중요한 역할을 하고 있다. 그러나 현대사회의 사회보장제도는 많은 비판을 받고 있다. 이런 비판에 제대로 다루지 못할 경우, 사회구성원은 사회보장제도에 대해 덜 지지할 수 있다. 그리고 이런 비판을 제대로 다루지 못할 경우, 사회보장제도의 존재 자체에 의문을 가지는 상황에 이를 수도 있다(Midgley and Tracy, 1996). 따라서, 현대 사회보장제도의 문제점을 파악해 대처할 필요가 있다. 현대에 들어 사회보장제도에서 문제가 발생하는 배경과 문제점을 정리하면 다음과 같다.

1) 사회보장제도의 문제 발생 배경

1950년대와 1960년대에 사회보장제도를 확대한 이유는, 사회보장제도에 대해 정치적으로 폭넓게 의견이 일치하였기 때문이었다. 이 당시에 거의 모든 정당은 사회보장제도를 확대하는 것에 대해 동의하고 있었다. 그런데 사회보장제도의 확대와 관련해 이렇게 정치적으로 의견이 일치한 것은, 당시에 경제가 크게 발달한 것과 밀접하게 관련되고 있었다. 즉, 선진국에서 제2차 세계대전 이후에 사회보장제도에 대해 긍정적으로 인식하던 것이 1970년대에 들어서 비판을 받게 된 배경에는, 이념적 측면보다는 물질적 측면이 더 크게 자리 잡고 있었다. 왜냐하면 사회보장제도를 확대하는 것에 대해 크게 의문을 가지게 된 계기는, 세계 경제가 어려움을 겪게 만든 석유파동이기 때문이다(George & Miller, 1995).

1970년대 이후 전 세계와 일부 지역에서 재정적 위기를 몇 차례 겪어 왔다. 이런 상황은 고용영역, 소득영역, 의료영역에서 크게 영향을 미쳤다. 그 결과, 이런 영역과 관련된 사회보장제도에서 문제가 발생하게 되었다. 이에 따라, 여러 국가에서는 이런 문제에 대해 대처해 오고 있다(Gongcheng & Scholz, 2019).

2) 주요 쟁점

사회보장과 관련된 여러 학자와 기관은 사회보장제도가 가지는 문제점을 오래전부터 제시해 왔다. 그동안 일부 학자와 기관이 현대 사회보장제도의 문제점으로 정리한 것을 몇 가지 살펴보면 다음과 같다.

(1) 밋글리

밋글리와 트레이시(James Midgley and Martin B. Tracy)는 1996년 그들의 저서 『사회안전에 대한 도전들: 국제조사(*Challenges to Social Security: An*

『사회안전에 대한 도전들』
(1996년 출판)

International Exploration)』에서, 사회보장제도에 대한 비판의 주요 내용을 다음과 같이 정리한다.

① 사회보장은 정부의 재정에 부정적으로 영향을 미치고 있다.

② 사회보장은 노인의 이익을 대변하는 역할을 하고 있다.

③ 사회보장은 효율적이지 않게 운영되고 있고, 이에 따라 사회보장에는 낭비적 요소가 많다.

④ 사회보장은 경제성장에 부정적으로 영향을 미치고 있다.

⑤ 사회보장은 공적으로 도와줄 필요가 거의 없는 사람들에게 자원을 재분배하고 있다.

(2) 아벨-스미스

일부 학자와 전문가의 경우, 1970년대 초기 이후에 선진국에서 경제성장이 더디어진 이유들 가운데 하나는, 사회보장제도에서 비용을 많이 지불한 것이라고 주장해 왔다. 아벨－스미스(Brian Abel－Smith)는 1994년 그의 저서 『사회안전: 정부 프로그램(*Social security: Government program)*』에서, 이런 주장을 다음과 같은 세 가지 형태로 구분하고 있다.

① 실업급여의 수준이 높기 때문에 유급 일자리에서 일하려는 동기가 줄어든다는 주장이 있다.

② 사회보장과 관련된 세금과 기여금(보험료)을 납부하여야 하기 때문에 근로자는 임금을 더 요구하고, 물가는 오르고 정부의 재정은 적자가 더 난다는 주장이 있다.

③ 사람들이 사회보장 급여를 받을 수 있는 권리를 가지기 때문에 사람들이 저축을 할 가능성이 낮아진다는 주장이 있다. 그리고 이런 주장에 따르면, 저축을 할 가능성이 낮아지기 때문에 투자를 더 적게 하게 되고, 그 결과로 경제가 성장하는 비율이 더 낮아지게 된다.

(3) 국제노동기구

현대의 사회보장제도는 보수주의자와 진보주의자 모두에게서 비판이 있는데, 국제노동기구는 이런 비판의 중요한 부분을 다음과 같이 정리한다(International Labor Organization, 1984).

첫째, 보수주의자의 경우, 사회보장 때문에 다음과 같은 상황이 나타났고, 그 결과로 경제위기가 발생하였다고 주장하고 있다.

① 저축이 줄어든다.

② 투자가 줄어든다.

③ 물가가 오른다.

④ 실업률이 높아진다.

⑤ 일하려는 의욕이 줄어든다.

둘째, 진보주의자의 경우, 사회보장은 다음과 같은 문제가 있다고 비판한다.

① 빈곤문제를 해결하지 못한다.

② 여성에 대한 차별을 없애지 못한다.

③ 동일한 욕구를 가진 사람을 똑같이 취급하지 못한다.

(4) 영국의 사례연구

영국의 맥락에서 사회보장제도는 다음과 같은 문제가 있다고 비판을 받은 바 있다(Evans & Piachaud, 1996).

① 사회보장과 관련해 현재 필요한 지출과 미래에 필요한 비용 사이에 균형을 이루기 어렵다.

② 현재의 사회보장에서는 빈곤층이 아닌 사람에게 급여를 제공하고 있고, 이에 따라 사회보장에 낭비하는 측면이 나타나고 있다.

③ 사회보장에서 급여를 잘 제공하기 때문에 일하려는 의욕과 저축하려는 의욕이 줄어들고 있다. 결국 이것은 경제가 발달하는 데 부정적으로 영향을 미치고 있다.

④ 사회보장 때문에 경제영역에서 행동이 변할 뿐만 아니라, 사회관계도 변하고 있다. 예를 들어, 사회보장에서 제공하는 급여가 너무 관대하거나, 급여를 너무 쉽게 이용할 수 있기 때문에 다음과 같은 현상이 나타나고 있다.

- 미혼모가 늘어난다.
- 이혼하는 사례가 많아진다.
- 젊은 노숙인이 생긴다. 이와 관련하여 사회보장은 '공짜로 받아먹는 사회'를 만든다고 영국의 사회보장부 장관은 공식적으로 비판한 바 있다.

앞에서 설명한 내용에 근거할 경우, 일반적으로 현대 사회보장제도에서 크게 주목하는 문제점을 다음과 같다.

첫째, 사회보장은 근로의욕을 줄이고 있다.

둘째, 사회보장은 경제발전에 부정적으로 작용하고 있다.

셋째, 사회보장은 재정을 악화시키고 있다.

연습문제

1. 현행 사회보장기본법에서 정의하는 사회보장의 영역으로 옳은 것은?

① 사회보험, 공공부조, 사회서비스
② 사회보험, 공공부조, 사회복지서비스, 관련 복지제도
③ 사회보험, 공공부조, 사회복지서비스, 사회수당
④ 사회보험, 공공부조, 사회복지서비스, 사회수당, 관련 복지제도
⑤ 사회보험, 공공부조, 사회서비스, 사회수당, 사회보훈, 관련 복지제도

2. 다음 중 사회보장제도의 문제점이 아닌 것은?

① 사회보장은 근로 의욕을 줄이고 있다.
② 사회보장은 경제발전에 부정적으로 작용하고 있다.
③ 사회보장은 재정을 악화시키고 있다.
④ 비판 배경에는 물질적 측면이 관련된다.
⑤ 사치품의 판매가 왕성하다.

3. 소득빈곤 및 소득불평등의 측정에 관한 설명을 옳지 않은 것은?

① 지니계수는 그 값이 클수록 더 불평등한 수준을 의미한다.
② 상대적 빈곤은 소득불평등과 관계가 있다.
③ 소득빈곤의 측정만으로 삶의 다양한 문제를 모두 포착하기는 어렵다.
④ 소득불평등 수준이 같은 국가라도 계층이동성의 수준이 상이할 수 있다.
⑤ 로렌츠 곡선에서 수직선은 모든 개인이 동일한 수준의 소득을 가지고 있다는 것을 의미한다.

4. 우리나라의 소득불평등에 관한 설명으로 옳지 않은 것은?

① 소득 불평등을 측정하는 지니계수는 로렌츠(Lorenz) 곡선에서 도출된다.
② 소득 1분위와 10분위의 소득비율로 소득 불평등을 측정하기도 한다.
③ 1997년 외환위기 이전에 비해 소득 불평등이 심화되었다.
④ 공적 이전소득의 소득 불평등 완화효과는 OECD 평균소득이다.
⑤ 비정규직 고용의 증가는 일반적으로 불평등을 심화시킨다.

정답 1. ① 2. ⑤ 3. ⑤ 4. ④

Chapter 7

사회보험

개요

사회보험은 국민이 미래에 직면할 수 있는 사회적 위험에 대비하여, 국가나 국민의 건강과 생활보전을 목적으로 보험방식에 의하여 사전에 대비하는 제도를 말한다. 4대 사회보험은 산재보험, 고용보험, 국민연금, 건강보험 등을 일컫는다. 여기에서는 사회보험을 학습하고자 한다.

학습목표

1. 사회보험의 개념 파악
2. 각 보험별 문제점 및 해결방안 토론
3. 보험별 정책 숙지

학습내용

1. 국민연금
2. 국민건강보험
3. 산업재해보상보험
4. 고용보험
5. 장기요양보험

Chapter 7

사회보험

사회보험(social insurance)은 국민이 미래에 직면할 수 있는 사회적 위험에 대비하여, 국가나 국민의 건강과 생활보전을 목적으로 보험방식에 의하여 사전에 대비하는 제도를 말한다. 즉, 실업이나 질병, 상해, 노령, 사망 등의 여러 가지 상황으로 인해 일시적 또는 영구적으로 일을 할 수 없게 되면 소득이 중단되거나 상실될 수 있다. 이와 같이 국민이 미래에 직면할 수 있는 사회적 위험에 대비하여 국가나 국민의 건강과 생활보전을 목적으로 보험방식에 의하여 사전에 대비하는 제도를 사회보험이라고 한다. 사회보험은 일반적인 민간보험과 마찬가지로 가입자의 기여금을 재원으로 하여 가입자에게 발생하는 위험을 분산하는 보험원리를 이용하고 있지만, 영리를 목적으로 하지 않으며, 가입이 의무적이라는 점에서 민간보험과 성격이 다르다.

세계 최초로 사회보험제도를 실시한 국가는 독일이다. 독일을 통일한 프로이센의 비스마르크(Otto Eduard Leopold von Bismarck, 1815–1898)는 1883년 건강보험을 시작으로 1884년 「산업재해보험법」, 1889년 노령폐질연금을 제정하였다.

우리나라는 현재 「사회보장기본법」에 사회보험의 법적 근거를 두고 있다. 제3조제2항에 따르면 사회보험을 “국민에게 발생하는 사회적 위험을 보험방식으로 대처함으로써 국민의 건강과 소득을 보장하는 제도”라고 정의하고 있다. 현재 우리나라는 산재보험, 고용보험, 국민연금, 사학연금, 공무원연금, 군인연금, 건강보험, 노인장기요양보험 등 8대 사회보험이 운영되고 있으며, 산재보험, 고용보험, 국민연금, 건강보험을 가리켜 4대 사회보험이라고 한다.

1. 국민연금

1) 국민연금의 개념

국민연금 안내

국민연금(national pension)은 가입자가 퇴직 등으로 소득원을 잃을 경우, 일정한 소득을 보장하는 제도로서, 1988년부터 시행된 사회보험정책이다. 이 제도는 국민들이 노령에 도달하여 소득이 상실되었을 때를 대비한 장기소득보장정책이다. 기본적으로, 본 제도는 18세 이상 60세 미만 국민이 일정 기간 가입을 하게 되고, 수급연령은 2013년부터 5년 단위로 1세씩 연장하여 2033년에는 65세부터 혜택을 받게 되며, 10년 이상 가입할 경우 연금을 수급받게 된다.

산업화 이전의 사회에서도 인간은 질병·노령·장애·빈곤 등과 같은 문제를 겪어 왔다. 그러나 이 시기의 위험은 사회구조적인 차원의 문제라기보다는 개인적인 문제로 여겨졌다. 이에 따라, 문제의 해결 역시 사회구조적인 대안보다는 개인이나 가족의 책임 아래에서 이루어졌다.

그러나 산업사회로 넘어오면서 환경오염, 산업재해, 실직 등과 같이 개인의 힘만으로는 해결하기 어려운 각종 사회적 위험이 부각되었다. 부양공동체 역할을 수행해 오던 대가족제도가 해체됨에 따라, 개인 차원에서 다루어지던 다양한 문제들이 국가개입 필요성이 요구되는 사회적 문제로 대두되기 시작했다.

이러한 다양한 사회적 위험으로부터 모든 국민을 보호하여 빈곤을 해소하고 국민생활의 질을 향상시키기 위해 국가는 제도적 장치를 마련하였는데, 이것이 바로 사회보장제도이다. 우리나라에서 시행되고 있는 대표적인 사회보장제도는 국민연금, 건강보험, 산재보험, 고용보험, 노인장기요양보험 등과 같은 사회보험제도, 기초생활보장과 의료보장을 주목적으로 하는 공공부조제도인 국민기초생활보장제도, 그리고 노인·부녀자·아동·장애인 등을 대상으로 제공되는 다양한 사회복지 서비스 등이 있다. 우리나라의 사회보장제도는 1970년대까지만 해도 구호사업과 구빈정책 위주였으나, 1970년대 후반에 도입된 의료보험과 1988년 실시된 국민연금제도를 통해 그 외연을 확장할 수 있었다.

그 후 적용대상을 단계적으로 확대한 결과, 전 국민을 대상으로 하는 제도로 정착되었다. 그러나 보험원칙을 중시하는 제도에 내재된 특성 때문에 발생하는 넓은 사각지대, 낮은 소득대체율 및 장기 재정 불안정은 국민연금제도의 문제점으로 지적되고 있다. 2014년 도입된 기초연금제도에도 불구하고, 현 노인계층의 높은 빈곤율, 2015년 하반기에 실시된 공무원연금 개혁과정에서의 논란 및 국민연금 소득대체율의 적정성에 대한 관심이 크게 증가함에 따라 노후소득보장을 위한 공·사적 연금제도를 종합적으로 진단하고 보완할 필요성이 증가하였다.

다양한 사회보장제도 중에서 국민연금은 보험원리에 따라 운영되는 대표적인 사회보험제도라고 할 수 있다. 즉, 가입자, 사용자로부터 정률의 보험료를 받고, 이를 재원으로 사회적 위험에 노출되어 소득이 중단되거나, 상실될 가능성이 있는 사람들에게 다양한 급여를 제공하는 제도이다. 국민연금제도를 통해 제공되는 급여에는 노령으로 인한 근로소득 상실을 보전하기 위한 노령연금, 주 소득자의 사망에 따른 소득상실을 보전하기 위한 유족연금, 질병 또는 사고로 인한 장기근로능력 상실에 따른 소득상실을 보전하기 위한 장애연금 등이 있으며, 이러한 급여를 지급함으로써 국민의 생활안정과 복지증진을 도모하고 있다.

국민연금의 특징은 다음과 같다.

첫째, 모든 국민이 가입대상으로 강제성이 있다.

둘째, 소득재분배로 사회통합에 기여한다.

셋째, 국가가 망하지 않는 한 연금은 반드시 수령한다.

넷째, 노령연금 이외에도 장애·유족연금 등 다양한 혜택이 포함되어 있다.

다섯째, 물가연동으로 그만큼 연금액에도 차이가 발생한다.

2) 국민연금의 급여

국민연금은 나이가 들거나 장애 또는 사망으로 인해 소득이 감소할 경우, 일정한 급여를 지급하여 소득을 보장하는 사회보험으로서 지급받게 되는데, 급여의 종류는 노령연금(분할연금), 장애연금, 유족연금, 반환일시금(이상 「국민연금법」 제49조), 사망일시금 등이 있다.

국민연금 급여의 종류는 <표 7-1>과 같다.

〈표 7-1〉 국민연금 급여의 종류

연금 급여(매월 지급) 일시금 급여		노령연금 노후 소득보장을 위한 급여	
노령연금	• 노후 소득보장을 위한 급여 • 국민연금의 기초가 되는 급여	반환일시금	연금을 받지 못하거나 더 이상 가입할 수 없는 경우, 청산적 성격으로 지급하는 급여
장애연금	장애로 인한 소득감소에 대비한 급여	사망일시금	유족연금 또는 반환일시금을 받지 못할 경우, 장제부조적·보상적 성격으로 지급하는 급여
유족연금	가입자(였던 자) 또는 수급권자의 사망으로 인한 유족의 생계보호를 위한 급여		

자료: 국민연금공단(홈페이지, 2023) 재구성.

3) 국민연금의 대상

기본적으로 국내에 거주하는 18세 이상 60세 미만의 국민으로서 「공무원연금법」, 「군인연금법」, 「사립학교교직원연금법」의 적용을 받지 않는 자를 가입대상으로 한다.

국민연금의 가입 유형과 대상은 <표 7-2>와 같다.

〈표 7-2〉 국민연금의 가입 유형과 대상

가입 유형	가입 대상
사업장가입자 (법 제8조)	• 국민연금에 가입된 사업장의 18세 이상 60세 미만의 사용자 및 근로자로서 국민연금에 가입된 자 • 1인 이상의 근로자를 사용하는 사업장 또는 주한외국기관으로서 1인 이상의 대한민국 국민인 근로자를 사용하는 사업장에서 근무하는 18세 이상 60세 미만의 사용자와 근로자는 당연히 사업장가입자가 됨.
지역가입자 (법 제9조)	국내에 거주하는 18세 이상 60세 미만의 국민으로서 사업장가입자가 아닌 사람은 당연히 지역가입자가 됨. 다만, 다른 공적연금에서 퇴직연금(일시금), 장애연금을 받는 퇴직연금 등 수급권자, 「국민기초생활보장법」에 의한 수급자 중 생계급여 또는 의료급여 또는 보장시설 수급자, 소득활동에 종사하지 않는 사업장가입자 등의 배우자 및 보험료를 납부한 사실이 없고 소득활동에 종사하지 않는 27세 미만인 자는 지역가입자가 될 수 없음.
임의가입자 (법 제10조)	사업장가입자와 지역가입자가 될 수 없는 사람도 60세 이전에 본인의 희망에 의해 가입신청을 하면 임의가입자가 될 수 있음. 즉, 다른 공적연금에서 퇴직연금(일시금), 장애연금을 받는 퇴직연금 등 수급권자, 「국민기초생활보장법」에 의한 수급자 중 생계급여 또는 의료급여 또는 보장시설 수급자, 소득활동에 종사하지 않는 사업장가입자 등의 배우자 및 보험료를 납부한 사실이 없고 소득활동에 종사하지 않는 27세 미만인 자는 가입을 희망하는 경우 임의가입자가 될 수 있음.
임의계속가입자 (법 제13조)	납부한 국민연금보험료가 있는 가입자 또는 가입자였던 자로서 60세에 달한 자가 가입기간이 부족하여 연금을 받지 못하거나 가입기간을 연장하여 더 많은 연금을 받기를 원할 경우는 65세에 달할 때까지 신청에 의하여 임의계속 가입자가 될 수 있음.

2. 국민건강보험

1) 국민건강보험의 개념

(1) 국민건강보험의 정의

국민건강보험(national health insurance)은 질병이나 부상으로 인해 발생한 고액의 진료비로 가계에 과도한 부담이 되는 것을 방지하기 위하여, 국민들이 평소에 보험료를 내고 보험자인 국민건강보험공단이 이를 관리·운영하다가 필요시 보험급여를 제공함으로써, 국민 상호 간 위험을 분담하고 필요한 의료서비스를 받을 수 있도록 하는 사회보장제도이다.

국민건강보험은 사회보험기술을 기초로 하여 질병, 부상, 출산, 사망 등의 사고에 의한 의료를 제공하고 질병의 비용과 건강보호를 집단적으로 부담하는 일을 사회에 위탁함으로써 모든 사람에게 의료혜택을 주어 건강하고 문화적인 생활을 영위하도록 하는 것을 말한다. 즉, 국민건강보험은 사회보험의 기술을 기초로 하여 모든 사람이 건강보험에 강제로 가입하도록 하여 피보험자에게 질병, 부상 등의 사고가 발생한 경우에 요양 또는 요양비를 제공하는 방법이다. 국가가 개입하여 국민건강과 생활의 안정을 도모하고 국민의 의료비용을 사회연대성 원리에 따라 공동체적으로 해결한다.

국민건강보험의 특성은 다음과 같다.

첫째, 보험가입 및 보험료 납부의 의무가 있다. 보험가입을 기피할 수 있도록 제도화될 경우, 질병위험이 큰 사람만 보험에 가입하여 국민 상호 간 위험분담 및 의료비 공동해결이라는 건강보험제도의 목적을 실현할 수 없기 때문에 일정한 법적 요건이 충족되면 본인의 의사와 관계없이 건강보험 가입이 강제되며, 보험료 납부의무가 부여된다.

둘째, 부담능력에 따른 보험료를 부과한다. 민간보험은 보장의 범위, 질병위험의 정도, 계약의 내용 등에 따라 보험료를 부담하는 데 비해서, 사회보험방식으로 운영되는 국민건강보험은 사회적 연대를 기초로 의료비문제를 해결하는 것을 목적으로 하므로 소득수준 등 보험료 부담능력에 따라 보험료를 부과한다.

셋째, 균등한 보장을 한다. 민간보험은 보험료수준과 계약내용에 따라 개인별로 다르게 보장되지만, 사회보험인 국민건강보험은 보험료 부담수준과 관계없이 관계법령에 의하여 균등하게 보험급여가 이루어진다.

2) 국민건강보험의 급여

(1) 보험급여

「국민건강보험법」 제41조에 의해, 가입자 및 피부양자의 질병·부상·출산 등에 대하여 법령이 정하는 바에 의하여 공단이 각종 형태로 실시하는 의료서비스를 말한다. 법령에서 정한 보험급여의 종류에는 진찰·검사, 약제·치료재료의 지급, 처치·수술 기타의 치료, 예방·재활, 입원, 간호, 이송 등이 있다.

(2) 의료급여

국민건강보험공단에서는 「의료급여법」 제33조 및 동법 시행령 제20조에 의거하여 의료급여사업 중 일부 업무를 위탁받아 수행하고 있으며, 위탁업무는 심사평가원의 심사·조정결과에 따른 급여비용의 지급, 전산기기에 의한 수급권자의 자격, 개인별 진료받은 내용의 관리, 의료급여의 제한에 필요한 실태조사 및 자료수집 등이다.

3) 국민건강보험의 대상

(1) 지역가입자

건강보험료는 지역가입자의 보험료 가입자의 소득, 재산(자동차 포함)을 참작하여 정한 부과요소별 점수를 합산한 보험료부과점수에 점수당 금액을 곱하여 보험료 산정 후 경감률 등을 적용하여 세대 단위로 부과한다. 부과요소로는 소득(사업·이자·배당·연금·근로소득 등), 재산(토지, 주택, 건축물, 선박, 항공기, 전세/전월세 등), 자동차(사용연수 9년 미만의 승용차 중 4,000만 원 이상이거나 배기량 1,600CC 초과 승용차와 그 밖의 승용자동차만 해당) 등이 있다.

① 신생아 출생 시
② 직장가입자의 자격을 상실 시
③ 국가유공자·독립유공자가 지역가입자 적용 신청 시
④ 외국인 등록자 및 재외국민의 경우
⑤ 임의계속가입자
⑥ 국적취득자
⑦ 수급권자에서 제외되었을 때
⑧ 국외 이주자가 영주 귀국 시

(2) 직장가입자

건강보험료는 직장가입자의 소득능력에 따라 부과하는 것이며, 전년도 신고한 보수월액으로 보험료를 부과한 후, 당해 연도 보수총액을 신고받아 정산하는 방식을 채택하고 있다. 단, 보수월액에 포함된 보수를 제외한 소득(보수 외 소득)이 연간 3,400만 원을 초과하는 직장가입자에게 보수 외 소득을 기준으로 소득월액보험료를 부과한다(2018년 7월 1일 시행).

① 상시 1인 이상의 근로자를 사용하는 사업장에 고용된 근로자와 그 사용자
② 근로자 없는 사업장은 적용대상이 아님
③ 적용 제외 사업장
- 소재지가 일정하지 않은 사업장
- 근로자가 없이 대표자만 있는 개인사업
- 법인 대표자 1인만 있는 사업장

3. 산업재해보상보험

1) 산업재해보상보험의 개념

산업재해보상보험(industrial accident compensation insurance)은 산업사회의 고유한 문제인 업무상 부상과 질병, 장해 또는 사망으로 인한 소득상실을 보전함과 동시에, 요양서비스와 재활서비스를 충분히 제공하여 성공적인 직업복귀를 도모하는 제도이다. 산업재해보상보험(약칭 산재보험)은 대부분의 국가에서 의료보장제도와 함께 가장 오래된 사회보장제도로 우리나라에서도 사회보험 중에서 가장 먼저 도입된 제도이다. 「산재보험법」 제1조에 의하면, "이 법은 산재보험 사업을 시행하여 근로자의 업무상의 재해를 신속하고 공정하게 보상하며, 재해근로자의 재활 및 사회 복귀를 촉진하기 위하여 이에 필요한 보험시설을 설치·운영하고, 재해 예방과 그 밖에 근로자의 복지증진을 위한 사업을 시행하여 근로자 보호에 이바지하는 것을 목적으로 한다."고 규정되어 있다.

산업재해보상보험제도는 사업장 단위로 적용되는 정부 주도의 강제보험으로, 보험제도를 통해 근로자 및 그 유족을 보호하고, 사업주 간의 위험을 분산하는 기능을 가진다. 또한 국민연금, 국민건강보험 등 근로자와 사업주가 보험료를 각각 절반씩 부담하는 다른 사회보험과 달리, 사업주가 보험료를 전액 부담함으로써 보험료의 납부자와 수혜자가 다르다는 특징을 가진다. 따라서, 산재보험의 보험자는 정부(근로복지공단)가 되고, 가입자는 사업주, 수급자는 업무상의 재해근로자가 된다(박진규, 2020: 189－190).

산업재해보상보험제도의 특성은 다음과 같다(박주현, 2021: 363).

첫째, 근로자의 업무상 재해에 대하여 사용자에게는 고의·과실의 유무를 불문하는 무과실책임주의이다.

둘째, 보험사업에 소요되는 재원인 보험료는 원칙적으로 사업주가 전액 부담한다.

셋째, 산재보험급여는 재해발생에 따른 손해 전체를 보상하는 것이 아니라, 평균임금을 기초로 하는 정률보상방식으로 행한다.

넷째, 자진신고 및 자진납부를 원칙으로 하고 있다.

다섯째, 재해보상과 관련되는 이의신청을 신속히 하기 위하여 심사 및 재심사청구제도를 운영한다.

여섯째, 다른 사회보험과는 달리 산재보험은 사업장 중심의 관리가 이루어진다.

2) 산업재해보상보험의 급여

(1) 업무상 재해의 인정 기준

근로자가 업무상 사고 또는 업무상 질병 어느 하나에 해당하는 사유로 부상·질병 또는 장해가 발생하거나 사망하면 업무상의 재해로 본다. 다만, 업무와 재해 사이에 상당인과 관계가 없는 경우에는 그러하지 아니하다(「산업재해보상보험법」 제37조).

업무상 사고란 근로자가 근로계약에 따른 업무나 그에 따르는 행위를 하던 중 발생한 사고, 사업주가 제공한 시설물 등을 이용하던 중 그 시설물 등의 결함이나 관리소홀로 발생한 사고, 사업주가 제공한 교통수단이나 그에 준하는 교통수단을 이용하는 등 사업주의 지배관리하에서 출퇴근 중 발생한 사고, 사업주가 주관하거나 사업주의 지시에 따라 참여한 행사나 행사준비 중에 발생한 사고, 휴게시간 중 사업주의 지배관리하에 있다고 볼 수 있는 행위로 발생한 사고, 그 밖에 업무와 관련하여 발생한 사고를 말한다.

업무상 질병은 업무수행 과정에서 물리적 인자, 화학물질, 분진, 병원체, 신체에 부담을 주는 업무 등 근로자의 건강에 장해를 일으킬 수 있는 요인을 취급하거나, 그에 노출되어 발생한 질병, 업무상 부상이 원인이 되어 발생한 질병, 그 밖에 업무와 관련하여 발생한 질병을 말한다.

근로자의 고의·자해행위, 범죄행위 또는 그것이 원인이 되어 발생한 부상·질병·장해 또는 사망은 업무상의 재해로 보지 아니한다. 다만, 그 부상·질병·장해 또는 사망이 정상적인 인식능력 등이 뚜렷하게 저하된 상태에서 한 행위로 발생한 경우로서, 대통령령으로 정하는 사유가 있으면 업무상의 재해로 본다. 업무상 재해의 구체적인 인정 기준은 대통령령으로 정한다.

(2) 급여의 종류

산재보험에서 업무상의 재해를 입은 근로자에게 제공하는 급여는 적용사업장에 종사하는 경우에 한하여 요양급여, 휴업급여, 장해급여, 간병급여, 유족급여, 상병보상연금, 장의비, 직업재활급여가 있다(「산업재해보상보험법」 제36조).

요양급여는 근로자가 업무상의 사유로 부상을 당하거나 질병에 걸린 경우에 그 근로자에게 지급한다.

휴업급여는 업무상 사유로 부상을 당하거나 질병에 걸린 근로자에게 요양으로 취업하지 못한 기간에 대하여 지급하되, 1일당 지급액은 평균임금의 100분의 70에 상당하는 금액으로 한다. 다만, 취업하지 못한 기간이 3일 이내이면 지급하지 아니한다.

장해급여는 근로자가 업무상의 사유로 부상을 당하거나 질병에 걸려 치유

된 후 신체 등에 장해가 있는 경우에 그 근로자에게 지급한다.

간병급여는 요양급여를 받은 자 중 치유 후 의학적으로 상시 또는 수시로 간병이 필요하여 실제로 간병을 받는 자에게 지급한다.

유족급여는 근로자가 업무상의 사유로 사망한 경우에 유족에게 지급한다.

요양급여를 받는 근로자가 요양을 시작한 지 2년이 지난날 이후에 특정한 요건에 모두에 해당하는 상태가 계속되면, 휴업급여 대신 상병보상연금을 그 근로자에게 지급한다. 장의비는 근로자가 업무상의 사유로 사망한 경우에 지급하되, 평균임금의 120일분에 상당하는 금액을 그 장제를 지낸 유족에게 지급한다. 다만, 장제를 지낼 유족이 없거나 그 밖에 부득이한 사유로 유족이 아닌 자가 장제를 지낸 경우에는 평균임금의 120일분에 상당하는 금액의 범위에서 실제 드는 비용을 그 장제를 지낸 자에게 지급한다.

직업재활급여는 두 가지가 있는데, 하나는 장해급여 또는 진폐보상연금을 받은 자나 장해급여를 받을 것이 명백한 자로서, 대통령령으로 정하는 자(장해급여자) 중 취업을 위하여 직업훈련이 필요한 자(훈련대상자)에 대하여 시행하는 직업훈련에 드는 비용 및 직업훈련수당을 말한다. 다른 하나는 업무상의 재해가 발생할 당시의 사업에 복귀한 장해급여자에 대하여 사업주가 고용을 유지하거나, 직장적응훈련 또는 재활운동을 시행하는 경우에 각각 지급하는 직장복귀지원금, 직장적응훈련비 및 재활운동비를 말한다.

3) 산업재해보상보험의 대상

(1) 업무상 재해

업무상 재해란 업무상 사고, 업무상 질병, 출퇴근 재해 등의 사유로 부상, 질병, 장해를 당하거나 사망하는 것을 의미한다.

업무상 사고는 근로자가 근로계약에 따른 업무나 행위를 하던 중 발생한 사고, 사업주가 제공한 시설물의 결함이나 관리소홀로 발생한 사고, 사업주가 주관하거나 사업주 지시에 따라 참여한 행사나 행사 준비 중 발생한 사고, 휴게시간 중 사업주 지배 관리하에 있다고 볼 수 있는 행위로 발생한 사고 등을 의미한다.

업무상 질병은 업무수행과정에서 물리적 인자, 화학물질, 분진, 병원체, 신체에 부담을 주는 업무 등 근로자의 건강에 장해를 일으킬 수 있는 요인을 취급하거나, 그에 노출되어 발생한 질병, 업무상 부상이 원인이 되어 발생한 질병 등을 의미한다.

출퇴근 재해는 통상의 출퇴근 재해 도입 이전에는 노동자가 회사차나 회사에서 제공한 차량을 이용하던 중 발생한 사고만 산업재해보상이 가능하였으나, 2016년 9월 29일 이후 통상적인 경로와 방법(대중교통과 자가용, 도보 등)을 이용하여 출퇴근하는 중 발생하는 사고('통상의 출퇴근 재해')도 산업재해보상이 가능하도록 하는 '통상의 출퇴근 재해 산업재해보상제도'가 도입되었다. 이는 사업주가 제공한 교통수단이나 그에 준하는 교통수단을 이용하는 등 출퇴근 중 발생한 사고, 그 밖에 통상적 경로와 방법으로 출퇴근하는 중 발생한 사고를 의미한다. 단, 근로자의 고의·자해행위나 범죄행위 또는 그것이 원인이 되어 발생한 재해는 업무상 재해로 보지 않는다(「산업재해보상보험법」 제37조).

(2) 보험가입자

근로자를 사용하는 모든 사업 또는 사업장의 사업주는 당연히 산업재해보상보험의 가입자가 된다. 다만, 위험률, 규모에 따라 적용제외사업을 정하고 있는데, 이들 사업의 사업주는 공단의 승인을 얻어 산업재해보상보험에 가입할 수 있다. 적용제외 사업으로는 「공무원연금법」, 「군인연금법」, 「선원법」, 「어선원 및 어선재해보상보험법」, 「사립학교교직원연금법」에 따라 재해보상이 되는 사업, 총공사금액 2천만 원 미만이거나 연면적이 100제곱미터 이하인 건축물의 건축 공사, 연면적 200제곱미터 이하인 건축물 대수선 공사를 하는 주택건설업자, 공사업자, 정보통신공사업자, 소방시설업자, 문화재수리업자, 가구 내 고용활동, 상시근로자 수 1인 미만인 사업, 농업, 임업, 어업, 수렵업 중 법인이 아닌 자의 사업으로 상시근로자 수 5명 미만인 사업이 있다. 적용제외사업의 사업주가 가입을 하면 이를 '임의가입자'라고 한다.

당연가입자, 임의가입자 외에 특례가입자를 정하고 있으며, 특례가입자에는 국외사업, 해외파견자, 현장실습생, 중소기업 사업주, 특수형태근로자, 국민기초생활보장수급자등이 있다.

4. 고용보험

1) 고용보험의 개념

고용보험(employment insurance)은 근로자가 실직하였을 경우, 실직근로자의 생활안정을 위해 일정 기간 실업급여를 지급하는 전통적 의미의 실업보험사업과 적극적 노동시장정책인 취업알선을 통한 재취업 촉진과 직업안정 및 고용구조 개선을 위한 고용안정사업, 직업생활 동안 근로자의 직무수행능력을 체계적으로 개발·향상시키기 위한 직업능력개발사업 등을 하나의 체계 내에서 상호 연계하여 실시하는 사회보험제도이다. 즉, 고용보험은 실직자에 대한 생계지원인 소극적·사후적 사회보장제도는 물론 재취업 촉진과 실업의 예방 및 고용안정, 노동시장의 구조개편, 직업훈련의 강화를 위한 적극적·사전적 차원의 종합적인 인력정책의 수단이라고 할 수 있는 것이다(박차상 외, 2020: 195).

2) 고용보험의 급여

고용보험급여의 종류는 고용안정사업과 직업능력개발사업 그리고 실업급여 등 크게 세 가지로 나누어진다.

(1) 고용안정사업

고용안정사업은 개별적인 보호와 시설지원의 형태로 이루어진다. 개별적인 보호로는 고용조정지원과 지역고용의 촉진, 고령자고용촉진, 건설업고용촉진 등이 있으며, 시설지원은 고용촉진시설에 대한 지원의 형태로 이루어진다. 이 밖에 일반적인 고용증진사업으로 고용정보의 제공 및 직업지도가 이루어진다.

(2) 직업능력개발사업

첫째, 직업능력개발 훈련지원으로서 피보험자 등에 대한 직업능력개발의 지원에는 수강장려금의 지원과 실업자재취직훈련이 있다.

둘째, 건설근로자에 대한 직업능력개발지원이 있다.

(3) 실업급여

실업급여의 종류로는 구직급여와 취업촉진수당이 있다. 취업촉진수당으로는 조기재취직수당, 직업능력개발수당, 광역구직활동비, 이주비 등이 있다. 구직급여는 기본적인 생활보장을 위한 급여이다. 취업촉진수당은 재취업을 위해서 필요한 실제 비용에 대한 지원금으로서의 성격을 갖고 있다.

실업급여 지급기간은 <표 7-3>과 같다.

〈표 7-3〉 실업급여 지급기간(이직일 2019.10.1. 이후)

피보험기간 연령	01년 미만	1년 이상 3년 미만	3년 이상 5년 미만	5년 이상 10년 미만
50세 미만	120일	150일	180일	210일
50세 이상 및 장애인	120일	180일	210일	240일

자료: 고용보험 (홈페이지, 2023).

3) 고용보험의 대상

(1) 적용대상 사업장

고용보험은 근로자를 사용하는 모든 사업 또는 사업장에 적용한다. 고용보험은 적용대상에 따라 일반적인 당연적용사업과 임의가입사업으로 구분한다.

① 당연적용사업장

근로자를 고용하는 모든 사업 또는 사업장의 사업주는 원칙적으로 고용보험의 당연가입대상이다. 다만, 사업장의 규모 등을 고려하여 일부 사업장은 고용보험 당연가입대상에서 제외하고 있다.

② 임의가입사업장

사업의 규모 등으로 고용보험업의 당연가입 대상사업이 아닌 사업의 경우, 근로복지공단의 승인을 얻어 보험에 가입할 수 있다. 이 경우, 사업주는 근로자(적용 제외 근로자 제외) 과반수 이상의 동의를 얻은 사실을 증명하는 서류(고용보험 가입신청서)를 첨부하여야 한다.

(2) 보험가입자

① 피보험자와 고용보험의 가입방식

「고용보험법」의 적용을 받는 보험가입자는 사업주와 근로자이다. 그러나 실제로 다양한 보험급여를 받는 자는 피보험자이다. 피보험자라 함은 당연가입자, 임의가입자, 의제가입자, 일괄적용대상 사업의 규정에 따라 보험에 가입하거나 가입된 것으로 보는 근로자를 말하고, 피보험자는 「고용보험법」이 적용되는 사업에 고용된 날에 피보험자격을 취득한다.

② 당연가입자

「고용보험법」의 적용대상이 되는 사업의 사업주와 근로자는 당연히 보험가입자가 된다.

③ 임의가입자

사업주가 근로자 과반수의 동의 및 근로복지공단의 승인을 얻어 그 사업의 사업주와 근로자가 보험에 가입하는 것을 임의가입자라고 한다.

④ 의제가입

고용보험의 당연가입자가 되는 적용사업이 사업규모의 변동 등으로 인하여 당연가입의 범위에 속하지 아니하게 된 때에는 그 사업주 및 근로자는 그 해당하게 된 날부터 임의가입한 것으로 본다. 그리고 당연가입이 되는 사업의 사업주가 당해 사업 중에 피보험자인 근로자를 고용하지 않은 때에는 그날부터 1년의 범위 안에서 피보험자인 근로자를 고용하지 아니한 기간 동안에도 보험에 가입한 것으로 본다. 이러한 경우를 '의제가입'이라 부른다.

5. 장기요양보험

1) 장기요양보험의 개념

장기요양보호는 만성적인 신체적·정신적 장애로 인해 일상생활 유지가 곤란한 노인에게 장기간 동안의 사회적 서비스 및 의료적 서비스를 제공하는 것을 말한다. 즉, 고령이나 노인성질병 등으로 인하여 6개월 이상 동안 혼자서 일상생활을 수행하기 어려운 노인 등에게 신체활동 또는 가사 지원 등의 장기요양급여를 사회적 연대원리에 의해 제공하는 사회보험제도이다.

노인장기요양보험(aged person longtermcare insurance)은 치매, 중풍 등으로 거동이 불편한 65세 이상 노인 또는 65세 미만이나 노인성질환을 가진 사람들을 요양시설에 모시거나 집으로 찾아가 돌보는 사회보험정책으로서, 2008년부터 시행되었다. 즉, 고령화사회로 급속하게 진행함에 따라 요양보호가 필요한 노인의 생활자립을 지원함으로써 가족의 부담을 줄여주고, 늘어나는 노인요양비와 의료비문제에 적절하게 대처하고자 도입된 사회보장제도인 것이다.

장기요양보험제도의 목적은 고령이나 노인성 질병 등의 사유로 일상생활을 혼자서 수행하기 어려운 노인 등에게 신체활동 또는 가사활동 지원 등의 장기요양급여를 제공하여, 노후의 건강증진 및 생활안정을 도모하고, 그 가족의 부담을 덜어줌으로써 국민의 삶의 질을 향상하도록 함을 목적으로 시행하는 사회보험제도이다.

우리나라 노인장기요양보험제도는 건강보험제도와는 별개의 제도로 도입·운영되고 있는 한편, 제도운영의 효율성을 도모하기 위하여 보험자 및 관리운영기관을 국민건강보험공단으로 일원화하고 있다. 또한 국고지원이 가미된 사회보험방식을 채택하고 있고, 수급대상자에는 65세 미만의 장애인이 제외되어 노인을 중심으로 운영되고 있다.

장기요양보험제도의 주요 특징은 다음과 같다.

첫째, 건강보험제도와 별도 운영한다.

둘째, 사회보험방식을 기본으로 한 국고 지원 부가방식을 채택하고 있다.

셋째, 보험자 및 관리운영기관의 일원화를 이루고 있다.

넷째, 노인 중심의 급여체계이다.

2) 장기요양보험의 급여

(1) 급여체계

노인장기요양급여에는 재가급여, 시설급여, 특별현금급여가 있다. 재가급여의 종류로는 방문요양, 방문목욕, 방문간호, 주야간보호, 단기보호, 기타 재가급여가 있다.

방문요양은 장기요양요원이 수급자의 가정 등을 방문하여 신체활동 및 가사활동 등을 지원하는 장기요양급여이다.

방문목욕은 장기요양요원이 목욕설비를 갖춘 장비를 이용하여 수급자의 가정 등을 방문하여 목욕을 제공하는 장기요양급여이다.

방문간호는 장기요양요원인 간호사 등이 의사, 한의사 또는 치과의사의 지시서에 따라 수급자의 가정 등을 방문하여 간호, 진료의 보조, 요양에 관한 상담 또는 구강위생 등을 제공하는 장기요양급여이다.

주·야간보호는 수급자를 하루 중 일정한 시간 동안 장기요양기관에 보호하여 신체활동 지원 및 심신기능의 유지·향상을 위한 교육·훈련 등을 제공하는 장기요양급여이다.

단기보호는 수급자를 일정 기간 동안 장기요양기관에 보호하여 신체활동 지원 및 심신기능의 유지·향상을 위한 교육·훈련 등을 제공하는 장기요양급여이다.

기타 재가급여는 수급자의 일상생활·신체활동 지원 및 인지기능의 유지·향상에 필요한 용구를 제공하거나 가정을 방문하여 재활에 관한 지원 등을 제공하는 것이다.

시설급여는 장기요양기관이 운영하는 노인의료복지시설 등에 장기간 동안 입소하여 신체활동 지원 및 심신기능의 유지·향상을 위한 교육·훈련 등을 제공하는 장기요양급여이다.

특별현금급여는 가족요양비, 특례요양비, 요양병원간병비를 제공하는 급여이다. 이 중 현재 시행하고 있는 특별현금급여는 가족요양비로 수급자가 섬 또는 벽지에 거주하거나, 천재지변, 신체·정신 또는 성격 등의 사유로 장기요양급여를 지정된 시설에서 받지 못하고 그 가족 등으로부터 방문요양에 상당하는 장기요양 급여를 받을 때 지급하는 현금급여이다.

사회보험에서 급여형태는 <표 7-4>와 같다.

〈표 7-4〉 5대 사대보험의 급여형태

구분	현금급여	현물급여
국민연금	노령연금, 장애연금, 유족연금, 반환일시금, 사망일시금	
건강보험	요양비, 장애인보장구 구입비	요양급여, 건강검진
산업재해보상보험	휴업급여, 장해급여, 상병보상연금, 유족급여	요양급여
고용보험	실업급여(구직급여, 취업촉진수당)	
노인장기요양보험	특별현금급여(가족요양비, 특례요양비, 요양병원간병비)	재가급여(방문요양, 주·야간보호, 방문목욕, 방문간호, 단기보호, 시설급여)

자료: 박차상 외(2020: 168).

(2) 장기요양 인정

장기요양보험 가입자 및 그 피부양자나 의료급여수급권자 누구나 장기요양급여를 받을 수 있는 것은 아니다. 일정한 절차에 따라 장기요양급여를 받을 수 있는 권리(수급권)가 부여되는데, 이를 '장기요양 인정'이라고 한다.

장기요양 인정절차는 먼저 공단에 장기요양 인정신청으로부터 출발하여 공단직원의 방문에 의한 인정조사와 등급판정위원회의 등급판정, 그리고 장기요양 인정서와 표준장기요양이용계획서의 작성 및 송부로 이루어진다.

장기요양 인정의 신청자격은 장기요양보험 가입자 및 그 피부양자 또는 의료급여수급권자 중 65세 이상의 노인 또는 65세 미만인 자로서 노인성질병인 치매, 뇌혈관성 질환, 파킨슨병 등 대통령령으로 정하는 질병을 가진 자에게 있다.

장기요양 인정 및 이용절차는 [그림 7-1]과 같다.

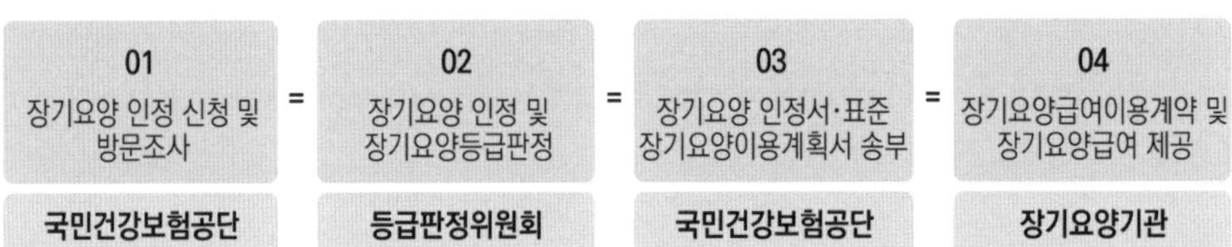

[그림 7-1] 장기요양 인정 및 이용절차

자료: 국민건강보험공단(홈페이지, 2023) 재구성.

장기요양 인정의 신청은 노인장기요양보험운영센터(전국 공단지사)에서 본인 또는 대리인이 할 수 있으며, 신청방법은 공단 방문, 우편, 팩스, 인터넷 등을 이용한다.

장기요양 인정신청의 종류는 <표 7-5>와 같다.

〈표 7-5〉 장기요양 인정신청의 종류

종류	신청 사유	신청 시기	제출 서류
인정신청	처음으로 장기요양 인정신청을 하는 경우	신청자격을 가진 자가 장기요양 급여를 받고자 하는 경우	• 장기요양 인정신청서 • 의사소견서
갱신신청	장기요양 인정 유효기간 종료가 예정된 경우	유효기간 종료 90일 전부터 30일 전	• 장기요양 인정 갱신신청서 • 의사소견서
등급변경 신청	장기요양급여를 받고 있는 동안 신체적 · 정신적 상태의 변화가 있는 경우	변경사유 발생 시	• 장기요양등급변경신청서 • 의사소견서
급여종류 · 내용변경 신청	급여종류 · 내용변경을 희망하는 경우	급여종류 · 내용변경 사유 발생 시	• 장기요양 급여종류 · 내용변경신청서 • 사실확인서(제출 필요시)
이의신청	통보받은 장기요양 인정등급에 이의가 있을 경우	처분이 있은 날로부터 90일 이내	• 이의신청서 • 사실 입증서류

자료: 국민건강보험공단(홈페이지, 2023).

(3) 장기요양급여 이용절차

수급자는 장기요양인정서에 적힌 '장기요양 등급', '장기요양 인정 유효기간'과 '급여종류 및 내용'에 따라 적절한 장기요양기관을 선택하여 급여계약 체결 후 장기요양 급여를 이용할 수 있다.

장기요양급여 이용 절차는 [그림 7−2]와 같다.

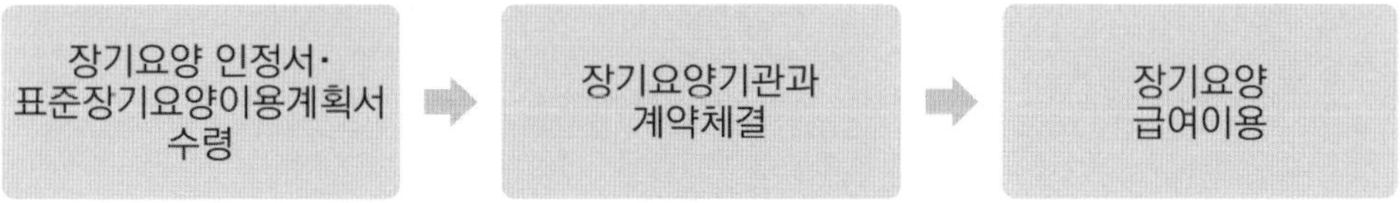

[그림 7-2] 장기요양급여 이용절차

자료: 국민건강보험공단 (홈페이지, 2023).

(4) 노인의료복지시설

노인복지시설의 종류로 노인의료복지시설을 규정하고 있으며(「노인복지법」 제31조), 노인의료복지시설로는 노인요양시설과 노인요양공동생활가정이 있다(「노인복지법」 제34조).

① 노인요양시설

치매·중풍 등 노인성질환 등으로 심신에 상당한 장애가 발생하여 도움을 필요로 하는 노인을 입소시켜 급식·요양과 그 밖에 일상생활에 필요한 편의를 제공함을 목적으로 하는 시설을 말한다.

② 노인요양공동생활가정

치매·중풍 등 노인성질환 등으로 심신에 상당한 장애가 발생하여 도움을 필요로 하는 노인에게 가정과 같은 주거여건과 급식·요양, 그 밖에 일상생활에 필요한 편의를 제공함을 목적으로 하는 시설을 말한다.

3) 장기요양보험의 대상

건강보험 가입자는 장기요양보험 가입자가 된다(법 제7조 제3항). 이는 건강보험의 적용에서와 같이 법률상 가입이 강제되어 있다. 또한 공공부조의 영역에 속하는 의료급여 수급권자의 경우 건강보험과 장기요양보험의 가입자에서는 제외되지만, 국가 및 지방자치단체의 부담으로 장기요양보험의 적용대상으로 하고 있다(법 제12조).

연습문제

1. 우리나라 국민연금에 관한 설명으로 옳지 않은 것은?

① 강제가입을 통해 역선택을 방지하고자 한다.
② 저소득자에게는 보험료를 지원하기도 한다.
③ 급여수준의 실질적 가치를 유지하고자 한다.
④ 민간에 위탁·운영하는 것이 일반적이다.
⑤ 전 국민을 대상으로 가입대상자를 확대하는 경향이 있다.

2. 우리나라 국민건강보험에 관한 설명으로 옳지 않은 것은?

① 진료비 지불방식으로 행위별 수가제와 포괄수가제가 사용되고 있다.
② 가입자는 직장가입자와 지역가입자로 구분된다.
③ 공무원 등 특수직역종사자는 가입대상이 아니다.
④ 건강보험의 요양급여와 노인장기요양보험의 요양급여는 급여 내용이 다르다.
⑤ 질병치료 시 상실된 소득을 보장하는 상병수당은 지급되고 있지 않다.

3. 우리나라 산업재해보상보험에 관한 설명으로 옳은 것은?

① 장해급여는 등급에 따라 연금이나 일시금으로 지급된다.
② 업무와 재해 사이의 인과관계와 상관없이 보상한다.
③ 산업재해보상보험 급여수급권은 퇴직하면 소멸한다.
④ 산업재해보상보험은 보건복지부장관이 관장한다.
⑤ 각종 민간사회단체는 산업재해보상보험의 임의적용사업장으로 분류된다.

4. 우리나라 노인장기요양보험제도에 관한 설명으로 옳은 것은?

① 단기보호는 시설급여에 해당한다.
② 가족에게 요양을 받을 때 지원되는 현금급여가 있다.
③ 보험료는 건강보험료와 분리하여 징수한다.
④ 장기요양인정의 유효기간은 3개월 이상으로 한다.
⑤ 보험료율은 보건복지부령으로 정한다.

정답 1. ④ 2. ③ 3. ① 4. ②

Chapter 8

공공부조

개요

공공부조정책은 생활유지 능력이 없는 복지기본선 이하의 저소득층 등 선별층에게 보험료 납부를 전제하지 않고, 현금급여 또는 현물급여 등을 제공하여 최저생활을 보장하고 자립을 지원하는 정책을 의미한다. 우리나라에서 공공부조정책의 대표적인 제도는 국민기초생활보장제도라고 할 수 있다. 여기에서는 공공부조를 학습하고자 한다.

학습목표

1. 공공부조의 개념 파악
2. 각 정책별 문제점 및 해결방안 토론
3. 분야별 정책 숙지

학습내용

1. 국민기초생활보장제도
2. 의료급여
3. 기초연금

Chapter 8

공공부조

공공부조정책(public assistance policy)은 생활유지 능력이 없는 복지기본선 이하의 저소득층 등 선별층에게 보험료 납부를 전제하지 않고, 현금급여 또는 현물급여 등을 제공하여 최저생활을 보장하고 자립을 지원하는 정책을 의미한다. 원래는 '공적부조'로 명명했으나, 1995년 제정된 「사회보장기본법」에 따라 '공공부조'로 변경되었다.

우리나라에서 공공부조정책의 대표적인 제도는 국민기초생활보장제도라고 할 수 있다. 국민기초생활보장제도의 추진체계는 중앙정부인 보건복지부가 지방자치단체에 지원 및 지시하는 체계이다.

1. 국민기초생활보장제도

1) 국민기초생활보장제도의 개념

국민기초생활보장제도(national basic livelihood security act)는 빈곤층을 대상으로 국민의 최저생활을 보장해 주는 제도를 말한다. 기초보장제도라고도 하며, 1999년 9월 보건복지부 주관으로 실시되었다. 이 제도는 개별가구의 소득이 국가가 정한 일정 기준선에 미달하는 빈곤층을 대상으로 생계, 의료, 주거,

교육 등 기초적인 생활을 영위할 수 있도록 현금 또는 현물을 지원하는 복지제도를 지칭한다.

국민기초생활보장제도는 1997년 말 외환위기로 인해 실업과 빈곤 문제가 심각했던 상황에서, 빈곤층의 인간다운 삶을 보장하기 위해 시민단체들의 청원과 여야 국회의원들의 공동발의로 1999년 9월 7일 제정되었고, 2000년 10월 1일 시행되었다. 이 제도는 빈곤층에 대한 소득보장을 '사회권'의 하나로 규정하였으며, 근로능력 유무와 무관하게 모든 빈곤층에게 소득보장을 하도록 규정하였으며, 자활사업을 통해 근로연계복지(workfare)를 실시하고 있다는 점에서 한국 사회보장제도에서 매우 상징적인 의미를 갖고 있다.

국민기초생활보장제도는 공공부조제도이며, 그것은 다음의 세 가지 특징을 갖고 있다.

첫째, 보험료 납부 등의 기여(contribution)를 전제하지 않고, 정부가 일반조세를 통해 그 비용을 부담하는 복지제도이다.

둘째, 자산조사(means-test)를 통해 지원대상을 엄격하게 선정하는 잔여적 복지제도이다.

셋째, 빈곤층의 모든 자구적 노력을 전제로 최종적으로 도움을 호소할 수 있는 복지제도이다. 이 점에서 국민기초생활보장제도는 빈곤층이 호소할 수 있는 최후의 사회안전망이라 불리기도 한다.

2) 국민기초생활보장제도의 급여

국민기초생활보장제도의 급여는 다음과 같다.

(1) 생계급여(일반생계급여)

현금급여기준은 최저생계비에서 현물로 지급되는 의료비, 교육비 및 타법 지원액을 감한 금액으로 소득이 없는 수급자가 받을 수 있는 최고액의 현금급여수준을 말한다.

가구별 생계급여액 = 생계급여 선정기준액 - 가구의 소득인정액

생계급여액은 수급자의 생계를 유지하기 위해 일상생활에 기본적으로 필요한 의복비, 음식물비 및 연료비 등이 포함된 금액이다. 이는 생계급여 선정기준에서 가구의 소득인정액을 차감한 금액으로 기준 중위소득의 30%(2020년 기준)에 해당한다. 생계급여는 금전을 지급하는 것이 원칙이며, 매월 20일에 정기적으로 금융회사 등의 수급자 명의의 지정된 계좌에 입금된다.

(2) 의료급여

의료급여는 수급자에게 질병, 부상, 출산 등의 상황에서 필요한 의료서비스 부담금 일부를 지원한다. 즉, 의료급여는 질병·부상·출산 등으로 도움이 필요한 기초생활보장수급자에게 지급된다. 예컨대, 진찰·검사, 약제·치료재료의 지급, 처치·수술과 그 밖의 치료, 예방·재활, 입원, 간호, 이송과 그 밖의 의료목적 달성을 위한 조치 등이 이에 해당한다.

(3) 주거급여

주거급여는 수급자에게 주거안정에 필요한 임차료, 유지수선비 등을 지급하는 것으로 기준임대료를 상한으로 수급자의 실제 임차료를 지원한다. 즉, 주거급여는 주거 안정이 필요한 기초생활보장수급자에게 지급된다. 주거급여의 최저보장수준은 임차급여의 경우에는 기준임대료로 하고, 수선유지급여의 경우에는 경보수, 중보수, 대보수 등 보수범위별 수선비용을 기준금액으로 한다.

(4) 교육급여

교육급여는 고등학생의 경우, 교과서대, 수업료·입학금(학교장이 고지한 금액 전부), 초·중학생의 경우 부교재비(66천원/인·105천원/인), 중·고등학생 학용품비(57천원/인)를 지원한다. 즉, 교육급여는 학교나 시설에 입학해 입학금, 수업료, 학용품비, 그 밖의 수급품 등이 필요한 기초생활보장수급자에게 지급된다. 이는 초등학교·공민학교, 중학교·고등공민학교, 고등학교·고등기술학교, 특수학교, 각종 학교(초등학교·공민학교·중학교·고등공민학교·고등학교·고등기술학교와 비슷한 학교), 학교 형태의 평생교육시설(고등학교 졸업 이하의 학력이 인정되는 시설로 지정한 시설만 해당) 중 어느 하나에 해당하는 학교 또는 시설에 입학 또는 재학하는 사람에게 지급된다.

(5) 해산급여

해산급여는 출산영아 1인당 60만 원을 지급한다. 단, 생계급여, 의료급여, 주거급여 수급자에게만 지원한다. 즉, 해산급여는 생계급여, 주거급여 및 의료급여 중 하나 이상의 급여를 받는 수급자 중 조산을 했거나 분만하기 전후로 조치와 보호가 필요한 기초생활보장수급자에게 지급된다. 해산에 필요한 금품을 지급받으려는 사람은 해산급여지급신청서(전자문서로 된 신청서 포함)를 거주지를 관할하는 특별자치시장·특별자치도지사·시장·군수·구청장에게 제출하면 된다.

(6) 장제급여

장제급여는 사망자 1구당 75만 원을 지급한다. 단, 생계급여, 의료급여, 주거급여 수급자에게만 지원한다. 즉, 장제급여는 생계급여, 주거급여 및 의료급여 중 하나 이상의 급여를 받는 수급자가 사망해 사체의 검안·운반·화장 또는 매장, 그 밖의 장제조치가 필요한 경우에 지급된다. 특별자치시장·특별자치도지사·시장·군수·구청장은 단독가구주의 사망 등 불가피한 경우, 장제를 실시할 수 있는 사람을 지정해 장제급여를 지급할 수 있다.

(7) 자활급여

수급권자의 자활을 돕기 위해 자활에 필요한 금품의 지급 또는 대여, 자활에 필요한 근로능력의 향상 및 기능습득의 지원, 취업알선 등 정보의 제공, 자활을 위한 근로기회의 제공, 자활에 필요한 시설 및 장비의 대여, 창업교육,

기능훈련 및 기술·경영 지도 등 창업지원, 자활에 필요한 자산형성 지원, 그 밖에 자활을 위한 각종 지원 등과 같은 명목으로 지급된다.

국민기초생활보장제도 급여의 기본 원칙은 다음과 같다.

① 최저생활보장의 원칙은 생활이 어려운 자에게 생계·주거·의료·교육·자활 등 필요한 급여를 행하여 이들의 최저생활을 보장한다는 것이다.

② 보충급여의 원칙은 생계급여 수급자의 최저보장수준은 생계급여액과 수급자 가구의 소득인정액을 합한 수준이 생계급여 선정기준 이상이 되도록 지원한다는 것이다.

③ 자립지원의 원칙은 근로능력이 있는 생계급여 수급자에게 자활사업에 참여할 것을 조건으로 생계급여를 지급한다는 것이다.

④ 개별성의 원칙은 급여수준을 정함에 있어서 수급권자의 개별적 특수 상황을 최대한 반영한다는 것이다.

⑤ 가족부양 우선의 원칙은 급여신청자가 부양의무자에 의하여 부양될 수 있는 경우에는 기초생활보장급여에 우선하여 부양의무자에 의한 보호가 먼저 행해져야 한다는 것이다.

⑥ 타 급여 우선의 원칙은 급여신청자가 다른 법령에 의하여 보호를 받을 수 있는 경우에는 기초생활보장급여에 우선하여 다른 법령에 의한 보호가 먼저 행해져야 한다는 것이다.

3) 국민기초생활보장제도의 대상

국민기초생활보장제도의 대상은 수급권자 가구의 소득인정액이 가구별 최저생계비 이하인 경우, 또는 부양의무자가 없거나, 부양의무자가 있어도 부양능력이 없거나, 또는 부양을 받을 수 없는 경우를 말한다. 그 내용은 다음과 같다.

- 부양의무자 기준 적용 : 생계급여, 의료급여, 주거급여 수급자
- 교육급여수급자는 부양의무자 제도 미적용

- 부양의무자의 범위 : 수급신청자와 부모, 아들, 딸, 며느리, 사위
- 배우자가 사망한 사위, 며느리, 계부, 계모는 수급권자의 부양의무자가 아님.

2. 의료급여

1) 의료급여의 개념

의료급여제도(medical care assistance)는 생활이 어려운 사람에게 의료급여를 함으로써 국민보건의 향상과 사회복지의 증진에 이바지함을 목적으로 한다(「의료급여법」 제1조). 의료급여제도는 국민건강보험과 함께 우리나라 의료보장제도의 한 축이면서 국민기초생활보장제도의 의료급여를 제도화한 것이다.

의료급여는 수급권자의 질병·부상·출산 등에 대해 진찰·검사, 약제·치료재료의 지급, 처치·수술과 그 밖의 치료, 예방·재활, 입원, 간호, 이송 등의 의료서비스를 제공하는 급여이다. 의료급여는 생활유지 능력이 없거나 생활이 어려운 저소득 국민의 의료문제를 국가가 보장하는 공공부조제도로서 국민건강보험과 함께 국민의료보장의 중요한 수단이 된다. 의료급여는 별도의 법률인 「의료급여법」에 따른다. 기존의 「의료보호법」이 「의료급여법」으로 개정됨에 따라 국민기초생활보장 수급자는 「의료급여법」에 의해 의료보장을 받게 되었다.

헌법 제36조제3항에서 "모든 국민은 보건에 관하여 국가의 보호를 받는다."라고 규정하고 있어서 국가는 국민의 건강한 권리를 보장할 의무가 있다. 이에 국가는 의료와 보건에 관한 관련법을 제정하고, 보건의료정책을 시행하고 있다. 사회복지와 관련된 의료정책은 일반적으로 의료를 공급하는 의사·약사·한의사 등 의료관계자와 병·의원 등과 같은 의료기관이 있으며, 보건소 또는 보건진료소 등과 같은 모든 의료기관과 관련된 보건의료행정체계 그리고 의과대학 등의 의료교육기관과 국민건강보험 등과 같은 의료보험 시스템이 있다.

이러한 의료체계구조 속에서 공공부조정책의 하나인 의료급여정책은 일반적인 사회복지나 의료보험과 관련시켜 '의료보장(medical security)'이라는 용어가 사용되고 있으나, 영국·미국 등의 문헌에서는 '의료보호(medicare)'라는 표현이 자주 사용되고 있다.

의료급여는 의료비의 보장과 의료 그 자체 및 건강의 보장이라는 두 가지 견해로 크게 나눌 수 있는데, 의료비는 질병이나 부상과 관련하여 과도하게 지출될 수 있기 때문에 근로능력의 상실 등을 초래하고, 결국 생활이 빈곤해지는 악순환을 겪어야 한다(박차상 외, 2020: 251－252).

2) 의료급여의 급여

(1) 급여의 종류

의료급여 대상자는 모든 질병이나 부상에 대하여 진찰, 처치, 분만, 기타의 치료, 약제 또는 치료재료의 지급, 의료시설에의 수용, 간호, 이송, 기타 의료목적 달성을 위한 조치 등의 의료급여를 받도록 하고 있다.

의료급여 1종 수급권자 외래진료 시 본인부담제 시행하는 대신에 매월 건강생활유지비를 지급하고 있다. 의료급여 1종 수급권자도 외래진료 시 치료비와 약값을 부담해야 한다.

그동안 의료급여 1종 수급권자들은 의료기관, 약국 외래방문 시 본인부담금을 내지 않았다. 그러나 이제는 1차 의료기관 이용 시는 1천 원, 2차 의료기관은 1천 5백 원, 3차 의료기관 2천 원을 내야 한다. CT－MRI·PET는 급여비용의 5%를 부담해야 한다. 그뿐만 아니라, 약국에서도 처방전 1건당 5백 원을 내야 한다. 다만, 희귀난치성질환자, 18세 미만 아동, 임산부 등의 외래진료와 입원진료는 종전처럼 본인부담금을 내지 않는다.

보건복지부는 1종 수급권자가 의료기관·약국 외래진료 때 치료비와 약값을 부담하게 됨에 따라 치료비와 약값에 사용할 수 있는 '건강생활유지비'를 지급한다. 매월 지급하는 이 '건강생활유지비'는 치료비와 약값 용도로 사용하게끔 국민건강보험공단에서 수급권자 개인별 가상계좌에 적립할 예정이다.

1종 수급권자는 개인 가상계좌에 입금된 '건강생활유지비'로 의료기관과 약국을 이용해야 한다. 만약 건강생활유지비 잔액이 없거나 모자라면 본인부담금 전부 또는 차액을 현금으로 내야 한다.

1종 수급권자가 내야 할 본인부담금이 월 2만 원을 넘으면 그 초과금액의 50%를, 5만 원을 넘으면 그 초과금액 전액은 정부가 부담할 예정이다. 반대로, 건강생활유지비가 남으면, 연 1회 정산해 수급권자의 개인별 계좌로 돌려준다.

같은 질환으로 여러 병·의원을 이용하거나, 중복 투약으로 인해 연간 급여일수 상한(365일)을 초과해 의료급여를 받고자 하는 사람은, 1차 의료급여기관을 정해 본인부담 없이 이용할 수 있는 '선택병·의원제'를 이용해야 한다. '선택병·의원'은 본인부담이 면제되고, 선택병·의원에서 발생한 처방전으로 약국을 이용할 때도 본인부담금을 내지 않는다. 선택병·의원에서 치료할 수 없는 질환일 때는 (진료의뢰서를 발부받아) 다른 의료기관을 이용할 수는 있지만, 이때는 치료비와 약값을 부담해야 한다. '선택병·의원 적용대상자'는 원칙적으로 의원급이나 의료기관 중 한 곳을 선택해 이용해야 한다. 그러나 희귀난치성질환자는 3차 의료기관, 등록장애인 등은 2차 의료기관도 이용할 수 있다.

6개월 이상 치료가 필요한 복합질환자이거나 희귀난지성질환자인 경우는 1차(의원급) 또는 2차(병원, 종합병원) 중 한 곳을 선택병·의원으로 추가 선정해 이용할 수 있다.

(2) 장애인보장구 구입비

등록장애인이 장애인보장구 구입비용을 지급받기 위해서는 본인의 금융기관 계좌번호를 기재한 신청서에 진료담당의사가 발행한 보장구 처방전 및 보장구검수확인서(지체장애인용 지팡이, 목발과 2회 이상 재 지급받는 휠체어 및 시각장애인용 흰 지팡이는 제외), 진료기관 또는 보장구 제작(판매)업소에서 발행한 세금계산서를 첨부하여 보장기관에 신청한다. 구입비용은 보장기관에서 장애인의 예금통장 또는 구입처에 직접 입금하여 지급할 수 있으며, 1종의 경우 의료급여기금에서 전액 지급하고, 2종은 기금에서 80%, 장애인의료비에서 20%를 지급한다.

(3) 대불금제도

총 진료비 중 본인부담금을 의료급여기금에서 부담하는 것을 대불금제도라고 한다. 대불을 받은 자(그 부양의무자를 포함하며, 대불금상환의무자)는 관련 기관의 규정에 따라 대불금을 그 거주지를 관할하는 시장·군수·구청장에게 상환하여야 한다. 의료급여기금에서 급여비용의 대불을 받은 자는 대불금의 총액에 따라 ① 대불금액이 10만 원 미만은 3회, ② 대불금액이 10만 원 이상 30만 원 미만은 8회, ③ 대불금액이 30만 원 이상인 경우에는 12회의 구분에 따라 3개월마다 같은 액수로 분할하여 상환하여야 한다. 이 경우, 최초의 납입기한은 의료급여비용을 대불한 날부터 3개월이 경과한 달의 말일로 하며, 급여기관은 대불금상환의무자의 경제적 사정을 고려하여 상환기간 및 상환횟수를 달리할 수 있다.

3) 의료급여의 대상

의료급여는 국민기초생활보장제도의 급여 중 하나로 국가의 일반재정으로 조달되는 공공의료부조제도(public medical assistance)이다. 헌법에 보장된 국민의 인간다운 생활을 할 권리와 건강권을 저소득층과 사회적 기여자들에게 구체화하는 공공부조 프로그램으로 의료급여의 수급자는 다음과 같다(「의료급여법」 제3조).

① 「국민기초생활보장법」에 따른 의료급여 수급자
② 「재해구호법」에 따른 이재민으로서 보건복지부장관이 의료급여가 필요하다고 인정한 사람
③ 「의사상자 등 예우 및 지원에 관한 법률」에 따라 의료급여를 받는 사람
④ 「입양특례법」에 따라 국내에 입양된 18세 미만의 아동
⑤ 「독립유공자예우에 관한 법률」, 「국가유공자 등 예우 및 지원에 관한

법률」 및 「보훈보상대상자 지원에 관한 법률」의 적용을 받고 있는 사람과 그 가족으로서 국가보훈처장이 의료급여가 필요하다고 추천한 사람 중에서 보건복지부장관이 의료급여가 필요하다고 인정한 사람

⑥ 「무형문화재 보전 및 진흥에 관한 법률」에 따라 지정된 국가무형문화재의 보유자(명예보유자를 포함한다)와 그 가족으로서 문화재청장이 의료급여가 필요하다고 추천한 사람 중에서 보건복지부장관이 의료급여가 필요하다고 인정한 사람

⑦ 「북한이탈주민의 보호 및 정착지원에 관한 법률」의 적용을 받고 있는 사람과 그 가족으로서 보건복지부장관이 의료급여가 필요하다고 인정한 사람

⑧ 「5·18민주화운동 관련자 보상 등에 관한 법률」 제8조에 따라 보상금 등을 받은 사람과 그 가족으로서 보건복지부장관이 의료급여가 필요하다고 인정한 사람

⑨ 「노숙인 등의 복지 및 자립지원에 관한 법률」에 따른 노숙인 등으로서 보건복지부장관이 의료급여가 필요하다고 인정한 사람

⑩ 그 밖에 생활유지 능력이 없거나, 생활이 어려운 사람으로서 대통령령으로 정하는 사람

의료급여의 수급권자는 1종 수급권자 및 2종 수급권자로 구분하도록 되어 있다. 의료급여 수급권자 중 1종 수급권자가 아니면 2종 수급권자에 해당한다(의료급여법 시행령 제3조).

수급권자의 기준은 <표 8-1>과 같다.

〈표 8-1〉 수급권자의 기준

<table>
<tr><th>종별</th><th colspan="2">유형</th><th>선정기준</th><th>단위</th></tr>
<tr><td rowspan="20">1종
수급권자</td><td rowspan="9">기초생활
수급자</td><td colspan="2">근로능력이 없거나 곤란한 자만으로 구성된 세대</td><td>세대</td></tr>
<tr><td rowspan="6">다음의 어느 하나에 해당하는 자</td><td>18세 미만인 자</td><td rowspan="6">개인</td></tr>
<tr><td>65세 미만인 자</td></tr>
<tr><td>장애인고용촉진법 및 직업재활법에 따른 중증장애인</td></tr>
<tr><td>질병, 부상 또는 그 후유증으로 치료나 요양이 필요한 사람 중에서 근로능력평가를 통하여 시장·군수·구청장이 근로능력이 없다고 판정한 사람</td></tr>
<tr><td>임신 중에 있거나 분만 후 6개월 미만의 여자</td></tr>
<tr><td>병역의무를 이행 중인 자</td></tr>
<tr><td>시설수급자</td><td>보장시설 거주자</td><td>개인</td></tr>
<tr><td>중증질환자</td><td>중증질환자 결핵질환, 희귀난치성질환 또는 중증질환을 가진 사람</td><td>개인</td></tr>
<tr><td rowspan="9">기타 수급자</td><td>이재민</td><td>「재해구호법」</td><td>개인</td></tr>
<tr><td>입양아동</td><td>「의사상자 등 예우 및 지원에 관한 법률」</td><td>가구</td></tr>
<tr><td>입양아동</td><td>국내에 입양된 18세 미만의 아동(「입양특례법」)</td><td>개인</td></tr>
<tr><td>국가유공자</td><td>국가보훈처 기준</td><td>가구</td></tr>
<tr><td>국가무형문화재 보유자</td><td>「무형문화재 보전 및 진흥에 관한 법률」</td><td>가구</td></tr>
<tr><td>북한이탈주민</td><td>북한이탈주민의 보호 및 정착지원에 관한 법률</td><td>가구</td></tr>
<tr><td>5·18 민주화 운동 관련자</td><td>「5·18 민주화운동 관련자 보상에 관한 법률」</td><td>가구</td></tr>
<tr><td>노숙자</td><td>「노숙인 등의 복지 및 자립지원에 관한 법률」</td><td>개인</td></tr>
<tr><td rowspan="2">2종
수급권자</td><td colspan="2">기초생활수급자</td><td>근로능력이 있는 세대</td><td>가구</td></tr>
<tr><td colspan="2">기타</td><td>보건복지부장관이 필요하다고 인정하는 자</td><td>개인</td></tr>
</table>

3. 기초연금

1) 기초연금의 개념

기초연금 온라인 배너

기초연금(basic pension)제도는 국민연금에 가입하지 못했거나, 가입기간이 짧아 충분한 연금을 받지 못하는 생활이 어려운 노인에게 정기적·안정적인 소득 기반을 제공하여 생활안정을 지원하는 노후소득보장제도이다. 즉, 어르신들의 안정된 노후생활을 돕기 위해 1988년부터 국민연금제도가 시행되었지만 제도가 시행된 지 오래되지 않아 가입하지 못하거나, 가입기간이 짧아 충분한 연금을 받지 못하는 노인들이 많아 「기초연금법」에 근거하여 노인의 소득안정을 위한 제도이다. 국민연금의 최대 개선과제는 재정안정화와 사각지대 해소이다. 전 국민의 국민연금 시대라고 하지만 2006년 기준 납부 예외자가 42%에 이르고, 미래의 전체 노인인구 57%가 잠재적 사각지대에 속할 것으로 예상된다. 이러한 사각지대 해소를 위하여 경로연금, 효도연금 등을 지급해 오고 공공부조 확대를 계속했으나, 그 실효성은 극히 미미하였다. 이런 국민연금 사각지대에 대한 본격적인 해소방안으로 등장한 것이 기초연금이다.

「기초연금법」 제1조에서는 "노인에게 기초연금을 지급하여 안정적인 소득 기반을 제공함으로써 노인의 생활안정을 지원하고 복지를 증진함을 목적으로 한다."고 규정되어 있다. 과거 「기초노령연금법」에서는 생활이 어려운 노인을 대상으로 한 선별적 공공부조로 명시하였으나, 「기초연금법」에서는 '생활이 어려운'이라는 용어가 생략됨으로써 보편적 사회보장제도로서의 발전 가능성을 열어 놓았다. 즉, 기초연금은 중하위소득 70% 노인에게 지급하기 때문에 소득인정액 심사를 하는 선별적 요소를 포함하고 있지만, 선별적 제도라기보다는 데모그란트적 급여성격을 가진 준보편적 제도에 가깝다고 할 수 있다. 특히, 기초노령연금에서 나타난 연금과 임시적 공공부조 사이의 애매모호한

정체성은 연금이라는 정체성으로 정리되었다고 평가되고 있다. 따라서, 기초연금은 세대 간 이전(부양)을 담당하는 준보편적 무갹출 연금으로서, 세대 간 계약(intergenerational contract)에 의해 노인 시민들에게 권리로 주어지는 급여의 성격을 갖는다(박진화, 2020a: 279-280).

결론적으로 기초연금제도는 65세 이상의 전체 노인 중 가구의 소득인정액이 선정기준액 이하인 노인에게 매달 일정액의 연금을 지급하는 제도를 말한다. 평생 국가의 발전과 자녀들 양육에 헌신하느라 자신의 노후를 대비할 겨를이 없었던 노인들의 생활안정에 도움을 주도록 마련된 제도이다(이정우, 2023: 149).

2) 기초연금의 급여

2019년 4월부터 기초연금 수급자 가운데 65세 이상 소득 하위 20%의 기초연금이 월 최대 30만 원으로 인상된다. 다만, 최대 30만 원의 기초연금액은 국민연금 수령액과 배우자 기초연금 수급 여부, 소득인정액 수준 등에 따라 일부 줄어들 수 있다. 한편, 2023년부터 기초연금 지급대상자 선정기준액은 배우자가 없는 노인가구 기준 2,020,000원이며, 배우자가 있는 노인가구는 3,232,000이다.

신청 연령을 살펴보면, 2023년에 만 65세가 되는 경우, 생일이 속한 달의 한 달 전부터 기초연금을 신청할 수 있다. 예를 들어, 생일이 1956년 4월인 노인은 3월 1일부터 기초연금을 신청할 수 있으며, 4월분 급여부터 받게 된다. 기초연금이 도입된 2014년에는 435만 명이던 수급자가 2021년에는 598만 명으로 증가할 것으로 예상되며, 예산도 도입 당시 6.9조 원이었으나, 2021년에는 18.8조 원으로 약 2.7배 증가하였다. 또한, 기초연금 최대 지급액도 도입 시 20만 원에서 2021년 30만 원까지 단계적으로 확대하는 등 노인들의 생활안정에 기여하고 있다. 2023년부터 기초연금은 323,180원이 지급되고 있다.

3) 기초연금의 대상

기초연금은 조세를 기반으로 정부재정지출에 의해 지급되고, 국민연금 가입 여부와 상관없이 모든 65세 이상 노인이 대상이다. 따라서, 조세를 기반으로 하는 기초연금은 사회보험방식의 기존 국민연금과 함께 노인소득보장의 양대축이라고 할 수 있다. 2008년부터 시행된 기초연금은 궁극적으로 '1인 1연금' 형태로 미래의 가족구조 변화에 대응하여 대한민국 국민이면 누구나 노후에 필요한 최소한의 소득을 보장받도록 하는 것이다. 다만, 공무원연금, 사립학교교직원연금, 군인연금, 별정우체국연금 수급권자 및 그 배우자는 원칙적으로 기초연금 수급대상에서 제외된다.

연습문제

1. 국민기초생활보장제도에 관한 설명으로 옳은 것은?

① 자활급여 수급자는 생계급여 대상에서 제외된다.
② 생계급여의 선정기준은 의료급여의 선정기준보다 높게 책정된다.
③ 근로능력자는 수급대상에서 제외된다.
④ 수급자 선정 요건에 부양의무자 유·무가 고려된다.
⑤ 수급자의 생활보장은 시·군·구 생활보장위원회에서 행한다.

2. 우리나라의 사회복지정책 중 대상을 빈곤층으로 한정하는 정책이 아닌 것은?

① 보육급여 ② 생계급여 ③ 주거급여
④ 의료급여 ⑤ 교육급여

3. 국민기초생활보장제도의 특징으로 옳은 것은?

① 대상 가구당 행정관리비용이 사회보험보다 저렴하다.
② 재원은 기금에 의존한다.
③ 재원부담을 하는 자와 수급자가 동일하다.
④ 대상 선정에서 부양의무자 존재 여부는 고려되지 않는다.
⑤ 선정기준으로 기준 중위소득을 활용한다.

4. 사회보험과 비교할 때 공공부조가 갖는 장점은 무엇인가?

① 높은 비용효과성 ② 근로동기의 강화
③ 재정 예측의 용이성 ④ 수평적 재분배의 효과
⑤ 높은 수급률(take-up rate)

5. 우리나라의 사회보장급여 중에서 공공부조에 해당되는 것은?

① 장애연금 ② 장해연금 ③ 장애인연금
④ 상병보상연금 ⑤ 노령연금

정답 1. ④ 2. ① 3. ⑤ 4. ① 5. ③

Chapter 9

사회복지의 전개

개요

사회복지의 전개는 사회복지의 목적을 실현하기 위한 실천의 일환으로 사회복지학의 하위영역에 해당한다. 즉, 사회복지행정을 비롯하여 조사, 정책, 법제 등 다양한 분야가 동원된다. 사회복지는 특정 분야에만 한정되어 있지 않기 때문에 다양한 영역을 이해해야 한다. 여기에서는 사회복지의 전개에 대하여 학습하고자 한다.

학습목표

1. 각 분야에 대한 이론과 실제 이해
2. 각론 상호 간의 연계
3. 실천현장과의 접목

학습내용

1. 사회복지행정
2. 사회복지법제와 실천
3. 사회복지정책
4. 사회복지조사
5. 지역사회복지
6. 사회복지실천과 실천기술

Chapter 9

사회복지의 전개

1. 사회복지행정

1) 사회복지행정의 개념

사회복지행정(social welfare administration)은 일반적으로 사회복지(social welfare)와 행정(administration)의 합성어로 설명한다. 즉, 사회복지행정은 사회복지목표의 체계적인 실현을 위해 사회복지조직을 중심으로 사회복지정책이 서비스 대상자에게 보다 더 효과적이고, 효율적인 서비스로 전환하는 일련의 과정을 의미한다. 따라서, 사회복지행정은 사회복지 대상자가 최적의 서비스를 제공받을 수 있는 일련의 행위를 포괄하고 있다(이정서, 2021: 16).

사회복지행정은 사회복지를 행정 또는 관리한다는 뜻이다. 행정은 정부조직의 활동을 지칭하는 것이 아니라, 보다 폭넓게 공공이나 민간 조직의 경영이나 관리를 포괄하는 용어이다. 행정(administration)과 관리(management)라는 용어는 유사한 성격의 개념이다. 다만, 행정은 공공의 사무를 지칭하는 것으로 많이 쓰였고, 관리는 보다 일반적인 용어로 쓰이는 경향이 있다. 우리나라에서 '경영'이라는 용어는 보다 상급 차원의 관리를 의미하는 것처럼 쓰인다. 따라서, 사회복지행정이라고 할 때, 행정, 관리, 경영의 의미를 포괄한다(이정자 외, 2022: 122).

2) 인적자원관리

인적자원관리(Human Resource Management)는 조직의 성장과 유지라는 두 가지 목적을 달성하기 위하여 필요한 자원 중 인적자원(HR)에 대한 관리(Management)라는 의미가 있다. 즉, '인적자원'과 '관리'라는 합성어로서 인적자원은 사회적·경제적 가치를 생산·분배하는 투입요소를 뜻하고 관리는 하나의 제도(institution)나 방식(rule)이다. 따라서, 인적자원관리의 의미는 조직에 필요한 인적자원(인력)의 수요와 공급을 계획하는 인적자원계획(Human Resource Planning)에서부터 일단 충원된 인적자원이 조직 내에서 업무수행을 개선할 수 있도록 지식, 기술, 역량을 증진시키는 인적자원개발(Human Resource Development), 그리고 배치, 이동, 평가관리 등의 인적자원활용(Human Resource Utilization)에 이르기까지의 다양한 측면의 활동이라고 정의할 수 있다. 이렇게 볼 때, 공공조직이나 민간조직에서의 인적자원관리는 종래의 '인사관리'나 인사행정'의 개념에 비하여 확대된 개념이다. 왜냐하면 인적자원관리는 조직의 목적달성을 위한 자원활용 차원에서 인적자원을 대상으로 획득·개발·평가에 관한 전반적 활동이기 때문이다(고수현 외, 2016: 156).

그러므로 인적자원관리는 인사관리라고도 하며, 개인과 조직의 목표를 달성하기 위해 장·단기적인 인적자원을 계획(planning)하고, 조직화(organizing)하면서, 지도(leading)하고 통제(controlling)하는 총체적 관리행위로써 정의될 수 있다. 즉, 기관의 운영목적을 달성하기 위하여 인적자원을 최대로 활용하기 위한 관리활동이라고 할 수 있다.

3) 재정관리

사회복지재정은 사회복지활동을 위하여 필요한 제경비의 획득, 지출, 관리의 계획적·조직적 행위로서, 본래는 국가 또는 지방자치단체가 행하는 재정행위를 말하며, 민간사회복지시설의 경영에 관해서도 확대하여 사용하는 경우도 있다.

사회복지재정의 형태는 크게 공공부문의 재원과 민간부문의 재원으로 나눌 수 있다. 공공부문의 재원은 다시 정부의 일반예산(general revenue), 사회보장을 위한 조세, 그리고 조세비용(tax expenditures)의 세 가지로 나눌 수 있으며, 민간부문의 재원은 크게 사용자부담금(user fee), 자발적 기여금(개인, 재단, 기업), 기업복지, 그리고 가족 내, 또는 가족 간 이전(intra, 혹은 interfamily transfer)으로 나눌 수 있다.

참여정부 트레이드마크 중 하나인 '지방분권'정책의 세부 모습인 지방분권과 관련된 법률의 재개정, 지방위임사무의 재배치, 특별지방행정기관의 설립, 지방교부세율의 인상, 지방정부예산지침의 수립, 복식부기제의 전면 실시, 지방정부 및 의회의 인사권 확대, 주민소환제 및 주민소송제의 실시 등이 포함되어 있었다. 그러나 이러한 추진목록 속에 '국고보조사업의 정비'라는 것이 들어 있었고, 여기에서 지방분권정책의 핵심은 재정분권이었음을 주목할 필요가 있다.

4) 정보관리

정보(information)는 자료를 기반으로 한 개인이나 조직이 의사결정을 하는 데 실질적인 가치가 있거나, 유용하게 쓰이도록 전환되는 것을 의미한다. 따라서, 자료(원료)가 정보로서의 가치를 발휘하기까지는 여러 단계를 거쳐 특정한 목적에 맞는 정보를 생산하게 되는 것이다.

어느 시대에나 사람들은 정보를 필요로 했고, 이를 만들어서 사용해 왔다. 그러나 정보 자체를 중요한 관리의 대상으로 삼은 것은 불과 최근의 일이다. 정보통신기술(ICT)의 발달에 힘입은 탓도 크지만, 보다 근원적인 동인은 현대 조직사회의 대규모화와 복잡성 때문이다. 수많은 사람 사이에서 복잡한 의사소통이 확대되는 사회에서는 정보를 관리하는 일이 필수적으로 될 수밖에 없다. 사회복지조직의 경우도 이러한 동일한 사회적 맥락의 영향 아래 있다.

정보관리는 문서와 문서보관, 그리고 종이로 된 문서, 매체와 기록들의 수명관리로 크게 제한되었으나, 1970년에 시작된 정보기술의 확산으로 데이터

보관 분야를 포함한 정보관리 직업은 새로운 빛이 되었으며, 1990년대 말 정보가 컴퓨터 네트워크와 다른 전자기기들 간에 정식으로 확산되었을 때 네트워크 관리자들은 정보관리자들이 되었다. 따라서, 정보관리는 가장 최근에 사용 가능한 도구로 강력한 자원이 되었다.

정보가 의사결정에 도움이 되기 위해서는 정확성·신속성·적시성·대량성 등의 조건이 충족되어야 한다. 그러기 위해서는 우선 수집의 시스템이 완비되어야 함은 물론, 그것이 처리·전달·저장의 각 시스템과 유기적으로 결합되어 있지 않으면 안 된다. 이러한 일은 종래 사무관리 분야에서 문제되었던 것이나, 정보과학의 발달과 응용, 컴퓨터에 의한 정보의 처리·전달·저장의 응용 등과 함께 사무관리와는 별도로 정보관리(Information Management)라는 말이 쓰이게 되었다.

2. 사회복지법제와 실천

1) 사회복지법의 개념

'사회복지법'은 '사회복지'와 '법'이란 단어의 합성어이다. 즉, 사회복지법은 '사회복지에 관한 법'으로서 법의 일반적인 성격과 틀을 지니고 있되, 그 내용은 사회복지를 다루는 법이라고 말할 수 있다. 즉, 사회복지법은 사회복지와 법의 합성어로 사회복지에 관한 법을 총칭하는 것으로, 사회복지정책 또는 사회정책의 실현과 관련된 각종 법률을 의미한다. 또한 모든 사회구성원들의 욕구를 충족시키고, 그들의 인간다운 생활을 보장하며, 사회적 정의를 실현하기 위한 공적·사적 제도와 정책들을 규율하기 위한 제반 법규를 의미한다.

'사회복지'는 사회적 관계 속에 있는 인간의 인간다운 삶을 달성시키기 위한 모든 사회적 노력을 말하며, '법'은 도덕, 윤리, 관습과 같은 하나의 규범으로서 사회 속의 인간의 행위를 안내하는 행위규범이다. 따라서, 사회복지법은 사회적 관계 속에 있는 인간의 인간다운 삶을 달성시키기 위한 모든 사회적 노력에 관한 인간의 행위규범이다. 그러나 사회복지법을 보다 명확히 이해하기 위해서 연구대상으로서 사회복지법의 개념과 범위를 정할 필요가 있다. 여기에서는 사회복지 개념의 규정이 중요한데, 그 이유는 그것에 따라 사회복지법의 개념과 범위가 달라지기 때문이다.

사회복지란 용어가 요즈음처럼 보편적으로 사용되었던 시기는 없었던 것 같다. 그러나 그 이해는 매우 다양하게 나타나고 있다. 그러나 사회복지법의 학습에서는 그 사회복지의 정의는 합의된 것으로 받아들이고 '법'이라고 하는 특성에 초점을 두고 논의된다.

사회복지법의 개념은 형식적 의미와 실질적 의미로 구분하여 이해할 수 있으며, 형식적 의미의 사회복지법은 외적 형식을 갖춘 사회복지와 관련된 모든 법의 형태인 각국의 모든 법이며, 실질적 의미의 사회복지법은 법의 형식과 관계없이 사회복지에 관한 목적과 내용 등을 법규범에 명시하고 있다.

2) 사회보장법

사회보장법은 사회보장제도의 실시와 관련된 법적 규정 또는 법률이라고 한다면, 사회보장은 무엇인가. 흔히 사회보장은 "국민이 그의 생활을 영위해 나감에 있어 봉착하는 데, 소득의 중단 또는 영구적 상실 및 질병과 부상 등의 생활상의 모든 곤란에 대하여 국가가 국민의 생존권의 실현을 위해 소득의 재분배를 통하여 국민최저생활의 확보를 전제로, 그의 소득보장을 도모하는 총체적인 국가정책"이라고 한다. 물론 학자나 국가 및 시대적 변화에 따라 사회보장제도의 개념과 방법 그리고 형태도 변화, 발전해 왔다. 따라서, 사회보장에 관한 다양한 정의가 존재한다(노기남 외, 2020: 111).

한국의 사회보장에 관한 기본법이라고 불리는 「사회보장기본법」 제3조제1항에 "사회보장이란 출산, 양육, 실업, 노령, 장애, 질병, 빈곤 및 사망 등의 사회적 위험으로부터 모든 국민을 보호하고 국민 삶의 질을 향상시키는 데 필요한 소득·서비스를 보장하는 사회보험, 공공부조, 사회서비스를 말한다." 고 규정하고 있다. 따라서, 사회보장법은 이러한 사회보장제도를 실시, 운영하는 데 연관되는 법률이다.

여기에서 중요한 점은, 모든 사람들이 살아가는 가운데 봉착할 수 있는 사회적 위험을 미리 예견하고, 여기에 대비하여 각종의 제도를 시행하는 점이다. 현대사회에서 불가피한 질병·장애·노령·실업·사망 등에 특별하게 대응하는 것인데, 이는 공동으로 대처하고 위험을 분산시키는 원리와 방법을 통해서 만들어진다. 또한 여기에 대응하는 사회보장제도의 다양한 장치는 사회보장제도의 내용으로, 결국 사람들이 직면하게 되는 사회적 위험의 특수성에 따른 대응으로 볼 수 있다(현외성, 2016: 178-179).

3) 사회보험법

사회보험법은 사회보험제도의 운영과 실시에 관한 법률이다. 이 경우, 사회보험은 사회보장제도의 하나로서, 생활상에 직면하는 제반 사회적 위험을 민간보험 원리를 적용하여 국가가 시행하는 강제보험을 총칭한다. 「사회보장기본법」 제3조제2항에 "사회보험이란 국민에게 발생하는 사회적 위험을 보험의 방식으로 대처함으로써 국민의 건강과 소득을 보장하는 제도를 말한다."고 규정하고 있다. 즉, 사회보험은 민간보험의 원리를 채택하지만, 사회적 위험을 보장한다는 점에서 민간보험과는 여러 가지 점에서 다른 특성을 가지고 있다. 그중 가장 특징적인 점은, 가입의 강제성과 운영주체가 국가의 독점이라는 점 등이다. 그리고 사회보험의 목적으로 국민건강과 소득보장이라는 2가지를 지칭하고 있음을 알 수 있다.

사회보험법에는 흔히 4대보험이라고 일컬어지는 국민연금, 건강보험, 산재보험, 고용보험에 해당하는 법률을 비롯하여 「노인장기요양법」 등이 있다.

4) 공공부조법

「사회보장기본법」 제3조제2항에 "공공부조란 국가와 지방자치단체의 책임하에 생활유지 능력이 없거나, 생활이 어려운 국민의 최저생활을 보장하고 자립을 지원하는 제도를 말한다."고 규정하고 있다. 또한 「국민기초생활보장법」의 목적은 생활이 어려운 자에게 필요한 급여를 행하여 이들의 최저생활을 보장하고 자활을 조성하는 것이다. 공공부조제도는 잔여적 개념의 선별주의 제도로, 그 재원을 일반조세로 충당하면서 소득이전을 통한 소득의 재분배 기능을 수행한다. 우리나라 공공부조법은 헌법상의 인간다운 생활보장을 목적으로 한 생존권 보장을 핵심으로 자립지원과 병행하여 지원이 실시되고 있는 바, 공공부조법으로서 「국민기초생활보장법」은 빈곤에 대한 사회적 대책으로 공공부조제도의 실시에 관한 법이다.

공공부조법은 국민의 사회적 위험 및 빈곤에 대한 최후의 국가적 대책으로 공공부조제도의 특성은 공공부조법 규정으로 실현되며, 사회보험제도와는 대별된다. 공공부조법제는 사회보장제도로서 생활이 어려운 자에 대하여 가족을 중심으로 하는 사후적 대응책으로서 기능하는 한편, 사회보험은 미래에 직면할 수 있는 사회적 위험을 정형화하여 보험기술을 통해 미리 대비하는 제도적 장치이다.

공공부조제도의 시행은 생활이 어려운 사람을 선정기준에 따라 선별하는 과정을 통하여 개입하므로 선별주의(선택주의) 채택으로 구분되며, 모든 국민을 대상으로 하는 사회보험의 보편주의 채택과는 상이한 사회복지급여 전달체계를 통하여 시행되고 있다. 그리고 무차별 평등주의의 원칙으로 빈곤에 처한 국민들을 위하여 전국적으로 동일한 복지급여를 제공한다는 점과, 소수의 저소득층 국민이 주대상이 되므로, 전 국민을 대상으로 하여 가입한 자의 기여와 가입기간에 비례하여 급여를 실시하는 사회보험제도와 대별되고 있어 각 대상에 따라 권리의 종류가 상이하다. 즉, 「국민기초생활보장법」에서 사회보험법과는 달리, 국가에 의해 수급자에게 일방적으로 급여를 제공할 수 있으며, 국민의 기초생활보장수급권에 대하여 국가는 기초생활보장급여를 통한 생존권적 기본권을 보장함으로써 궁극적으로 국민의 사회복지의 권리를 보장함을 목적으로 한다(노기남 외, 2020: 207).

공공부조법에는 「국민기초생활보장법」, 「의료급여법」, 「기초연금법」, 「긴급복지지원법」 등이 있다.

5) 사회복지서비스법

사회복지서비스는 국가·지방자치단체 및 민간부문의 도움이 필요한 모든 국민에게 상담, 재활, 직업의 소개 및 지도, 사회복지시설의 이용 등을 제공하여 정상적인 사회생활이 가능하도록 지원하는 제도이다. 사회복지서비스 관련 법률은 헌법－사회보장기본법－사회복지사업법－사회복지서비스 관련 개별 법률로 이어지는 입법원칙에 따라 복지 대상자별, 욕구별 사회복지서비스 실행에 관한 목적과 주체, 구체적 방법을 규정하고 있다. 따라서, 아동, 가족, 노인, 장애인, 여성, 청소년, 노숙인, 교정, 정신보건, 지역복지 분야 등의 사회복지서비스 관련 법률들은 사회보험과 공공부조제도의 시행과 별도 또는 병행하여 국민의 사회복지서비스에 대한 공·사의 개입에 관한 내용들을 명시하고 있다.

사회복지서비스에 관한 기본법 입법의 필요성이 1960년대부터 제기되고, 1970년 「사회복지사업법」이 입법된 이후, 사회복지서비스 관련 개별 법률들의 입법과 제·개정의 과정은 「사회복지사업법」상의 원칙에 의거 각 법의 목적에 의한 사업 범위, 주체, 사회복지전달체계, 지원과 보호, 재정, 권리의 구제에 관한 사항을 규정하고 있다.

2000년대에 들어 공공과 민간의 사회서비스제도 확대 실시와 병행하여 사회복지서비스 관련 개별 법률의 시행은 아동, 노인, 장애인 등 대상자별 전 국민의 생애주기에 개입하는 서비스로 변화해 나가고 있다. 또한 최근 보편적인 국민복지와 결부된 정책이 사회복지서비스로 전환되고 실행되는 과정에서, 사회복지서비스 관련 개별 법률의 입법과 제·개정에서는 사후적 서비스 및 예방적 기능을 모두 고려하여 가족기능을 강화하면서, 복지사각지대에 처한 국민들에 대한 사회복지서비스 접근성의 강화전략이 요구된다(황미경, 2012: 206).

사회복지서비스법에는 「사회복지사업법」, 「영유아보육법」, 「아동복지법」, 「노인복지법」, 「장애인복지법」 등 다수의 법률이 있다.

3. 사회복지정책

1) 사회복지정책의 개념

사회복지정책에 대한 개념 정의는 결론이 쉽지 않다. 이는 학자들마다, 각 나라마다 정치적·사회적·경제적인 여건과 시대적인 상황을 반영하는 역사적 결과물이기 때문이다. 따라서, 사회복지정책 개념은 변화하는 개념으로 생각해야 하고 접근해야 한다. 사회복지정책의 개념은 다음과 같다(서보준 외, 2022: 18－22 ; 조추용 외, 2021: 15－20 ; 김기원, 2020: 60－68).

(1) 사회복지정책의 어의적 개념

어의적으로 사회복지정책은 '사회복지'와 '정책'의 합성어이다. 사회복지는 다시 '사회'와 '복지'의 합성어이다. 여기에도 복잡한 내용이 들어 있지만, 우선 사회복지는 사람들이 인간다운 생활을 할 수 있도록 기본적인 욕구를 사회적으로 지원하는 제반 사회적 노력의 총화라고 정의할 수 있다. 사회복지정책은 이러한 노력, 즉 사회복지에 대한 정책적 활동이다.

(2) 영국 사회복지정책의 개념

『영국의 빈곤』 (1979년 출판)

영국에서는 사회복지정책 개념보다는 '사회정책(social policy)'이란 용어를 선호한다. 우리나라에서 사용되는 사회정책 개념은 미국적인 전통을 다분히 이어받은 것으로서, 영국과는 다른 개념을 사용하고 있다. 이는 영국의 사회정책이 오랜 구빈행정의 역사적 발전과 연결되어 있으며, 1950년대 말부터 시작된 사회행정(social administration) 연구가 1980년대로 오면서 점진적으로 사회정책으로 확대, 변화되고 있는 데서 그 배경을 짐작할 수 있다.

영국 사회정책의 또 다른 특징은 학제적 성격에 있다. 영국의 사회정책은 다른 학문 분야와 상호 의존하는 관계이므로 사회정책 연구에는 사회철학, 사회학, 정치학, 경제학 등의 연구자들이 참여한다. 타운센드(Charles Townshend)의 저서 『영국의 빈곤: 가계자원 및 생활수준 조사(*Poverty in the United Kingdom: A survey of household resources and standards of living*, 1979)』에 따르면, 사회정책은 공공행정과 관련된 정책이고, 이것은 일반적으로 인정된 특수한 사회문제를 해결하거나, 사회목적을 추구하기 위한 국가와 지방당국의 건강, 교육, 복지 및 사회보장서비스와 같은 서비스 개발과 관리에 관련된 정책이다.

(3) 미국 사회복지정책의 개념

미국 사회복지정책의 개념은 자유주의·자본주의 정신이 강한 국가임을 반영하듯 매우 소극적인 개념을 사용하는 경향이 있다. 미국은 건국 배경에서 볼 수 있듯이, 프런티어 정신이 강하게 남아 있고, 경제사회적으로도 개인의 노력으로 자립할 수 있는 기회가 다른 나라에 비하여 많은 국가이다. 따라서, 미국은 '사회사업(social work)'이 잘 발달된 국가이다. 이러한 맥락에서 사회복지정책의 개념은 좁은 의미의 개념, 즉 스스로 사회적 적응이 어려운 사람들을 대상으로 제한적으로 사회적 급여를 제공하는 정책을 선호하는 것이 주류를 이루고 있다.

미국의 사회복지정책은 공공부문뿐만 아니라, 민간부문과 사회복지활동까지 포함하는 개념으로 사용되기도 한다.

길(David G. Gil)은 사회복지정책이라는 용어보다는 사회정책이라는 용어를 더 선호하는 데, 사회복지정책은 빈곤, 아동학대, 주택 등과 같은 특수한 욕구나 문제에 대한 사회적 대응과 관계되는 것이며, 사회정책은 사회에서 전반적인 삶의 질, 사회구성원의 삶의 상태, 인간과 인간과의 관계, 인간과 전체 사회와의 관계를 형성하는 노력과 관계되는 것으로 보고 있다(Gil, 1992).

얀손(Bruce S. Jansson)에 따르면, 사회정책은 사회문제를 해결하기 위한 집단적 전략이다. 그는 사회정책이 해결해야 할 사회문제를 일곱 가지로 유형화하였다. 그것은 ① 물질적 자원의 박탈, ② 정신적 또는 정서적 박탈, ③ 인지적 박탈, ④ 대인관계의 박탈, ⑤ 기회의 박탈, ⑥ 개인적 권리의 박탈 및 ⑦ 신체적 박탈 등이다(Jansson, 1884).

길버트와 테렐에 따르면, 사회복지정책 개념은 매우 유연하고 확장적인 개념을 내포하고 있다. 여섯 가지 사회제도－가족, 종교, 직업, 시장, 상호부조 및 정부－모두에 사회복지의 기능이 있고, 따라서 사회복지정책의 존재 역시 각각 가능한 것으로 이해된다(Gilbert and Terrell, 2014).

(4) 한국 사회복지정책의 개념

우리나라에서 사용하는 사회복지정책의 개념은 영미계통의 개념과 유사하다. 그러나 학문적 개념과 관련 실정법 및 제도상의 개념은 다소 차이를 보인다. 학문적 사회복지정책의 개념은 소득, 의료, 주택, 교육, 고용 및 개인적 서비스를 포함하는 광의의 사회복지 개념과 연관되어 있다. 즉, 이들에 대한 일련의 행동지침이나 이들을 통하여 인간다운 생활을 유지할 수 있도록 하는 제반 서비스 및 급여의 배분원칙이나 목표달성을 위한 행동지침으로 이해할 수 있다. 그러나 실정법상이나 제도상으로는 협의의 사회복지정책 개념이 사용되는 경향이 있는데, 이것은 공공부조와 사회복지서비스와 관련된 정책을 말하는 것으로 이들의 배분과 급여를 통하여 일정한 목적을 달성하려는 일련의 행동지침으로 볼 수 있다.

2) 사회복지정책의 급여

길버트와 테렐(Gilbert & Terrell, 2014)은 사회적 급여의 형태로 기회, 서비스, 재화, 상환권 및 세금감면, 현금, 권력 등 여섯 가지를 제시한 바 있다. 여기에서는 길버트와 테렐의 분류를 중심으로 직접적 급여는 다음과 같다.

(1) 현금급여

오늘날 서구 복지국가에서 사회복지 급여유형 중에서 지출액이나 수급대상자 등에서 가장 큰 비중은 현금급여이다. 현금급여는 복지수급자에게 서비스가 화폐형태로 전달되어 개인이 사회적 장애요인을 극복할 수 있는 경제적 능력을 갖출 수 있도록 소득의 형태로 제공되는 급여를 말한다. 즉, 국민연금(기초연금, 장애연금, 유족연금), 건강보험의 질병수당, 산재보험의 장애수당, 고용급여, 가족수당, 아동수당, 주택수당 등이 현금급여에 해당한다.

(2) 현물급여

현물급여는 사회복지의 역사적 발전단계에서 보면 복지국가가 발전되기 이전(20세기 이전)에는 중요하였으나, 그 이후 국가에 의한 본격적 소득보장정책이 발전되면서 현금급여보다 상대적으로 비중이 약해졌다. 왜냐하면 현물급여는 오늘날에도 제한된 사회복지자원에서 사회복지정책에의 필요가 매우 높은 소수인에게 급여가 필요하기 때문이다. 현물급여는 현금이 아니라, 상품이나 현물의 형태로 전달되는 급여이다. 이러한 현물급여는 사회복지기관이 직접적으로 생산, 공급하는 방법과 시장의 기능을 토대로 생산된 복지상품을 개인이 소비를 하도록 하고, 그 비용을 대신 지원하는 방법이 있다.

일반적으로 세계적 추세는 현물급여의 역할비중이 점차 높아지는 경향을 보이고 있다. 중요한 이유로 주로 현물급여의 형태로 이루어지게 되는 교육서비스, 재활사업과 예방사업에 대한 사회적 관심이 높아지고 있기 때문이다.

현금급여와 현물급여의 비교는 <표 9-1>과 같다.

〈표 9-1〉 현금급여와 현물급여 비교

구분	현금급여	현물급여
주요 내용	수급자에게 복지서비스가 현금의 형태로 전달되는 것으로 사회보장연금이나 공공부조의 현금급여 등을 예로 들 수 있다. 개인의 자유와 소비자 선택을 중시한다.	복지서비스가 현물의 형태로 전달되는 것을 의미하는 데, 현물급여로는 건강보험의 진료서비스, 장애인복지급여의 보장구 등이 그 예이다. 사회통제와 집합적 선을 중시한다.
장점	선택의 자유를 극대화하고, 관리비용을 절감할 수 있다.	대량생산과 분배를 통해 낭비를 줄이고, 꼭 필요한 곳에 현물로 지급함으로써 용도 외 사용을 막아 목표달성에 효과적이다.
단점	용도 외 사용이 가능하다.	선택의 자유를 제한하고, 관리비용이 많이 든다.

자료: 원석조(2020: 61).

3) 사회복지급여의 대상

사회복지정책에 있어서 누가 혜택을 받을 것이며, 그 자격조건을 어떻게 규정할 것인가라는 문제는 오랫동안 쟁점이 되어 왔다. 누구에게 사회복지정책의 혜택을 줄 것인가를 결정하는 데 적용되는 원칙은 매우 다양하다. 사회복지정책의 대상은 바로 이들 다양한 기준에 내재되어 있는 일반적 원칙을 가리킨다. 보편주의와 선별주의는 가장 기본적인 급여대상의 기준이 된다.

(1) 보편주의

보편주의(universalism)는 사회복지정책 급여를 일종의 사회권으로서 모든 국민이 보편적으로 누릴 권리라고 보는 관점이다. 모든 복지급여에 대한 수급자격을 모든 국민에게 평등하게 부여하여 서비스를 제공하는 방법이다. 즉, 소득·자산 조사를 하지 않고 보편적으로 평등한 급여를 원칙으로 삼아야 한다는 생각이 보편주의이며, 그 전형적인 예로는 사회보장급여를 들 수 있다. 보편주의에 기초한 사회보장제도는 의무가입 대상자 범위와 급여수준의 보편성을 강조하는 제도이다. 즉, 가입대상자 범위의 보편성은 직업 또는 지역의 연대에 얽매이지 않고, 모든 주민들 또는 경제활동인구 전체를 가입대상에 포함시키는 것을 의미한다. 급여의 보편성은 기본 욕구충족이 가능한 수준의 급여가 가입자 모두에게 동등하게 보장됨을 의미한다(김보기 외, 2022a: 218−219).

보편주의는 복지수혜 자격과 기준을 균등히 하여 복지서비스 수급자들이 어떠한 열등감이나 낙인감을 갖지 않게 한다. 보편주의는 사회복지의 권리성, 사회적 연대성, 사회통합의 가치를 강조하고, 포괄성의 원칙에 입각한 복지 프로그램을 중시한다.

(2) 선별주의

선별주의(selectivism)는 사회복지 대상자들을 사회적·신체적·교육적·경제적 기준에 따라 구분한 다음 복지서비스를 제공하는 것을 의미한다. 선별주의에서는 급여에 대한 개인적 욕구(individual needs)에 기초하여 대상자가 결정되며, 욕구의 존재여부는 자산조사에 의해 판별된다. 다시 말해서 선별주의는 급여가 개인의 욕구에 기초하여 제공되어야 한다는 원칙으로서 사회복지의 급여를 제공받길 원하는 개인과 가족은 자산조사를 통해 욕구가 있음을 증명해야 한다는 것이다. 이를 통해 총지출은 감소시키고 가장 욕구가 큰 사람에게 가용재원을 집중시킬 수 있지만, 자산조사과정에서 낙인을 피할 수 없다. 일반적으로 자산조사나 자격조사 과정에서 개인의 재산상태뿐만 아니라, 가족관계 등에 관한 설명을 해야 하는 경우가 발생하기도 하고, 대상자에 포함되기 위해 스스로 빈민임을 증명하는 과정에서 좌절감이나 굴욕감이 발생하기도 한다. 낙인(stigma)은 인간의 존엄성이라는 가치를 훼손할 수 있다. 즉, 사회복지급여를 제공받는 사람들이 무가치한 존재 또는 사회적으로 인정받지 못하는 사람으로 간주될 수 있다는 의미이다(오세영, 2021: 116).

4. 사회복지조사

1) 사회복지조사의 개념

조사(research)는 사회현상을 파악하거나, 해결하기 위한 방안을 강구하기 위해 합리적이고 과학적인 절차와 타당한 논리적 원칙에 입각하여 기존의 지식을 기각 또는 강화하거나, 새로운 지식을 만들어 내려는 실천적인 지식탐구 활동이다. 사회복지조사(social welfare research)는 사회복지의 목적을 달성하기 위한 수단으로, 개인의 복지욕구충족과 사회적 문제해결 방안을 찾아 자료를 수집하는 지식탐구활동이자 절차이다. 사회복지조사는 사회복지실천현장에서 필요한 지식들을 산출하는 방법에 관한 것이다. 조사는 조사목적을 달성하였다고 하더라도, 외부로 공개되고 보고되어야 하는 공공성을 갖는다. 또한 조사과정에서 사용된 언어는 명확하고 경험적으로 입증되어야 하며, 객관성을 가져야 한다(장혜령 외, 2021: 11).

사회복지조사는 사회과학의 조사대상 가운데 사회복지에 관련되는 대상의 문제와, 이를 해결하기 위한 지식을 논리적 타당성과 경험적 확인을 통하여 수립·검증하는 활동과 절차를 말한다. 사회복지사에게 있어서 사회복지 대상자와 이들을 둘러싼 사회적·경제적·문화적 환경에 대한 이해는 필수적이며, 사회복지조사는 사회복지학에서 매우 중요한 위치를 차지할 수밖에 없다. 특별히 오늘날처럼 사회복지실천의 환경을 둘러싼 변화의 속도가 급속도로 빠른 상황에서 사회복지사들에게 요구되는 기본적인 역량 가운데 하나가 사회현상을 과학적으로 이해할 수 있는 능력이라고 할 수 있다. 즉, 사회복지 대상자들의 문제를 해결하고 욕구를 충족시킬 수 있는 대책을 모색하기 위해 사회복지사들은 급변하는 사회현상을 과학적으로 이해하고 문제해결을 위해 과학적인 조사방법을 활용할 수 있는 능력이 요구된다(이봉재, 2018: 51).

2) 변수

변수(variables)는 사람, 물건, 사건 등의 특성. 속성을 의미한다. 이러한 것들의 특성, 속성이 두 가지 이상의 가치(value)를 가질 때, 이를 변수라고 한다. 변수는 한 연속선상에서 하나 이상의 값을 가지는 개념으로 연구대상의 속성에 계량적인 수치를 부여하여 경험적으로 측정 가능하게 한다. 예를 들어, “한국에서 여성은 남성보다 평균수명이 길다.”라는 개념이 있다면, 여기서 평균수명은 성별로 사회별로 각기 다른 값을 갖는데, 이를 변수라고 한다.

(1) 독립변수

연구문제나 가설은 주로 인과관계형태로 표현되기 마련이다. 인과관계는 원인이 되는 변수와 결과가 되는 변수 간의 관계를 의미한다. 이때 원인에 해당하는 변수를 독립변수(independent variable)라고 한다. 즉, 어떠한 변수의 발생원인에 해당하는 변수를 독립변수라고 한다. 예를 들어, 우울증이 알코올중독에 영향을 미치는가에 대한 연구를 수행한다고 하자. 이 연구는 결국 우울증이 원인이 되어 알코올중독이라는 결과가 나타날지 여부에 대한 연구문제를 설정하였기 때문에 이 연구문제에서 원인에 해당하는 변수인 우울증을 독립변수로 볼 수 있다.

(2) 종속변수

인과관계에서 원인에 해당하는 변수를 독립변수라고 한다면, 결과에 해당하는 변수를 종속변수(dependent variable)라고 한다. 즉, 독립변수의 영향으로 나타나는 결과가 되는 변수를 독립변수라고 한다. 예를 들어, 우울증이 알코올중독에 영향을 미치는가에 대한 연구수행에서 알코올중독은 우울증에 영향을 받아 나타나는 변화이기 때문에 알코올중독이 이 연구에서 종속변수가 된다.

(3) 통제변수

변수의 관계가 진짜 인과관계가 있는지, 아니면 가식적 관계인지를 가리기 위해 일반적으로 통제변수(control variable)를 활용하게 된다. 통제변수는 독립변수와 종속변수의 인과관계에 영향을 미치는 변수로 두 변수 간의 관계를 더 정확하게 파악하기 위해서 두 변수 간의 관계에 영향을 미칠 수 있는 제3의 변수를 사용하여 통제하는 것을 의미한다.

변수들 간의 관계는 제3의 변수의 영향력을 제거하지 않고서는 독립변수와 종속변수의 진정한 인과관계를 규명하기 어려워진다. 예를 들어, 노인 의료서비스 제공횟수와 사망률의 관계를 살펴보자. 일반적으로 노인 의료서비스를 제공받는 횟수가 증가할수록 어르신들 사망률은 높아지는 것처럼 보인다. 그러나 의료서비스를 받은 횟수가 원인이 되어 노인들의 사망률을 높인 것은 아니다.

이는 질병의 심각성이라는 제3의 변수를 고려해야만 이 두 변수의 진정한 한 관계를 파악할 수 있다. 즉, 사회복지사는 질병의 심각성이 높은 노인들에게 서비스를 제공하게 되어 있고, 질병의 심각한 사망가능성도 높은 것이다. 즉, 질병의 심각성이라는 영향력의 조건을 고려하여(통제할 때) 의료서비스 제공횟수와 진정한 관계를 알 수 있게 된다. 이처럼 두 변수 간 정확하게 파악하여 결론을 도출하기 위해서 다양한 상황을 통제하기 위하여 사용되는 변수를 통제변수라고 한다.

(4) 매개변수

매개변수(intervening variable)는 독립변수와 종속변수의 관계를 더 잘 설명해 주기 위한 변수의 영향을 받아 종속변수에 영향을 미치는 매개자의 역할을 하는 변수를 의미한다. 예를 들어. 생활스트레스가 인터넷 중독에 영향을 미친다는 가설이 있을 때, 생활스트레스는 독립변수, 인터넷 중독과 종속변수가 될 것이다.

3) 가설

가설(hypothesis)은 관련된 변수를 선정하고 변수들의 상태를 나타내는 두 문장을 하나의 조건문 형태로 표현하는 것이다. 가설은 두 개 이상의 변수나 현상 간의 특별한 관계를 검증한 형태로 서술하여 변수들 간의 관계를 예측하려는 진술이나 문장이다. 다시 말해서 가설은 아직 검증되지 않은 잠정적 결론이다. 가설은 실증적인 확인을 위해 구체적이어야 하고. 현상과 관련성을 가져야 하며, 아직 진실 여부가 확인되지 않은 사실이다(이세형, 2019: 71). 가설의 종류는 다음과 같다(서정민 외, 2019: 55-56).

(1) 영가설(귀무가설)

영가설은 귀무가설이라고도 부른다. 영가설은 가설에 설정되어 있는 독립변수와 종속변수 간의 '관계가 없다', '차이가 없다'는 형태의 진술을 제시하는 가설을 말한다. 예를 들어, 연령과 질병의 관계로 영가설을 설정한다고 하면, "연령에 따라 질병유무에 차이가 없을 것이다."로 설정할 수 있다. 이처럼 두 변수 간의 '관계가 없다'거나 '차이가 없다', '두 변수 간의 관계가 같다'와 같은 형태로 진술되는 가설은 영가설이다.

대부분의 연구자들은 두 변수 간의 관계가 있거나, 차이가 있다는 것을 규명하거나, 두 변수 간의 차이점을 규명하려고 한다. 그러나 영가설은 연구자가 원하는 내용과 반대되는 내용으로 가설을 제시하고 있다. 즉, 이 '차이가 없다', 두 변수 간의 관계가 '같다'와 같은 형태로 진술되는 가설은 영가설이다.

(2) 연구가설(대립가설)

연구가설은 대립가설이라고도 한다. 연구가설은 영가설과 반대 또는 대립되는 가설이다. 또한 연구자가 증명하고자 하는 가설로서, 연구문제를 근거로 연구자가 설정한 독립변수와 종속변수 간의 '관계가 있다' 또는 '차이가 있다', '다르다'는 형태의 진술을 제시하는 가설이다. 예를 들어, 연령과 질병유무라는 변수로 연구가설을 설정하자면, '연령에 따라 질병유무에 차이가 없다'라는 형태로 진술되는 가설이다.

5. 지역사회복지

1) 지역사회복지의 개념

지역사회복지(community welfare)는 일정한 공간에서 문화적 동질성과 공통된 가치체계를 갖는 사람들로 구성된 사회로서 지역사회와 사회복지의 합성어이다. 이러한 지역사회복지는 지역사회주민의 복지향상을 목적으로, 전문 또는 비전문가들이 지역사회 수준에 개입하여 지역사회에 존재하는 각종 제도에 영향을 주고, 지역사회의 문제를 예방하고 해결하고자 하는 일체의 조직적·비조직적 사회적 노력을 의미한다(이정자 외, 2022: 260).

2) 사회복지공동모금회

(1) 사회복지공동모금의 개념

사회복지공동모금은 지역사회주민의 복지욕구를 충족시키기 위하여 과학적이고 전문적인 모금캠페인을 통하여 사회복지에 필요한 자원을 공동으로 마련하여 모금액을 복지사업에 적절히 배분하는 활동이다. 「사회복지공동모금회법」 제2조는 사회복지공동모금을 사회복지사업, 기타 사회복지활동의 지원에 필요한 재원을 조성하기 위하여 기부금품을 모집하는 것으로 규정하고 있다.

사회복지공동모금은 공동모금을 통하여 사회복지에 대한 국민의식을 개선하고, 국민의 자발적인 성금으로 조성된 재원을 효율적이고 공정하게 관리·운용함으로써, 사회복지 증진에 이바지함을 목적으로 한다. 즉, 지역사회주민의 자발적인 참여를 통하여 지역사회주민의 자원봉사활동을 활성화하고, 개별 모금의 서비스가 상호 중복, 누락되는 것을 보완해 지역사회 자원배분의 합리성을 높이고, 창조적이고 수준 높은 사회복지 프로그램을 개발하는 데에 목적이 있다.

사회복지공동모금회(Community Chest of Korea)는 국민성금으로 마련된 재원을 효율적이고 공정하게 관리·운용하기 위해 설립된 사회복지법인을 말한다. 1994년 지방자치단체의 잘못된 성금모금과 사용을 막기 위하여 공무원의 모금행위 금지와 성금의 용도를 불우이웃사업에 한정하는 내용의 조례가 제정되고, 「사회복지공동모금회법」이 개정됨에 따라, 1998년 11월 중앙과 전국 16개 시·도지회의 통합 모금단체로 설립되었으며, 보건복지부장관의 지도·감독을 받는다.

공동모금회의 명칭은 시대마다, 국가마다 상이하게 사용되고 있다. 예를 들어, 미국, 캐나다, 호주에서는 'United Way'라는 명칭을 사용하고, 우리나라, 일본, 싱가포르는 'Community Chest'라고 호칭하고 있다. 기관연합모금회라는 폐쇄적인 멤버십 모델에 입각하여 모금이 이루어지는 미국의 'United Way'와는 달리, 우리나라의 사회복지공동모금회는 충족되지 않은 지역사회의 복지욕구에 대응하여, 복지수준 향상을 위해 민간자원을 동원하고, 배분하는 개방적인 모금과 배분체계를 가지고 있다.

3) 지역사회복지관

사회복지관(community welfare center)은 사회관(community center), 인보관(settlement house), 근린관(neighborhood center) 등으로 불린다. 그 기원은 영국의 사회복지법인 토인비 홀(Toynbee Hall), 미국의 헐 하우스(Hull House), 우리나라의 태화여자관이 개관된 데서 비롯된다.

사회복지관은 지역사회를 기반으로 일정한 시설과 전문인력을 갖추고, 지역주민의 참여와 협력을 통하여 지역사회복지문제를 예방하고 해결하기 위하여 종합적인 복지서비스를 제공하는 시설을 말한다. 여기서 지역사회복지는 주민의 복지증진과 삶의 질 향상을 위하여 지역사회 차원에서 전개하는 사회복지를 말한다. 이 사회복지관의 기본적인 성격은 ① 자주성, ② 지역성, ③ 복지성, ④ 다목적성, ⑤ 전문적이다.

사회복지관은 사회복지서비스 욕구를 가지고 있는 모든 지역사회주민을 대상으로 보호서비스, 재가복지서비스, 자립능력 배양을 위한 교육훈련 등 그들이 필요로 하는 복지서비스를 제공하고, 가족기능 강화 및 주민 상호 간 연대감 조성을 통한 각종 지역사회문제를 예방·치료하는 종합적인 복지서비스 전달기구로서 지역사회주민의 복지증진을 위한 중심적 역할을 수행하여야 한다.

4) 사회복지협의회

지방분권화 시대에 국가의 역할을 축소하고 민간의 역할을 강조하면서, 회의 복지증진과 서비스의 효율적인 전달을 위하여 지역사회를 중심으로 한 사회복지 관련 단체 및 시설들의 연합체가 중요해지고 있다. 사회복지 분야의 핵심적인 영역인 서비스의 연계 및 조정의 역할들이 하나의 단체 또는 하나의 기관을 넘어서서, 각 단체 및 기관들 간의 유기적인 협력 및 연계 그리고 조정의 범위로 확대되어, 지역주민들의 복지 향상을 위하여 효과적으로 운영되도록 하는 대표적인 지역사회조직이 사회복지협의회이다.

사회복지협의회는 시대와 상황에 따라 다양하게 정의될 수 있다. 사회복지협의회는 보건과 복지에 관한 지역사회 문제해결에 필요한 계획을 수립하고 사업을 실행함에 있어서 주민의 관심과 전문가의 기술을 결합시키는 지역주민과 사회기관들의 연합체(association)이다. 여기서 사회기관들의 연합체는 지역사회 내 사회복지시설, 사회복지에 관심을 가지는 민간단체나 개인의 연합체 또는 협회를 말한다. 이 협의회의 1차적 목적은 지역사회 주민의 욕구와 문제에 대응하며 복지, 보건 및 여가에 대한 계획과 조정을 하는 것으로 지역사회조직의 대표적인 기관이다(Dunham, 1970).

일반적으로 사회복지협의회는 지역사회조직이론에 의해 조직된 단체로서, 지역사회복지사업을 추진하는 기관이고, 직접적인 지원보다는 기획, 연구, 조사 등의 간접적인 서비스를 제공하는 지원기관이다. 즉, 지역사회 내의 자원동원과 활용을 위해서 지역사회 내의 여러 기관 및 시설과 개인을 조정·협의해 나가는 민간단체의 협의체라고 개념을 설명하였다.

5) 지역사회보장협의체

지역사회보장협의체는 지역사회의 복지향상을 위해 구성·운영하는 공공과 민간, 그리고 주민과 학계 전문가가 참여하는 협의 구조이며, 지역사회의 강점을 살리면서 지역사회복지를 현실화하는 토대이다. 지역사회복지와 관련하여 다양한 관계자들의 민주적 의견수렴 채널을 구조화하고, 이를 통하여 복지자원의 확충, 효율화, 서비스 간 연계를 도모하여, 서비스 대상자의 욕구충족 및 문제해결을 위한 지역의 역량을 강화한다.

6. 사회복지실천과 실천기술

1) 사회복지실천의 개념

일반적으로 사회복지실천(social work practice)은 인간과 사회환경 간의 관계를 촉진시켜서 모든 사람들의 삶의 질을 향상시키기 위한 사회복지의 구체적인 실천방법으로서, 협의의 사회복지라고 정의한다. 그러나 사회복지실천의 정의는 역사적 배경이나 사회적 상황에 따라 서로 다른 개념과 용어로 정의되면서 지속적으로 변화되어 왔기 때문에 오늘날까지도 합의된 정의를 제시하는 것이 어려운 상황이다. 사회복지실천은 사회사업(social work)의 개념에서 비롯하며, 1970년대 후반부터 1980년대에 이르면서 미국을 중심으로 사회복지실천이라는 용어를 사용하기 시작했다(길귀숙 외, 2018: 12). 이에 앞서 사회복지실천의 용어는 '케이스워크의 어머니'로 불리는 리치몬드(Mary Ellen Petronius Richmond)의 저서 『사회적 진단(*Social Diagnosis*, 1917)』과 『개별사회사업이란 무엇인가(*What is Social Casework*, 1922)』에서 '개별사회사업'으로 나타난다. 리치몬드에 의하면, 사회복지실천은 인간과 그를 둘러싼 사회환경 간의 부적응이나 갈등을 해소하여 개인의 욕구를 충족시켜 주고, 사회의 규범에 적응하도록 도와주는 것을 목적으로 한다(도광조, 2018: 18).

『사회적 진단』
(2015년 출판)

'사회복지실천'이라는 용어는 1970년 메이어(Carol Meyer)에 의해 처음 사용되기 시작하였고(Doifman, 1996), 1960년대 미국사회의 급진적인 경향 및 빈곤의 악순환, 인종폭동 등 사회개혁을 요구하는 움직임이 본격화되면서, 논리적·사변적인 접근, 개별적인 접근보다는 현실성 있는 실천(실용성)을 강조하기에 이르렀다. 그 영향으로 사회복지에서도 실천성을 강조하는 차원에서 사회복지실천이라는 용어를 사용하게 되었다. 이전에는 사회사업(social work)이라는 용어를 사용하였다.

우리나라에서는 「사회복지사업법」의 개정과 더불어 2003년부터 사회복지사 자격 취득 국가고시제도를 도입하게 되었다. 이로 인하여 과거 대학교육의 교과목 명칭 중 개별사회사업(개별지도), 집단사회사업(집단지도)이 없어지고, 사회복지실천론과 사회복지실천기술론으로 변경하여 2000년부터 '사회복지실천'이란 말을 공식적으로 사용하게 되었다. 한국사회복지교육협의회에서는 통합방법론의 인정과 함께 기존의 사회복지방법론을 사회복지실천과 사회복지실천기술론으로 구분하였다. 여기서 사회복지실천은 '이론' 중심적이고, 사회복지실천기술론은 '기술' 중심으로 설명된다(서혜석 외, 2017: 13).

2) 개별사회사업의 모델

개별사회사업의 모델개별사회사업 방법의 주요 모델은 사회복지사와 클라이언트가 일대일로 사례과정을 이끌어 가는 것이 특징이다. 로버트와 니(Robert W. Roberts & Robert H. Nee)가 1970년 그들의 저서 『사회적 케이스워크 이론(*Theories of Social Casework*)』에서 주장하는 개별사회사업의 모델은 다음과 같다(Roberts & Nee, 1970 ; 최옥채, 2016: 251-252).

(1) 심리사회적 모델

심리사회적 모델의 관점은 체계이론에 근거하고 있다. 이 접근에서 시도하는 진단과 치료는 인간과 그의 외부환경과 상호작용에 중점을 두고 있다. 아울러 이 모델에서는 개입이 클라이언트의 욕구에 의해 달라져야 한다는 점을 강조하고 있다. 따라서, 사회복지사는 클라이언트의 복지향상을 위해 합의한 내용에 따라 클라이언트를 수용해야 하고, 클라이언트의 욕구를 우선하는 '타인 중심' 관계이어야 하며, 편견을 버리고 클라이언트를 과학적 형체로 이해해야 한다.

(2) 기능주의모델

기능주의모델은 인간의 본질에 관한 이해, 사회복지실천의 목적에 관한 이해, 과정의 개념에 관한 이해를 강조한다. 기능주의적 접근은 성장심리학에 근거하기 때문에 변화를 사회복지사 중심이 아닌 클라이언트 중심으로 보았으며, 사회복지실천의 목적은 클라이언트에게 주어진 건강한 개인적·사회적 조건을 위해 영향을 주는 것이고, 사회복지실천기관을 통해 전체 과정을 돕는 과정임을 강조하였다.

(3) 문제해결모델

문제해결과정은 클라이언트의 곤경을 해결하기 위해 사람이나 대상 및 환경을 조작하는 것이 아니고, 활동적인 사회복지사와 클라이언트와 주변 환경 간 이루어지는 교류를 발전적으로 증진시켜 나가는 것을 의미한다. 치료에 중점을 두지 않고 주변의 자원을 적극 활용하여 문제해결기능을 강화하는 데 전력한다. 이 모델에서 강조하는 요점 중 하나는 문제를 느끼고 문제를 안고 다니며, 문제를 경험하고 있는 자는 바로 도움을 얻고자 하는 클라이언트라는 사실이다. 문제해결모델은 클라이언트가 지니는 문제의 해결은 클라이언트를 통하고, 클라이언트와 함께 클라이언트의 힘을 빌려 가능하다는 점을 강조한다.

(4) 행동수정모델

행동수정모델은 행동수정에 관한 지식과 실천의 대두와 함께 개별사회복지사들이 이 분야에 관심을 두면서 자연스럽게 개발된 것이다. 클라이언트의 특정 행동을 변화시키거나 지속시키기 위해 개별사회복지사들이 행동수정모델을 활용하게 되었다. 예컨대, 아동들에게 과제나 일상을 모범적으로 하면 스티커를 주고, 일정 수의 스티커를 가져오면 스케치북을 주는 것이 바로 이 모델을 적용한 것이다. 이 모델에서는 클라이언트의 부적절한 행동이나 사고를 변화시키기 위해 행동주의 이론에서 강조하고 있는 학습이론의 원리를 토대로 하고 있다.

(5) 위기개입모델

단기개별사회사업의 실제에서 위기이론과 이 이론의 적용에 갑자기 관심을 갖게 된 것은, 1960년대 이후이다. 이론적으로 위기개입은 정신분석이론을 비롯하여 인간행동의 여러 이론을 기초로 하고 있다. 위기개입의 목표는 클라이언트가 당면하고 있는 위기를 해소하는 데 있다. 클라이언트가 직면하고 있는 위기를 심리적으로 해소해 가고, 그래서 적어도 클라이언트가 위기 기간 이전에 보존하고 있었던 기능수행의 수준까지 회복시키는 것이다.

3) 대상 실천기술

(1) 개인

개인 대상 사회복지실천은 개인적이고 사회적인 문제를 해결할 수 있도록 돕는 데 그 목적이 있다. 즉, 개별사회사업은 개인이 사회에 적응할 수 있도록 돕는 것과 개인의 특수한 욕구에 따라 서비스를 받을 수 있도록 돕는 것을 모두 포함한다(Zastrow, 2015). 개인의 보다 나은 적응과 변화를 위해 개인의 능력이나 지역사회자원을 활용할 수 있도록 돕는 것은, 개별사회사업의 궁극적 목적이다. 개별사회사업의 정의와 그 개념을 이해하고 목적과 특성에 따른 실천적 의미를 파악하기 위해서는 근본적으로 개인 대상 체계에 대한 사회복지의 실천적 구성요소들에 대한 고찰이 필요하다. 또한 그러한 구성요소들의 이해가 전제되어야 개인 대상 실천접근을 위한 필요성과 합리성이 파악된다(김보기 외, 2019a: 154).

그러므로 개별사회복지실천은 개인이 가진 문제에 관심을 두고, 사회복지사와 클라이언트의 긴밀한 관계 속에서 개입이 이루어지게 되는 사회복지실천의 방법이다.

(2) 가족

사회복지실천에서 가족에 대한 접근은 모든 가족이 사회적 체계라는 사고에 근거한다. 이러한 관점은 그동안 개인문제로 받아들여졌던 문제들을 관계와 사회적 상호작용이라는 측면에서 파악할 수 있게 한다. 가족은 가족구성원 개개인뿐만 아니라, 집단, 조직, 지역사회 등 그들이 상호작용하는 광범위한 환경체계에까지 영향을 미치므로 사회복지사는 가족문제를 다룰 때 '어떤 일이, 왜 일어나는가'가 아니라, '무슨 일이 일어나고 있는가'에 관심을 두고 개입해야 한다. 더불어 사회복지사는 실천의 대상인 가족이 갖는 다양한 유형과 특징에 대해서 충분히 파악하고, 가족이 직면한 복잡한 문제와 상황을 체계적인 관점에서 사정할 수 있어야 한다. 이를 바탕으로, 가족문제를 효과적으로 해결할 수 있는 전문적인 지식과 기술을 충분히 갖추는 동시에, 성적 · 인지적 관점에서 사회적으로 형성된 성역할과 가족 역동성을 가족구성원이 이해하도록 도우며, 가족구성원들이 효과적인 선택을 할 수 있도록 가족의 역량을 강화해야 한다(김보기 외, 2021b: 134).

그러므로 가족체계 안에 있는 구성원 전부는 상호 간에 영향을 미치고 있으며, 그와 동시에 구성원 각자와 전체로서의 가족은 다른 사회환경체계의 영향을 받는다. 따라서, 가족구성원, 가족, 더 큰 사회체계의 욕구와 이들 간의 상호작용을 고려하여 사회복지실천이 형성되어야 한다.

(3) 집단

집단을 활용한 사회복지실천은 1890년대부터 시작되었다. 즉, 인보관운동, 성인교육, YMCA 등과 같은 기관 내에서 시작되었다. 역사적으로 집단을 서비스의 단위로 재인식한 대부분의 기관들은 사회적 변화를 위해 노력한 기관들이다. 이 기관들은 빈민들의 사회적 조건을 변화시키고, 서비스 제공을 통해 사람들의 민주적·사회적 및 도덕적 특성을 발달시킬 수 있도록 환경과 사회에 영향력 있는 변인들을 확인하는 데 목표를 두었다. 빈곤지역에 위한 인보관과 청소년기관에서 시민들의 교육, 사회화, 지역사회에 대한 적응을 도모하고, 상호 지지의 관계를 형성하며, 사회변화를 위한 힘의 결집이 필요하였기에 주로 집단을 중심으로 한 사회복지실천이 전개되었고, 이 때문에 집단사회복지실천이 발달되었다(이영호 외, 2018: 323).

집단사회복지실천은 집단이 개인에게 미치는 영향을 중요시하며, 개인 및 집단의 목표달성을 위해 집단과정을 활용한다. 집단사회복지실천은 사회적 기능의 향상과 사회적으로 바람직한 목표의 달성을 위해 집단 속의 사람을 대상으로 하는 사회복지실천의 한 방법이다.

인간은 성장해 가는 동안 다양한 집단을 경험하게 된다. 인간은 집단을 떠나서는 생활할 수 없으며, 성장과 발달을 가져올 수도 없다. 급격한 사회변화로 인해 사회적 소외, 소속감의 상실, 가족 기능의 저하와 같은 문제에 직면해 있는 현대인에게 집단은 직·간접적으로 영향을 미치는 중요한 체계이다. 집단의 사회복지실천은 의도적으로 집단의 경험을 제공하여 다양한 욕구를 충족시키고, 개인의 문제해결 및 자기 성장을 가져올 수 있도록 하는 전문적인 노력이다. 집단구성원은 상호 간에 영향을 미침으로써 변화를 경험하고, 집단은 구성원 개개인의 활동에 의해 변화된다. 집단은 또한 다른 집단에 의해 영향을 받으며, 지역사회나 국가의 기대, 가치관, 문화 등에 영향을 받는다(정은, 2014: 331).

그러므로 집단을 이끄는 사회복지 전문가는 그 실천의 대상인 집단의 다양한 유형과 특징에 대하여 전문적인 지식과 기술을 습득하고, 집단구성원이 직면한 복잡한 문제와 상황을 체계적인 관점에서 사정하며, 효과적으로 해결할 수 있도록 부단히 노력하여 성장과 변화를 꾀해야 한다.

연습문제

1. 사회복지재정의 확충방안으로 적절하지 못한 것은?

① 정부의 복지예산 증액
② 공동모금 활성화
③ 지방재정에 대한 국고보조금의 축소
④ 사회복지사업에 대한 세제상의 혜택
⑤ 법인 및 개인 후원자에 대한 세제 혜택

2. 다음 중 사회복지정책과 사회복지실천이 관련된 것이 아닌 것은?

① 사회복지정책은 사회복지실천의 전반적인 틀 제공
② 사회복지정책은 사회복지 법률, 행정지침 등으로 사회복지실천의 기본적 바탕
③ 사회복지정책은 사회복지실천의 방향, 방법 및 기준이 되어 영향력이 지대
④ 사회복지정책은 변화하는 사회와 욕구에 반응, 실천현장에 직접적으로 연결
⑤ 민간사회복지실천기관은 공공 행정기관과의 충돌이 거의 발생하지 않음.

3. 지역사회의 특성이 아닌 것은?

① 지역사회는 역사적으로 그 의미가 변천해 왔다.
② 지역사회는 지리적 의미와 기능적 의미를 함축하고 있다.
③ 전통적 의미의 지역사회와는 다른 새로운 형태의 지역사회가 나타나고 있다.
④ 지역사회는 공동체라는 성격을 가지고 그 의의가 부각되었다.
⑤ 지역사회는 구성원의 동질적 정체성에 기초한 강한 정서적 유대가 없다.

4. 사회복지실천의 특성으로 옳지 않은 것은?

① 클라이언트의 문제를 대신 해결해 주는 활동이다.
② 사회정책을 개발하고 수정하는 데 기여한다.
③ 사람과 자원체계가 연결될 수 있도록 돕는다.
④ 인간의 삶의 질 향상을 목적으로 한다.
⑤ 사회복지 실천기술을 활용한다.

정답 1. ③ 2. ⑤ 3. ⑤ 4. ①

PART III
사회복지의 적용

Chapter 10

장애인복지

개요

장애인복지는 장애인에 대하여 다양한 재활의 기회를 제공하고, 사회적 인식의 개선과 물리적 환경을 조성하여 사회의 모든 구성원들과 마찬가지로 인간다운 삶을 영위할 수 있도록 사회적 · 법적 · 제도적 보장과 지원 서비스를 제공하는 활동을 말한다. 여기에서는 장애인복지를 학습하고자 한다.

학습목표

1. 장애 기준에 대한 이해
2. 장애인에 대한 현실적 고려 토의
3. 사례연구

학습내용

1. 장애인의 개념
2. 장애인복지의 개념
3. 장애인복지정책의 내용
4. 장애인복지시설
5. 장애인복지정책의 개선방안

Chapter 10

장애인복지

1. 장애인의 개념

1) 장애인의 정의

모든 인간은 살아가는 동안에 건강이 악화되는 상황을 겪을 수 있다. 장애는 소수의 인간에게만 발생하는 사건은 아니다. 따라서, 인간은 살아가면서 언젠가는 장애상태에서 지낼 수 있다.

장애와 장애인의 개념은 해당 국가의 정치의식이나 경제수준, 문화 및 전통이나 사회적 가치관에 따라 다르며, 복합하고 다양한 성격을 가지고 있기 때문에 정형화된 정의를 내리기가 어려운 실정이다. 현대적 의미에서 장애인에 대한 개념은 개인이 일상생활의 활동을 제한받거나, 사회와의 관계에서 참여제한 정도까지를 장애인으로 판정하고 배려하는 것이 타당해 보인다. 장애의 정의에 따라 장애 인식도 변화되어 장애인이 비장애인과 같이 동등한 시민으로서의 삶의 질을 꾀할 수 있다는 인식전환이 이루어지고 있다(김보기 외, 2016: 266).

기든스(Anthony Giddens)는 그의 저서 『사회학(*Sociology*, 2021)』에서 장애 용어의 사용에 대해 다음과 같이 말한다.

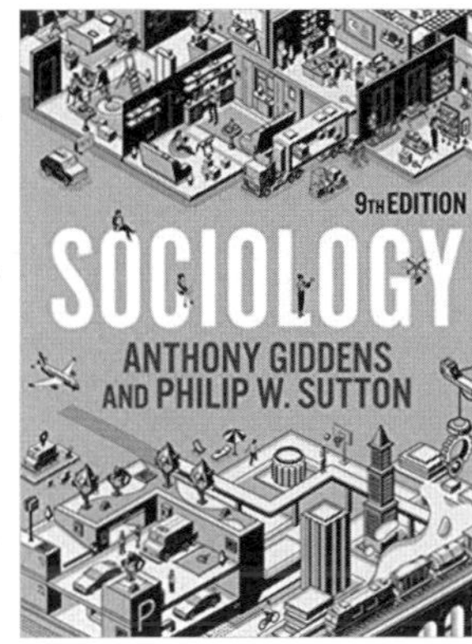

『사회학』
(2021년 출판)

건강에 대한 생의학적 모형이 오랫동안 장애를 관습적으로 개인의 불행인 질병이나 비정상(illness or abnormality)으로 이해하는 것을 뒷받침하였다. 최근 생의학적 모형을 비판하는 사회적 추세는 장애에 대한 의학적·개인주의적 이해에 대한 강력한 도전의 일부분이다. 장애(disability)를 말할 때, '핸디캡이 있는(handicapped)'이라는 말은 자선과 구걸을 의미하는 '손 장갑(cap in hand)'과 연관되기 때문에 거의 사용되지 않는다. 원래 장애를 말하는 데 사용된 다른 용어들, 예를 들어 '뇌성마비(spastic)' 또는 '불구(cripple)'와 같은 용어들은 주로 상처를 주는 모욕으로 사용된다. '먼눈을 떠라(turning a blind)' 또는 '듣지 못하는 귀(a deaf ear)'와 같이 일상적으로 사용되는 수사적 표현도 배제의 느낌을 함의하기 때문에 비판을 받는다. 또한 장애라는 용어를 이해하는 방식조차 논란의 대상이 된다(Giddens, 2021: 463).

장애인은 "신체적·정신적 장애로 오랫동안 일상생활이나 사회생활에서 상당한 제약을 받는 자"를 말하는 것으로, 여기서 '신체적 장애'라 함은 주요 외부 신체기능의 장애, 내부기관의 장애 등을 말하는 것이고, '정신적 장애'라 함은 발달장애 또는 정신질환으로 발생하는 장애를 말한다(「장애인복지법」 제2조 장애인의 정의 등). 그리고 동법 시행령 제2조에서 장애의 종류 및 기준을 정하고 있는데, 여기서 15개의 장애를 대상으로 하고 있으며, 동법 시행규칙 제2조에 장애등급을 1등급부터 6등급까지 6가지로 분류와 규정을 하고 있다.

이러한 장애유형 분류는 1997년에 공포된 '장애인복지발전 5개년 계획' 이후의 단계적인 장애범주 확대에 의한 것으로 1단계 장애범주 확대가 1999년에 이루어져 장애범주가 5개에서 10개의 유형으로 확대되었고, 2단계 장애범주 확대는 2003년에 이루어져 10개의 유형이 15개의 유형으로 확대 실시되었다. 또한 2007년 개정된 「장애인복지법」에 따라 정신지체는 지적장애로, 발달장애는 자폐성장애로 개칭하였다.

「장애인복지법」상 장애분류는 동법 제2조 장애인의 정의 등에 규정되어 있듯이, 신체적 장애와 정신적 장애로 크게 분류되며, 신체적 장애 및 정신적 장애의 대분류 밑에 중분류, 소분류, 세분류의 분류체계가 있다.

장애인의 분류는 <표 10－1>과 같다.

〈표 10-1〉 장애인의 분류

대분류	중분류	소분류	세분류
신체적 장애	외부 신체기능의 장애	지체장애	절단장애, 관절장애, 지체기능장애, 변형 등의 장애
		뇌병변장애	뇌의 손상으로 인한 복합적인 장애
		시각장애	시력장애, 시야결손장애, 겹보임(복시)
		청각장애	청력장애, 평형기능장애
		언어장애	언어장애, 음성장애, 구어장애
		안면장애	안면부의 추상, 함몰, 비후 등 변형으로 인한 장애
	내부기관의 장애	신장장애	투석치료 중이거나 신장을 이식받은 경우
		심장장애	일상생활이 현저히 제한되는 심장기능 이상
		간장애	일상생활이 현저히 제한되는 만성 · 중증의 간기능 이상
		호흡기장애	일상생활이 현저히 제한되는 만성 · 중증의 호흡기기능 이상
		장루 · 요루장애	일상생활이 현저히 제한되는 장루 · 요루
		뇌전증장애	일상생활이 현저히 제한되는 만성 · 중증의 뇌전증
정신적 장애	발달장애	지적장애	지능지수가 70 이하인 경우
		자폐성장애	소아청소년 자폐 등 자폐성 장애
	정신장애	정신장애	조현병, 조현정동장애, 양극성정동장애, 재발성우울장애, 뇌의 신경학적 손상으로 인한 기질성 정신장애, 강박장애, 투렛장애(Tourette's disorder), 기면증

자료: 보건복지부 고시 제2022-16호

2) 장애인에 대한 인식

현대사회는 산업재해의 발생, 교통사고, 각종 질병 등으로 장애인의 수가 증가하고 있으며, 향후에도 새로운 사회문제의 발생으로 장애인구는 늘어날 것으로 예측된다. 이러한 사회변화 속에서 장애인에 대한 비장애인의 태도는 장애인들이 사회통합을 이루어 함께 살아가도록 하는 데 가장 중요한 요인이 된다. 장애인에 대한 사회의 고정관념을 살펴보면 다음과 같다(임종호 외, 2021: 59-61).

(1) 동정의 대상

사피로(Joseph P. Shapiro)는 2011년 그의 저서 『불쌍하지 않다: 장애인, 새로운 시민권운동을 용서하다(*No pity: People with disabilities, forgiving a new civil rights movement*)』에서, 장애인을 불쌍히 여기는 태도는 다양한 방식으로 표출되어 왔다고 주장한다. 그에 따르면, 장애인에게 서비스를 제공하는 사회복지기관에서도 모금활동을 위해 대중의 동정심을 조장하는 활동을 해 왔다. 「미국장애인법(American with Disabilities Act, ADA)」 제정을 주도하기도 했던 장애인 캠프(J. Kemp)는 텔레비전을 통한 모금방송에 대해 말하면서 "장애인에 대한 동정심을 유발하는 것은 모금액을 증가시킬 수는 있지만, 대중과 장애인 사이에 두려움의 장벽을 쌓게 할 수 있다."라고 지적하였다. 또한 동정은 무시와 고정관념의 산물이다. 원래의 의도는 이타심에 의한 것일지라도, 모금활동이 동정을 조장하고 죄책감을 이용한다면, 사회복지 관련 종사자들도 이러한 부정적 고정관념 조성에 기여하였다(Shapiro, 2011).

『불쌍하지 않다』
(2011년 출판)

(2) 사회의 위협

장애인에 대한 또 다른 인식은 장애인을 사회의 위협이 되는 존재로 여기는 것이다. 예를 들어, 자신의 이웃에 장애인을 위한 공동생활가정이 있을 때 지역주민은 자녀가 지적장애인 또는 정신장애인에게 신체적인 공격을 당할 수 있다는 생각에 아이를 보호하기 위해 장애인을 지역사회에서 내쫓아야 한다고 주장하는 것이다.

로데스(R. Rhodes)는 1996년 그의 논문 「정신지체와 성적 표현: 역사적 관점(Mental retardation and sexual expression: An historical perspective)」에서, 장애인을 사회의 위협으로 생각하는 인식이 장애인을 시설에 분리시키고 결혼을 반대하거나 불임시술까지 자행하는 결과를 가져왔다고 주장한다.

(3) 병자

사회는 장애인을 병자로 취급하여 건강한 장애인에게도 병자로서의 역할을 기대해 왔다. 장애인은 생산적이라고 생각하지 않기 때문에 생산적이고 경제적으로 자립할 수 있는 기회를 거부당한다. 사회시스템이 장애인으로 하여금 독립적으로 행동하며, 자기결정권을 행사하는 것을 어렵게 하더라도, 장애인은 사회로부터 제공받은 도움에 감사해야 할 책임이 주어져 왔다. 병든 것과 장애는 동의어로 여겨 왔으며, 의료전문가들은 장애인이 서비스를 받기 위해 전문가의 통제하에 있도록 함으로써 장애인 스스로 자율성을 행사하는 것을 억제해 왔다.

(4) 영원한 아이

장애인은 자신의 나이와 관계없이 어린아이와 같이 취급된다. 이를 '영원한 아이'의 역할이라고 명명하기도 한다. 비장애인에게는 정상적인 발달단계를 거쳐 성장할 것을 기대하는 반면, 장애인에게는 성장이나 발달에 대한 기대를 갖지 않는다. 따라서, 성장할 수 있는 기회도 주지 않는다. 장애인의 잠재력을 발휘하기 위해 많은 자원을 지원해야 하지만, 낮은 기대로 인해 자원도 적게 지원된다.

(5) 무능력함

휠체어를 탄 장애인이 비장애인과 레스토랑에 갔을 때, 종업원은 휠체어를 탄 장애인에게 주문을 받기보다는 비장애인에게 주문을 받고자 한다. 휠체어를 탄 장애인은 주문할 능력이 없거나, 주문을 할 때도 도움이 필요할 것이라고 생각하여 같이 온 비장애인에게 장애인이 무엇을 먹고자 하는지를 묻는다는 것이다. 장애인이 무능력하다는 고정관념은 재활서비스에도 많은 영향을 미치고 있다. 장애인이 무능력하다는 고정관념으로 재활 프로그램을 축소시키기도 하며, 장애문제를 해결하는 수단으로 평가나 의료적 진단을 강조함으로써 누구는 할 수 있고 누구는 할 수 없는지를 결정하기도 한다. 이러한 관점을 찬성하는 사람들은 경쟁고용에서 기능할 수 없는 장애인의 경우, 재활서비스를 받아서는 안 된다고 주장한다. 이러한 고정관념을 가진 전문가들은 장애인을 그들의 생애 전반에 걸쳐 통제하려고 한다.

(6) 신의 저주

성경에도 예수의 제자들이 시각장애인으로 태어난 남자를 보고 자신이나 부모가 죄를 지었기 때문에 장애인이 된 것으로 가정하는 구절이 있다. 장애인은 스스로를 신의 눈 밖에 난 존재로 생각하며, 이러한 고정관념으로 인해 장애인과 그들의 가족은 죄책감과 수치심을 느끼거나 서로를 비난하게 된다.

3) 장애인문제

(1) 장애인문제의 사회문제화

현대사회는 인구가 고령화되고 계속해서 건강상태가 좋지 않은 사람의 수가 증가하기 때문에, 장애상태에 놓이는 사람의 비율이 높아지고 있다. 실제로 장애인의 수는 빠르게 증가하고 있다. 그리고 앞으로 인간의 수명과 기술이 더 빠르게 발달할 것으로 예상됨에 따라 장애상태에 있는 사람의 숫자는 계속해서 증가할 가능성이 크다. 즉, 전체 인구 중에서 장애인이 차지하는 비율은 계속해서 증가할 것으로 본다. 하지만 장애에 대한 대책은 모순으로 가득하다. 다시 말해서 장애에 대해서 기본적으로 그 권리를 인정하고 있지만, 차별은 여전히 존재하고 있다. 인간의 삶이 장애와 밀접하게 관련되어 있음에도 불구하고, 장애인은 사회에서 차별을 받는 경우가 많다. 이런 차별은 무의식적이면서도 한편으로는 의식적으로 발생할 수도 있다. 그 결과, 현대사회에서 장애인의 여건은 크게 개선되고 있지만, 가장 취약한 집단에 속해 있다는 사실을 부인하기 어렵다(노병일, 2018: 289).

장애는 개인의 질환과 정서적인 상황, 사회적 태도 및 법체계들을 포함하는 환경적 요인들과 개개인의 인구사회학적 특성들이 영향을 주어 사회활동의 제한 및 참여의 제한을 가져온다. 즉, 장애인은 편견과 차별, 낙인으로 인해 삶의 다양한 영역에서 배제의 문제를 겪고 있다. 장애인으로서의 어려움보다 일상생활에서의 격리나 주변 사람으로부터 소외, 영구적인 낙인으로 인해 더 많은 어려움을 견뎌내야 하는 실정이다.

오늘날 장애는 더 이상 개인의 문제로 이해되지 않으며, 손상이 있는 개인들이 사회에 참여하는 데 직면하는 사회적 장애라는 관점에서 이해되고 있다(Giddens, 2021: 463). 따라서, 현대사회에서 장애인문제는 중요한 사회문제가 되고 있다.

장애인문제를 사회문제로 인식하고, 이를 해결하기 위해 사회적 합의를 이끌어내는 데는 매우 어려운 점이 있다. 즉, 기본적으로 장애인을 규정하는 것이 간단하지 않기 때문이다. 또한 부족한 재정문제가 있다. 그러나 사실 그 어느 것보다 우선적으로 지적해야 할 이유는, 장애에 대한 비장애인들의 보편적 관점에 문제가 있다. 비장애인, 다시 말해서 장애가 눈에 띄지 않은 사람들을 위해 그들이 만든 사회이기 때문에 거기에 맞는 범주에 들지 못하는 사람은 홀대는 물론 차별받으며, 심지어는 적대시까지 하는 경향은 세계적으로 어디에서나 확인할 수 있는 장애인에 대한 인식이며, 대우 또한 그러하다(김보기 외, 2022b: 303).

장애인은 국민의 사람으로서 인권이 존중되어야 하며, 인간다운 생활을 권리가 있다. 다시 말해서 장애인은 건강하고 문화적인 생활을 누릴 동등한 자격이 있다는 뜻이다. 그렇지만 사회현실은 장애인의 권리인 인간의 기본권을 제한하고 있으며, 불평등과 차별이 존재하고 있는 실정이다. 이에 따라, 장애인이 당면한 문제는 사회문제가 되고 있는데, 장애인은 일반시민과 똑같은 인격체로 대우받으며, 인권과 인간의 존엄성, 인간다운 삶을 보장받아야 한다.

(2) 장애인문제의 특성

장애인문제의 특성은 일반적인 장애특성과 유형별 특성으로 분류되고 있다. 그 내용은 다음과 같다(김보기 외, 2016: 268－270).

① 일반적인 문제의 장애특성

첫째, 장애인문제의 복잡성 문제이다. 장애인문제는 장애라는 사실로부터 주위 환경에서 부차적으로 파생되는 여러 가지 문제로, 학교 입학의 어려움, 취직난, 가족의 혼인에 미치는 영향 등의 고통 등 매우 다양하다. 이처럼 한 사람의 장애인문제가 중층화되면서 복잡한 구조로 나타난다.

둘째, 장애인문제의 총합성이다. 장애인문제의 복잡성에 따른 문제해결에 있어서 장애인복지는 총합성이 매우 높은 것으로 파악할 필요성이 있다. 즉, 장애인복지는 사회복지 영역의 문제뿐만 아니라, 사회학, 심리학, 교육학, 의학, 공학, 건축학, 노동 등의 과제이기도 하다.

셋째, 장애인문제의 운동성이다. 장애인에 대한 권리보장운동이 시민들 속에 장애인에 대한 이해를 불러일으키면서 더불어 산다고 하는 공감관계를 육성하는 방향으로 나아갈 때, 장애인의 위치는 구제대상으로부터 권리주체로 변화하게 된다.

넷째, 발달보장의 권리성 문제이다. 장애가 없는 아동들과 마찬가지로 장애아동에게도 똑같이 보장되어야만 하는 것이며, 이와 같은 사고에 근거할 때 비로소 인간의 평등성이 실현되며, 헌법 제34조에 보장된 인간다운 생활을 할 권리가 실제로 보장된다고 할 수 있다.

② 유형별 문제의 장애특성

장애인문제의 유형별 장애특성은 다음과 같다.

첫째, 장애인 인권문제이다. 장애인의 사회통합을 위한 인권문제는 우리 사회가 함께 풀어가야 할 과제이다.

둘째, 장애인 생활환경문제이다. 장애인 생활환경문제는 주변 환경 등의 측면뿐만 아니라, 의료보건과 교육, 사회보장, 주거문제, 이동권 등과 더불어 정상적인 사람들과 어울려 생활환경을 연대하는 시스템이 필요하고, 이를 통해 같이 생활하는 사회환경을 완성해야 한다.

셋째, 장애인 취업문제이다. 장애인의 취업문제는 장애에 의하여 생기는 신체적·정신적 능력의 저하에 수반되어 발생하며, 일의 수행능력이나 학습능력이 고용수준에 미치지 못할 경우, 일반인과 달리 다른 취업기회를 고려하지 않으면 안 된다.

넷째, 장애인의 성과 생활문제이다. 장애인의 경우, 사회생활에서 성기능의 장애나 차별로 인하여 생기는 문제가 다양하다. 장애인의 결혼생활은 정신적 장애와 신체적 장애가 있는 경우로 분류할 수 있는데, 정신박약장애인의 결혼은 경제적 문제가 있으며, 시각·청각 장애인도 결혼생활에 문제가 있다.

이 밖에 장애인과 장애인문제는 경쟁사회에서 생존하기 위한 능력, 힘, 동기가 결여되어 있다. 이는 개인의 동기부족, 낮은 열망수준, 무절제, 게으름, 의타심, 과다한 출산, 부적응 등과 같은 자발적 원인과 가구주의 사망, 질병, 장애, 노화, 가구원의 질병, 낮은 교육수준 등과 같은 비자발적 원인으로 나타난다. 그리고 사회는 대다수의 일반인을 중심으로 구조화되고, 그들의 취향에 맞게 만들어진 구조이다. 소수의 장애인을 염두에 두고 형성된 사회가 아니다. 장애인에 대한 편의시설, 교통수단, 건축물 등은 소수인으로서 장애인이 겪는 다양한 차별의 결과로 나타난다.

그러므로 장애인의 문제는 모든 국민의 생존권적 기본권으로 명시되는 법적인 권리에 의하여 다양한 사회문제 안에서 기본적인 위치와 의미를 갖고 있다. 장애인문제의 본질은 장애인의 인권을 존중하고 풍요로운 생활과 인간으로서의 전면적인 발달을 보장한다고 하는 권리보장의 관점에서 문제를 보아야 한다는 것이다.

2. 장애인복지의 개념

1) 장애인복지의 정의

장애인복지는 '장애인(the disabled 또는 people with disability)'과 '복지(welfare)'가 합쳐진 말이다. 사전적으로, 'welfare'는 안락하고 만족스러운 생활상태 또는 건강과 번영, 안녕(well-being)의 상태를 의미한다. 따라서, 장애인복지는 신체적·정신적 장애로 인해 생활상의 곤란과 사회적 편견 및 차별을 겪고 있는 사람에 대하여 다양한 재활의 기회를 제공하고, 사회적 인식의 개선과 물리적 환경을 조성하여 사회의 모든 구성원들과 마찬가지로 인간다운 삶을 영위할 수 있도록 사회적·법적·제도적 보장과 지원 서비스를 제공하는 활동을 말한다.

1976년 세계보건기구(WHO)에서는 1976년 장애인복지를 의료적·사회적·교육적·직업적 서비스를 통합적으로 사용하여 개인을 훈련시키고 재훈련시켜 개인의 기능적 능력을 가능한 한 최고의 수준으로 높이는 것으로 정의하였다(WHO, 1976). 그리고 미국의 국립재활전문위원회(Nation on Rehabilitation)는 장애인의 신체적·정신적·사회적·직업적·경제적 가용능력을 최대한으로 회복시키는 것으로 정의한다(김한식 외, 2020: 17).

장애인복지의 중심 개념은 재활과 자립으로 볼 수 있다. 장애인의 손상된 육체적·정신적 기능을 회복시켜 주고 잔존능력을 개발하는 데 있어서 사회적 편견이나 핸디캡을 극복하고 생활안정을 확보하는 직업적·사회적 재활의 개념까지 포함하며, 자신의 능력을 최대한 활용하여 사회적·경제적으로 스스로의 생활을 영위하게 하는 것이다. 즉, 장애인의 생리학상 문제를 개인의 불행으로 돌리는 일반사회인의 편견이나 약자를 더욱 불리하게 하는 경쟁사회의 구조 아래에서 장애인이 생활의 위기를 대처해 나가도록 예방적, 사회치료적으로 개입하는 시책과 실천행동인 것이다. 또한 장애인복지는 신체장애인, 정신장애인 등이 그 장애로 말미암아 가족생활, 사회생활 등 모든 생활에서 곤란을 느끼지 않도록 국가나 민간 사회복지기관이 교육적 · 직업적 · 의료적 · 심리적 · 사회적 여러 문제에 걸쳐 원조하는 제도적 · 정책적 서비스의 조직적 활동과 노력이라고 정의할 수 있다.

장애인복지의 기본 구조는 재활, 보조, 생활환경의 정비 및 등의 원조체계로 이루어진다. 복지서비스의 성격, 대상자의 장애정도, 대책의 전개방법에 따라 [그림 10−1]과 같이 도식화할 수 있다.

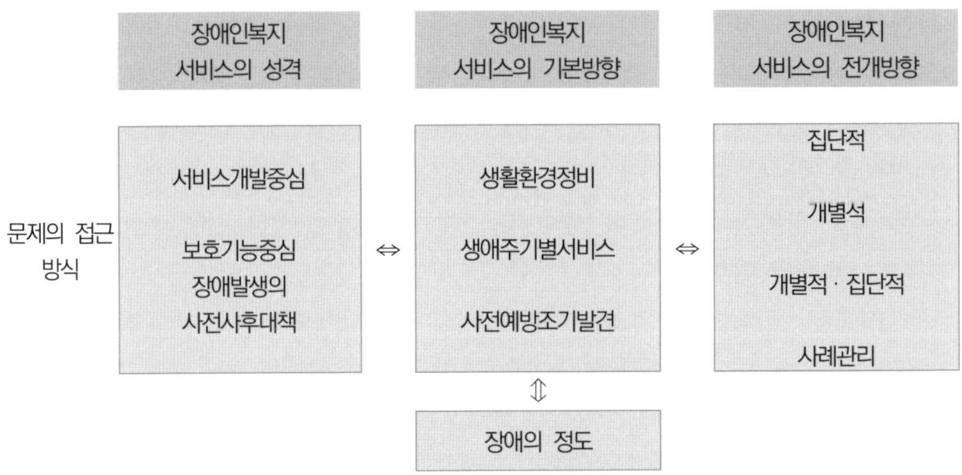

[그림 10−1] 장애인복지의 기본 구조

자료: 황희숙(2021: 45).

2) 장애인복지의 목적

「장애인복지법」 제1조(목적)에서 "이 법은 장애인의 인간다운 삶과 권리보장을 위한 국가와 지방자치단체 등의 책임을 명백히 하고, 장애발생 예방과 장애인의 의료 · 교육 · 직업재활 · 생활환경개선 등에 관한 사업을 정하여 장애인복지대책을 종합적으로 추진하며, 장애인의 자립생활 · 보호 및 수당지급 등에 관하여 필요한 사항을 정하여 장애인의 생활안정에 기여하는 등 장애인의 복지와 사회활동 참여증진을 통하여 사회통합에 이바지함을 목적으로 한다." 라고 규정하고 있다.

장애인복지의 목적은 정상화 이념과 인권존중의 이념을 기초로 하여 장애로 인한 생활이 곤란한 자에 대하여 의료적·교육적·직업적·사회적·심리적 재활 등을 통해 사회복귀를 도모하고, 경제적·문화적·교육적 기회 등에서 차별과 편견으로부터 보호하여 장애인이 가지고 있는 사회적 차별이나 편견을 해소시키며, 주체적 인간으로서의 자립생활을 보장해 주고, 장애인에 대한 새로운 가치관의 정립을 일반 국민의 의식 속에 정착시켜 사회통합을 이루는 데 목적을 두고 있다. 구체적인 내용은 다음과 같다(고명석 외, 2020: 115).

(1) 개인의 전인적 능력개발

장애인복지의 과정을 통해 잠재능력과 잔존능력을 촉진·개발하여 사회적 역할 기대에 대응할 수 있는 주체적 능력으로 전환시키는 것이 '장애인 개인의 전인적 능력개발'로 이루고자 하는 바이며, 이는 장애인복지의 목표 중의 하나가 되어야 한다는 것이다.

(2) 사회환경 개선

장애인의 인간다운 생활을 보장하기 위해서는 장애인을 둘러싸고 있는 사회환경(물리적·제도적·문화적)이 개선되어야 한다. 따라서, 장애인복지에서 현실적으로 성취되어야 할 목표 중의 하나는 '사회환경의 개선'이다.

(3) 장애인복지의 필요성

첫째, 산업화에 따른 장애유발요인의 증대, 둘째, 사회적 부담의 경감, 셋째, 장애가 사회환경에 미치는 부정적 효과의 최소화, 넷째, 인간의 존엄성과 국민의 권리보장 등에 있다.

3) 장애인복지의 특성

장애인복지는 넓게는 사회복지라는 틀 속에서 공통된 특성을 가지고 있지만, 장애인이라는 특정인을 대상으로 하기 때문에 독특한 특성을 가질 수 있다. 장애인복지의 특성은 다음과 같다(이채식 외, 2021: 17－19 ; 배경희, 2021: 15－17 ; 고명석 외, 2020: 116－117).

(1) 복잡성(complexity)

장애는 신체적 장애와 정신적 장애로 분류되며, 신체적 장애는 외부 신체기능의 장애와 내부기관의 장애로 나누어지고, 외부 신체기능의 장애는 지체·뇌병변·시각·청각·언어·안면 장애로 분류되며, 내부기관의 장애는 신장·심장·간·호흡기·장루요루·뇌전증 장애로 분류된다. 재활서비스 측면에 따라 다시 정의되는 등 장애유형과 장애로 인해 파생되는 여러 가지 문제도 다양하다. 또한 이러한 장애문제는 사회 전체가 가지고 있는 잘못된 장애인관, 사회적·문화적 환경과도 깊은 관련이 있는데, 이러한 여러 가지 장애문제의 다양성과 복잡성은 장애인복지를 어렵게 하기 때문에 복잡성이라는 특성을 가진다.

(2) 종합성(comprehensive)

장애문제는 다양하고 복잡하기 때문에 해결방법도 다양하고 종합적으로 강구되어야 한다. 장애인복지는 단순한 사회복지 차원뿐만 아니라, 의료적·교육적·직업적·사회적·환경적 차원과도 관련되어 있는 종합성이 요구된다. 장애인의 복지는 결코 어느 한 특정 분야의 전문성만 가지고는 달성하지 못한다는 사실이다. 예를 들어, 교통사고로 인한 지체장애인이 사회재적응을 위해 필요로 하는 측면은 단순히 사회복지적인 차원에서의 서비스뿐만 아니라, 의료적, 교육적, 사회적, 직업적, 재활적인 모든 차원에서의 종합적인 서비스가 요구된다. 따라서, 장애인복지는 한 분야의 전문가만으로 그 서비스 목적을 실현할 수 없으며, 각 분야의 전문가들이 한 팀으로 조직적인 활동과 종합적인 서비스를 동시에 제공함으로써 그 효과성을 높일 수 있다.

그러므로 장애인복지는 전문분야의 특성을 띰으로 조직화하여 접근하여야 하며, 복지라는 측면과 재활이라는 측면이 종합적으로 강구될 때, 비로소 원래의 목적을 달성할 수 있다.

(3) 역동성(dynamic)

선진국에서 장애인복지가 처음 실시될 때에는 위정자나 전문가를 중심으로 한 일부 소수들에 의해 다루어지고 움직였으나, 점차 장애인 자신들의 의식이 높아지고 사회의 경제적인 수준이 상승되어 가고 있으며, 장애요인의 증가 등으로 인해 장애인복지에 대한 공감대 형성은 장애인복지를 시대나 상황에 따라 역동적으로 움직이고 있다. 장애인복지를 위한 모든 정책, 제도, 방법, 기술 등이 장애인의 욕구에 따라 수시로 유연성 있게 적용되어야 하며, 사회적 변화와 환경에 역동적으로 적절하게 움직여야 한다.

(4) 책임성(responsibility)

장애인복지는 한 인간의 재활문제를 다루는 공공적 성격을 띤 복지이기 때문에 반드시 책임성이 뒤따른다. 그 책임의 한계는 다음과 같다.

첫째, 장애인 개인을 대상으로 한 책임성이다. 장애인의 재활문제는 한 인간의 삶과 연계된 문제이기 때문에 거기에는 책임이 따라야 한다.

둘째, 후원자에 대한 책임으로 최근 장애인복지는 국가에서뿐만 아니라, 민간, 특히 장애인복지기관에서 수행되는 경우가 많다. 이러한 기관은 반드시 후원자에 대한 책임성을 입증할 수 있어야만 운영이 가능하다.

셋째, 사회적 책임성이다. 장애인복지는 공공, 사회적 목적에 의해 규정하는 활동이라는 점에 대한 책임성을 입증할 수 있어야 할 것이다.

이러한 관점에서 볼 때, 장애인복지는 장애인 본인이나 가족에게만 국한되는 문제가 아니라, 사회와 국가가 협동해야 할 성질의 것이고, 또한 장애인의 개인적 복지를 실현하기 위해서는 각종 전문분야 서비스가 다각적인 접근을 통하여 종합적, 통합적으로 수행될 때, 그 효율성이 보장될 수 있을 것이다.

3. 장애인복지정책의 내용

장애인복지정책은 지체장애, 지적장애 등 심신의 손상으로 인해 사회적 생활이 곤란한 장애인에게 각종 복지서비스를 제공하여 물리적 장애와 사회적 편견 등을 제거하면서, 장애인이 비장애인과 동등한 삶의 기회를 누릴 수 있도록 하는 공공부문과 민간부문의 총체적인 정책이다(양승일, 2019: 208).

장애인복지는 재활의 개념으로 이루어지는 것으로, 장애인의 손상된 능력 회복뿐만 아니라, 잔존능력을 개발하는 것이다. 따라서, 장애인복지는 장애인의 사회복귀뿐만 아니라, 장애인이 계속적으로 직업을 가지고 경제적으로 자립하는 것을 목표로 하고 있다. 그 내용은 다음과 같다(박차상 외, 2020: 329-333).

1) 정책방향

(1) 소득보장정칙

장애인에 대한 소득보장정책은 장애인들이 일상생활을 영위함에 있어서 필요한 소득을 보충시켜 주는 것이다.

① 직접적 소득보장정책

첫째, 사회보험 중 국민연금제도는 특수직역에 종사하지 않는 일반 국민들이 가입기간 중에 산업재해가 아닌 다른 이유로 장애를 입은 경우 지급되는 급여로, 장애일시보상금과 장애연금 두 종류가 있다.

둘째, 공공부조의 경우, 장애인을 위한 공공부조로는 생활보호제도와 장애수당 그리고 장애인 자립자금 대여 등이 있다.

② 간접적 소득보장정책

첫째, 세금감면으로 소득세, 상속세, 자동차 특별소비세, 자동차세 등에 대한 세금감면이나 면세가 있다.

둘째, 세금감면으로 전화요금, 철도 및 도시철도요금, 항공요금, 주차료, 이동통신요금, 고속도로통행료 할인이 있으며, 고궁, 박물관, 공원 등 공공시설 이용요금 면제 및 TV 수신료 면제 혜택이 있다.

(2) 의료복지정책

장애인 의료보장제도는 사회보험제도인 의료보험과 공공부조제도인 의료보호제도, 저소득장애인에 대한 의료비 지원과 보장구 무료교부사업 등이 있다.

첫째, 의료보험제도는 장애인 본인 또는 가구원이 일정률의 보험료를 납부하고, 의료서비스 이용 시 현물 또는 현금으로 급여를 받는 제도이다.

둘째, 의료보호제도는 국민기초생활수급자로 책정된 장애인에 한하여 의료보호 혜택을 받을 수 있다.

셋째, 장애인 의료비지원제도는 생활이 어려운 저소득장애인의 의료비를 지원함으로써 생계안정을 도모하고 의료보장의 실현을 위한 것이다.

넷째, 보장구 무료교부제도는 1982년부터 생활이 어려운 저소득장애인에게 보장구의 제조, 구매, 수리, 검진 및 적응훈련비를 지원함으로써 이들의 신체적 기능을 보완하고 생활능력을 향상시켜 장애인의 자활·자립을 도모하는 데 목적을 두고 있다.

(3) 고용정책

장애인복지의 궁극적 목표는 모든 장애인은 자기능력을 최대한으로 개발하여 적성에 맞는 직업을 가지고 사회적·경제적 활동에 참여하여 자립을 도모하는 것이다. 여기에는 고용보장과 직업재활(직업훈련)을 들 수 있다.

첫째, 고용보장의 경우, 일반사업장에서 비장애인과 같이 고용되는 일반고용정책과 그렇지 못한 장애인을 대상으로 하는 보호고용정책으로 나누어 볼 수 있다. 일반고용의 경우, 정부는 1990년 「장애인고용촉진 등에 관한 법률」을 제정하여 상시근로자 300인 이상을 고용하고 있는 사업장에서는 고용인원의 2% 이상을 장애인으로 고용할 것을 의무화하였으며, 불이행 시에는 의무

고용인원에 미달하는 인원수만큼 고용부담금을 납부하도록 하였다. 보호고용의 경우, 일반기업체에 취업하기 어려운 중증장애인을 위한 보호고용제도는 1986년 장애인복지시설의 자립작업장 설치운영계획에 의해 본격화되었으며, 장애인근로시설과 장애인수용시설에 주로 부설되어 있는 보호작업장이 있다.

둘째, 직업훈련의 경우, 장애인 고용을 촉진하기 위해서 가장 필요한 정책으로는 장애인에 대한 교육, 훈련 및 자격제도가 있다. 장애인에 대한 직업훈련은 국가와 지방자치단체의 고용촉진훈련과정, 일반직업훈련원, 특수학교, 장애인복지시설, 장애인전문직업훈련원 등에서 실시하고 있다.

(4) 생활환경정책

장애인의 생활환경정책으로 장애인의 이동권과 건물접근권 및 정보통신권을 들 수 있다. 이동권 및 건물접근권의 경우, 정부는 1997년 「장애인, 노인, 임산부 등의 편의증진 보장에 관한 법률」을 제정·공포하여 장애인 등이 생활을 영위함에 있어서 다른 사람의 도움 없이 안전하고 편리하게 시설 및 설비를 이용하고 정보에 접근하도록 보장하고 있다.

장애인 정보통신권은 1995년 정부가 발표한 「정보화촉진기본계획」에서 장애인을 위한 정보시스템 개발 및 정보이용 혜택을 부여하는 것도 선언적 차원에서 밝히고 있다. 장애인과 관련된 정보복지를 보면, 컴퓨터 통신이용요금 50% 청각장애인을 위한 단말기 보급과 재활정보센터 운영을 들 수 있다.

(5) 재가복지서비스정책

정부에서는 장애인이 집에서 생활하면서 치료와 교육, 직업훈련서비스 등을 받을 수 있도록 통원 가능한 이용시설을 설치, 운영하는 것을 지원하고 있다. 현재 장애인종합복지관 및 복지관 부설로 설치된 재가복지봉사센터와 주간 및 단기보호시설 등이 있다. 그리고 가정에서 보호하기 어려운 장애인을 지역사회의 소규모 주거시설에서 생활지도교사의 도움을 받아 사회적 자립을 수행하는 그룹 홈이 운영되고 있다.

2) 세부실행내용

장애인복지정책의 실행내용은 다음과 같다(*일부 내용은 시행시기에 따라 변경이 있을 수 있음.).

(1) 장애수당

「국민기초생활보장법」에 의한 수급자 및 차상위 계층(기준중위소득 50% 이하)의 만 18세 이상 등록장애인 중 「장애인연금법」상 중증장애인에 해당하지 않는 자(종전 3－6급)의 장애인의 생계안정을 위하여 정부에서는 기초(생계, 의료, 주거, 교육) 및 차상위 : 1인당 월 4만 원, 또는 보장시설수급자(생계, 의료) : 1인당 월 2만 원씩 장애수당을 지급하고 있다.

(2) 장애아동수당

「국민기초생활 보장법」에 의한 수급자 및 차상위 계층(기준 중위소득 50% 이하)의 만 18세 미만 장애아동

- 중증장애인 : 「장애인연금법」상 중증장애인에 해당하는 자(종전 1급, 2급 및 3급 중복장애)
- 경증장애인 : 「장애인연금법」상 중증장애인에 해당하지 않는 자(종전 3－6급)

장애아동의 양육환경 개선 및 생활안정을 도모하기 위하여 저소득 가구의 중증장애아동 부양자에게 2002년부터 월 4만 5천 원을 지급하고 있다.

장애아동수당의 지원내용은 다음과 같다.

기초(생계, 의료) 중증 : 1인당 월 20만 원

기초(주거, 교육) 및 차상위 중증 : 1인당 월 15만 원

기초(생계, 의료, 주거, 교육) 및 차상위 경증 : 1인당 월 10만 원

보장시설(생계, 의료) 중증 : 1인당 월 7만 원

보장시설(생계, 의료) 경증 : 1인당 월 2만 원

(3) 장애인 자녀 교육비

일정 규모 이하의 재산, 저소득 장애인 가구의 자녀에 대한 교육비를 지원하여 빈곤의 세습방지와 균등한 교육기회를 보장하여 장애인 가구의 생활안정을 도모하고 있다.

(4) 장애연금

장애(인)연금은 근로능력의 상실 또는 현저한 감소로 인하여 줄어드는 소득과 장애로 인하여 추가로 드는 비용을 보전하기 위하여 중증장애인에게 매월 일정액의 연금을 지급하는 사회보장제도를 말한다. 장애인연금 급여는 기초급여와 부가급여가 있으며, 대상자는 만 18세 이상 등록한 중증장애인 중 본인과 배우자의 소득과 재산을 합산한 금액(소득인정액)이 선정기준 이하인 자만 해당이 된다.

(5) 의료보장

「의료급여법」에 의한 수급권자인 장애인에 대하여 본인부담금 일부를 지원하고, 2차 또는 3차 진료기관 및 국공립결핵병원 진료 시 본인부담금 전액을 지원하고 있다.

(6) 기타

장애인 의료비 공제, 장애인 보장구 부가가치세 면세율 적용, 장애인용 수입물품 관세 감면, 자동차 관련 세금 면세, 기타 교통 요금할인, 통신이용요금 보조, 시청각 장애인 TV수신료 면제, 공공시설 이용요금 보조, 고궁 국공립박물관, 공원 등 요금 면제 등을 받을 수 있다.

① 사회경제적 재활 지원

a. 장애인의 날(매년 4월 20일), 장애인주간
b. 의료비 지원

c. 생업·취업·재활 자금의 대여
d. 수당지금, 장애수당, 장애아동수당, 보호수당
e. 자녀교육비 지급
f. 공공시설의 우선이용과 이용료 감면

② 생활의 편의증진을 위한 지원

a. 장애인사용자동차와 장애인보조견 등에 대한 지원
b. 재활보조기구의 보조
c. 산후조리도우미 지원
d. 활동보조인의 파견 등 활동보조서비스 지원

③ 세제상의 조치

a. 소득세 공제
b. 상속세 인적공제
c. 증여세 면제
d. 장애인보장구 부가가치세 영세율 적용과 면제
e. 특허출원료 또는 기술평가청구료 등의 감면
f. 자동차 구입 시 조세감면 조치

④ 직업재활 및 고용의 촉진

a. 복지 주체의 고용에 관한 의무
- 국가 또는 지방자치단체의 장애인 고용 의무
- 복지 주체의 시책 강구 의무와 고용 권유 의무

b. 장애인고용제도
- 지원고용, 보호고용, 장애인 표준사업장제도
- 사업주의 고용 의무와 장려

c. 취업을 위한 지원
- 취업의 알선

- 취업알선 시설자에 대한 지원
- 한국장애인고용촉진공단의 설립
- 장애인고용촉진 및 직업재활을 위한 실태조사

⑤ 장애인복지 비용의 부담

의료비의 지급, 자녀교육비의 지급, 자립훈련비의 지급, 장애 수당, 장애아동수당 및 보호수당, 재활보조기구의 구입 또는 수리, 재활보조기구업체의 지원과 육성의 조치와 장애인복지시설의 설치 그리고 운영에 소요되는 비용은 국가와 지방자치단체가 이를 부담한다.

⑥ 수급자의 권리보호

- 압류금지
- 심사청구

4. 장애인복지시설

1) 장애인복지시설의 종류

장애인복지는 장애인의 인간다운 삶과 권리보장을 위해 장애발생 예방과 장애인의 의료·교육·직업재활·생활환경개선 등의 노력과 장애인복지대책을 종합적으로 추진함으로써, 생활안정에 기여하는 등 장애인의 복지와 사회활동 참여증진을 통하여 사회통합에 이바지하는 것을 목적으로 하며, 이를 지원하기 위한 복지시설로서 「장애인복지법」 및 시행규칙에 장애인거주시설, 장애인지역사회재활시설, 장애인직업재활시설, 장애인유료시설 등으로 구분되어 명시되어 있다. 구체적으로 장애인복지시설은 다음과 같다.

(1) 장애인거주시설

장애인거주시설은 거주공간을 활용하여 일반가정에서 생활하기 어려운 장애인에게 일정 기간 동안 거주·요양·지원 등의 서비스를 제공하는 동시에, 지역사회생활을 지원하는 시설이다.

• 장애유형별생활시설 : 장애유형이 같거나 유사한 장애를 가진 사람들을 입소 또는 통원하게 하여 그들의 장애유형에 적합한 의료·교육·직업·심리·사회 등 재활서비스와 주거서비스를 제공하는 시설

• 중증장애인요양시설 : 장애의 정도가 심하여 항상 도움이 필요한 사람을 입소하게 하여 상담·치료 또는 요양 서비스를 제공하는 시설

• 장애영유아생활시설 : 6세 미만의 장애영유아를 입소 또는 통원하게 하여 보호함과 동시에, 그 재활에 필요한 의료·교육·심리·사회 등 재활서비스를 제공하는 시설 등으로 구분된다.

(2) 장애인 지역사회재활시설

장애인 지역사회재활시설은 장애인을 전문적으로 상담·치료·훈련하거나, 장애인의 일상생활, 여가활동 및 사회참여활동 등을 지원하는 시설로서 다음과 같이 구분된다.

• 장애인복지관 : 장애인에 대한 각종 상담 및 사회심리·교육·직업·의료재활 등 장애인의 지역사회생활에 필요한 종합적인 재활서비스를 제공하고, 장애에 대한 사회적 인식개선사업을 수행하는 시설

• 장애인의료재활시설 : 장애인을 입원 또는 통원하게 하여 상담, 진단·판정, 치료 등 의료재활서비스를 제공하는 시설

• 장애인주간보호시설 : 장애인을 주간에 일시보호하여 장애인에게 필요한 재활서비스를 제공하는 시설

• 장애인단기보호시설 : 장애인을 일정 기간 보호하여 장애인에게 필요한 재활서비스를 제공하는 시설

• 장애인공동생활가정 : 스스로 사회에 적응하기 곤란한 장애인들이 장애

인복지 전문인력에 의한 지도와 보호를 받으며, 공동으로 생활하는 지역사회 내의 소규모 주거시설

- 장애인체육시설 : 장애인의 체력증진 또는 신체기능 회복활동을 지원하고, 이와 관련된 편의를 제공하는 시설
- 장애인수련시설 : 장애인의 문화·취미·오락활동 등을 통한 심신수련을 조장·지원하고, 이와 관련된 편의를 제공하는 시설
- 장애인심부름센터 : 이동에 상당한 제약이 있는 장애인에게 차량운행을 통한 직장 출·퇴근 및 외출보조나 그 밖의 이동서비스를 제공하는 시설
- 수화통역센터 : 의사소통에 지장이 있는 청각·언어장애인에게 수화통역 및 상담서비스를 제공하는 시설
- 점자도서관 : 시각장애인에게 점자간행물 및 녹음서를 열람하게 하는 시설
- 점자도서 및 녹음서 출판시설 : 시각장애인을 위한 점자간행물 및 녹음서를 출판하는 시설

(3) 장애인직업재활시설

장애인직업재활시설은 일반 작업환경에서는 일하기 어려운 장애인이 특별히 준비된 작업환경에서 직업훈련을 받거나, 직업생활을 할 수 있도록 하는 시설로서, 장애인보호작업장과 장애인근로사업장이 있다.

장애인보호작업장은 직업능력이 낮은 장애인에게 직업적응능력 및 직무기능 향상훈련 등 직업재활훈련 프로그램을 제공하고, 보호가 가능한 조건에서 근로기회를 제공한다. 또한 이에 상응하는 노동의 대가로 임금을 지급하며, 장애인근로사업장이나 그 밖의 경쟁적인 고용시장으로 옮겨갈 수 있도록 돕는 역할을 하는 시설이다.

장애인근로사업장은 직업능력은 있으나, 이동 및 접근성이나 사회적 제약 등으로 취업이 어려운 장애인에게 근로의 기회를 제공하고, 최저임금 이상의 임금을 지급하며, 경쟁적인 고용시장으로 옮겨갈 수 있도록 돕는 역할을 하는 시설이다.

(4) 장애인유료복지시설

장애인유료복지시설은 장애인생활시설로서 장애인에게 필요한 치료, 상담, 훈련 등 편의를 제공하고, 모든 비용을 입소한 자로부터 수납하여 운영하는 시설이다.

(5) 장애인 생산품 판매시설

장애인 생산품의 판매활동 및 유통을 대행하고, 장애인 생산품이나 서비스·용역에 관한 상담, 홍보, 판로개척 및 정보제공 등 마케팅을 지원하는 시설이다.

2) 사회복지사의 역할

장애인복지시설에서 일하는 사회복지사는 장애인과 가족에 대한 상담 및 자원과의 연계, 사례관리 등을 담당하게 된다. 특히, 장애인의 복합적 욕구를 충족시키기 위해 사례관리자로서, 의료·교육·고용·주거 등의 서비스에 대한 욕구를 사정하고, 적절한 자원과 서비스를 연결시키며, 서비스 과정을 조정, 모니터, 평가하는 재활상담가의 역할이 중시되며, 다른 전문인력들과의 협동이 강조된다. 또한 장애인의 인권보장과 사회통합을 위한 사회행동, 정책 및 프로그램 개발 등 보다 거시적인 차원에도 관여하게 된다.

5. 장애인복지정책의 개선방안

분야별 개선방안은 다음과 같다.

1) 보건의료 및 건강 지원

장애인의 보건의료 및 건강특성을 살펴본 결과, 장애유형에 따라 건강과 질환상태, 입원과 외래진료, 건강관리 등의 양상이 다르다는 점이 특징이라

할 수 있어 기본적으로는 장애특성에 맞는 맞춤형 접근이 필요하다. 예를 들어, 정기적 진료나 진료받는 목적에 있어서 신체 외부와 내부 장애, 정신적 장애 간에 차이가 있어 재활을 목적으로 하는 경우와 건강유지와 관리를 목적으로 하는 등 차이가 있으므로 장애특성을 고려한 보건의료 및 건강관리 방안을 고려하여야 한다.

건강관리 측면에서 장애인이 주로 활동하는 주택가 공원 등 근린시설에 대한 운동시설과 편의시설을 확대할 필요가 있고, 건강관리에 대한 정보부족을 해소하기 위해 보다 적극적인 교육과 홍보가 필요하다. 또한 비장애인에 비해 스트레스경험률과 자살생각률이 매우 높은 편이므로 이들의 스트레스 예방이나 우울증 해소를 위한 심리적 지원체계의 마련이 필요하다.

2) 일상생활 지원

사회적 구성물(social construct)로서 장애의 한 가지 차원은 기능제약이다. 장애인의 경우, 의학적 손상으로 인해 일상생활 및 사회생활에서 다양한 기능제약을 경험하게 된다. 장애인 내부에서도 장애유형에 따라 기능제약의 양상이 다르게 나타나고 있음을 볼 때, 이러한 장애특성을 고려한 일상생활 지원 서비스의 고도화가 이루어질 필요가 있다.

3) 장애인 보조기구 지원

장애인 보조기구 사용 현황 및 수요, 장애인 보조기구 구입 지원제도 수혜 여부, 장애인 보조기구 제도개선방안 등 다양한 항목에 걸친 조사 결과 등을 종합해 볼 때, 정책적 시사점은 다음과 같다.

첫째, 장애인의 열악한 경제상태를 고려할 때, 장애인 보조기구의 보급 확대와 관련하여 가장 중요한 역할을 담당해야 할 공적 급여사업 중에서 지급 대상 품목과 지급액 측면에서 가장 핵심적인 지위를 점하고 있는 건강보험을 중심으로 다양한 공적 급여 간 역할을 분담하여 장애인 보조기구 공급을 지속적으로 확대해야 할 것이다.

둘째, 장애인 보조기구 지원제도와 관련한 개선사항 항목에서 나타난 결과를 볼 때, 장애인 보조기구 구입여건을 개선하기 위해서는 권역별 장애인 보조기구센터를 중심으로 장애인복지관, 장애인단체, 자립생활센터 등 파편적으로 구성되어 있는 장애인 보조기구 전달체계를 네트워크에 기반을 둔 장애인 보조기구 상담, 평가, 교육, 구입 지원 및 사후 관리 등의 통합적 서비스 제공이 가능한 전달체계로의 개편과 함께 건강보험(의료급여) 등 공적 급여의 지원수준을 더욱 확대해야 할 필요가 있다.

셋째, 일상생활에서 많이 사용하고 있는 정보통신기기 사용률로 파악해 본 장애인의 정보화 수준 역시 비장애인과 현격하게 차이가 있음을 확인할 수 있다. 가장 보편적인 정보통신기기인 스마트폰의 경우, 사용률이 급증하고 있으나, 여전히 비장애인과 상당한 격차를 보이고 있고, 기능의 복잡함으로 인한 사용상의 어려움 및 비용부담으로 인해 정보통신기기를 활용하지 못하고 있는 장애인도 적지 않다는 점에서, 모바일 기기 중심의 정보화 교육, 기기 보급 및 사용료 감면 등 장애인의 정보 격차 해소를 위한 다양한 정책적 노력이 지속되어야 할 것이다.

4) 취업 및 창업 등 직업활동 지원

국가에서 장애인 직업재활을 위해 가장 먼저 해야 할 일에 대해서는 '직업능력 개발', 취업정보 제공, 장애인에 대한 인식개선 활동, 임금보조 등의 항목이 꼽히고 있다. 장애유형별로는 지적장애의 경우, '직업능력 개발'과 '장애인에 대한 인식개선 활동' 등을 우선적으로 지원할 필요가 있고, 지체장애는 취업정보 제공, 직업능력개발, 임금보조 등을 국가가 장애인 직업재활을 위해 먼저 해야 할 주요 과제로 꼽히고 있으며, 관련 정부정책도 장애특성에 따라 전문적으로 수립되어야 한다.

5) 사회 및 문화여가 활동 지원

장애인의 사회생활은 대부분 장애인 혼자서 외출할 수 있으나, 전체 장애인의 15% 정도의 장애인은 혼자서 외출할 수 없는 정도로 중증이거나, 누군가의 돌봄과 지원이 필요한 것으로 판단된다. 외출 목적이 주로 통학, 통근 등이 다수이나, 특정장애인(심장, 신장) 등 장애인은 병원방문 목적이 주요 목적으로 나타났다.

장애인의 문화여가생활과 관련하여, 문화예술적인 감수성과 민감성이 개인의 경쟁력뿐만 아니라, 국가경쟁력이 되고 있는 상황에서, 우리 사회의 가장 문화소외계층에 해당되는 장애인에게 맞는 문화복지서비스 확대는 시급한 과제라고 생각된다.

6) 결혼생활·여성장애인 지원

장애인의 가족생활과 관련하여, 장애인은 고령화되어 가고, 그들의 자녀들 또한 중·장년기로 접어들어 장애인 가족 전체가 고령화되어 가고 있음을 알 수 있다. 또한 한 가정에 장애인 부모와 장애자녀가 함께 살고 있는 가정, 즉 한 가정에 1인 이상의 장애인이 함께 살고 있는 가정의 수가 늘어나고 있는 추세이다.

그러므로 장애여성들이 자신의 장애로 인한 가사 및 자녀돌봄 수행에 있어서 어려움을 극복하고, 이를 통해 보다 긍정적인 경험을 할 수 있도록 하기 위해서는 공공영역에서의 사회적 지원이 중요하다.

7) 주거

장애인의 집의 소유형태를 보면, 일부 장애유형의 주거 불안정이 우려된다. 뇌전증장애, 정신장애 및 안면장애는 자가 또는 전세의 비율이 낮고 월세의 비율이 상당히 높은 것으로 나타났다. 또한 월세 금액도 전반적으로 높아져서 장애인의 주거비 부담이 상당히 커졌다. 이에 따라, 장애인을 위한 주거복지 사업에서는 무엇보다도 대상자를 확대하기 위한 예산 확보가 중요하다고 할 수 있다. 특히, 공공(국민)임대, 기존주택 전세임대사업이나 저소득층 월세지원 시 만족도가 높다는 점을 고려하여 이들 정책의 지원대상자를 확대하려는 노력이 필요하다. 공공임대주택은 장애인의 주거비 부담을 완화시킬 수 있을 뿐 아니라, 주거의 질을 높이는데 크게 기여할 수 있다.

결론적으로 장애를 인식하는 문제는 장애인 개개인에게 있는 것이 아니라, 국가와 사회구성원이 함께 장애인문제를 인식하고 사회복지서비스 제공을 위한 환경개선을 어떻게 만들어 낼 것인가에서부터 출발해야 하며, 공동체적 맥락에서 장애인이 보편적인 사회적 역할을 수행하기 위한 서비스전달체계의 구축이 필요하다. 이는 장애인문제 해결의 장이 중앙정부를 비롯한 지역사회에 있고, 장애의 환경개선을 위해서는 이를 지원하는 다양한 형태의 서비스전달체계를 갖추고 있어야 함을 뜻한다. 또한 장애인이 삶의 과정에서 자신의 의사로 선택권과 자기결정권을 가지고 사회생활을 영위할 권리가 있음을 인정해야 한다. 따라서, 장애인들이 사회문제 해결의 차원에서 사회에 자발적으로 참여하여 능력에 걸맞은 역할을 수행할 수 있도록 제도적으로 뒷받침되어야 하며, 사회적 약자로서 사회구성원들로부터 보호받아야 한다.

향후 장애인을 위한 사회복지서비스를 몇 가지 차원에서 고려해야 한다.

첫째, 장애인들의 욕구가 가장 높은 경제적 지원을 비롯하여, 삶의 질을 높이기 위한 실질적인 지원대책이 필요하다.

둘째, 장애인의 신체적 제약과 불편함을 고려하여 차별화된 서비스가 마련되어야 할 것이다. 향후 장애인복지를 계획함에 이처럼 장애인의 장애유형, 장애인 당사자의 연령, 자녀유무, 자녀의 장애유무, 자녀의 수, 자녀의 연령, 자녀양육의 조력자 유무, 배우자의 유무, 배우자의 장애유무, 등 장애인 자신의 장애특성 외에도 장애인이 속한 가족이나 지역사회의 특성에 따라 이들이 겪는 어려움이나 사회복지서비스 욕구도 달라질 것이다. 따라서, 이들의 개별적인 특성을 고려하여 차별화된 지원제도가 마련되어야 할 것이다.

셋째, 여성장애인의 경우에는 지금까지 가사노동과 자녀의 주 양육자로서의 역할을 수행할 때, 자신들의 장애로 인해 물리적 제한과 기능의 부족, 사회적 관계의 부족, 경제적 어려움 등을 경험하고 있다. 또한 자녀양육에 있어 부모의 역할은 건강 및 안전, 훈육 및 생활지도, 성장발달을 위한 활동 등을 포함하며, 이는 집 안팎에서 이루어지는 광범위한 활동들로 구성된다.

연습문제

1. 장애인 생활시설이 아닌 것은?

① 장애유형별거주시설 ② 중증장애인거주시설
③ 장애영유아거주시설 ④ 장애인단기거주시설
⑤ 장애인직업재활시설

2. 장애인에 대한 세제상의 혜택이 아닌 것은?

① 소득세 면제
② 상속세 인적공제
③ 증여세 면제
④ 자동차 구입 시 조세감면 조치
⑤ 장애인보장구 부가가치세 영세율 적용과 면제

3. 장애인복지의 특성이 아닌 것은?

① 복잡성 ② 종합성 ③ 편의성
④ 역동성 ⑤ 책임성

4. 장애인복지의 목적이 아닌 것은?

① 개인의 전인적 능력개발 ② 영업이익 추구
③ 사회환경개선 ④ 장애인 처우개선
⑤ 장애인 가족복지 지원

5. 장애인복지의 사회보장정책이 아닌 것은?

① 재가복지서비스 ② 생활환경정책
③ 고용정책 ④ 의료장구 판매처 확충
⑤ 의료복지정책

정답 1. ⑤ 2. ① 3. ③ 4. ② 5. ④

Chapter 11

노인복지

개요

노인복지는 모든 노인이 최저수준 이상의 생활을 유지하고 사회욕구충족과 생활상의 문제를 예방 · 해결하며, 노후생활에 대한 적응과 사회통합을 이루는 데 필요한 급여와 서비스를 제공하는 공공부문과 민간부문의 조직적이고 전문적인 제반 활동이다. 여기에서는 노인복지를 학습하고자 한다.

학습목표

1. 노인문제의 사회문제화에 대한 토의
2. 노인복지시설에 대한 구별
3. 사례연구

학습내용

1. 노인의 개념
2. 노인복지의 개념
3. 노인복지정책의 내용
4. 노인복지시설
5. 노인복지정책의 개선방안

Chapter 11

노인복지

1. 노인의 개념

1) 노인의 정의

노인이라는 용어는 말 그대로 '나이 들어 늙은 사람'이라는 의미이다. 이때 늙어 간다는 것, 즉 노화는 생물적·심리적·사회적 기능이 쇠퇴해 간다는 의미를 지닌다. 따라서, 노인이라는 용어는 나이가 들어 여러 기능이 저하된 사람임을 의미한다. 그러나 일상생활, 학술연구, 각종 정책 등에서 노인을 호칭하는 말은 단지 노인이라는 단어에만 국한되지 않고 노년, 고령자 등으로 다양하게 쓰이고 있다. 먼저, '노인'이라는 용어는 나이 든 사람에 대한 일반적 호칭으로 가장 널리 사용되고 있다. '노년'이라는 용어는 노인이라는 용어가 지닌 부정적 의미를 줄이기 위한 시도로 제안된 용어지만, 주로 노년기라는 생애주기에 있어서 인간발달단계상의 마지막 단계를 의미한다. '고령자'라는 용어는 노인만을 지칭한다기보다는 장년층에서 노년층에 해당된 보다 넓은 인구를 통칭하는 경우에 주로 사용된다. 이외에도 우리나라에서는 가족관계에서 활용하는 용어를 확장하여 할아버지, 할머니라는 용어로 부르기도 하며, 비하적인 의미를 지니는 용어가 다양하게 사용되고 있다. 노인에 대한 존경의 의미를 담고 있는 용어로 우리의 옛글에서는 '아주 큰 아버지와 같은 존재'라는 의미를 지닌 '한아비'라는 용어를 사용하였으며, 최근 노인복지 실천현장에서는 '어르신'이라는 용어를 사용하고 있다.

미국에서는 60년대 노인들이 직접 지위향상운동을 벌여 종래 노인의 호칭인 old people, aged person 대신 senior citizen으로 부르도록 하였고, 일본에서는 고년자(高年者) 또는 50－60대를 익어 열매가 맺는다는 뜻으로 '실년(實年)'이라는 새로운 단어를 만들어 쓰고 있으며, 중국에서는 숙년(熟年), 장년(長年), 존년(尊年) 등으로 사용하기도 한다.

이러한 견해들은 노인의 명칭을 규정하는 데 있어서 뚜렷한 기준이 없기 때문에, 학자에 따라 문화적·사회적 배경이나 국가에 따라 많은 차이가 있음을 알 수 있다.

일반적으로 노인에 대한 정의는 다음과 같다(임병우 외, 2021: 12－13).

첫째, 개인의 자각에 의하여 노인으로 규정된다. 본인이 느끼는 심리적 또는 신체적인 노화현상으로 문화 또는 환경 변화에 적절하게 적응하지 못하는 경우에 많이 노인으로 느끼게 된다.

둘째, 역연령(chronological age)을 기준으로 하여 일정한 연령에 도달한 사람으로 정의된다. 일반적으로 '65세 이상의 자'를 노인으로 규정하고 있다. 노인의 생리적·신체적·사회적·심리적인 면의 노화의 제 특성을 상당한 정도로 잘 수용하고 있다. 또한 관찰하고 판단하는 데 용이하며 사회입법적인 면이나 행정적인 면의 편의성 때문에 가장 보편적으로 이용하고 있다. 우리나라에서는 아동의 나이를 18세 미만으로 규정하고 있는 「아동복지법」처럼 「노인복지법」에 노인의 정의를 나이로 규정하고 있지는 않다. 다만, 경로우대대상과 노인복지시설을 이용할 수 있는 나이로 60세와 65세로 언급하고 있으며, 「국민연금법」의 노령연금 수급권자를 60세 이상으로 규정하고 있다.

2) 고령화

고령화(aging)라는 말에는 일반적으로 전체 인구 중에서 노인인구가 차지하는 비중이 높아지는 것으로 '젊다'는 측면보다는 '나이 들다'라는 이미지가 강하게 표현되어 있다. 사전적으로 고령화는 "한 사회에서 노인의 인구 비율이 높은 상태로 진행 또는 나아감"으로 정의된다. 이러한 사전적 정의를 넘어, 고령화가 갖고 있는 개념을 사회복지학적 의미로 이해하기 위해서는 두 가지 측면을 구분해 살펴볼 필요가 있다(최세영 외, 2018: 11-12).

첫째, 노인의 개인적 측면으로서 개인 고령화로 의미된다. 개인 고령화는 한 개인이 출생하여 죽을 때까지 생존해 있는 기간, 즉 평균수명이 늘어난다는 뜻이다.

둘째, 사회적 측면으로서 인구 고령화로 의미된다. 인구 고령화는 한 사회에서 개인 고령화된 집단이 차지하는 비율이 늘어난다는 뜻이다.

그러므로 이러한 원인의 차이 때문에 사실상 정부나 사회가 관심을 갖는 것은, 국가의 정책이나 제도적 개입을 통해 그 국가의 국민 비율이 나이 들지 않게 하거나, 사실상 고령화의 속도를 지연되도록 하는 후자에 있는 반면, 노인이나 그 가족들이 관심을 갖는 것은, 사적 또는 공적 (사회)복지서비스 등을 통해 고령의 나이에 들어선 노인이 편안하고 행복한 삶을 살게 하는 후자에 있다.

UN의 기준에 따르면, 65세 이상 인구가 총인구를 차지하는 비율이 7% 이상을 '고령화사회(Aging Society)', 65세 이상 인구가 총인구를 차지하는 비율이 14% 이상을 '고령사회(Aged Society)', 65세 이상 인구가 총인구를 차지하는 비율이 20% 이상을 '초고령사회(Super-Aged Society)' 또는 '후기고령사회(Post-Aged Society)'라고 한다.

UN 경제사회국(DESA)의 '2019년 세계 인구 전망'에 따르면, 기대수명이 2019년 72.6세에서 2050년 77.1세로 늘어날 것으로 예상했다. 이에 따라 인구 65세 이상 고령층이 2019년 9%에서 2050년에는 16%로 증가하며, 고령화가 점점 심화될 것으로 전망했다(서울경제, 2019년 6월 18일자). 또한 2025년에 65세 이상의 인구가 총인구에서 차지하는 비율은 일본 27.3%, 스위스 23.4%, 덴마크 23.3%, 독일 23.2%, 스웨덴 22.4%, 미국 19.8%, 영국 19.4%로 예측되고 있다. 즉, 대부분의 서구 선진국들은 20세기 초를 전후해 고령화사회로 진입했고, 영국·독일·프랑스 등은 1970년대에 고령사회가 됐다. 일본의 경우, 1970년에 고령화사회로, 이어 1994년에 고령사회로 진입했다.

행정안전부(홈페이지, 2023)의 「주민등록 인구 및 세대현황」에 따르면, 2023년 1월 현재 전국 주민등록 연령별 인구는 총 51,430,018명이며, 이 가운데 65세 이상 노인은 9,310,774명으로 18.1%로 이미 고령사회에 진입해 있다. 통계청(2022: 21)의 「2022 고령자 통계」에 따르면, 2025년에는 20.6%로 초고령사회에 진입하고, 2035년에는 30.1%, 2050년에는 40%를 넘어설 것으로 전망되었다. 실제 군·면단위 지역에서는 노인인구가 이미 30% 이상인 지역이 다수 발생하고 있다.

고령인구는 [그림 11-1]과 같다.

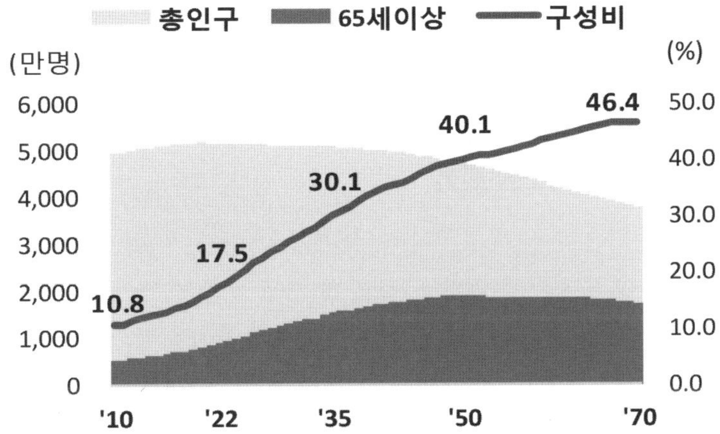

[그림 11-1] 고령인구(65세 이상) 및 구성비

자료: 통계청(2022: 21).

고령이란 용어에 대한 정의는 보편적으로 일정한 것은 아니다. 「고령자고용촉진법」 시행령 제2조에서는 55세 이상을 고령자, 50~54세를 준고령자로 규정하고 있다. 인구의 고령화 요인은 출생률의 저하와 사망률의 저하에 있다. 평균수명이 긴 나라가 선진국이고, 평화롭고 안정된 사회를 상징하는 의미에서 장수는 인간의 소망이기도 하지만, 고령에 따르는 질병·빈곤·고독·무직업 등에 대응하는 사회경제적 대책이 고령화사회의 당면과제이다.

고령화 현상은 전 세계적 인구변화의 추세로 이미 많은 국가에서 고령화에 적응하고 있다. 우리나라 역시 급속한 고령화 속도를 보이고 있으며, 노인인구 역시 양적으로 급증하는 것으로 나타났다. 이 같은 노인층의 규모 확대는 노인집단 특성의 변화를 야기하고 있다. 65세 이상 노인집단 내에서도 출생시점별, 인구사회학적 배경에 따라 다양성을 가져올 것으로 예측되고 있다. 이에 65세 전·후반 노인과 80대 후반, 나아가 90대 이상의 연령별, 그리고 교육수준과 건강상태 등에 따라 집단의 다양성은 점차 커질 것으로 예상된다. 이와 같은 노인인구의 양적 증가와 특성의 다양화는 관련 복지서비스에 대한 욕구로 연결될 것으로 전망되며, 이에 최근 급속히 증가한 요양서비스를 비롯하여 여가복지서비스, 고용복지서비스 및 주거 관련 서비스 등이 계속적으로 증가할 것으로 예상된다(박종란 외, 2020: 61).

3) 노인문제

(1) 노인문제의 사회문제화

사회적 의미에서 노인문제가 특수한 문제가 아니라, 사회 전반에 영향을 미칠 수 있는 문제로 등장하여 정책과 학문 분야에 자리를 잡게 된 것은, 현대화, 도시화, 산업화와 궤를 같이하는 비교적 최근의 일이다(김근홍 외, 2013: 254).

전 세계의 선진국에서는 여러 가지 노인문제가 등장하고 있다. 앞으로 인간의 수명이 길어짐에 따라, 노인이 어려움을 겪는 기간은 길어질 전망이다(노병일, 2018: 105). 이러한 노인문제의 증가 배경에는 산업화로 인한 가족형태 변화, 공공교육기회의 확대와 지식의 대량생산과 보급, 인터넷의 발전, 가부장제의 쇠퇴 등의 다양한 요인들이 작용하고 있다. 문제는 한국사회에서 이러한 변화들이 모두 점진적으로 온 것이 아니라, 매우 급속히 왔기 때문에, 노인이 직면하는 다양한 문제들에 대해 대비할 여유가 없었고, 그 결과 일부의 노인들은 매우 심각한 상황에 직면하는 경우도 많이 나타난다.

노인문제를 정리하면 다음과 같다.

첫째, 소득상실의 문제이다. 일반적으로 노인계층은 소득상실로 빈곤한 생활을 하고 있다. 소득상실의 원인을 살펴보면, 노동시장에서의 노동경쟁력 상실, 새로운 기술습득의 곤란, 사회보장제도의 미비, 도시화와 핵가족화로 인한 경제적 불안정 등이다.

둘째, 건강문제이다. 노인의 건강상태는 연령이 증가할수록 약화되는데, 만성질환으로 인해 장기간의 치료 및 요양을 필요로 하기도 한다.

셋째, 역할상실과 여가활동의 문제이다. 역할상실은 노인 개인의 자아개념 및 사회적 정체감에 대한 혼란을 가져오고, 노년기 사회적응에의 곤란을 유발한다.

넷째, 소외·고독 문제이다. 이 문제는 역할상실과 밀접한 관계를 갖는다. 도시화로 인해 이웃과의 사회적 연대가 약화됨으로 인하여 노인은 가정과 지역에서 고립된다. 심리적으로는 고독감과 소외감으로 어려움을 겪는다.

노인문제를 사회문제로 보아야 할 이유들을 다음 몇 가지 차원으로 말할 수 있다(김보기 외, 2022a: 404).

첫째, 인구통계학적 차원이다.

과거 높은 사망률에서도 인류사회가 현재까지 존속할 수 있었던 원인에 대하여 인구통계학적 측면을 살펴보면, 높은 사망률(mortality rate)은 그에 비해 높은 출생률(birth rate)로 대체되어 나타났기 때문이다. 여기에는 평균수명의 노인문제와 노인부양비율 변화에 따른 구조적 인구문제가 있다.

둘째, 역할상실에 따른 심리적·사회적 문제이다.

핵가족화에 의한 역할상실이 사회문제로서 노인문제의 전체 이유로 될 수는 없다. 왜냐하면 현대화 과정에서 전통적인 생산방식에서는 가급적 대단위 가족으로 구성되는 것이 유리했다. 그러나 현대화에 따른 전 분야, 즉 사회·기술·과학 등에 걸쳐 찾아온 변화는 앞선 세대의 기술과 지식 등이 다음 세대에서는 활용되지 못하게 되었을 뿐만 아니라, 같은 세대 사이에서도 오늘날에는 더 이상 통용되지 못하는 상황으로까지 도달하게 되었다. 따라서, 노인들은 사회적 역할을 상실하기에 이르렀다.

셋째, 건강 악화에 따른 노인문제이다. 노인의 건강악화는 연령이 높아질수록 노후생활에 치명적인 어려움을 초래할 수 있다. 특히, 고령 노인의 건강악화는 노인이나 가족들에게 커다란 부담감을 줄 수 있으므로 삶의 질에 있어서도 필연적으로 문제가 된다.

(2) 노인문제의 이데올로기

노인문제의 이데올로기는 다음과 같다.

① 구조기능주의이론

구조기능주의이론에 따르면, 노인들의 역할이 어느 정도 유지되던 과거의 농경사회와는 다르게 현대산업화사회, 더 나아가 정보화사회에 있어서는 노인들의 기능이 사회구조에 뚜렷하게 중요한 역할을 하지 못하기 때문에 노인문제가 초래된다.

분리이론은 노인이 사회로부터 분리되는 과정에 대해 이론적으로 설명을 충실히 하고 있는데도 불구하고, 노인들이 분리되지 않고 오히려 오랫동안 사회에 잔존하고 싶어 한다는 점을 강조함으로써 그 한계점을 노출시키고 있다.

근대화이론(modernization theory)은 사회발전과 노인의 지위문제에 관심을 기울인 이론이다. 박철현(2021: 324)에 따르면, 노인의 지위는 근대화의 정도와 반비례한다. 즉, 전통사회에서 노인의 지위는 매우 높았으나, 특정 사회의 산업화가 진행될수록 노인의 지위는 낮아지게 되었다. 근대화이론은 산업화를 경험하고 있는 대부분의 사회에서 노인들의 권위가 하락하고 있다는 점에서 노인문제의 해결을 위한 하나의 실마리를 제공해 준다. 그러나 근대화 이론은 덜 산업화된 사회도 현재의 서구사회가 경험하는 노인문제를 경험하게 될 것이라는 수렴의 명제가 문제로 작용한다.

사회적 교환이론(social exchange theory)은 노인문제를 유용한 자원의 호혜적인 교환으로 설명하고 있다.

그러므로 사회구조와 기능의 변화는 좀처럼 쉽게 변할 수 있는 것은 아니며, 오히려 작은 변화들이 누적되어 발생하거나 생산조건의 변화가 가파르고 예측하기 어렵다는 이론인 구조기능주의 시각은, 정보화 시대에 노인문제의 현실적 해결 실마리를 찾아내기는 그리 쉬워 보이지 않는다. 구조기능주의에 대한 비판은 갈등주의이론으로 이어진다.

② 갈등주의이론

갈등주의이론에 대해서 이를 노인문제에 적용한 최일섭 외(2004: 150)는 "노인들이 희소 권력 및 재화에 접근하거나 소유할 기회를 상실할 때 문제가 발생한다. 재산을 통제하지 못하고 가족을 지배할 수 없게 되면서 통솔자로서의 지위를 상실하고, 기존의 우월한 사회적 위상도 포기해야 하는 상황이다. 그런데 희소자원을 둘러싼 이런 세대 간의 갈등이 개인적 차원에서 비롯된 게 아니므로 노인문제는 역시 개인의 결함 또는 무능력보다 사회 구조와 제도에서 비롯한다."라고 주장한다.

갈등주의이론에 따르면, 노인문제의 원인발생은 노인이 사회 및 가족 생활에서 희소자원을 소유하지 못하거나 많이 소유하지 못하는 데 있다. 그러므로 노인문제는 자본주의 사회에서의 구조적 모순과 결함에 의하여 발생된다.

③ 상징적 상호작용이론

노인문제의 원인과 연관지어, 표갑수(2014: 131)는 "상호작용주의 시각에서 볼 때, 사회의 주요 집단이 노인을 늙고 병들고 가난하고 외롭고 의존적이며 쓸모없는 사람으로 볼 때 노인문제가 발생한다."고 주장한다.

상호작용주의적 시각에서는 어떤 것이 사회문제로 고정된다고 보지 않는다. 사회문제는 특정한 집단이 어떤 사회적 현상에 대해 문제로 규정하고, 이를 인식하여 조치가 필요하다고 판단할 때에 비로소 사회문제가 된다는 것이다.

노인문제의 대응방법은 <표 11-1>과 같다.

〈표 11-1〉 노인문제의 대응방법

이론	원인	대책
구조기능주의 이론	• 급속한 사회변화에 따른 역할변화에 대한 노인의 부적응이나 적응 미숙 • 사회구성원들에 대한 부단한 적응을 위한 동기부여의 미흡	• 부적응 노인에 대한 재교육과 공적 부조 • 사회구성원들이 사회변화에 부단히 적응하도록 성원들을 사회화 또는 통제
갈등주의 이론	• 지배집단의 이익실현을 위함. • 소수집단으로서 노인의 이해관계가 희생됨.	• 노인을 정치세력화하여 더 많은 이익을 얻어내고 이것을 제도화
상호작용 이론	• 노인에 대한 부정적인 고정관념과 낙인으로 인한 부정적 자아개념의 인정	• 노인을 차별하고 분리하는 관행을 지양 • 노인에 대한 오명의 해소 • 적극적 활동을 통해 긍정적인 자아개념의 유지

자료: 박철현(2021: 347) 재구성.

2. 노인복지의 개념

1) 노인복지의 정의

노인복지는 노인의 생활안정과 복리(well-being)를 증진하기 위한 사회적 노력으로 사회복지의 한 분야이다. 따라서, 복지가 지닌 의미를 먼저 고찰하는 것이 노인복지의 개념을 정의하는 데 도움이 될 것이다.

사회복지의 한 분야인 노인복지에 관한 정의는 대상만 다를 뿐 사회복지의 정의와 크게 다르지 않다. 기존 노인복지에 대한 여러 정의들을 종합해 보면, 노인복지가 추구하는 목적은 인간다운 생활, 사회 적응과 통합, 노인의 욕구충족과 문제의 예방, 해결 등이며, 노인복지를 실시하는 주체는 공공부문과 민간부문이라는 점에 대부분이 동의하고 있다. 따라서, 노인복지는 모든 노인이 최저수준 이상의 생활을 유지하고 사회욕구충족과 생활상의 문제를 예방

· 해결하며, 노후생활에 대한 적응과 사회통합을 이루는 데 필요한 급여와 서비스를 제공하는 공공부문과 민간부문의 조직적이고 전문적인 제반 활동이라고 정의할 수 있다.

2) 노인복지의 목적

대한민국 헌법 제34조에 따르면, 모든 국민은 인간다운 생활을 할 권리를 지니며, 국가는 노인의 복지향상을 위한 정책을 실시할 의무를 지닌다. 그리고 「노인복지법」 제2조에서는 노인의 안정된 생활, 자아실현을 위한 욕구충족과 사회통합의 유지라고 하는 노인복지의 기본 이념을 제시하고 있다. 이러한 헌법과 「노인복지법」에서 명시한 권리와 기본 이념에서 노인복지의 목적과 목표를 도출해 낼 수 있다. 노인복지의 목적은 헌법에 명시된 노인의 권리인 인간다운 생활을 영위하는 것이며, 이러한 목적을 달성하기 위한 목표는 「노인복지법」의 기본 이념에 명시된 안정된 생활유지, 자아실현을 위한 욕구충족, 사회통합의 유지라고 할 수 있다.

노인복지의 목적인 인간다운 생활은 신체적, 심리적, 사회적으로 편안하고 안락한 상태의 삶, 즉 의식주라는 기본 욕구를 충족하고 건강하고 문화적인 삶을 영위하는 것이라고 할 수 있다. 구체적으로는 신체적, 심리적, 사회적 욕구나 문제를 예방 또는 해결하고 창조적인 문화생활을 영위하는 것을 의미한다. 그리고 이를 좀 더 세분화하면, 노인복지가 추구하는 세부 목표인 안정된 생활유지, 자아실현의 욕구충족, 사회통합의 유지라고 할 수 있다. 그 내용은 다음과 같다(권중돈, 2022: 351－352).

노인복지의 첫 번째 목표인 노인의 안정된 생활유지는, 국민적 최저수준 이상 또는 최적수준의 경제생활보장을 의미한다.

노인복지의 두 번째 목표는, 자아실현의 욕구충족이다. 매슬로우(Maslow)에 따르면, 자아실현의 욕구는 생리적 욕구, 안전의 욕구, 소속과 애정에 대한 욕구, 자존감의 욕구라고 하는 인간 생존에 필수적인 기본 욕구보다 높은 수준의 욕구로서 성장욕구에 해당한다.

노인복지의 세 번째 목표는, 사회통합의 유지이다. 사회통합은 가족, 집단, 조직, 지역사회 및 국가에 이르기까지 자신이 속한 사회체계에 심리사회적으로 유대감을 갖고 적응하는 것을 말한다.

3) 노인복지의 원칙

노인복지의 목표를 달성하기 위해서 지켜야 할 바람직한 원칙을 사회복지의 기본 가치에 근거하여 ① 인간존엄성 및 개인존중, ② 개별화, ③ 자기결정, ④ 권리와 책임, ⑤ 보편성과 선별성, ⑥ 개발적 기능, ⑦ 전체성, ⑧ 전문성, 그리고 ⑧ 노인의 시대적 욕구 반영 등을 제시하고 있다. 물론 이 제시된 항목들이 노인복지의 원칙에 매우 타당하다. 노인복지의 원칙은 국제연합(UN)이 1991년 유엔총회에서 채택한 노인을 위한 유엔 원칙(United Nations Principles for Older Persons)에 가장 잘 반영되어 있다. 이 원칙에 따르면, 국가는 노인복지사업을 추진함에 있어서 독립(independence), 참여(participation), 보호(care), 자아실현(self-fulfillment), 존엄(dignity)이라는 원칙을 반영하여야 한다(보건복지부, 2000).

3. 노인복지정책의 내용

노인복지정책의 내용은 다음과 같다.

1) 소득보장정책

노년기의 경제적 문제는 누구에게나 오는 노화과정 속에서 노동력의 상실, 노동기회의 부족, 강제적인 퇴직제도 등으로 인한 소득상실로 발생하게 된다. 따라서, 각 국가는 노년기의 빈곤을 사회적 위험으로 보고 사회적으로 노후소득보장에 대한 대책을 마련하고 있다. 노후소득보장은 노년기에 갖게 되는 노령, 퇴직 등으로 인한 소득상실의 위험에 대비한 사회적 차원의 대책으로써, 노인이 빈곤에서 벗어나 인간다운 삶을 유지할 수 있도록 최소한의 소득을 확보해 주는 활동이다(이해영, 2019: 127).

일반적으로 소득보장정책은 일정 생활수준을 유지할 수 있도록 소득을 보장하는 정책을 말한다. 실업·질병·재해에 의해 수입이 중단될 때, 또는 노령에 의한 퇴직이나 부양자의 사망 등에 의해 수입이 상실될 때, 출생·사망 등에 수반하는 지출이 발생할 때, 일정 생활수준을 유지할 수 있도록 소득을 보장해 주는 정책이다.

소득보장의 최저선은 무기여의 공공부조제도로 이루어지며, 보장수준은 최저생활비에 입각한 법적 규제형태로 이루어지는데, 이는 국가책임이다. 소득보장의 적정선은 사회보험형태, 무기여로 귀속적 욕구에 따른 수당형태, 법적 규제형태로 이루어지며, 보장수준은 사회경제 조건과 국가와 가족의 역할에 따른 사회적 합의에 의해 결정되고, 책임은 사회공동책임이다. 최저 소득보장수준의 설정은 「국민기초생활보장법」에 따라 산정된 최저생활비로 책정되며, 적정 소득보장수준의 설정은 각 대상자 소득수준에 따라 상대적으로 허용한다.

최근 정부는 노인과 근로능력이 떨어지는 취약계층에 대해서, 중증장애인에 대한 부양의무자 기준 적용 제외, 수급자·부양의무자 재산 기준 완화 등 소득지원대책을 확대하고 있다.

노후소득보장제도는 현금급여의 지급방식인가 아닌가에 따라 직접적 소득보장제도와 간접적 소득보장제도로 구분할 수 있다. 우리나라에서 실시되고 있는 직접적인 소득보장제도로는 공적연금제도, 기초연금제도 등이 있으며, 공적연금제도는 전 국민을 대상으로 실시된 '국민연금'이 그 대표적인 제도라고 할 수 있다. 이외에 특수직연금으로 공무원연금, 군인연금, 사립학교교직원연금 등이 일찍부터 시행되고 있다. 간접적인 소득보장제도로는 경로우대, 고용증진, 생업 지원, 세제감면제도 등이 있다.

2) 노인의료보장

노인들에게 건강은 삶의 질과 밀접하게 연결된 중요한 자원이다. 노화와 관련된 신체적·인지적 기능 저하와 만성질환으로 인해 노인들은 다른 연령

집단에 비해 더 많은 의료비를 지출하게 된다. 그뿐만 아니라, 건강상의 문제로 독립적인 생활이 어려운 노인이 증가하는 것은, 이들에 대한 가족의 부양부담을 증가시키게 된다. 노령기의 질병이나 장애로 인한 기능 제한은 노인뿐만 아니라, 가족 전체 삶의 질에 변화를 초래하고 많은 영향을 미치게 된다. 특히, 노인성 질환인 치매나 뇌졸중 같은 질환을 겪고 있는 노인과 그 가족들은 대부분 장기간에 걸친 간병과 수발, 환자의 인지기능 손상으로 인한 가족관계의 어려움, 비용과 재정적 문제 등으로 인해 노인과 가족 전체에 여러 가지 복합적인 가족문제를 겪기 때문이다(김한식 외, 2019: 94). 따라서, 노인의 의료서비스 이용에 대한 정책적 보장은 소득보장과 함께 고령사회의 중요한 정책 영역이다(모선희 외, 2018: 145).

노인이 되면 신체적·정신적 기능이 쇠퇴하기 때문에 질병발생률이 높을 뿐 아니라, 이로 인하여 의료비도 증가하고 있으며, 고령화 속도 또한 빠르게 진행되기 때문에 노인의 의료보장이 필요하다(김한식 외, 2019: 94). 사회계층 간 의료수혜의 불평등이 심화되고, 의료이용도의 소득계층별, 지역별, 성별, 직업별, 연령별 차이가 사회적 불만의 한 원인으로 대두되며, 보건의료서비스가 의·식·주 다음 제4의 기본적 수요로 인식됨에 따라 의료보장제도의 필요성이 나날이 높아지고 있다.

의료보장제도는 국민의 건강권을 보호하기 위하여 요구되는 필요한 보건의료서비스를 국가나 사회가 제도적으로 제공하는 것을 말하며, 건강보험, 의료급여, 산재보험을 포괄하고 있다. 따라서, 이 제도는 상대적으로 과다한 재정의 부담을 경감시킬 수 있으며, 국민의 주인의식과 참여의식을 조장할 수 있다(건강보험심사평가원 홈페이지, 2023).

그러므로 노인의료보장은 노화에 따른 신체적 기능쇠퇴와 질병으로 인한 건강상의 문제를 해결하기 위해 국가 차원에서 건강보호에 필요한 의료서비스를 제공함으로써 노인 삶의 질을 향상시키고자 하는 사회적 노력을 의미한다.

3) 노인주거보장

주거보장은 개인 자신의 독립성을 유지하면서 안전하고 안락한 일상생활을 유지할 수 있는 공간을 확보하고 유지할 수 있도록 주거의 건설과 공급, 그리고 이에 관련된 서비스를 통하여 지원하여 주는 제반 사회적 노력을 의미한다. 노인은 나이가 들어감에 따라 신체적 기능 저하와 질환의 관리 및 일상생활을 보조할 수 있는 주거환경의 조성이 필요하다. 따라서, 적절한 주거환경은 심리적 만족감과 건강을 유지해 주는 사회복지 측면에서도 매우 중요하다(고명석 외, 2018: 91).

일반적으로 인간이 살고 있는 장소의 것을 '주거'라 하고, 주거를 다시 '주택'과 '주택 이외'로 분류하고 있다. 여기서 주택은 한 채의 건물에서도 집합주택으로서도 상관이 없지만, 한 개의 세대가 독립하여 생활을 영위할 수 있는 건물을 말한다. '주택 이외'의 주거는 기숙사, 병원, 학교, 공장, 여관 등에서 '산다'는 것을 목적으로 만들어지는 것이 아니라, 건물에 인간이 살고 있는 경우를 말한다. 이렇게 정의할 경우, 결국 '주거'는 '주택'의 상위개념이라고 할 수 있다. 따라서, 주거와 주택은 인간의 생활을 영위하는 공간이다. 주거생활이라면 거주할 주택의 크기와 구조, 설비시설의 편의성은 물론, 주변환경의 쾌적성, 교통의 편리성도 살펴야 한다. 또한 가족과 친구, 이웃 또는 사회적 서비스체계가 잘 갖추어져 있는가 등을 함께 고려해야 한다. 사회적으로 평균수명의 증가, 저출산으로 인한 인구고령화, 노인단독가구의 증가는 노인주거시설의 확충이라는 시급한 과제를 안겨준다.

고령화시대의 노인을 위한 주거정책은 노인이 적절한 주거공간에 거주하며 필요한 생활 관련 서비스를 제공받을 수 있도록 하는 것에 초점이 맞추어져야 한다. 따라서, 노인이 보다 독립적이고 자율적이며 심리적으로 안정된 주거생활을 영위할 수 있도록 경제적 특성에서 큰 편차를 보이는 노인층의 주거수요에 부응할 수 있는 소득에 따른 노인주거공급 프로그램 개발과 정부지원체계를 재정비해야 한다(임정문 외, 2020: 127). 우리나라에서 노인을 위한 주거보장정책은 노인부양을 장려하기 위해 부모를 모시는 자녀에 대해 소득세 공제, 양도소득세 면제, 주택자금 할증 지원, 무주택 노부모 부양자에 대한 주택우선권 부여 등을 지원하고 있으며, 국민기초생활 수급권자를 대상으로 주거급여를 지급하고 있다. 그리고 국민기초생활 수급권자 위주의 양로원, 노인공동생활가정과 중산층을 위한 노인복지주택의 노인주거복지시설이 있다(정상수 외, 2018: 256).

그러므로 주거보장은 개인 자신의 독립성을 유지하면서 안전하고 안락한 일상생활을 유지할 수 있는 공간을 확보하고 유지할 수 있도록 주거의 건설과 공급, 그리고 이에 관련된 서비스를 통하여 지원하여 주는 모든 사회적 노력을 의미한다(고명석 외, 2018: 91).

4. 노인복지시설

1) 노인복지시설의 종류

노인복지는 모든 노인이 건강과 생활안정을 유지하도록 하는 데 필요한 자원을 제공하는 것과 관련된 공적·사적 차원에서의 조직적 활동이며, 이를 지원하는 노인복지시설의 종류는 「노인복지법」 제31조에 노인주거복지시설, 노인의료복지시설, 노인여가복지시설, 재가노인복지시설, 노인보호전문기관 등으로 분류하여 명시하고 있다. 구체적으로 노인복지시설은 다음과 같다.

(1) 노인주거시설

노인주거시설은 가정에서 생활할 능력이 없거나 부양할 가족이 없는 경우, 또는 건강상태가 좋지 않은 경우, 이를 지원하는 시설로서, 양로시설, 노인복지주택, 노인공동생활가정이 해당된다.

양로시설은 노인을 입소시켜 급식과 그 밖에 일상생활에 필요한 편의를 제공함을 목적으로 하는 시설로서, 생활보호대상자와 실비보호대상자 및 부양자로부터 적절한 부양을 받지 못하는 65세 이상의 자를 대상으로 하며, 단 입소자로부터 비용의 전부를 수납하여 운영하는 시설은 60세 이상도 입소 가능하다.

노인복지주택은 노인에게 주거시설을 분양 또는 임대하여 주거의 편의·생활지도·상담 및 안전관리 등 일상생활에 필요한 편의를 제공함을 목적으로 하는 시설로서, 단독취사 등 독립된 주거생활을 하는 데 지장이 없는 60세 이상의 자를 대상으로 하며, 입소대상자의 배우자는 65세 미만인 경우에도 입소대상자와 함께 입소할 수 있다.

노인공동생활가정은 2010년 신설되었는데, 노인들에게 가정과 같은 주거여건과 급식, 그 밖의 일상생활에 필요한 편의를 제공함을 목적으로 하는 시설로서 대상자는 양로시설과 동일하다.

(2) 노인의료복지시설

노인의료복지시설은 치료를 목적으로 한 노인복지시설로서, 노인요양시설, 노인요양공동생활가정, 노인전문병원이 해당된다.

노인전문요양원
(강원 횡성)

노인요양시설은 치매·중풍 등 노인성질환 등으로 심신에 상당한 장애가 발생하여 도움을 필요로 하는 노인을 입소시켜 급식·요양과 그 밖에 일상생활에 필요한 편의를 제공함을 목적으로 하는 시설로서, 장기요양급여수급자, 기초수급권자로서 65세 이상의 자, 부양의무자로부터 적절한 부양을 받지 못하는 65세 이상의 자를 대상으로 하며, 입소자로부터 입소비용의 전부를 수납하여 운영하는 경우에는 60세 이상의 자를 포함하고 있다.

노인요양공동생활가정은 2010년부터 신설된 시설로서, 치매·중풍 등 노인성질환 등으로 심신에 상당한 장애가 발생하여 도움을 필요로 하는 노인에게 가정과 같은 주거여건과 급식·요양, 그 밖에 일상생활에 필요한 편의를 제공함을 목적으로 하는 시설이며, 그 대상은 노인요양시설과 동일하다.

노인전문병원은 주로 노인을 대상으로 의료를 행하는 시설로서, 노인성질환으로 치료 및 요양을 필요로 하는 자를 대상으로 한다.

(3) 노인여가복지시설

노인의 여가활동과 사회참여를 지원하기 위한 시설로서, 노인복지회관, 경로당, 노인교실, 노인휴양소 등이 해당된다.

노인복지회관은 노인의 교양·취미생활 및 사회참여활동 등에 대한 각종 정보와 서비스를 제공하고, 건강증진 및 질병예방과 소득보장·재가복지, 그 밖에 노인의 복지증진에 필요한 서비스를 제공함을 목적으로 하는 시설이다.

경로당은 지역노인들이 자율적으로 친목도모·취미활동·공동작업장 운영 및 각종 정보교환과 기타 여가활동을 할 수 있도록 하는 장소를 제공함을 목적으로 하는 시설이다.

노인교실은 노인들에 대하여 사회활동 참여욕구를 충족시키기 위하여 건전한 취미생활·노인건강유지·소득보장 기타 일상생활과 관련한 학습 프로그램을 제공함을 목적으로 하는 시설이다.

노인휴양소는 노인들에 대하여 심신의 휴양과 관련한 위생시설·여가시설 기타 편의시설을 단기간 제공함을 목적으로 하는 시설이다.

노인여가복지시설 현황은 <표 11-2>와 같다.

〈표 11-2〉 노인여가복지시설 현황

(2021.12월 말 기준)

구분	노인복지관	경로당	노인교실
시설 수	399	67,633	1,282
주요 사업	평생교육지원, 취미여가지원, 건강생활지원, 사회참여지원, 상담사업, 정서생활지원 등	노인복지관 연계 프로그램, 건강운동 활성화, 자원봉사 활동, 노후생활교육 등	어르신들의 취미생활과 관련된 학습 프로그램(강의형태)
특징	지역거점 노인여가시설	소그룹 어르신들의 사랑방	취미생활 관련 학습 프로그램 제공 시설
정부지원 현황	지방이양('05년~)	지방이양('05년~) - '냉·난방비 및 양곡비'만 지원 (국고 25%, '21년 342억원)	지방이양('05년~)

* (지방이양) 지방자치단체가 지역 여건(노인인구수, 면적, 재정 등)에 따라 여가복지시설 설치·운영
자료: 보건복지부(홈페이지, 2023).

(4) 재가노인복지시설

재가노인복지시설은 경제적·정신적·신체적인 이유로 독립적인 일상생활을 영위하기 어려운 노인과 복지사각지대 노인들에게 방문요양 일상생활지원을 비롯한 각종 필요서비스를 제공함으로써, 지역사회 내에서 건강한 생활을 영위하는 데에 어려움이 없도록 예방적 복지 실현 및 사회안전망 구축을 목적으로 한다. 구체적으로 방문요양서비스, 주·야간보호서비스, 단기보호서비스, 방문목욕서비스 중 한 가지 이상의 서비스를 제공하는 시설을 의미한다.

방문요양서비스는 가정에서 일상생활을 영위하고 있는 노인, 즉 재가노인으로서 신체적·정신적 장애로 어려움을 겪고 있는 노인에게 필요한 각종 편의를 제공하여 지역사회 안에서 건전하고 안정된 노후를 영위하도록 하는 서비스이다.

주·야간보호서비스는 부득이한 사유로 가족의 보호를 받을 수 없는 심신이 허약한 노인과 장애노인을 주간 또는 야간 동안 보호시설에 입소시켜 필요한 각종 편의를 제공하여 이들의 생활안정과 심신기능의 유지·향상을 도모

하고, 그 가족의 신체적·정신적 부담을 덜어주기 위한 서비스를 의미한다.

단기보호서비스는 부득이한 사유로 가족의 보호를 받을 수 없어 일시적으로 보호가 필요한 심신이 허약한 노인과 장애노인을 보호시설에 단기간 입소시켜 보호함으로써, 노인 및 노인가정의 복지증진을 도모하기 위한 서비스이다.

방문목욕서비스는 목욕장비를 갖추고 재가노인을 방문하여 목욕을 제공하는 서비스를 의미한다.

이외에도 재가노인에게 제공하는 서비스로서, 보건복지부령으로 정하는 서비스는 재가노인복지시설의 서비스로 포함될 수 있다.

(5) 노인보호전문기관

노인보호전문기관은 급속한 인구노령화와 핵가족화 등에 따라 가족 간 갈등 및 노인부양부담 증대 등으로 노인학대 사례가 계속 증가하여 이를 전문적이고 체계적으로 대처하여 노인권익을 보호하는 한편, 노인학대 예방 및 노인 인식개선 등을 통한 노인 삶의 질을 향상·도모하는 네 목적을 둔 시설로서, 시·도지사가 노인보호전문기관을 지정·운영하게 된다. 여기서 노인학대라 함은, 노인에 대하여 신체적·정신적·정서적·성적 폭력 및 경제적 착취 또는 가혹행위를 하거나 유기 또는 방임을 하는 것을 의미한다.

노인보호전문기관의 주요 업무는 「노인복지법」 제39조의5에서 규정한 노인학대 예방사업으로 하되, 노인인식개선교육(경로효친교육 등 포함), 노인자살예방교육, 사업시설 내 노인권리 보호 및 기타 권익보호를 위한 사업 등을 실시할 수 있다.

2) 사회복지사의 역할

노인복지서비스 현장에서 사회복지사는 다양한 문제를 가진 노인들을 접하게 되는데, 기존의 노인에 대한 부정적인 이미지를 반영하는 연령차별주의를 극복하고 노인들이 성공적인 노화과정을 경험하도록 도와주어야 한다. 또한 노인복지분야에서 일하는 사회복지사들의 역할을 조력자, 교육자, 중개자, 중재자, 전문가 등의 역할로 설명하고 있다. 우선, 노년기의 정체성 상실 및 역할상실에서 오는 무력감에 공감하며 정서적으로 안정되게 꾸려갈 수 있도록 돕는 조력자로서 역할, 취업교육, 사회교육, 여가활동지도, 치매노인 가족교육 프로그램 등 다양한 교육 프로그램을 개발하고 지도하는 교사로서의 역할이 강조된다. 또한 특수 노인집단에게 필요한 프로그램과 서비스를 개발하며, 고령자취업알선센터, 의료시설과의 연계를 이루고, 무의탁노인이나 불우노인을 위한 후원자를 개발하는 미시적 차원에서의 중개자 역할이나 기관 차원에서의 중재자 역할이 필요하다.

이외에도 지역에서의 재가봉사 프로그램이 활성화되면서, 방문상담 및 재가서비스를 위한 현장개입과 사례관리 등을 위한 전문가 역할도 요구된다.

5. 노인복지정책의 개선방안

노인복지정책의 개선방안은 다음과 같다.

1) 노인에 대한 인식 전환

한국사회에서 노인은 존경의 대상이었으나, 산업화·도시화·핵가족화가 진전되면서 점차 노인에 대한 지위가 하락하여 노인을 사회적 생산능력이 떨어지고 의존성이 높은, 즉 '젊은 세대의 짐'으로 여기는 부정적 시각이 늘어나고 있다. 따라서, 노인문제의 해결을 위해서는 노인에 대한 인식 전환이 요구된다. 이를 위해서는 아동에서부터 청소년, 성인에 이르기까지 노인에 대한 교육 및 프로그램이 필요하다. 이런 교육 및 프로그램을 통해 세대 간 분리를 막고 세대 간 통합을 통하여 노인들의 소외, 고독 등을 감소시킬 수 있으며, 더불어 세대 간 교류는 노인의 고용, 건강, 고독사, 자살 등과 관련된 문제를 해결하는 밑거름이 될 수 있다. 또한 노인문제의 원인은 개인이나 가족의 결함보다는 사회변화 또는 사회 구조나 제도의 결함에 있다는 것이 확실하다. 그럼에도 불구하고, 국가의 노인문제 해결노력은 아직도 노인 개인과 가족의 노력에 의존하는 데 치우쳐 있다. 노인문제를 보다 근본적으로 해결하기 위해서는 국가의 정책입안자나 정책결정자가 이러한 시각에서 속히 탈피해야 한다.

2) 노인에 대한 부정적 인식 제거

현대사회에서 노인의 지위는 크게 낮아지고 있다. 이런 현상은 여러 형태의 노인문제를 유발하는 근본적인 원인이 되고 있다. 노인문제를 해결하기 위해서는, 노인을 존중하고 노인이 이바지한 점을 인정하는 사회분위기를 형성할 필요가 있다. 노인 중에는 육체적으로나 정신적으로나 건강한 노인이 많고 고학력과 경제적 여유를 가진 노인도 많다. 노인은 모두 가난하고 병들고 역할이 없는 비생산적 인구라든가 의존적 복지수혜대상자로만 여기는 사회의 시각은 바뀌어야 할 것이다. 노년기는 가난과 질병, 소외와 고독의 시대만을 의미하는 것이 아니라, 본인의 준비 노력에 따라 인생의 모험과 도전의 시기가 될 수 있다. 비록 신체적으로는 노쇠과정에 있지만 지적·정서적·인격적·영직 싱장과징에 있음을 인식하고 보나 적극적이고 창조적인 삶을 살아가는 생활태도를 정립해야 한다.

3) 국가와 민간의 상호보완관계 정립

사회복지는 원론적으로 사회구성원의 복지를 사회구성원 전체가 연대책임을 진다는 원칙에 의거하고 있다. 현대사회에서의 연대책임은 구성원이 조세로 연대책임을 분담하는 방법을 취하고 있다. 현대사회에서의 사회복지의 1차적 주체는 개인과 가족이라기보다는 국가이다. 따라서, 국가구성원의 기본적이고 공통적인 욕구에 대하여는 국가가 주도적으로 먼저 대응하고 민간은 국가의 노력과 역할을 보완하고 보충하는 역할을 해야 하고, 공통적이고 기본적인 욕구를 넘어선 수준 높고 다양한 욕구에 대해서는 민간이 주도적 역할을 하고 국가가 이를 보완 또는 후원하는 노력을 해야 한다. 국가가 국민의 모든 욕구와 문제의 해결에 대하여 보완적 역할의 위치에 머물러 있으려는 태도로는 사회복지의 접근방법이 향상될 수 없을 것이다. 노인복지의 경우에는 소득문제와 의료비용지급과 치료문제 등은 국가가 주도적으로 제도적으로 보장해야 하고, 일상생활상의 편의와 심리사회적 문제의 해결을 위해서는 가족의 역할을 보완해 주는 것이 바람직하다.

연습문제

1. 노년기(65세 이상)에 관한 설명으로 옳지 않은 것은?

① 자아통합 대 절망의 심리사회적 위기를 경험한다.
② 치매는 인지기능과 고등정신기능의 감퇴로 일상적 사회활동이나 대인관계에 지장을 준다.
③ 조심성, 경직성, 능동성, 외향성이 증가한다.
④ 일반적으로 단기기억 능력이 감퇴한다.
⑤ 남성 노인은 생식기능이 저하되고 성교능력이 저하되긴 하지만, 여성보다는 기능저하가 덜하다.

2. 노년기의 발달과업은 무엇인가?

① 자아정체감 ② 자아통합감 ③ 자기효능감
④ 자아성취감 ⑤ 자아존중감

3. 노년기의 특징으로 옳지 않은 것은?

① 사회적 활동이 감소한다.
② 남녀 모두 갱년기를 경험한다.
③ 친근한 사물에 애착이 증가한다.
④ 조심성이 증가한다.
⑤ 경직성이 증가한다.

4. 노년기의 발달특성으로 옳지 않은 것은?

① 생에 대한 회상이 증가하고 융통성이 증가한다.
② 이 시기의 위기를 잘 극복하면 지혜라는 자아특질을 얻게 된다.
③ 친근한 사물에 대한 애착심이 강하고 수동성이 증가한다.
④ 자아통합의 과업을 달성해야 하는 시기이기도 하다.
⑤ 전반적인 성취도는 떨어지지만 지적 능력이 전적으로 떨어지지는 않는다.

정답 1. ③ 2. ② 3. ② 4. ①

Chapter 12

청소년복지

개요

청소년복지는 정신적 · 정서적 · 신체적으로 최상의 발달을 이루도록 육성하기 위해서 청소년에게 직접적으로 또는 가정이나 사회를 통해서 간접적으로 제공되는 모든 사회적 활동을 말한다. 여기에서는 청소년복지를 학습하고자 한다.

학습목표

1. 청소년기 발달과업에 대한 학습
2. 청소년 문제점 발굴 및 대책 수립
3. 사례연구

학습내용

1. 청소년의 개념
2. 청소년복지의 개념
3. 청소년복지정책의 내용
4. 청소년복지시설
5. 청소년복지정책의 개선방안

Chapter 12
청소년복지

1. 청소년의 개념

1) 청소년의 정의

역사적으로 청소년이란 용어가 등장하기 시작한 것은 산업화 이후이다. 이 용어는 산업혁명과 더불어 의무교육이 실시됨으로써, 인간의 발달단계에서 청소년기를 고유한 발달시기로 인식하게 하는 데 결정적인 영향을 미쳤다. 산업화는 기본적으로 교육받은 노동력이 요구되었으며, 학교교육의 의무화는 청소년들이 노동시장에 유입되지 않고 경제활동에서 제외되는 특권을 주었는데, 이러한 요인들이 본격적으로 청소년기를 인식하게 되는 계기가 되었다(홍봉선 외, 2019: 23-24).

청소년을 정의하기 위해서 일반적으로 다음과 같은 방법이 사용되고 있다.

(1) 어원적 구분

어원적 관점에 따라 'adolescent'와 'youth'를 구분한다. 즉, 'adolescent'는 '성장하다'라는 의미에서 비롯된 것으로 생리학적 발달과 깊은 관련이 있다. 'adolescent'는 육체적으로 급격한 성장을 보이고, 정신적으로는 부모로부터 독립함과 동시에 자아가 형성되는 시기로서의 특징을 지니는 것을 그 바탕으로 하되, 아동기에서 성인기로 이행하는 과도기적 성격을 띤다. 따라서, 기성세대의 가치나 규범을 수용하는 수동적 존재로 보는 경향이 있다. 그러나 최근에는 육체적 성장뿐만 아니라, 사회심리적 성장도 포함하는 것으로 이해한다. 'youth'는 사회적 성격이 'adolescent'보다 강하다. 'youth'는 사회심리적 생활국면의 성격에 주목하여 사회적 맥락에서 접근하고 이해하는 입장이라고 할 수 있다. 따라서, 'youth'는 청소년기를 아동기와 성인기 사이에 존재하는 과도기로서가 아닌 고유한 인생발달과정의 한 단계로 파악한다. 국내에서는 이 두 단어가 혼용되고 있으나, 대개는 'youth'에 더 치중하고 있다(조성연 외, 2012: 12-13).

(2) 사회적 통념상 구분

사회적 통용의 개념으로 구분하는 방법이다. 대부분의 동양권 국가에서는 '소년', '소녀', '미성년', '중·고생', '10대', '1318' 등 다양한 용어를 각각의 환경에 따라 사용하고 있다. 이는 어원적인 성격보다는 발달적·제도적 성격이 복합적으로 작용하여 사회적 통용의 용어로 관행화된 성격이 짙다. 최근에는 이러한 동향도 수정되어 매우 구체적으로 접근하고 있는데, 그 대표적인 예가 이른바 말하는 '1318'이다. 즉, 중학생이 되는 시작연령과 고등학생이 끝나는 연령을 연결시키는 '1318'로 범주화하고 있다. 문제는 이렇게 중·고등학생, 청소년, '1318'이 동일하다는 등식으로 명확하지만 좁게 사용할 경우, 법적 정의와 충돌하여 청소년 지도와 보호에서 여러 가지 문제가 발생하기 쉽다는 것이다. 또한 학계에서도 사회적 통용의 정의를 일부 수용하고 있는데, 대표적으로 아동의 권리에 관한 국제협약을 청소년의 권리에 대한 준거로 채택하고 있다는 점이다. 마찬가지로 이러한 학계의 관점을 제도권에서도 수용하여 청소년복지정책에 반영하고 있다.

(3) 법적 구분

연령에 따른 법적 개념따라 일반적으로 13세 이상 18세 미만인 자를 청소년으로 구분하지만, 청소년 관련법에서는 다양하게 정의하고 있다. 청소년 관련법에서 나타나듯이, 청소년의 정의와 호칭과 연령 등을 정비할 필요가 있다. 청소년 관련법에서 청소년에 대한 연령을 다양하게 규정함으로써 발생되는 문제를 최소화해야 한다.

(4) 신체적 구분

청소년기에 나타나는 신체적 특성으로 구분하는 방법이다. 가장 일반적인 방법이지만, 개인에게 나타나는 시기들이 각각 상이하기 때문에 보편적인 기준을 제시하는 데 한계가 있다. 더욱이 청소년기가 언제 끝나는지는 분명하지 않은데, 이는 사춘기 때 나타나는 신체적 특성으로 청소년의 시작은 쉽게 알 수 있다고 하더라도, 청소년기가 끝나는 시점은 신체적인 징후로 판단되기보다는 그 사회에서의 역할 기대를 충족시키고 책임질 수 있는 시점으로 간주되기 때문이다(신명희 외, 2013: 292－293). 이렇듯 청소년의 정의가 어원, 사회적 관행, 제도적 규정, 발달적 근거 등의 관점에서 혼재하는 것은 청소년의 지도와 청소년의 복지정책, 그리고 실천에서 일관성, 합리성, 적법성 등과 관련하여 복잡한 문제를 발생시킨다(이소희 외, 2005: 23).

그러므로 청소년 관련법에 대해 사회통념적 시각에서 청소년과 관련된 용어와 연령을 제도적 규정의 차원에서 청소년의 개념과 일치시킴으로써 효과적인 청소년정책이 수립될 수 있도록 사회적 합의를 이루고, 그 결과에 따라 실행에 옮겨야 한다.

청소년 관련법상의 연령구분은 <표 12－1>과 같다.

〈표 12-1〉 청소년 관련법상의 연령 구분

관련 법률	호칭	연령 구분
아동복지법	아동	18세 미만의 자
청소년기본법	청소년	9세 이상 24세 이하의 자
청소년보호법	청소년	19세 미만의 자
청소년 성보호에 관한 법률	청소년	19세 미만의 자
청소년활동진흥법	청소년	9세 이상 24세 이하의 자
청소년복지지원법	청소년	9세 이상 24세 이하의 자
민법	미성년	19세 미만인 자(만 19세 성년)
형법	형사미성년	14세가 되지 아니한 자
근로기준법	연소자	18세 미만의 자
모·부자복지법	아동	18세 미만의 자(취학 중인 때에는 20세 미만)
국민기초생활 보장법	아동	18세 미만의 자
소년법	소년	19세 미만의 자
영화 및 비디오물의 진흥에 관한 법률	청소년	18세 미만의 자(고교 재학 중인 자 포함)
정당법	정당원	16세 이상(종전 18세)
공직선거법	선거권	18세 이상
공직선거법	피선거권	국회의원(지방의원, 단체장) 18세 이상

자료: 김영철 외(2022a: 59) 재구성.

2) 청소년의 특성

사춘기(puberty)로 시작되는 청소년기는 신체적 변화가 일어나는 생물학적 변화로 인해 그 시작이 분명한 반면, 끝나는 시점은 행동적·문화적·심리적 성숙의 개인차로 인하여 사람마다 다양하다. 청소년기는 사춘기의 여러 가지 육체적·심리적 변화로 부모-자녀 관계도 가장 힘들어지고 청소년 자신도 동요하는 시기이다. 따라서, 이 시기를 '질풍노도의 시기(time of storm and stress)'라고도 한다(신명희 외, 2013: 292).

(1) 신체적 특성

청소년기는 급격한 신체의 발달과 제2차 성장이 강하게 나타나는 시기이다. 즉, 신체적으로는 거의 성인과 같은 체격을 갖추고, 생리적으로는 호르몬의 방출이 가능한 시기이며, 여자의 경우에는 초경을 하는 등 남녀 모두 성과 관련하여 성인의 역할이 가능하게 된다.

청소년기의 신체적 특성은 다음과 같다.

첫째, 청소년기의 신체발달은 사춘기의 발달현상으로 설명된다. 그 이유는, 사춘기가 호르몬의 변화로 급격한 신체적·성적 성숙이 이루어지는 시기이기 때문이다. 청소년은 신체의 각 부분이 같은 비율로 골고루 성장하지 않는 관계와 자아정체감의 형성으로 외모에 관심이 많다(최선화 외, 2018: 300). 청소년기는 자신의 신체와 용모에 대해 관심을 가지고 급격히 변화하는 신체적 특징에 대해 민감하게 반응한다. 그들은 자신의 신체에 대해 자신이 얼마나 만족하는가 하는 느낌뿐만 아니라, 다른 사람의 반응에 의해서도 크게 좌우된다. 그러나 청소년의 신체에 대한 지나친 관심은 자신의 신체에 대해 왜곡하게 만들 수 있다. 또한 청소년의 외모에 대한 불만족은 인종과 민족과 국가에 따라 다양하게 표출된다. 따라서, 외모를 아름답게 가꾸기 위한 부작용으로 거식증과 폭식증을 일으켜 섭식장애를 가져오기도 한다(신명희 외, 2013: 307-308).

둘째, 성적 성숙으로 인하여 성에 대한 호기심과 욕구가 많아진다. 이것은 기성세대의 보수성의 영향인 사회적 압력으로 인하여 부자연스럽게 그리고 음성적으로 이루어지는 경우가 많으며, 왜곡된 성 정보의 수집으로 성에 대한 호기심과 욕구가 잘못 처리되는 경우가 많다. 즉, 청소년들은 갑작스럽게 나타나는 생리적 변화로 놀라움·당황스러움·수치감·불안함 등을 느끼지만, 동시에 정상적으로 성적 발달이 이루어지고 있다는 것에 안도감을 느끼며, 한편으로는 자신의 성적 기능에 기대감을 가지기도 한다. 그래서 청소년들은 그들의 성 발달과 관련하여 매우 복잡한 반응을 보이고 행동하는 것이다(이소희 외, 2005: 37). 성적 욕구, 즉 성 충동, 자위행위 등에 대한 어려움을 느끼고 있다. 대부분의 청소년들은 자위행위를 한다. 그들은 성적 충동을 충족시킬 수도 없을뿐더러 강한 성적 에너지의 욕구를 완전히 물리칠 수도 없다. 일반적으로 소년은 소녀보다 사춘기 이후에 성과 관련된 절박한 경험을 하게 되며, 자위행위는 청소년에게 죄의식과 불안을 일으키게 한다. 자위행위에 대한 통제의 필요성을 인식하면서도 이에 대한 충동조절에 실패한 청소년은 자기 자신의 무의지력을 자책하는 자기비하 등으로 자기존중감을 잃게 되고 이것은 청소년의 성격형성과 인격발달에도 영향을 미친다(구혜영, 2020: 32-33).

(2) 사회심리적 특성

청소년기는 신체적 성숙과 정신적 미성숙으로 인하여 심리정서적인 면에서 극도로 불안정한 시기임에도 불구하고, 학업 등 청소년기에 해야 할 각종 의무적 사항이 존재하기 때문에, 그에 따른 사회적 압력은 인간발달에 있어서 그 어느 시기보다 높은 시기로서, 청소년은 태생적으로 문제행동을 잉태하고 있다. 따라서, 청소년의 심리적 발달상의 특징에 대한 이해는 곧 이들이 한 인간으로서, 성장, 성숙되어가는 과정을 이해하는 데 필수적인 기초가 된다.

청소년기에 나타나는 사회심리적인 특성은 다음과 같다.

첫째, 자아정체감(self-identity)을 형성하는 시기이다.

청소년은 자신의 객관적 모습에 관심을 가지는 시기이며, 평생 자신의 사고와 행동의 기준이 되는 인생관 및 세계관을 이 시기에 집중적으로 형성한다(최선화 외, 2018: 301). 따라서, 자아정체감에 대한 이해는 바로 청소년에 대한 심리사회적 발달에 대한 이해로 볼 수 있다는 것이다. 청소년기에 자아정체감이 문제가 되는 가장 큰 이유는, 생애주기 가운데 이 시기만큼 자아정체감의 위기와 확산에 위협을 받는 시기가 없기 때문이다. 즉, 청소년기는 자기선택과 자기정의의 시기인 것이다. 자기선택의 프로세스를 통하여, 가장 풍부한 활력원(인생의 보람)이 되고 자기가치를 높게 하는 자아정체감을 자기의 것으로 할 수 있는가에 따라 그 인물이 가장 그 사람다운 인생을 보낼 수 있는

가의 여부가 가름되는 것이다(박아청, 2008: 128－129).

둘째, 부모로부터 개별화되고자 한다.

개별화는 청소년이 부모와 정서적인 유대를 지속하면서 자신을 부모와 다른 독특한 한 사람의 인격체로 인식하고 경험하는 심리적인 과정이다(홍봉선·남미애, 2019: 31). 청소년기는 부모에의 정서적 의존에서 벗어나려고 하는 특징이 있으며, 부모나 교사의 의견을 유일한 가치의 기준으로 믿고 행동해 왔다. 그러나 청소년기에 접어들면서 미숙하나마 자신의 가치관을 가지게 되고 그것만을 고집하기도 한다. 자신을 미숙하다고 여기고 인정하지 않는 기성세대의 비합리적인 면을 발견하고 비판적이게 되면서, 기성세대의 말보다 친구의 말을 더 신뢰하고, 긍정적인 말보다는 부정적인 말에, 순리적인 말보다는 자극적인 말에 더 공감을 느낀다(최선화 외, 2018: 301).

셋째, 정서적으로 불안정하다.

즉, 감정의 기복이 심하다. 사소한 일에 예민하고 쉽게 우울하며 낙담에 빠지기도 힌다. 화를 잘 내기도 하고 불인정하게 보인다. 또한 호기심과 모방성이 강하다. 주변의 모든 일에 관심을 보이며 참여하고 싶어 하며, 생각보다는 행동이 앞서는 경우도 많다. 자신의 우상을 만들어 맹목적으로 추종하는 경향이 있다. 경우에 따라서는 지나치게 남을 의식하기 때문에, 마음과 행동이 자유롭지 못하고 특히 이성 앞에서 부끄러움을 많이 느낀다(홍봉선, 2019: 30－31).

다섯째, 또래집단(peer group)을 지향하는 경향이 있다.

청소년기에는 부모보다 또래집단으로부터 더 정서적으로 지지를 받고자 하며, 또래를 통해 자신이 똑같은 또래임을 확인하고 안정감을 느끼며 자신의 가치를 인정한다. 따라서, 또래집단에게 버림받지 않기 위해, 또는 소중한 친구를 위해 부모와의 약속도 어렵지 않게 저버릴 수 있다. 또한 또래집단에게 인기가 많은 것이 우선이며, 다양한 모험을 감행한다. 청소년의 자아정체감 형성, 민감성, 모방성, 또래집단 지향성의 특성 때문에 이 시기에는 좋은 책, 좋은 교우관계가 절대적으로 중요하고, 그것에 의해 자신의 인생 방향이 결정될 가능성 또한 높다(최선화 외, 2018: 301).

여섯째, 주변인(marginal man)의 특성이 있다.

주변은 둘 또는 그 이상의 갈등적·사회문화적 체계들 속에서 다양한 가치를 내면화시킴으로써, 어느 한 가치에도 만족하지 못하는 사람을 일컫는다. 청소년은 성인의 주보호대상인 영유아 또는 어린 아동도 아니고, 그렇다고 사회를 주도하는 기성세대도 아니다. 다시 말해서 청소년들은 가운데 끼어있는 샌드위치와 같은 집단(teenagers are betwixt and between)이다. 이들은 때로 성인의 방식을 따르려고 하지만, 법적으로는 아동(children)으로 간주된다. 이들은 취업을 원할지 모르지만, 이들은 여전히 학생 신분으로 남아 있어야 한다(Giddens, 2021: 562−564).

(3) 문화적 특성

청소년들은 다음과 같은 문화적 발달의 특성을 갖는다(구혜영, 2020: 43).

첫째, 소비 지향성 문화적 특성을 갖는다. 특별한 생산 능력이 없는 그들의 문화는 다분히 소비 지향적인 문화인 것이다. 존경하는 사람이 없는 아이들에게 모델이 되는 것은 연예인이다.

둘째, 느낌의 문화를 강조하는 특성이 있다. 그로 인해 청소년들은 즉흥적이다.

셋째, 모방의 문화적 특성을 갖는다. 청소년들은 아직 자신의 정체성이 확립되어 있지 않기 때문에 주위에 있는 많은 캐릭터들을 모방해 봄으로써 자기 자신에게 맞는 모습을 찾으려는 시도를 하게 된다. 자신의 외모에 대한 열등감이나 공부에 대한 열등감을 어떤 스타에게 투사시킴으로써 대리 만족을 하려는 성향을 갖고 있으므로 이러한 성향이 자아정체성을 찾으려는 노력으로 발전하도록 지원해야 한다.

넷째, 청소년들은 자기 자신과 공동체와의 건전한 관계성, 개인과의 상호작용 등에 대한 원리를 인식하는 사회적 문화의 특성을 갖고 있다. 자신이라는 존재를 사회적 관계 속에 우리 감정의 공동체적 차원으로 자각하고, 사회의 존재는 너와 나의 일부로서 협력체적 구성임을 인식하려는 노력이다.

3) 청소년문제

(1) 청소년문제의 사회문제화

현대사회는 자녀의 성취 및 안녕과 마찬가지로 부모 자신의 성취와 안녕도 동시에 강조한다. 과거와 같이 자녀의 성취를 위해 부모가 희생을 감수하는 경향이 줄어들고, 자신의 이익만을 위해 자녀를 방임하고 가출하거나, 이혼하는 경향이 늘어나 청소년문제를 발생하게 한다.

청소년문제의 배경을 살펴보면, 부모에게 의존적이거나 자아에 대한 정체감을 형성하는 시기의 청소년은 사회구조 및 가족구조의 변화에 민감할 수밖에 없다. 한국사회는 산업화와 도시화로 인한 가족구조의 변화 및 부모역할의 혼동 또는 부재, 경제발전 및 부의 축적 등으로 인한 물질만능주의, 가족유대감의 약화로 인한 가족해체현상 등 급격한 환경의 변화를 겪고 있다. 이러한 변화의 소용돌이 속에서 청소년은 피동적으로 사회구조적 문제의 희생자로 또는 사회문제의 원인을 제공하는 주체로서의 문제의 중심에서 이끌려 다니는 현상이 계속되고 있다(김근홍 외, 2013: 187). 한국사회는 1960년 이후 사회 각 분야에서 급격한 변화를 초래하였다. 특히, 산업화로 인한 전통사회의 해체와 세대 간의 가치관 차이는 심각한 청소년문제를 야기시켰다.

청소년문제의 원인을 살펴보면 다음과 같다.

첫째, 가족형태의 변화이다. 전통적인 농업 위주의 가족형태는 청소년을 안정적으로 성장시킬 수 있는 토대가 되었으나, 핵가족화는 가족 간 영향력이 부족한 상황에서 공식적인 인간관계를 조기에 형성하게 되었다. 이는 또한 자녀들이 안정적으로 가정 내에서 휴식, 학습 등을 할 수 있는 기회를 제한한다. 또한 실직, 빈곤 등과 같이 사회경제적으로 계층이 낮은 경우, 더 큰 환경적 스트레스와 좌절을 경험하는 경우, 부모와의 관계, 부부관계 등 가족관계에 문제가 있는 경우, 경제적 어려움, 실직, 가정불화 등 가정 내 위기요인으로 인해 가족구성원 간에 갈등이 존재하거나 가족 간에 상호작용이 약할 경우에 청소년문제는 발생할 개연성이 더욱 높아진다.

둘째, 취업모의 증가에 따른 보육의 문제이다. 자녀를 가진, 특히 영유아기의 자녀를 가진 여성의 취업이 급격히 증가하고 있다. 과거에는 기혼 여성의 취업이 저소득층에서 생계를 위한 수단으로 이루어졌지만, 오늘날에 와서는 중산층 이상의 고학력 여성에게서도 취업하는 경향이 두드러지고 있다. 이와는 달리, 이혼한 별거가정, 실직가정의 주부들도 생계를 위해 취업하기 때문에 자녀양육이 가정에서 이루어지지 못하고 있는 실정이다. 따라서, 보육에 따른 문제가 발생할 수밖에 없는 사회구조적 현실에 놓여 있다(표갑수, 2014: 250).

셋째, 성인 중심의 가치관 문제이다. 산업화로 인해 가족구조를 변화시켰을 뿐만 아니라, 가치관의 변화를 초래하였다. 현격한 가치관의 변화로는 지나친 경쟁심, 성 개방 및 인명경시 풍조와 물질주의 사고방식의 팽배 및 가족 이기주의를 들 수 있다. 그 실례로, 미혼모의 증가에 따른 자녀의 유기나 친권 포기, 금품을 노린 유괴, 청소년에 대한 성폭력 등이 있으며, 이는 최근 심각한 사회문제로 대두되었다.

소년들이 신체적·정신적 변화와 더불어 경험하는 사회적·문화적 환경의 상호작용과정에서 느끼게 되는 갈등과 문제가 발생한다. 그 내용은 다음과 같다(김정열 외, 2021: 48-49).

첫째, 청소년기는 자기정체(self-identity) 의식이 뚜렷하지 않은 과도기적 상태에 있기 때문에 때로는 기성세대에 대해 반항하기도 하고 스스로 심한 좌절감을 맛보기도 한다. 또한 사회에서의 자기 위치와 역할이 분명하지 않기 때문에 자칫 소외감에 젖기도 한다.

둘째, 청소년기는 전통적 가치관에 대한 저항의식을 가지고 있다. 오늘날의 청소년들은 급격한 사회변화와 물질문명, 개인주의적 사회구조의 발달로 전통적인 인간관계의 질서는 물론 부모에 대한 태도마저 달리하고 있다.

셋째, 청소년기는 규범의 갈등으로 시달림을 받고 있다. 규범갈등이 심하면, 아노미(anomie) 상태에 빠지기 쉽다. 다시 말해서 규범이란 행동의 지침인데 지켜야 할 것이 너무 많거나 자주 바뀌어 일정하지 못하면, 자연히 무규범

상태에 빠지게 된다. 규범을 지키기 어려울 때는 소속감을 잃게 되고, 그래서 무능력해지며 어떤 일에도 관심을 집중하기 어렵게 된다.

넷째, 청소년기는 진취적이고 능동적이지 못하고, 이기적이고 의존적인 경향을 나타낸다. 부모의 지나친 보호와 학교의 암기 위주의 틀에 박힌 교육과 사회구조 등에도 상당한 원인이 있지만, 일반적으로 청소년들은 인생을 쉽게 살아가려는 경향이 있다.

다섯째, 청소년들의 욕구수준의 상승을 들 수 있다. 청소년은 대중매체의 발달과 소비문화의 발달로 자신의 능력 이상의 꿈을 상승시키고 있다. 따라서, 이룰 수 없는 욕구 때문에 쉽게 좌절을 맛보게 되고, 좌절감은 때로 무방향적 행동과 극단주의에 빠지게 된다.

이와 같이 청소년들은 자신의 청소년기 발달과업을 성취하는 과정에서 경험하게 되는 갈등과 문제점을 순조롭게 해결하지 못하는 경우, 사리판단을 잘못하여 비행을 서시르거나, 경우에 따라서는 극단적인 행동을 서시르기도 한다. 물론 청소년들은 그들 자신만의 독특한 문화를 통하여 갈등을 해소하기도 하고, 심리적 욕구를 충족하기도 하며, 외적 행동과 내적 행동을 통하여 그들의 문제를 해결하고자 노력한다. 하지만 청소년은 신체적·정서적·사회적 모든 면에서 과도기적 단계에 있기 때문에 그들 스스로의 해결책이 체계적이지 못할 수도 있고, 자칫 잘못된 방향에서 해결책을 찾을 수 있다. 따라서, 청소년기 발달에 따른 문제에 대한 부모, 교사의 적극적인 도움이 필요하며, 문제해결을 위한 청소년복지적 접근이 필요하다(김정열 외, 2021: 49).

(2) 청소년문제의 이데올로기

청소년문제를 바라보는 이론들은 다음과 같다(구혜영, 2020: 58-59).

① 사회해체이론

사회해체이론은 문제행동의 원인을 개인 내부에서 찾는 생물학적·심리학적 이론들과 달리, 비행 발생의 가능성을 환경이나 사회조직 등 외부적 요인에 초점을 두는 사회학적 이론 중 하나이다. 즉, 사회해체, 산업화, 인구이동, 거주지역의 변화, 높은 이동성, 고인구밀도, 슬럼화 등과 같은 고빈도 비행지역 환경의 특징이 또 다른 범죄를 유발한다고 주장한다.

② 긴장이론

긴장이론은 사회계층으로 인한 빈곤이나, 사회적 기회의 제약으로 인한 개인의 심리적 긴장이나 좌절이 비행을 초래한다는 이론으로, '아노미(anomie)' 이론이 이에 속한다. 이 이론에서는 뒤르켐(Emile Durkheim)이 사회해체로 인한 무규범 또는 규칙붕괴의 상태를 아노미라고 지칭하며, 규범을 벗어난 행동을 통제할 장치가 와해되는 아노미 현상에서 청소년문제가 비롯된다고 주장하였다.

③ 사회학습이론

청소년문제의 원인을 규명함에 있어 청소년들이 학습한 가치와 태도에 주목하게 하는 이론이다. 예를 들어, TV 같은 매체나 부모, 교사, 또래집단을 통해서 문제행동의 원인을 찾는다. 이러한 점에서 사회화 과정 이론의 하나로 분류되기도 한다.

④ 사회통제이론

사회통제이론은 청소년들의 비행을 통제하는 요인이 무엇인가에 관심을 갖고, 사람들이 규범을 준수하는 이유를 찾아내고자 하는 데서 출발한다. 그중 개인의 내적 통제요인을 강조한 것이 '봉쇄이론(containment theory)'이며, 가족이나 학교, 친구 등 사회화 기관에 의한 통제를 강조하는 것이 사회유대이론이다. 결국 내·외적 통제요인이 약화되거나 끊어졌을 때 비행을 유발하게 된다는 이론이 사회통제이론이다.

⑤ 사회심리학적 이론

여기서는 사회구조보다는 사회환경으로 인한 심리적인 결과에 초점을 둔다. 즉, 사회학적 요인과 심리학적 요인이 결합하여 청소년문제를 일으킨다고 보는 것이다. 부정적 자아개념이 비행을 조장하기도 하고, 어떤 비행은 청소년의 무력감(lack of power)에서 나오며, 또는 권력을 가지려는 욕망에서 발생한다고도 주장한다.

문제행위를 일으킨 청소년에게 '문제청소년', '비행청소년'과 같은 호칭을 부여하면 이것이 문제행동을 재발시키는 원인이 된다는 관점으로, 낙인이론도 여기에 포함된다. 어떤 비행으로 인해 주변에서 낙인이 찍히면, 주변의 기대에 따라 스스로 비행행동을 수행한다는 논리이다.

2. 청소년복지의 개념

1) 청소년복지의 정의

청소년복지는 청소년과 복지의 합성어이다. 단순하게 접근하면 '청소년'과 '복지'라는 정의를 바탕으로 수평적으로 연결 지어 정의할 수도 있을 것이다. 그러나 엄격하게 보면, 이 청소년과 복지라는 두 개념도 그리 단순명료하지는 않다. 그것은 복지라는 상태는 이상적 · 현실적, 추상적 · 구체적 등과 같이 다면적이면서, 동시에 다소 상반된 개념을 포괄하고 있을 뿐 아니라, 청소년도 개인차가 크기 때문에 모든 청소년을 일괄처리하듯 묶어서 정의할 수 없기 때문이다. 더욱이 종전에는 아동복지 분야에 청소년이 포함되어 있었으나, 최근에는 분리되는 경향이 강해졌기 때문이다.

청소년복지는 대상 범위와 주체 및 제공되는 서비스의 수준에 따라 넓게 또는 좁게 정의되고 있다. 중요한 것은, 청소년복지는 아동이 지니는 개체적 · 성 생리적, 사회적 · 역사적 특성을 유기적으로 고려하면서 개념화하는 것이다.

이러한 관점을 취할 때에도, 청소년복지실천의 입장에서 중요한 개념은 법제적 개념이다. 그것은 청소년복지가 사회적 책임에 의해 이루어지는 제도적 조치이기 때문이다.

(1) 좁은 의미의 청소년복지

좁은 의미의 청소년복지는 요보호청소년을 중심으로 한 복지실천을 말한다. 비교적 개인이나 민간단체를 중심으로 이루어지는 실천을 의미한다. 여기서 요보호청소년은 주로 구조적으로나 기능적으로 부적절한 양육환경에서 자라는 청소년이나 발달상의 문제 또는 장애를 가진 청소년이다. 예를 들어, 빈곤가정이나 폭력 및 해체 가정의 청소년, 소년소녀가장이 된 청소년, 선천적 또는 후천적 요인에 의하여 정상적으로 성장하지 못하고 신체기능상에 장애가 있는 청소년, 원조교제나 혼전임신 등으로 행동상의 문제를 지닌 청소년들을 들 수 있다.

좁은 의미의 청소년복지는 전반적으로 사회복지가 잘 발달되지 못한 시대나 국가에서 채택했으나, 근래에 들어서는 삶의 질에 대한 인식의 증가로 대다수의 국민을 대상으로 한 넓은 의미의 정의를 채택하는 경향이 높아졌다.

(2) 넓은 의미의 청소년복지

넓은 의미의 청소년복지는 일반청소년과 그 가족을 대상으로 다양한 복지주체들이 서로 유기적 관련하에 체계적으로 복지실천을 전개하는 것을 말한다. 여기서 일반청소년은 요보호청소년에 대응하는 대상으로서 특별한 외부의 도움이 필요하지 않은 청소년을 말한다. 그러나 실천적 성격의 복지를 채택하게 되면 모든 청소년을 위한 복지실천은 요보호청소년을 위한 복지실천을 포함하게 된다. 따라서, 넓은 의미의 청소년복지 대상은 일반청소년과 요보호청소년을 구분하지 않는, 곧 모든 청소년이다. 청소년복지는 모든 청소년들의 기본적 욕구를 충족시킬 뿐만 아니라, 정신적·정서적·신체적으로 최상의 발달을 이루도록 육성하기 위해서 청소년에게 직접적으로 또는 가정이나 사회를 통해서 간접적으로 제공되는 모든 사회적 활동을 말한다.

오늘날은 청소년을 포함한 모든 국민의 복지보장을 하나의 권리로 보고 있으며, 이와 관련하여 그 책임주체를 국가로 간주하기 때문에 대부분의 나라에서는 넓은 의미의 청소년복지 정의를 수용하고 있다고 볼 수 있다.

(3) 법제적 관점에서 청소년복지의 개념

아동복지, 청소년복지, 노인복지, 장애인복지, 가족복지 등의 세부 분야를 포함하는 사회복지 분야는 법과 밀접한 관계를 지닌다. 즉, 사회복지 관련법은 현대사회에서 스스로 자신의 생활을 영위하지 못하는 사회적 약자들에 대하여 제한적으로 도움을 제공하는 노력의 총화와 관련된 법규범이라고 보고 있다.

이렇게 볼 때, 법적 입장에서의 청소년복지는 상위 분야인 사회복지의 법적 의미로부터 쉽게 파악할 수 있다. 국가의 정책이나 제도는 법적 근거가 있어야 비로소 공식적 제도로 존재할 수 있듯이(Calvert, 1978 : 1), 사회복지제도가 진정한 '법관계'로 존재할 때 비로소 국가와 국민 사이에 사회복지에 관한 권리-의무관계가 형성된다고 한 점과, 만약 사회복지급여나 서비스가 지배계급의 사회통제적 음모에 의해서 단순하게 '주어지는' 것이라면, 그것은 하나의 '권력관계'에 따르는 부산물일 뿐이며, 하나의 '시혜적 조치'라면 그것은 단순한 '사실관계'에 지나지 않기 때문이다.

성문법주의를 채택하는 우리나라의 경우, 법적 근거를 지니지 못한 사회복지제도는 인정할 수 없다. 결국 사회복지 입법은 자본주의 사회의 발전과 함께 이루어졌으며, 그 내용과 범위는 자본주의가 가져온 사회문제, 특히 사회적 약자의 사회생활문제를 해결하려는 관점에서 생성되었다. 이렇게 볼 때, 청소년복지도 동일한 맥락에서 이해할 수 있다. 실제로 오늘날 대부분의 나라에서 실시되는 청소년복지는 법적 근거에 따르며, 우리나라에서도 그러하다.

2) 청소년복지의 영역

청소년복지 증진을 위해 필요한 청소년복지의 영역은 다음과 같다(김정열 외, 2021: 48-57).

(1) 가정

모든 인간은 가정에서 태어나고 가정에서 자라나며 가정생활에서 가장 큰 영향을 받으면서 성장한다. 가정은 인간이 태어나서 최초로 인간관계를 맺는 가장 기본적인 공동체이며, 인간 성장의 요람으로 문화의 가치와 습관을 체득하는 사회적 활동의 기초가 된다. 따라서, 가정은 사랑과 이해, 애정과 존경, 신뢰와 격려를 바탕으로 상호 협력하며 살아가는 혈연적 집단이다.

가정은 청소년의 성장에 중요한 영향을 주는 곳으로, 가정생활의 안정은 감수성이 예민한 청소년의 인격형성에 바람직한 기초를 마련해 준다. 부모의 가치관, 교육적 식견, 가족구성원, 부부관계, 자녀의 이해 정도, 교육에 대한 열의, 가정교육의 방침, 양육방식, 가정환경, 가정 분위기 등은 청소년의 성장에 중요한 역할을 하게 된다. 따라서, 가정이 건전하게 육성되어야 하고, 가정에서 청소년의 인격이 존중되고 신뢰를 받으면 청소년이 올바르게 성장할 수 있을 것이다. 그러나 가정이 불행하면 청소년은 정서적으로 문제를 지닌 비행청소년이 될 수 있으며, 성격은 성인까지 지속되어 일생의 사생활을 지배하게 될 것이다.

가정문제는 전통적인 가족제도의 붕괴, 결손가정, 빈곤가정, 부도덕가정, 애정결핍가정, 부재가정, 갈등가정 등을 들 수 있다. 가정의 붕괴로 인해 가정의 빈곤으로 인한 교육기회의 상실, 불충분한 영양공급, 불량한 주거환경 등이 비행이나 범죄로 연결되고 사회의 문제화가 되는 요인이 된다고 할 수 있다.

그러므로 자녀들로 하여금 가정은 따뜻한 인간관계의 집합체라는 것을 인식시켜 가정을 소중히 생각하는 가풍을 길러 주어야 할 것이다. 이러한 가정의 기틀을 살리기 위해서는 부모들로부터 교육의 기회를 자주 가져 자녀를 교육시키는 방법과 지식을 연마하게 하여 올바른 조언자가 되도록 하여야 할 것이다. 또 가족이 가지고 있는 문제들의 해결을 위한 상담지도, 결손가정을 위한 보완, 보호 등에 대한 다양한 복지서비스를 개발해서 사랑을 실천해야 할 것이다. 또한 청소년은 자립시기에 도달하지 못한 시기이므로 이들의 복지를 위해서는 최저한도의 물질적인 욕구가 충족되어야 한다. 따라서, 최저생활의 보장, 공공부조제도의 확장, 고용기회의 확대, 장학기금 수혜 확대 등을 통해 청소년에게 경제적인 혜택과 가정의 안정된 삶이 보장될 수 있는 복지서비스가 전개되어야 할 것이다.

(2) 교육

청소년의 대다수가 학교 등을 통한 교육현장 속에서 생활하며 성장하고 있다는 점에서 교육현장에서의 사회복지서비스의 중요성은 절대적이다. 청소년은 각자가 희망하는 학교에 진학하여 양질의 내·외적인 여건에서 수학할 수 있는 교육기회가 제공되어야 할 것이다. 청소년에게 좋은 공간에서 학업할 수 있는 교육환경의 제공은 물론, 그들의 능력과 적성에 적합한 교육이나 여가활동이 이루어지도록 배려되어야 한다.

학교는 가정으로부터 교육기능의 전담을 부여받은 유일하게 형식화된 것으로서, 청소년은 학교생활을 통해서 자신의 장래를 설계하고 진로를 결정하게 된다. 그리고 수면시간을 제외한 하루 중 거의 대부분의 시간을 학교에서 보내고 있다. 그만큼 청소년에게 학교가 차지하는 비중은 매우 크며, 많은 영향을 미치고 있다.

학교는 교육이라는 수단을 통해서 사회의 전통과 관습을 주입시킴으로써 문화의 수준을 영속화하고, 개인의 잠재 가능성을 개발하며, 사고력의 양성, 원만한 대인관계능력 배양, 기술연마, 사회생활에서의 지위와 권리의식 등을 통하여 사회구성원으로서의 능력을 갖추게 함으로써 인류, 문화, 문명, 사회에 공헌하게 하는 기능을 지니고 있다. 특히, 청소년기에 있어서의 학교는 청소년의 인격을 증대시켜 주고, 그들의 개성에 따라 능력을 배양해 주며, 가정과 사회에 잘 적응하도록 도와주는 역할을 한다고 할 수 있다.

학교생활은 학생인 청소년에게 소중한 시기로 맑고 밝은 분위기 속에 가치관, 의지력 지적 능력 등을 형성하는 교육과정이 되어야 한다. 그러나 실상은 입시 위주의 수업과, 심각한 학교폭력, 집단따돌림 등 오히려 학교사회가 청소년에게 정신적인 상처를 주거나, 원만한 활동에 장애요인으로 등장하고 있다. 이러한 학교기능의 상실이 지속될 경우, 건전한 시민으로의 성장을 기대할 수 없고, 반사회적이고 반항적인 불량교우 집단화의 문제를 야기하게 된다. 따라서, 청소년문제는 교육의 양적 팽창으로 인한 질적 저하, 유해한 학교주변환경, 최고 위주의 학습 강요, 인격과 가치관의 부재 등 학교문제와 연관하여 해결되어야 하는 과제로, 이를 위한 학교사회복지 측면의 지원체계가 요구된다고 할 수 있다.

교육시설의 확충과 교육기회의 확대, 교육내용과 기술의 충실화를 통해 보다 많은 청소년에게 양질의 교육이 제공되고, 정서와 취미활동, 문예활동, 클럽활동, 체육활동, 상담활동 등 다양한 복지서비스가 제공되어야 할 것이다. 학교진학을 못한 청소년을 위해서는 앞의 사항 이외에도 직업교육, 야학 등 사회적·교파적 차원의 각종 교육서비스가 전개되어야 할 것이다.

최근 학교는 더 이상 학생의 교육적 기능만을 전담하는 사회제도가 아니라, 이들의 기본적 삶과 복지를 향상시키는 사회복지적 기능을 도입해야 한다는 주장이 대두되고 있다. 학교가 추구하는 전인교육의 교육목적을 달성하기 위해서는 학업향상과 진로지도의 교육적 기능만으로는 학생들의 잠재력과 능력을 개발시키는 데에 한계가 있기 때문에 학생들의 기본적 교육권을 보장해 주지 못하게 된다.

학생의 기본적 교육권은 첫째, 학교에서 수업을 받을 수 있는 학습의 권리, 둘째, 학교와 집을 오갈 수 있는 통학의 권리, 셋째, 학습에 필요한 준비들을 보장받을 수 있는 권리, 넷째, 학교에서 생활하는 동안 점심에 제공받는 급식의 권리, 다섯째, 자신의 능력과 장애에 따라 개별화된 교육을 받을 수 있는 특수교육의 권리 등을 들 수 있다. 따라서, 학생 개인이나 가정이 교육의 권리를 보장받지 못할 때, 지역사회와 국가는 학교의 사회복지적 기능을 강화하여 학생의 교육권을 보장해 주도록 노력해야 한다. 이를 위한 방안으로 학교에 사회복지적 기능을 수행하는 학교사회복지가 신속히 도입되어야 할 것이다.

(3) 보건

보건은 인간의 생물학적 요소와 관련한 복지요소로 사회구성원의 모든 활동을 직·간접적으로 규정하는 요인이라고 할 수 있다. 청소년복지에서도 청소년과 관련되어 영양과 체격, 건강상태, 건강관리로 분류할 수 있을 것이다.

영양은 청소년에게 생존과 관계된 것으로 기본적인 영양공급이 없다면, 청소년의 생존이 위협받기 때문에 영양부문은 청소년복지의 정도에 영향을 미치는 가장 직접적이면서도 1차적인 요인이다. 체격의 경우도 빠른 발달 중에 있는 청소년의 신장과 체중은 청소년의 영양상태를 반영하는 것이다.

사회변화로 청소년의 신체적 건강뿐만 아니라, 정신적 건강도 매우 중요하게 여겨지고 있다. 청소년문제 가운데 가장 심각한 문제로 부각되고 있는 청소년의 자살은 환경의 영향을 보다 더 많이 받고 있다. 현대사회 청소년의 자살 증가는 그들의 가정, 학교, 사회 전반의 정신건강을 반영한 것이라 할 수 있다. 직집직인 환경요인 이외에 청소년은 부모의 과잉기대와 지나치게 경쟁적인 학교 분위기에서 스트레스를 받게 되면, 우울장애, 불안장애, 조현병, 품행장애, 파괴적인 행동, 성격장애, 약물오남용 등의 장애를 갖게 되므로 치료와 예방 측면에서도 중요하다.

청소년기의 문제행동과 정신병리는 청소년뿐만 아니라, 주위 사람에게도 어려움을 주게 된다. 또한 그대로 방치할 경우, 이후 심각한 비행에 관한 서비스를 받을 필요가 늘어나거나, 성인기에도 문제행동과 정신병리가 지속되어 사회의 안전과 다음 세대의 건강과 행복도 해치게 될 수 있다. 따라서, 최적의 시기에 전문적인 도움을 받을 수 있도록 해야 한다.

(4) 사회참여

현대사회 청소년은 사회복지의 공동체에서 공익에 대한 연대책임, 공동체의식, 사회연대감을 갖고 활동하며 살아가게 하는 것이 중요하다. 급변하는 사회현실 속에서 다양하고 복잡한 관계가 발생하게 되는데, 이것을 해소하고 진취적이고 선진화된 높은 생활수준으로 발전시켜야 한다. 이를 위해 청소년이 각종 사회적인 조직활동, 사회봉사활동과 사회복지교육 등에 참여하는 것이 필요하다.

이 중 청소년이 참가할 수 있는 사회복지활동으로서는 불우이웃돕기운동, 의식개혁운동, 자매결연운동, 새마음갖기운동, 자연환경보호운동, 저축운동, 절약절제운동, 농어촌봉사활동, 헌혈운동, 복지시설봉사활동 등을 들 수 있다. 청소년기의 이러한 활동 경험은 성인기 사회복지활동으로 이어지게 됨으로써 청소년이 건강한 시민으로 성장하는 데 긍정적 영향을 미치게 된다.

(5) 유해환경

청소년문제의 원인 중 하나는 유해하고 열악한 사회환경이다. 1990년대 우리 사회의 경제적 발전의 이면에는 청소년유해업소 증가 및 청소년성매매 등 청소년에 대한 유해행위가 성행하는 결과가 있었다. 성인들의 유흥을 위한 유해한 사회환경은 청소년들을 자극하게 되었고, 청소년의 불량화·비행화의 유발요인이 되었다.

현대 사회환경은 청소년에게 부적절한 위험 요소를 많이 담고 있다. 청소년의 유해한 환경으로는 성인유흥식품접객업소, 숙박업소, 무도장의 퇴폐풍조, 성착취물, 연극과 방송 프로그램 속에 예술이라는 이름으로 여과 없이 드러나는 과잉노출, 호화사치성, 자극적인 자태, 비속어, 은어와 조어, 공연장의 미설비와 퇴폐분위기, 청소년의 지능개발과 정서함양 및 신체발육에 유해한 완구, 성매매업소 등이 있다. 또한 청소년이 유해업소에 출입하는 것을 묵인하는 행위, 흡연·음주나 흡연을 할 것을 알면서 술과 담배를 판매하는 행위, 불건전한 이성교제의 숙박행위, 유해·위험한 환경에서 일을 하게 하는 행위, 혹사·학대와 배후에서 중간착취하거나 금품을 갈취하는 행위 등을 들 수 있다. 특히, 2000년대 이후에 인터넷의 급속한 발달과 스마트폰의 보급은 청소년들에게 위험한 환경으로의 노출을 가속화하고 있다.

이에 정부는 1990년대 말에 「청소년보호법」과 「청소년성보호에 관한 법률」

등 청소년을 보호하기 위한 법을 제정하고 청소년보호대책을 수립하였지만, 그 이후에도 청소년에게 유해한 환경은 근절되지 못하고 있다. 앞으로 정부와 사회는 청소년에게 유해한 환경을 정화하기 위하여 보다 적극적이고 철저한 대책을 수립해야 할 것이다.

현대사회를 살아가는 청소년이 유해환경에 노출되는 것을 완벽하게 막을 수는 없다. 청소년은 이러한 사회환경 속에서 자신의 안전을 지킬 수 있는 힘이 요구된다. 이를 위해서는 교육적 차원의 접근이 필요하고, 이러한 접근은 학교뿐만 아니라, 가정과 사회의 역할이 반드시 병행되어야 한다.

(6) 청소년 근로

세계적으로 산업혁명 이후, 저렴한 임금으로 노동자를 고용할 수 있다는 이유로 청소년의 노동력은 중요하게 여겨지게 되었다. 우리나라의 경우, 산업화를 거치면서 많은 청소년들이 학교보다 공장에서 일하면서 사회적으로 근로청소년에 대한 관심이 생겨났다. 사회가 발달하면서 이전처럼 전업으로 근로를 하는 근로청소년의 수는 급격히 줄었다.

청소년기 근로 경험은 개인에게 긍정적인 영향을 미칠 수 있다. 근로는 청소년의 미래 직업 결정에 도움을 주고, 독립성과 책임성, 자율성 증가, 근로를 통한 자기효능감 증진을 경험할 수 있다. 또한 성인과의 접촉기회를 통해 청소년의 사회화에 긍정적 영향을 미칠 수 있고, 돈과 노동의 의미를 이해하는 기회가 될 수 있다.

반면, 청소년기 근로 경험이 청소년에게 부정적인 영향을 미치기도 한다. 근로하는 청소년은 일에 대한 큰 부담으로 스트레스를 겪게 되고, 특히 근로현장에서 부당한 경험을 당한 경우, 심리적·정서적 발달에 부정적 영향을 미쳐 대인기피증과 우울증을 일으킬 수도 있다. 또한 근로현장에서 성인을 자주 만나 성인문화를 일찍 경험함으로써 청소년의 행동양식에 벗어난 행동을 할 수 있다. 청소년기 과도한 근로는 학업이나 또래관계에도 지장을 초래할 수 있고, 학교부적응의 원인이 될 수도 있다.

10대 청소년들에게 최저임금을 보장하도록 법에서 정하고 있지만, 성인에 비해 낮은 임금을 받는 것으로 나타나고 있다. 이에 「근로기준법」에 청소년의 근로를 보호하기 위한 조항을 두고 있다. 「근로기준법」상 15세 미만의 청소년(학교에 재학 중일 경우, 18세 미만)의 근로에 대해 제한하고 있다. 이들이 근로하기 위해서는 취직인허증이 있어야 하며, 18세 미만인 경우 가족관계증명서와 친권자(또는 후견인)의 동의서가 있어야 한다. 18세 미만의 청소년은 본인이 직접 근로계약서를 작성해야 하며, 15세 이상 18세 미만 청소년은 1일 7시간, 1주 35시간을 초과하여 근무하지 못하도록 정하고 있다(단, 본인 합의에 따라 1일 1시간, 주당 5시간 연장 가능). 또한 청소년은 오후 10시부터 오전 6시까지 근로할 수 없다. 또한 청소년도 성인과 동일하게 최저시급을 보장받아야 한다. 이러한 법적 기준을 두고 있음에도 불구하고, 실제 근로현장에서 청소년은 성인에 비해 열등한 위치에 있으면서 차별과 착취를 당하는 일이 많이 발생하고 있다.

청소년들이 아르바이트를 하면서 받은 부당한 대우로는 어리다는 이유의 차별대우가 가장 많았고, 그 다음으로 급여 지연 및 미지급, 초과업무, 노동계약서 미작성 및 추후 급여 삭감이었다. 또한 폭언과 폭행에 노출되는 문제도 발생하고 있다. 이는 우리 사회에 만연한 청소년 근로에 대한 부정적 시각에서 기인한다. 우리나라의 경우 90% 이상의 청소년이 학생의 신분을 갖고 있기 때문에 청소년이 근로를 한다고 하면, 학교부적응, 문제아로 낙인찍는 등 사회적으로 부정적 인식이 만연해 있다. 특히, 학교 밖 청소년이 근로를 할 경우, 부정적 시선은 더해진다. 이를 개선하기 위해서는 청소년 근로에 대한 사회적 인식을 바꾸기 위한 노력이 선행되어야 한다.

청소년기는 부모로부터 독립을 시도하는 시기이다. 그렇기 때문에 청소년들은 아르바이트에 관심을 두고 자신의 경제적 독립을 시도하고자 하는 욕구를 갖는다. 하지만 청소년의 근로환경이 개선되지 않는 한, 우리나라 청소년의 근로비율은 높아지지 않을 것이다. 청소년에게 안전한 근로환경을 제공하고, 이를 통해 청소년이 건강한 시민으로 성장하는 데 도움을 주기 위해서는 청소년복지적 측면에서도 적극적으로 다가가야 한다.

3) 청소년 상담

청소년기는 생물학적·인지적·정서적 변화로 인해 개인적인 측면뿐 아니라, 가족, 친구, 이성 등과의 사회적인 문제와 더불어, 막연한 미래에 대한 불안으로 진로문제를 겪게 된다. 이러한 문제는 청소년기에 흔히 경험하는 것이지만, 자아중심성이 강한 청소년들에게는 자신만이 겪는 문제로 인식되곤 한다. 이러한 문제를 해결하는 데 도움을 줄 수 있는 방법 중 하나는 상담이다. 청소년들에게 집단상담을 통해 자신이 겪는 문제에 대한 보편성을 알아가게 함으로써 정서적 안정을 주고, 개인상담과 가족상담을 통해 깊이 있는 문제해결에 도움을 준다.

3. 청소년복지정책의 내용

청소년복지정책의 내용은 다음과 같다(양승일, 2019: 199－200).

1) 청소년상담

청소년상담은 정신적·정서적 불안과 부적응문제를 가지고 있는 위기청소년에게 상담을 제공하는 서비스를 의미한다. 이를 위해 청소년상담 관련 정책연구, 부모교육, 비행청소년 등을 위한 상담서비스 등을 제공하고, 이를 통해 청소년의 고민해결과 자아정체성을 확립하는 것이다.

2) 청소년보호

청소년보호는 유해업소, 성폭력을 포함한 신체폭력, 청소년 성매매 등 청소년에게 해로운 환경을 차단하여 이를 통해 청소년을 보호하는 서비스를 의미한다. 특히, 가출청소년을 쉼터 등에 보호하고, 이들에게 가정, 학교 등으로 복귀할 수 있는 프로그램을 주입시키는 것도 중요하다.

3) 청소년교육서비스

청소년교육서비스는 시·도지사 또는 시·군·구청장이 비행·일탈을 저지른 청소년, 일상생활에 적응하지 못하여 가정 또는 학교 외부의 교육적 도움이 필요한 청소년 등에 대하여 청소년 본인, 해당 청소년의 보호자, 청소년이 취학하고 있는 학교장의 신청에 따라 교육적 선도를 실시하는 서비스를 의미한다. 이 경우, 해당 청소년의 보호자 또는 학교장이 선도를 신청할 때에는 청소년 본인의 동의를 받아야 한다. 한편, 중앙정부 및 지방자치단체는 선도대상 청소년을 개인별로 전담하여 지도하는 선도후견인을 지정할 수 있다.

4) 청소년건강보장서비스

청소년건강보장서비스는 중앙정부 및 지방자치단체가 청소년의 건강증진 및 체력향상을 위한 질병예방, 건강교육 등의 필요한 시책을 수립하고 시행하는 서비스를 의미한다. 특히, 중앙정부와 지방자치단체는 건강진단 결과를 분석한 후 전문기관에 의뢰하여 피드백 구조를 형성할 수 있다.

4. 청소년복지시설

사회복지시설 분류에 따른 청소년복지시설은 다음과 같다.

1) 생활시설

(1) 청소년쉼터

청소년의 가출은 가족해체와 학교부적응 등에서 비롯되는 것으로 아직은 부모와 가정의 따뜻한 보호를 받아야 할 시기에 집을 뛰쳐나와 거리에서 방황할 수밖에 없다는 것은 문제가 아닐 수 없다. 부모이혼, 가정폭력, 학대, 방임 및 학교부적응으로 가출한 청소년이 막상 갈 수 있는 곳은 그리 많지 않고, 오히려 탈선과 비행에 빠질 수 있는 환경뿐이다. 가출청소년은 해마다 증가하여 많은 사회문제를 일으키고 있고 그 심각성에 대한 인식이 확산되고

단기청소년쉼터 안내
(경기 수원)

있다. 그러나 가출문제 발생 시 귀가조치나 일시보호시설 수용 정도의 단순한 조치 외에는 가출문제 해결을 위한 정책적 의지나 구체적인 대책이 미흡한 실정이다.

청소년쉼터는 아이들이 소나기를 피해 밝은 햇살이 비추는 희망의 자리로 갈 수 있도록 도와주는 휴식처를 표방하고 있다. 청소년쉼터는 가출청소년들을 단기 또는 중장기적으로 보호함으로써 청소년들이 향후 새로운 삶을 살 수 있도록 돕기 위하여 설립되었다.

청소년쉼터는 일시쉼터(이동형, 고정형), 단기·중장기쉼터(남자, 여자) 등 있는데, 전국적으로 시·군·구에서 138개소가 운영되고 있다(여성가족부 홈페이지, 2023).

(2) 청소년자립지원관

청소년자립지원관은 일정 기간 청소년복지시설의 지원 이후, 가정 및 사회 복귀가 어려운 청소년에게 자립하여 성장할 수 있는 능력과 여건을 갖추도록 지원하는 기관을 말한다. 전국적으로 11개소가 설치되어 있는데, 서울(2)·부산·대구·인천(2)·대전·경기(3), 충남 등에 설치되어있다.

(3) 청소년치료재활센터

청소년치료재활센터(국립중앙청소년디딤센터 운영)는 정서·행동에 어려움이 있는 청소년(만 9–18세)으로, 우울증, 불안장애, 학교부적응, 주의력결핍과잉행동장애(ADHD), 학대 및 학교폭력 피해 청소년 등이 대상이다.

그 내용으로는 정서·행동 영역에서의 어려움 정도에 따라 디딤과정(4개월), 오름과정(1개월), 힐링캠프(4박5일), 대상특성화캠프(11박12일) 등을 제공하며, 상담·치료(정신의학적 상담), 보호(거주형 보호시설), 교육(검정고시 지원), 자립지도(직업교육, 체험활동 등) 등을 지원한다.

2) 이용시설

(1) 청소년상담복지센터

「청소년복지지원법」을 근거로, 청소년상담복지센터에서는 '청소년전화 1388' 운영, 지역사회 청소년통합지원체계(청소년안전망) 운영, 찾아가는 상담 전문가인 청소년동반자 운영, 긴급구조 및 일시보호사업, 청소년 인터넷 중독 예방, 해소사업 등을 추진하고 있다. 그 밖에도 심리상담 및 놀이치료, 또래상담사업, 학부모상담자원봉사회 운영, 청소년상담 관련 심리교육, 지도자 양성, 학부모의 청소년문제에 대한 정보제공과 자문 등을 실시하고 있다.

청소년상담복지센터에서 진행하는 청소년상담은 성인을 대상으로 하는 일반상담의 형식과 달리, 찾아가는 상담, 활동적인 집단프로그램 형식으로도 진행되고 있으며, 전화상담, 사이버상담으로도 이루어지고 있어서 24시간 청소년들에게 도움을 준다.

청소년상담복지센터의 업무내용은 다음과 같다.

① 청소년과 부모에 대한 상담·복지 지원
② 상담·복지 프로그램의 개발 및 운영
③ 상담 자원봉사자와 청소년 지도자에 대한 교육 및 연수
④ 청소년상담 또는 긴급구조를 위한 전화 운영
⑤ 청소년 폭력·학대 등으로 피해를 입은 청소년의 긴급구조, 법률 및 의료 지원
⑥ 청소년의 자립능력 향상을 위한 자활 및 재활 지원

전국적으로 시·도, 시·군·구에서 운영 중에 있으며, 221개소가 설치되어 있다(여성가족부 홈페이지, 2023).

(2) 청소년방과후아카데미

청소년방과후아카데미는 방과 후 돌봄이 필요한 청소년에게 체험활동, 학습지원, 급식·상담 등 종합서비스를 제공한다. 그 대상은 방과 후 돌봄이 필요한 청소년(초4－중3)으로 하되, 우선지원대상은 저소득층, 한부모, 조손, 다문화, 장애가정, 2자녀 이상 가정, 맞벌이가정 등이다.

지원내용은 지역 여건 및 학부모의 수요를 고려한 체험활동, 기초학습, 급식, 상담, 부모교육 및 캠프 운영 등이다. 운영시간은 방과 후부터 21:00(일일 4시간 이상 연중 운영)까지이다. 운영은 지역 내 청소년수련관, 청소년문화의집, 종합사회복지관 등에서 맡고 있다.

5. 청소년복지정책의 개선방안

청소년문제를 해결하기 위해서는 문제해결의 주체, 대상 청소년의 특성을 파악하여 종합적, 체계적, 전문적으로 대처해야 한다. 문제해결의 주체는 국가, 학교, 지역사회의 민간단체, 가정 등으로 구분할 수 있고, 대상 청소년은 가정, 교육, 경제수준 등을 변수로 범주화하는 것이 타당하다. 즉, 정상적인 가정에서 생활하는 청소년과 결손가정의 청소년 또는 시설수용청소년 등으로 구체화하여 개별화된 접근방법이 필요하다. 또한 학교청소년과 학교 밖 청소년, 근로청소년 등으로 구별하고, 경제적으로는 상류층, 중간층, 하류층 등의 청소년에 대한 개별적 고려를 할 필요가 있다. 따라서, 청소년문제는 문제의 원인과 형성과정을 총체적으로 파악하여 문제해결 주체의 능력과 규모에 따라 개입할 수 있는 범주를 선택하고, 그 대상이 되는 청소년들의 가정적 배경, 교육상황과 수준, 경제적 수준 등을 고려하여 적절한 대책을 마련해야 할 것이다.

청소년문제를 해결하기 위한 구체적 방안은 다음과 같다.

1) 가정에서의 문제해결

무엇보다 청소년들의 자살을 예방하기 위해서는 가족구성원 간의 친밀한 정서적 유대관계가 형성되어야 하며, 상호 원활한 의사소통이 이루어져야 하고, 심리적으로 지지해 줄 수 있는 지원체계가 형성되어야 한다. 또한 부모나 가족구성원들이 청소년들을 과잉보호하거나 무관심하지 않아야 하며, 그들에게 생명의 존엄성을 고취시켜 주어야 한다. 더불어 가족의 화목하고 모범적인 생활을 통해 청소년이 스스로 안정을 찾고, 가족의 한 일원임을 인식할 수 있도록 도와주어야 한다.

2) 학교에서의 문제해결

청소년들은 하루 일과의 대부분을 학교에서 보낸다고 해도 과언이 아니다. 학교생활이 행복해지면 상대적으로 청소년들에게 심리적 안정감을 주어 청소년문제를 약화시킬 수가 있다.

문제해결을 위한 구체적 방법을 살펴보면 다음과 같다.

첫째, 인성교육을 강화해야 한다. 청소년문제의 가장 큰 원인은 인성교육의 부재라고 할 수 있다.

둘째, 창의적인 교육이 필요하다. 창의성 교육을 통해 학생들에게 자신들의 잠재능력을 찾아내고 그 능력을 개발해 낼 수 있는 다양한 교육을 시킬 필요가 있다.

셋째, 입시 및 성적 위주의 교육을 지양해야 한다. 학교에서 스트레스를 받지 않을 수 있도록 하는 환경을 조성해 줄 필요가 있다. 입시 위주 및 성적 위주의 교육은 학생들에게 엄청난 스트레스를 주고 있으며, 이러한 스트레스로 인해 학교폭력이 유발되고 있는 것도 사실이다.

넷째, 학교교육의 정상화가 이루어져야 한다. 그리고 가장 중요한 것은 이러한 교육을 시키는 주체가 교사이기 때문에 교사의 권한을 강화해 주고 교사가 자신의 능력을 최대한 발휘하여 학교폭력 예방교육을 할 수 있도록 학교 분위기가 조성되어야 할 것이다. 따라서, 교사의 역할은 학생의 문제를 조기에 발견하고 감지하여 면담 및 생활지도 등을 통해 사전조치를 취하고, 학생에 대한 이해, 학교폭력 상황 발생 시 문제해결 능력을 강화하고, 지속적인 연수를 통해 학교폭력 유형에 효과적으로 대응하도록 하는 것이다.

3) 사회환경적 문제해결방식

유해환경에 대한 정화캠페인이 전개되어야 할 필요가 있다. 사법적 노력도 중요하지만, 주부클럽연합회, 대한어머니회, YMCA, YWCA, 청소년단체 등 각종 사회단체와 연계하여 시민운동 차원에서 유해환경, 즉 불량 만화가게, 불량 비디오가게, 청소년 출입금지된 유흥업소 등을 추방해야 한다. 예컨대, 불량 도서와 불량 만화가게 추방 캠페인, 불량 출판물 고발센터 운영, 음란퇴폐 출판물 추방을 위한 어머니·교사·지역사회 인사 등의 모니터링제도의 운영이 필요하다.

4) 다차원적이고 통합적인 접근방안

청소년이 겪는 문제를 유발하는 요인들은 복잡하고 또한 청소년문제들 간에 서로 연관되는 경우가 많다. 예를 들어, 인터넷 중독으로 인한 청소년 성문제는 청소년 유해환경 개선을 통해 두 가지 문제를 동시에 해결할 수 있고, 그로 인한 비행, 범죄행위까지도 완화할 수 있다. 따라서, 청소년이 가진 욕구를 충족시켜 주기 위해서는 청소년과 관련된 전문가들과 정책결정자들은 다차원적이고 통합적인 접근방식을 취할 필요가 있다.

연습문제

1. 청년기의 특징으로 옳은 것은?

① 독립으로 인한 양가감정을 느낀다.
② 직업선택과 여가선용이 가장 중요한 역할과제이다.
③ 자아정체성을 확립해야 하는 시기이다.
④ 심리사회적 유예기간으로 직업탐색이 중요한 시기이다.
⑤ 직업적 성취도가 최고조에 이르러야 한다.

2. 청소년기의 발달과업에 관한 설명으로 옳지 않은 것은?

① 직업준비 ② 정체성 중요
③ 진로 고민 ④ 정체성 확립
⑤ 배우자 선택

3. 청소년상담복지센터의 업무내용이 아닌 것은?.

① 청소년과 부모에 대한 상담·복지지원
② 상담·복지 프로그램의 개발 및 운영
③ 상담 자원봉사자와 청소년 지도자에 대한 교육 및 연수
④ 청소년 상담 또는 긴급구조를 위한 전화 운영
⑤ 청소년쉼터 운영

4. 청소년문제의 해결책이 아닌 것은?

① 가족구성원 간의 친밀한 정서적 유대관계가 형성되어야 한다.
② 인성교육을 강화해야 한다.
③ 촉법소년의 연령을 하향해야 한다.
④ 학교교육의 정상화가 이루어져야 한다.
⑤ 다차원적이고 통합적인 접근방식을 취할 필요가 있다.

정답 1. ① 2. ④ 3. ⑤ 4. ③

Chapter 13

아동복지

개요

아동복지는 사회구성원으로서 아동의 기본적인 욕구를 충족시키고 건전한 성장과 발달을 도모하기 위하여 여러 가지 활동을 가능하게 하는 공적인 방법과 절차라고 할 수 있다. 여기에서는 아동복지를 학습하고자 한다.

학습목표

1. 아동문제에 대한 토의
2. 아동복지시설의 내용 숙지
3. 사례연구

학습내용

1. 아동의 개념
2. 아동복지의 개념
3. 아동복지정책의 내용
4. 아동복지시설
5. 아동복지정책의 개선방향

Chapter 13

아동복지

1. 아동의 개념

1) 아동의 정의

아동은 사전적 정의와 법적인 정의, 발달적인 정의로 살펴볼 수 있다. 표준국어대사전에서는 아동의 정의를 나이가 적은 아이, 대개 유치원에 다니는 나이로부터 사춘기 전의 아이로 보고 있다. 이는 아동을 유아부터 청소년 전기인 초등학생까지로 생각하기 때문에 보호 대상의 차원에서 분류기준이 된다.

아동은 세 가지 측면에서 구분하기도 한다. 생물학적 측면에서는 신체적 성숙이 마무리되기 이전의 생애주기 내에 있는 연령을 의미하며, 심리학적 측면에서는 아동기에 해당하는 집단의 보편적인 특성과 욕구를 가진 연령을 의미하고, 사회학적 측면에서는 사회에서 아동에게 부여하는 아동으로서의 역할과 기대를 가진 연령을 의미한다.

법률상 아동에 대한 기준은 법률에 따라 다소 차이가 있으나, 「아동복지법」 제3조제1항에는 '18세 미만'으로 규정하고 있다. 따라서, 이 책에서는 이 기준에 따르되, 청소년복지와 관련된 내용은 중첩을 피하고자 한다.

2) 위기가정의 아동문제

최근 들어 부모의 사망, 부 사망 후 모의 가출 또는 부모의 행방불명, 이혼 등으로 부모 없는 아동들만으로 구성된 가정이 출현하고 있다. 부모가 없는 소년소녀가정은 매년 조금씩 증가해 왔으며, 정부는 이들 소년소녀가정에 대하여 생활보호 차원의 경제적 지원을 하고, 어린이재단 등 민간단체에서도 후원결연사업 등 여러 가지 사업을 통해 이들을 지원하고 있다. 아동은 가정에서 적절한 양육과 보호를 받아야 한다는 관점에서 볼 때, 보호자가 없는 소년소녀가정세대를 사회적으로 방치하는 것은 적절하지 못하다는 관점에서 소년소녀가정은 2006년 이후 가정위탁으로 전환되어 정부의 지원을 받고 있다. 부모로부터 정상적인 양육을 받지 못하는 아동보호는 아동양육의 사회보장체계의 구축을 비롯한 아동복지의 주요 과제이다(장익중 외, 2023: 21).

미혼모와 그 자녀의 문제도 위기가정 아동의 관점에서 중요한 대상이다. 서구의 개방적인 성문화의 도입과 가치관의 변화로 청소년의 무분별한 혼전 성관계, 성폭력에 의한 성관계가 증가하면서 미혼모의 수가 증가하고 있다. 성개방의 사회변화 추세에 비추어 앞으로도 더욱 증가할 전망이다. 미혼모는 사회적 은닉성이란 특성으로 인하여 그 실태를 정확하게 파악하기가 어려운 실정이다. 미혼모의 발생은 미혼모 자신뿐만 아니라 가정, 사회, 국가에 심각한 부정적인 영향을 미치게 된다. 미혼모는 아이와 관련하여 모성역할에 현실적 어려움을 경험하게 된다. 특히, 아동양육을 위한 재정적 지원, 즉 생활비, 의료비, 주거장소 및 법적 보호 등이 필요하다. 미혼모의 자녀에 대한 적절한 사회적 서비스는 물론 미혼모가 가정과 학업에 복귀하거나 직장에 취업하여 안정적인 사회생활을 할 수 있도록 사회적 인식을 전환하고 사회복지적 개입과 제도적 대책이 제공되어야 할 것이다.

재난에 의하여 가족의 부양·양육·보호·교육 등 가족기능이 현저하게 저하된 경우, 원활한 가족기능을 수행하는 데에 긴급하게 필요한 범위에서 「건강가정기본법」에 의하여 위기가족 긴급지원이 이루어지고 있다.

이와 같은 사회환경의 변화 외에도 아동의 삶에 영향을 미치는 사회현상은 아동양육에 관한 사회적 가치관의 변화를 들 수 있다. 부모의 자녀에 대한 책임과 역할에 있어서 과거에는 부모가 자녀의 보다 나은 삶과 지위향상을 위하여 자신의 삶을 희생하고 헌신하였으나, 오늘날에는 지난 세대에 비하여 부모의 태도가 덜 희생적이며, 자녀 지향적 가치보다는 부부 또는 자기 지향적인 가치가 지배적인 경향이 되어 가고 있다. 이혼 등 여러 가지 원인으로 인한 가족해체의 위기상황에서 아동이 부모로부터 적절한 양육을 받지 못하고 방치되는 사례가 다수 발생하고 있다. 이러한 새로운 가치관과 태도는 아동양육에 대한 국가 또는 사회적 차원의 보호와 책임을 증대시키고 있다.

2. 아동복지의 개념

1) 아동복지의 정의

아동복지는 '아동'과 '복지'라는 두 용어의 합성어로서, 영어로는 'child welfare'로 표기된다. 어원적인 측면에서 아동복지는 '아동이 편안히 잘 지내는 상태'를 뜻한다. 그러나 아동이 편안히 잘 지내는 상태가 어떤 것이냐에 대한 정의, 즉 아동복지에 대한 정의는 학자마다 다르다.

『아동복지서비스』
(1988년 출판)

미국 대표적인 아동복지학자인 카두신(Alfred Kadushin)은 1967년 그의 저서 『아동복지서비스(*Child Welfare Services*)』에서, 미국아동연맹의 정의를 기초로 아동복지를 잔여적 의미의 사회적 서비스의 한 형태로 정의한다. 즉, 아동복지는 부모가 아동양육의 책임을 충족시킬 수 없거나, 또는 그 지역사회가 아동과 가족이 요구하는 보호와 자원을 제공할 수 없을 때, 아동이나 청소년에 대하여 제공되는 사회적 서비스와 관련 있다고 하였다. 따라서, 아동복지서비스는 부모가 그 역할 수행에 어려움을 겪고 있는 기능들을 지지·보조 또는 대리하거나, 현존의 사회제도를 수정하거나, 새로운 제도를 조직함으로써, 아동과 그 가족의 조건을 향상시키는 것을 목표로 한다(Kadushin, 1988).

프리들랜더(Walter Andreas Friedlander)는 1974년 그의 저서 『사회복지개론(*Introduction to social welfare*)』에서 사회적·경제적 활동으로서의 아동복지를 강조하고 있다. 그에 따르면, 아동복지는 빈곤, 방치, 유기, 질병, 결함 등을 지닌 아동 또는 환경에 적응하지 못하는 비행아동에게만 관심을 두는 것이 아니라, 모든 아동이 신체적·지적·정서적 발달에서 안전하며 행복할 수 있도록 위험으로부터 보호하기 위하여 공공과 민간의 기관에서 실시하는 사회적·경제적·보건적 제반 활동을 의미한다.

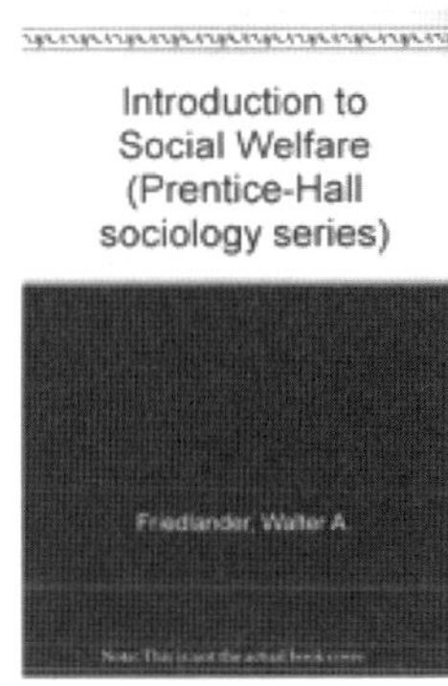

『사회복지개론』
(1974년 출판)

미국 『사회복지연감(*Social Year Work Book*, 1960)』에서는 아동복지의 행동이나 활동 분야에 초점을 둔 정의를 제시한다. 즉, 행동분야로서의 아동복지는 아동이 행복하게 살며, 그들의 생활에서 잠재력을 최대한 발휘할 수 있는 건강하고 건전한 개인으로 성장·발달할 수 있도록 함을 목적으로 하는 광범위한 활동을 포함한다. 또한 아동복지는 가정생활을 유지·강화하면서 건전한 아동발달을 가져올 수 있는 지역사회생활을 영위하게 하는 데 관심이 있다.

마이어(Meyer, 1985)는 아동복지를 지속적인 사회체계의 하나로, 아동복지를 증진시키기 위한 사회제도이자 하나의 전문직으로서 사회복지의 한 분야로 정의하면서 사회복지 전문직의 한 분야로서의 아동복지를 강조한다.

한편, 서강훈(2019)에 따르면, 아동복지란 아동의 건강한 삶을 보장하기 위한 국가와 사회 그리고 민간단체의 다양한 노력들, 즉 법과 정책 그리고 행정뿐 아니라, 전문가에 의한 구체적인 서비스를 총칭하는 말이다. 현대의 아동복지라는 용어는 보다 넓은 의미를 가지는 것으로, 아동의 신체적·인지적·정서적 발달에 관하여 모든 아동의 복지를 지키며 보호하고자 하는 공사단체의 사회적·경제적·보건적 활동과 일체를 이루는 것이라고 정의하고 있다. 따라서, 현재 우리나라에서는 제도적이며 보편적 서비스로서의 복지 개념이 아동복지의 일반적 정의로 수용되고 있다.

이와 같은 아동복지에 관한 정의들은 가족의 기능을 보충하는 잔여적 의미의 개념(카두신), 서비스의 개념(프리들랜더), 활동분야의 개념(『사회복지연감』), 사회체계 및 독립된 사회제도로서의 개념(마이어와 서강훈)을 내포하고 있음을 알 수 있다. 현대사회에서 복지는 가족이나 시장경제의 역할에 부수적인 잔여적 개념이 아니라, 다른 사회제도와 동등한 위치의 독립된 사회제도적 의미로 받아들이는 것이 일반적인 추세다. 따라서, 제도적 관점에서 아동복지를 정의하고, 아울러 사회체계 및 서비스의 관점에서 아동복지에 대한 정의를 제시하고자 한다.

사회제도는 사회구성원의 기본적인 욕구를 충족시키며, 여러 가지 활동을 가능하게 하는 관습화되고 공식화된 방법과 절차를 의미한다. 그리고 하나의 제도로서 사회복지가 수행하는 기능은 사회구성원 간에 서로 도와주는 상호부조(mutual support)의 기능이다. 이러한 사회제도적인 측면에서 아동복지를 정의하면, 아동복지란 사회구성원으로서 아동의 기본적인 욕구를 충족시키고 건전한 성장과 발달을 도모하기 위하여 여러 가지 활동을 가능하게 하는 공적인 방법과 절차라고 할 수 있다. 여기에서 공적인 방법과 절차에는 아동복지와 관련된 법령, 공공과 민간의 조직, 사회복지 전문직과 같이 제도화된 실천방법 등이 포함된다.

사회체계적 관점에서 아동복지는 사회체계의 한 하위체계로 간주된다. 복지의 기초이론인 생태체계론에 따르면, 인간의 생활환경은 다양한 체계로 구성되어 있으며, 복지의 대상인 인간조직도 다양한 하위체계로 구성된다. 복지 역시 하나의 체계이며, 아동복지는 복지 하위체계로서 정치·경제·사회·문화·교육 등의 인접 체계와 끊임없이 상호작용하고 영향을 주고받으며 변화한다.

서비스의 관점에서 아동복지는 아동을 실천대상으로 하는 프로그램과 서비스를 포함한다. 이러한 프로그램과 서비스에는 소득보장, 영유아보육, 입양, 가정위탁, 시설보호, 재가복지, 강제보호서비스, 학교사회 복지서비스 등이 포함된다. 이러한 아동복지서비스는 공적·사적인 자원과 인력을 바탕으로 수행된다.

2) 아동복지의 필요성

과거 아동은 권리가 거의 없고 의무만을 지닌 '성인 축소판(miniature adult)'으로 여겨졌지만, 현대 아동은 성인과 다른 아동만의 독자적 발달 특성에 따른 특별한 관심과 보호가 필요한 존재로 인식되고 있다. 이는 아동에 관한 과학적 연구를 촉발했고, 아동복지의 필요성을 확인시켰다.

인구사회학적 변화도 아동복지에 대한 사회적 책임 강화의 필요성을 대두시켰다. 최근 한국사회의 저출산·고령화는 생산가능인구의 감소와 평균노동연령의 상승, 저축·소비·투자 위축 등으로 연결되어 경기를 침체시키고, 국가경쟁력을 약화할 수 있으므로 출산율을 높이는 아동복지정책이 필요한 실정이다.

현대사회에서 아동을 위한 복지가 필요한 이유는 다음과 같다(배은영 외, 2022: 21).

첫째, 아동의 기본적 생활보장이 필요하기 때문이다. 인간은 태어나서 성인이 되기까지 보호와 양육 등, 긴 준비기간이 필요한 존재이다. 따라서, 인간적인 성장과 성숙을 위하여 준비기간 동안 적절한 타인의 도움이 절대적으로 필요하다. 그러나 부모나 가족이 어려움으로 인하여 아동을 위한 보호와 양육 등 필요한 기능을 하지 못할 경우, 아동이 기본적 생활을 유지하며, 건강하게 성장·발달할 수 있도록 사회가 보장해 주어야 한다.

둘째, 사회와 국가의 인력 개발과 육성이 필요하다. 아동은 한 사회와 국가의 미래에 큰 영향을 미치는 존재이다. 그 사회의 미래와 직결되기 때문에 아동의 보호와 육성이 필요하다.

셋째, 사회문제의 발생을 사전에 예방하는 측면이다. 아동들이 가지고 있는 발달적 욕구를 충족시켜 줌으로써 사회문제를 미연에 예방하거나 해결하기 위한 다양한 활동이 필요한 것이다. 가정이 빈곤하거나 기능이 결손될 경우, 아동의 기본적 욕구와 발달적 욕구가 적절하게 충족되지 못할 경우가 발생하며, 아동이 이러한 가족에서 성장할 경우, 성인이 되어 일으킬 수 있는 문제

발생을 미연에 방지하기 위하여 아동복지가 필요하고 그 가치가 있다.

3) 아동복지 대상

아동복지의 대상은 모든 아동이다. 모든 아동들은 같은 환경 속에서 성장하는 것이 아니고, 아동마다 저마다의 성격적 특성과 능력 및 욕구가 있다. 아동복지는 각기 다양한 상황과 속성을 가진 아동들의 개별적인 욕구들을 충족시켜 주어야 하며, 한편으로 아동 대다수가 지니고 있는 문제들을 해결해 주어야 한다. 따라서, 아동복지서비스가 보다 현실성 있게 실현되기 위해서 아동복지 대상 아동들을 어떻게 분류하고 정의하는가가 중요하다.

일반적으로 행정주의 편의상 아동복지서비스의 대상을 보호대상아동과 일반아동으로 구분한다. 그러나 모든 아동은 부모의 보호를 필요로 하는 미성숙한 존재이기 때문에 부모가 아동복지 대상에 포함되어야 한다. 과거 아동복지의 주요 대상은 보호필요아동이었으나, 현대에 와서는 보편적 서비스로 일반아동을 포함하고 있다. 보호필요아동이나 일반아동 모두 부모의 보호와 양육을 통해 비로소 건강한 성장과 발달이 가능하다는 점에서 아동복지는 보호필요아동이나 일반아동뿐 아니라, 아동의 부모도 복지의 대상에 포함시켜야 한다. 따라서, 아동복지서비스는 아동을 직접 대상으로 할 뿐만 아니라, 그 부모를 대상으로 실시하기도 한다. 즉, 아동복지 대상은 보호대상아동과 일반아동, 그리고 부모라고 할 수 있다. 아동복지 대상은 다음과 같다.

(1) 보호대상아동

① 가정환경상의 문제를 지닌 보호대상아동

모든 아동은 자기가 태어난 가정에서 부모의 사랑을 받으며, 건강하게 자라는 것이 가장 바람직하다. 그러나 여러 가지 이유로 인해, 가정환경이 양육의 기능을 충분하게 수행할 수 없을 경우, 아동과 그 가족은 보호를 받아야 한다. 이러한 가정의 형태로는 빈곤가정, 결손 및 부모부재 가정, 병리가정 등이 있다.

빈곤가정

빈곤가정은 최저생계비 미만의 저소득으로 인하여 아동의 성장과 발달에 필요한 영양, 보건, 교육 등의 기회가 결핍되거나 박탈당한 경우를 초래하므로 아동양육상 많은 어려움을 겪는다. 빈곤가정의 부모 역시 자녀의 양육은 물론 자신의 삶을 영위하는 데 있어 좌절과 불만족을 경험하고 있다. 우리나라의 경우, 빈곤가정을 위한 사회보장제도가 있으나, 이들 가정의 아동에 대한 구체적인 대책은 없는 실정이다. 국가의 경제력이 향상되었다 하더라도, 빈곤가정은 여전히 존재하고 있으며, 이들의 자녀양육 환경은 지속적이고 신속한 대책이 필요하다.

결손 및 부재 가정

결손가정은 이혼 또는 사망으로 인하여 부모의 일방 또는 쌍방이 없는 가정이며, 부재가정이란 해외 취업 또는 교도소 복역, 질병 등으로 인한 장기입원 등으로 인해 부모 중 한쪽이 장기간 동거하지 않는 가정을 말한다. 부모와 함께 동거하더라도 부모의 역할을 제대로 수행하지 않는다면, 넓은 의미의 부모부재가정이라고 할 수 있다. 결손가정과 부재가정의 아동은 일반가정의 아동보다 욕구불만, 정서불안에 빠지기 쉬우며, 한부모의 지나친 애정이나 무관심으로 인해 성격적 결함이 생길 가능성이 있다.

가족구조상 결손은 그 기능상의 변화를 가져오게 하여 가족으로서의 역할을 감당하기 어려운 상황이 종종 발생하게 된다. 현대 가족의 특징 중 하나인 가족해체 현상의 증가와 더불어 결손 및 부재 가정 아동의 수가 점차 증가함을 고려한다면 이들에 대한 올바른 이해와 대책이 시급하다.

병리가정

병리가정은 문제가정이라 불리기도 하는 데, 사회집단으로서의 가족조직이 약화되고 기능상의 장애를 일으키는 가족을 말한다. 병리가족은 가족의 구조적인 결손이 없음에도 불구하고, 가족관계의 갈등으로 인해 또는 역기능적인 가족구조로 인해 가족구성원 상호 간의 역할수행이 바람직하지 못하게 이루어지며, 부적응과 부조화를 경험하게 되고, 가족의 해체를 불러오기도 한다. 이러한 병리적 가족의 형태로는 부부갈등, 별거 및 이혼으로 인한 문제, 유기, 학대 등이 있으며, 아동의 성장과 발달에 매우 치명적이고 부정적인 영향을 주게 된다.

② 발달상의 장애를 지닌 보호대상아동

장애아동은 선천적이든 후천적이든 신체적·정신적 능력의 결여 때문에 개인 또는 사회생활에 필요한 것을 스스로 확보할 수 없는 아동을 말하는 데, 신체장애아동, 정서장애아동, 정신지체아동 등이 있다. 장애를 지닌 아동은 본인의 장애와 관련된 의료적 처지는 물론 사회구성원으로 어울려 살아가기 위해서는 적절한 교육과 훈련이 필요하다. 이를 위해서는 관련 정책을 통해 장애아동과 그 가족이 무료 또는 최소한의 비용으로 치료와 교육을 받을 수 있고, 가정에서 장애아동을 적절히 돌볼 수 있도록 경제적 지원을 해야 할 것이며, 교육기관, 의료기관, 상담기관 등을 통해 전문적 서비스가 제공되어야 할 것이다.

③ 사회적·법적 보호가 필요한 아동

가정환경상의 문제를 지닌 아동과 장애아동 역시 법적·제도적 대책을 필요로 한다. 그러나 문제의 특성상 사회적·법적 보호의 대책이 무엇보다 중요시되는 아동의 상황은 가출 및 비행아동, 미혼모와 그 자녀 등이다. 미혼모와 그 자녀 특히 10대 미혼모의 증가는 커다란 사회문제로 자리 잡고 있으며, 입양 대상 아동의 대부분을 차지하게 된다. 따라서, 미혼모와 그 자녀를 위한 법률상담, 의료혜택, 직업 및 교육상담, 생계비 보호, 정서적 문제를 해결하도록 돕기 위한 심리치료 서비스 등이 제공되어야 한다. 가출 또는 비행아동들은 법적인 문제해결과 상담서비스가 요구되므로, 우선적으로 법과 사회적 보호의 차원에서 보호를 받아야 한다. 소년원이나 소년교도소 등의 법집행기관들은 비행아동의 선도 및 교화를 위한 양질의 복지서비스를 개발하여야 하며, 비행아동들의 반복비행을 예방하기 위한 다양한 대책이 마련되어야 한다.

(2) 일반아동

일반아동은 특별한 보호가 필요하지 않은 일반가정의 아동을 말한다. 그러나 아동복지의 궁극적 목표가 모든 아동들의 보다 행복한 생활의 보장이라고 한다면, 보호대상아동 외에 일반아동에 대해서도 관심을 두지 않으면 안 된다. 일반아동은 잠재적으로 문제를 표출할 가능성이 있는 아동이기도 하고, 또한 그들의 생활이 이상적인 상태에 있다고도 볼 수 없기 때문이다. 즉, 현재 뚜렷한 문제를 지니지 않고 있다는 것이며, 그들의 기본적인 욕구가 모두 충족되어 있다고 할 수 없다. 따라서, 아동으로서의 기본적인 욕구를 충족시킬 수 있는 권리보장을 위해 부모와 사회는 지속적으로 노력하여야 한다. 아동들이 가지게 될 문제를 예방하기 위해 노력하여야 하고, 아동집단의 권리보호를 위해 환경을 감시하고 바로잡아야 하며, 아동의 이익을 대변하는 전문가 집단의 요구에 귀를 기울여야 한다. 또한 아동들을 위한 제도적 장치를 확립하여야 하며, 아동에 대한 인식과 아동관을 새로이 하여 아동들도 사회구성원으로 당당하게 살아갈 수 있는 사회를 만들어야 한다.

아동의 환경 중 1차적이면서 가장 중요한 환경은 부모이다. 부모는 아동복지에서 아동 외에 가장 먼저 관심을 두어야 하는 복지대상이다. 따라서, 아동의 행복을 보장하기 위해서는 부모로서 자녀양육의 책임에 대한 준비 및 이를 위한 상담과 지도 프로그램을 모든 계층의 부모에게 제공해야 한다. 부모교육은 아동을 건전하게 키우기 위한 부모들에 대한 교육으로서 아동발달의 이해, 자녀와의 대화기법, 부모역할과 가정환경의 중요성 등을 주지시켜 자녀양육에 도움이 되도록 하는 데 목적이 있다. 즉, 부모로서 갖추어야 할 지식과 기술에 대한 교육을 통해, 아동은 물론 부모 자신의 성장에도 도움을 줄 수 있어야 한다. 부모를 통한 아동복지의 실현은 곧 아동욕구 및 문제의 해결인 것이다.

3. 아동복지정책의 내용

아동복지정책의 내용은 다음과 같다.

1) 교육급여

교육급여는 국민기초생활보장제도의 하나이다. 국민기초생활보장제도(national basic livelihood security act)는 빈곤층을 대상으로 국민의 최저생활을 보장해 주는 제도를 말한다. 기초보장제도라고도 하며, 1999년 9월 보건복지부 주관으로 실시되었다. 이 제도는 개별가구의 소득이 국가가 정한 일정 기준선에 미달하는 빈곤층을 대상으로 생계, 의료, 주거, 교육 등 기초적인 생활을 영위할 수 있도록 현금 또는 현물을 지원하는 복지제도를 지칭한다.

교육급여는 고등학생의 경우, 교과서대, 수업료·입학금(학교장이 고지한 금액 전부), 초·중학생의 경우 부교재비(66천원/인, 105천원/인), 중·고등학생 학용품비(57천원/인)를 지원한다. 즉, 교육급여는 학교나 시설에 입학해 입학금, 수업료, 학용품비, 그 밖의 수급품 등이 필요한 기초생활보장수급자에게 지급된다. 이는 초등학교·공민학교, 중학교·고등공민학교, 고등학교·고등기술학교, 특수학교, 각종 학교(초등학교, 공민학교·중학교·고등공민학교·고등학교·고등기술학교와 비슷한 학교), 학교 형태의 평생교육시설(고등학교 졸업 이하의 학력이 인정되는 시설로 지정한 시설만 해당) 중 어느 하나에 해당하는 학교 또는 시설에 입학 또는 재학하는 사람에게 지급된다.

2) 육아지원금

(1) 아동수당

아동수당은 「아동수당법」에 근거한다. 동법의 제정 이유로는, 아동은 우리 사회의 소중한 구성원이자 미래사회를 책임지게 될 중요한 세대임에도 불구하고, 그동안 아동에 대한 재정적·정책적 지원에는 소극적이었다. 이에 6세 미만 아동(2018년 제정 당시)에게 보호자와 그 가구원의 경제적 수준을 고려하여 아동수당을 지급하도록 함으로써 아동양육에 따른 경제적 부담을 경감하고, 아동의 건강한 성장 환경을 조성하며, 아동 양육에 대한 국가의 책임성을 강화하려는 것이다.

아동수당은 0－95개월(만 8세 미만, 2022년 4월부터)까지의 아동으로, 다른 수당과 중복적으로 선택하여 지급받을 수 있다. 아동수당은 1인당 월 10만 원을 지급하되, 조례로 지역사랑상품권 등을 지급할 수 있다. 단, 90일 이상 해외 체류할 경우에 지급이 중단된다. 지급일은 매월 25일이다.

(2) 부모급여

부모급여는 기존 보육수당(영어수당)을 개편해 마련한 제도로, 2023년부터 신설된 수당이다. 보건복지부에서는 돌봄이 집중적으로 필요한 영아를 마음 편하게 가정에서 돌볼 수 있도록 부모급여를 지원하고 있다. 2023년 현재 만 0세(1－11개월)가 되는 아동(2022년 이후 출생)은 월 70만 원, 만 1세(12－23개월)가 되는 월 35만 원을 지급받게 된다. 2024년부터는 각각 100만 원, 50만 원으로 증액된다.

부모급여는 보호자 또는 대리인이 주민등록상 주소지 행정복지센터를 직접 방문하거나, 복지로(http://www.bokjiro.go.kr) 또는 정부24 홈페이지를 통해 온라인으로도 신청할 수 있다. 부모급여는 매월 25일 신청한 계좌로 지급된다. 부모급여 대신 어린이집이나 종일제 아이돌봄서비스를 이용하기 위해서는 변경 신청해야 한다.

(3) 양육수당

양육수당은 어린이집이나 유치원 종일제 아동돌봄서비스를 이용하지 않고 가정에서 영유아를 돌볼 경우에 지급된다. 양육수당은 부모급여 지원이 끝나는 생후 24개월부터 초등학교 취학년도의 2월까지 지원을 받을 수 있다.

부모급여와 양육수당은 중복되지 않으며, 부모급여와 아동수당, 양육수당과 아동수당은 중복이 가능하다.

3) 무상급식

무상급식이 한국에 처음 도입된 해는 2001년으로 경기도 과천시에서 시작되었다. 자치단체 단위로 한국에 최초 시행된 해는 2007년으로 경상남도 거창군에서 시작되었다. 그리고 경기도 성남시에서도 2007년 초등학교 일부에서 실시되었다.

명칭에 있어서 이념논쟁을 부르기 쉬운 '무상급식'이라는 이름 대신 '기초급식'이라고 이름만 바꾸고 다른 나라의 공립학교 급식을 참고해 지자체가 학부모의 소득과 재산에 따라 지방세를 거두면 무난하다. 그러나 우리 사회는 부담 면에서 찬반 측 모두가 "내 소득세 명목으로는 내기 싫다."며 입을 모으고 있고, 식사제공 측에서는 갹출방식을 둘러싸고 논쟁하는 일이 많다. 즉, 찬반 어느 쪽이든 급식을 하는 것 자체에는 반대하지 않는다. 그러나 무상급식에는 많은 논란을 일으켜 2011년 무상급식 논란으로 재보궐선거에서 취임한 박원순 서울시장은 전면 무상급식을 실시하였다. 그 후 2018년 인천광역시에서 어린이집부터 고등학교까지 전면 무상급식을 실시하는 최초 지방광역단체가 되어 무상급식은 전국적으로 확대되고 있다.

무상급식은 근본적으로 보편적 복지와 선별적 복지에 대한 논쟁을 낳게 되었고, 국민들이 보편적 복지에 대한 이해가 깊어지고 넓어지는 계기가 되었다. 이후 복지가 하나의 인권과 당연한 권리라는 인식이 형성되기 시작했고, 이 시점을 기점으로 이재명 경기도지사를 중심으로 하는 청년수당, 무상교복과 같은 정책들이 추진되었다.

4) 드림스타트

드림스타트란 취약계층 아동에게 맞춤형 통합서비스를 제공하여 아동의 건강한 성장과 발달을 도모하고, 공평한 출발기회를 보장함으로써 건강하고 행복한 사회구성원으로 성장할 수 있도록 지원하는 사업을 말한다.

소년중앙 weekly 2020년 9월 19일

지자체·기관·경찰 다 학대 알면서, '라면형제' 비극 못 막았다

인천에서 단둘이 라면을 끓이다가 난 화재로 화상을 입은 초등학생 형제는 여러 기관의 관리망에 들어가 있었지만, 제대로 된 돌봄을 받지 못했습니다. 18일 보건복지부에 따르면 이 형제는 2018년 6월부터 복지부 아동복지 사업인 드림스타트 대상자로 선정됐습니다. 드림스타트는 복지부 주관으로 전국 취약 계층의 아동에게 맞춤형 통합 서비스를 지원합니다. 그러나 코로나19 사태로 가정 돌봄이 많은 상황이었고, 결정적으로 부모가 원치 않으면 아동복지 서비스를 강제 할 수 없는 한계 탓에 사각지대에 놓인 측면도 있습니다.

「아동복지법」 제37조(취약계층 아동에 대한 통합서비스지원)

① 국가와 지방자치단체는 아동의 건강한 성장과 발달을 도모하기 위하여 대통령령으로 정하는 바에 따라 아동의 성장 및 복지 여건이 취약한 가정을 선정하여 그 가정의 지원대상아동과 가족을 대상으로 보건, 복지, 보호, 교육, 치료 등을 종합적으로 지원하는 통합서비스를 실시한다.
② 제1항에 따른 통합서비스지원의 대상 선정, 통합서비스의 내용 및 수행기관 · 수행인력 등에 필요한 사항은 대통령령으로 정한다.
③ 보건복지부장관은 통합서비스지원사업의 운영지원에 관한 업무를 법인, 단체 등에 위탁할 수 있다.

드림스타트 사업대상은 다음과 같다(시행시기에 따라 다를 수 있다.).

(1) 사업대상 : 0세(임산부) 이상 만 12세 이하(초등학생 이하) 취약계층 아동 및 가족, 다음 대상을 사업대상으로 추가 가능

① 만 13세 이상의 초등학교 재학 아동

② 연령 도래 종결심사(만 12세 이후)의 위기개입, 집중사례관리 아동 중 지속사례관리 필요아동(사례회의 및 지방자치단체장의 승인 하에 최대 만 15세까지 연장 가능)

③ 보호대상아동은 원칙적으로 제외하나, 해당 지역 내 적절한 전달체계가 없는 경우

※ 기존 사례관리 대상아동 중 시설입소, 가정위탁 등 보호 조치된 아동은 사례관리를 종결하고, 모니터링(사후관리) 실시

지원과정은 가정방문을 통해 파악한 대상 아동과 가족의 기초 정보 및 아동의 양육환경과 발달 정보를 기준으로 지역자원과 연계한 맞춤형 통합서비스를 제공한다.

양육환경 및 아동발달 영역별 서비스 제공은 <표 13-1>과 같다.

〈표 13-1〉 양육환경 및 아동발달 영역별 서비스 제공

서비스 구분	서비스 내용	프로그램(예시)
신체·건강	• 아동의 건강한 성장과 신체발달 증진 • 건강한 생활을 위한 건강검진 및 예방, 치료 • 아동 발달에 필요한 신체·건강 정보 제공	건강검진, 예방접종, 건강교육, 영양교육 등
인지·언어	• 아동의 의사소통 및 기초학습 능력 강화 • 맞춤형 인지/언어 서비스를 통한 아동의 강점 개발	건강검진, 예방접종, 건강교육, 영양교육 등
정서·행동	• 자아존중감 및 긍정적 성격 형성을 위한 정서발달 서비스 제공 • 사회성 발달 및 아동 권리 신장을 위한 교육	사회성발달프로그램, 아동학대예방, 심리상담 및 치료, 돌봄기관 연계 등
부모·가족	• 부모자녀 상호작용 및 적합한 교육환경을 위한 부모 역량 강화 • 부모의 유능감 및 자존감 강화 • 부모의 양육기술 지원 • 임산부의 건강한 출산 및 양육 지원	부모교육, 가족상담 및 치료, 부모취업지원, 산전산후관리

자료: 보건복지부(홈페이지, 2023).

4. 아동복지시설

1) 아동복지시설의 종류

아동복지는 모든 아동이 건강하게 출생하여 행복하고 안전하게 성장·발달하도록 그 복지를 보장하는 데 목적을 둔 시설이다. 여기에는 아동의 적절한 보호, 건강, 주거, 교육, 소득 등 다양한 영역과 관련된 시설이 포함될 수 있다. 아동복지시설의 종류는 다음과 같다.

(1) 아동양육시설

아동양육시설은 보호를 필요로 하는 아동을 입소시켜 보호, 양육하는 것을 목적으로 하는 시설이다. 아동양육시설의 입소대상자는 보호자가 없거나, 보호자로부터 이탈된 아동, 보호자로부터 학대받은 아동, 보호자의 학대로 아동학대예방센터에 신고되어 동 센터가 시·도지사에게 보호조치를 의뢰한 아동, 기초생활보장수급자로서 보호자의 질병 및 가출 등으로 가정 내에서 보호하기 어려운 아동 등이다.

(2) 아동일시보호시설

보호를 필요로 하는 아동을 일시보호하고, 아동에 대한 향후의 양육대책수립 및 보호조치를 행하는 것을 목적으로 하는 시설이다. 본 시설에서는 보호자가 없거나, 보호자로부터 이탈된 아동, 보호자로부터 학대받은 아동, 보호자의 학대로 아동학대예방센터에 신고되어 시·도지사에게 보호조치를 의뢰한 아동, 기초생활보장수급자로서 보호자의 질병 및 가출 등으로 가정 내에서 보호하기 어려운 아동, 시·도지사 또는 시장·군수·구청장이 특별히 보호가 필요하다고 인정하는 아동 등을 입소대상으로 하고 있다.

(3) 아동보호치료시설

불량행위를 하거나 불량행위를 할 우려가 있는 아동으로, 보호자가 없거나 친권자나 후견인이 입소를 신청한 아동 또는 가정법원, 지방법원소년부지원에서 보호위탁된 아동을 입소시켜 그들을 선도하여 건전한 사회인으로 육성하는 것을 목적으로 하는 시설이다.

아동보호치료시설에서는 대상자들이 안정된 생활을 할 수 있도록 환경개선 및 프로그램을 개발하고, 공동체 생활을 통해 기본적인 예의와 규칙적인 생활을 익힐 수 있는 생활관리서비스와 심리적 안정을 찾도록 하여 자발적 학습을 유도하고, 기초학습능력 향상과 검정고시 준비 등을 지원하는 학교서비스 등을 실시하는 한편, 상담 및 심리치료서비스, 사회정서활동서비스, 자립준비지원서비스 등을 시행한다.

(4) 아동직업훈련시설

아동복지시설에 입소되어 있는 만 15세 이상의 아동과 생활이 어려운 가정의 아동에 대하여 자활에 필요한 지식과 기능을 습득시키는 것을 목적으로 하는 시설로서, 직업훈련, 학습지원, 정서지원 등의 지원활동을 수행한다.

(5) 자립지원시설

아동복지시설에서 퇴소한 자에게 취업준비기간 또는 취업 후 일정 기간 보호함으로써 자립을 지원하는 것을 목적으로 하는 시설이다.

(6) 아동상담소

아동상담소는 아동과 그 가족의 문제에 관한 상담, 치료, 예방 및 연구 등을 목적으로 하는 시설로서, 부모와 아동이 자기 가정 내에서 바람직한 관계를 가지며, 행복할 수 있도록 지지·강화해 주는 사업 등을 실시하게 된다.

(7) 아동전용시설

어린이공원, 어린이놀이터, 아동회관, 체육, 연극, 영화, 과학실험전시시설, 아동휴게숙박시설, 야영장 등 아동에게 건전한 놀이·오락 기타 각종 편의를 제공하여 심신의 건강유지와 복지증진에 필요한 서비스를 제공하는 것을 목적으로 하는 시설이다.

(8) 아동복지관

지역사회 아동의 건전육성을 위하여 심신의 건강유지와 복지증진에 필요한 서비스를 제공하는 것을 목적으로 하는 시설이다.

(9) 공동생활가정(그룹홈)

아동·청소년 공동생활가정은 보호를 필요로 하는 아동청소년에게 가정과 같은 주거여건과 보호를 제공하여 건전한 사회인으로 성장하도록 지원하는 시설이다.

대규모 집단시설 위주의 보호에서 소규모 가정형태 보호로의 전환 강조 및 지역사회 중심의 아동보호를 위한 새로운 보호형태로 논의하다가, 1997년부터 시범사업을 실시하고, 2004년 1월에 「아동복지법」상 아동복지시설 종류로 추가되었다.

(10) 지역아동센터(공부방)

지역사회 아동의 보호·교육, 건전한 놀이와 오락의 제공, 보호자와 지역사회의 연계 등 아동의 건전육성을 위하여 종합적인 아동복지서비스를 제공하는 시설이다. 곧 가정에서 부모에 의한 보호와 양육이 적절히 이루어지기 어려운 상황에 있거나, 가정의 경제적 어려움이나 가족기능의 취약 등 지역에서 보호를 필요로 하는 아동 및 청소년에게 지역사회 안에서 사회복지통합서비스를 제공하여 건강하고 안전한 보호를 목적으로 하는 시설로서, 보호 프로그램, 교육 프로그램, 문화 프로그램, 복지 프로그램, 지역사회연계 등의 서비스가 제공된다.

(11) 아동단기보호시설

아동단기보호시설은 일반가정에 아동을 보호하기 곤란한 일시적 사정이 있는 경우, 아동을 단기간 보호하며, 가정의 복지에 필요한 지원조치를 하는 것을 목적으로 하는 시설이다.

2) 사회복지사의 역할

아동복지시설에서 일하는 사회복지사는 효과적인 조력자의 역할을 수행하기 위해 아동의 욕구에 적합한 태도와 기술이 요구된다. 아동발달단계에 적합한 언어와 행동을 이해하고, 아동에게 효과적인 면접기술과 놀이를 통한 의사소통방법을 개발하고 필요한 도구를 준비해야 하며, 아동기에 꼭 필요한 안정감을 줄 수 있는 지지자로서의 역할이 중요하다. 또한 아동복지시설의 사회복지사는 가족, 학교 등 아동을 둘러싼 다양한 체계를 활용하게 되므로 중개자의 역할도 매우 중요하다. 아울러 아동양육시설, 아동일시보호시설 등 보호시설에서는 아동의 성장·변화를 전체적으로 관리하기 위한 사례관리자, 정서적 지원자, 바람직한 행동을 학습하도록 돕는 교사의 역할수행이 요구된다.

5. 아동복지정책의 개선방향

아동복지의 향상을 위해 적절한 사회적 대책을 마련하기 위해서는 아동의 권리와 아동복지실천을 위한 조건 및 원칙에 비추어 급변하는 아동과 가족을 둘러싼 환경의 변화 속에서 아동들이 직면할 상황은 어떠한지를 고려하는 것이 중요하다. 아동복지의 개선방향은 다음과 같다(배은영 외, 2022: 278－282 ; 조미숙, 2022: 488－492).

1) 아동복지의 새로운 인식과 전문성 강화

오늘날 아동복지의 개념은 종전의 자선적인 접근과는 달리, 사회발전에 호응하는 이념과 목적을 가진 것으로 아동복지사업의 수행을 위해 전문적인 원칙과 지식 및 기술을 확립해야 할 것이다. 아동복지는 이념적으로 아동들이 잠재능력을 실현하며, 건전한 성장과 발전을 도모하고, 우리 사회를 이끌어갈 미래의 인적 자원을 개발하는 미래지향적인 목적도 포함하고 있다. 아동복지는 보건과 교육 등을 포함한 다학문적인 접근이 필요하며, 실천적인 면에서 사회복지의 한 분야로서 사회복지사의 적극적인 활동이 필요하다. 아동에 대한 이해와 전문적인 개입방법에 대한 지식의 습득과 훈련을 통하여 아동복지 전문가가 사업을 수행하여야 한다.

또 하나 지향점은 전문성의 강화이다. 현대사회에서 아동은 다양한 문제를 경험하고 있다. 이러한 사회환경에서 아동의 욕구에 따라 제공하는 프로그램이 다각적인 것이어야 하며, 개발프로그램들은 아동의 문제해결 또는 욕구충족을 위해서 전문성을 확보하는 것이어야 한다. 예를 들어, 비행아동, 정서적 문제 경험아동, 빈곤아동 등의 문제에 대한 대응에서 사회복지사의 전문성을 강화하는 방안이 마련되어야 하며, 전문성을 강화하는 방안으로 계속 교육의 실시, 관련 전문직의 팀 접근강화 등이 적극적으로 검토되어야 한다.

2) 지역사회 중심의 아동복지

국가가 모든 국민의 요구나 생활을 보장하거나 책임지기 어렵다는 측면에서 일정한 지역사회를 기반으로 자체적으로 지역주민의 생활권 보장과 지방의 균형적 발전에 기여할 수 있는 복지시스템을 확립시켜 나가야 한다. 그러한 방향에서 지역사회복지의 중요성이 강조된다. 이 개념은 영국, 미국 등 선진국에서 1960년대 이후부터 발전되었는데, 이는 지역사회를 기반으로 공공기관, 민간기관 및 가족이 함께 참여하는 다원주의적 복지서비스를 강화하는 것이다. 즉, 가족 중심의 접근과 민간복지서비스의 강화를 일컫는다. 이러한 지역사회복지는 지역사회의 기초단위인 가족 중심적 접근이나 서비스로서, 재가복지라는 새로운 개념의 서비스가 중요한 정책과제로 등장하고 있으며, 재가복지의 정책이나 제도가 점차 강조되어 개발되고 있다. 즉, 아동복지에서 가족 중심의 접근은 지역사회의 가장 최고 단위인 가정을 기반으로 하여 개별적인 아동과 가족의 욕구충족을 도모하는 프로그램과 서비스가 개발되어야 한다는 것이다. 이는 지지적 서비스(supportive service)의 강화를 통해 아동과 가족의 문제를 사전에 예방하는 효과를 가질 수 있다. 아동의 양육과 보호를 지원하는 프로그램을 개발하고 전문인력이나 자원봉사자를 참여시켜 아동이 원가정 또는 대리가정에서 생활하면서 치료와 서비스를 받을 수 있는 형태가 활성화되어야 하며, 재가아동과 장애아동에 대한 상담, 치료, 교육훈련, 지역사회와의 교류 및 여가활동 등을 지역사회 내에서 총체적으로 지원할 수 있는 방안이 강구되어야 할 것이다.

3) 공공과 민간기관의 협력

아동복지사업이 공적이냐, 사적이냐 하는 문제를 두고 일률적으로 어느 것이 좋다고 규정 짓기는 어려우나, 일반적으로 모든 아동이 대상에 포함되는 보편적인 사업의 경우, 공공부문에서 추진되는 것이 바람직하다. 그와 반대인 경우는 민간기관에서 주도할 수 있다. 그러나 현재 공적이어야 하는 아동복지 분야가 지나치게 사적 책임으로 전가되고 있거나, 반대로 사적이어야 하는 분야가 지나치게 공적인 것에 의하여 좌우되고 있는 것은 문제라고 할 수 있다. 따라서, 일반적으로 국민의 광범위한 대상에 관련되는 사업내용인 경우와 사적 기관에서 할 수 없는 사업내용일 경우는 공적 사업으로 추진되는 것이 좋고, 그와 반대되는 경우에는 사적 운영이 좋을 것이다.

가장 기본이 되는 아동양육 프로그램은 국가가 사회보장의 형태로 시행할 수 있어야 한다. 2018년부터 도입된 아동수당은 IMF 외환위기 이후 늘어났던 아동복지시설 보호아동 수의 감소는 물론, 아동의 유기와 방임, 학대 등을 예방하는 적극적인 제도적 장치가 될 수 있을 것이다. 나아가 감소 추세에 있는 아동 인구의 증가에도 적지 않은 긍정적 효과를 기대할 수 있으리라 생각한다. 또한 민간기관에서 특수프로그램을 개발하고, 결연 후원과 같은 멘토 연계, 후견인(tutoring)과 같이 지역 내 아동 및 가정을 적극 지원하고 보호하는 사업을 활성해 나갈 수 있도록 민간기관들의 참여를 지원하는 등 민간과 공공 부문이 함께 이루어져야 할 것이다.

아동복지 전달체계는 공적 서비스체계와 민간 서비스체계로 나눌 수 있다. 우선, 중앙정부부터 지방자치단체에 이르기까지 효과적인 아동복지정책서비스를 실행하기 위해서는, 정부부처 간의 연계기능을 향상하거나 업무를 통합

할 필요가 있으며, 다양한 정부부처에서 운영하는 아동 관련 정책과 프로그램 조정이 필요하다. 더불어 공적 전달체계와 민간 전달체계 간의 역할 분담이 적절히 이루어져야 하며, 서로 간에 협력관계 속에서 발전해야 한다.

4) 아동복지의 새로운 방법 개발과 활용

선진국들도 아동복지에 관한 제도나 실천방법에 많은 변화가 있었으며, 앞으로 발생하는 다양한 욕구에 대응하기 위해서는 새로운 실천방법이 끊임없이 연구·개발되고 활용되어야 한다. 불우아동에 대한 의식주 해결의 차원을 넘어서 모든 아동이 건전하게 성장·발달할 수 있도록 가정생활, 건강, 교육, 오락, 특수보호 등에 걸쳐 종합적으로 고려한 프로그램이나 서비스를 제공하도록 해야 한다.

가정 외의 보호를 받는 아동에 대해서는 적응에 더욱 바람직하다는 것은 널리 알려진 사실이며, 단순보호의 차원을 넘어서 전문적인 사회복지 실천방법을 활용하여 원가족에서의 부정적인 경험을 극복하는 데 도움이 되도록 하여야 한다.

아동학대와 같은 문제에서 가해자나 가족과 아동에 대한 접근에서 제도적·일상적 실천방법은 서구의 경험을 참고하되, 우리 현실에서 적용 가능한 방법으로 제도 및 정책의 변화가 이루어져야 할 것이다.

연습문제

1. 현대사회에서 아동복지의 필요성이 아닌 것은?

① 아동의 기본적 생활보장이 필요하기 때문이다.
② 사회와 국가의 인력 개발과 육성이 필요하다.
③ 사회문제의 발생을 사전에 예방하는 측면이다.
④ 아동복지는 모든 아동에게 필요하다.
⑤ 아동복지는 부모의 요청에 의하여 한정한다.

2. 드림스타트 대상이 아닌 아동은?

① 0세(임산부) 이상 만 12세 이하(초등학생 이하) 취약계층
① 만 13세 이상의 초등학교 재학 아동
② 지속사례관리 필요아동
③ 사례회의 및 지방자치단체장의 승인하에 최대 만 15세까지 연장 가능
④ 보호대상아동은 원칙적으로 제외
⑤ 신청하면 누구나 가능

3. 아동보호치료시설을 설명으로 적정하지 않은 것은?

① 불량행위를 하거나 불량행위를 할 우려가 있는 아동 입소
② 만 15세 이상의 아동과 생활이 어려운 가정의 아동
③ 생활관리서비스와 심리적 안정을 찾도록 하여 자발적 학습 유도
④ 기초학습능력 향상과 검정고시 준비 등을 지원
⑤ 자립준비지원서비스

4. 아동복지의 개선방안이 아닌 것은

① 전통가족에 대한 애착
② 아동복지의 새로운 인식과 전문성 강화
③ 지역사회 중심의 아동복지
④ 공공과 민간기관의 협력
⑤ 아동복지의 새로운 방법 개발과 활용

정답 1. ⑤ 2. ⑤ 3. ② 4. ①

참고문헌

References

1. 국내 문헌

강경미(2016). 『발달심리학』. 경기: 양서원.
강상경(2018). 『인간행동과 사회환경』. 서울: 학지사.
강용규 외(2020). 『사회복지개론』. 경기: 지식공동체.
강용규 외(2023). 『노인복지론』. 경기: 공동체.
강정희(2021). 『사회복지법제와 실천』. 서울: 박영사.
강정희(2023). 『사회변동과 복지』. 서울: 박영스토리.
강희갑 외(2019). 『사회복지정책론』. 경기: 양성원.
고광신 외(2017). 『사회복지정책론』. 서울: 동문사.
고명석 외(2020). 『장애인복지론』. 서울: 동문사.
고명석(2019). 『사회복지와 인권』. 서울: 동문사.
고세훈(2000). 『복지국가의 이해』. 서울: 고려대학교출판부.
고수현(2020). 『사회복지법제와 실천』. 경기: 정민사.
고수현 외(2016). 『사회복지행정론』. 경기: 양성원.
고수현 외(2022a). 『사회복지개론』. 서울: 동문사.
고수현 외(2022b). 『사회복지조사론』. 서울: 동문사.
고재욱 외(2016). 『사회복지행정론』. 경기: 정민사.
구혜영(2015). 『인간행동과 사회환경』. 서울: 신정.
구혜영(2020). 『청소년복지론』. 서울: 신정.
권승(2021). 『사회복지개론』. 서울: 박영사.
권중돈(2021). 『인간행동과 사회복지실천』. 서울: 학지사.
권중돈(2022). 『노인복지론』. 서울: 학지사.
길귀숙 외(2015). 『사회복지실천기술론』. 경기: 양서원.
길귀숙 외(2018). 『사회복지실천론』. 경기: 양서원.
김경우 외(2021). 『사회복지개론』. 서울: 동문사.

김경은 외(2020). 『인간행동과 사회환경』. 경기: 양성원.
김구(2021). 『사회복지법제와 실천』. 경기: 어가.
김근홍 외(2013). 『사회문제론』. 서울: 신정.
김기원(2019). 『사회복지법제와 실천』. 서울: 학지사.
김기원(2020). 『사회복지정책론』. 서울: 학지사.
김동기 외 (2021). 『사회복지조사론』. 서울: 학지사.
김보기 외(2016). 『사회문제론』. 경기: 양서원.
김보기 외(2019a). 『사회복지실천론』. 경기: 양성원.
김보기 외(2019b). 『인간행동과 사회환경』. 경기: 양성원.
김보기 외(2020). 『사회복지와 문화다양성』. 서울: 동문사.
김보기 외(2021a). 『가족상담 및 가족치료』. 서울: 조은.
김보기 외(2021b). 『사회복지실천기술론』. 서울: 정원.
김보기 외(2022a). 『사회복지정책론』. 서울: 박영스토리.
김보기 외(2022b). 『복지국가론』. 서울: 동문사.
김보기 외(2023). 『심리학』. 서울: 박영스토리.
김상균(2004). 『현대사회와 사회정책』. 서울: 서울대학교출판부.
김수목 외(2021). 『사회복지행정론』. 서울: 조은.
김양미(2022). 『사회복지법제와 실천』. 경기: 공동체.
김영미 외(2021). 『사회복지개론』. 경기: 양서원.
김영종(2017). 『사회복지행정론』. 서울: 학지사.
김영종 외(2022). 『사회복지개론』. 서울: 학지사.
김영철 외(2021). 『정신건강론』. 서울: 조은.
김영철 외(2022a) 『인간행동과 사회환경』. 서울: 박영스토리.
김영철 외(2022b). 『사회복지실천론』. 서울: 박영스토리.
김영철 외(2022c). 『장애인복지론』. 서울: 박영스토리.
김영철 외(2023). 『사회복지행정론』. 서울: 박영스토리.
김영화 외(2020). 『사회정의 실현을 위한 사회복지정책론』. 경기: 공동체.
김이영 외(2015a). 『교육심리학』. 경기: 양서원.
김이영 외(2015b). 『인간이해를 위한 심리학』. 경기: 양서원.
김정열 외(2021). 『청소년복지론』. 경기: 지식공동체.

김제선 외(2021). 『사회복지개론』. 경기: 어가.
김진구(2022). 『사회보장론: 재도와 역사』. 서울: 학지사.
김철진 외(2016). 『사회복지실천론』. 서울: 형지사.
김태성 외(2010, 2019). 『복지국가론』. 경기: 나남.
김한식 외(2020). 『장애인복지론』. 경기: 정민사.
김향선(2018). 『현대 인간행동과 사회환경』. 서울: 학지사.
김현호 외(2017). 『사회복지실천기술론』. 경기: 정민사.
김현호 외(2017). 『지역사회복지론』. 경기: 양서원.
김형수 외(2018). 『사회복지행정론』. 경기: 정민사.
김효선 외(2022). 『사회복지실천론』. 경기: 공동체.
남연희 외(2023). 『사회복지실천론』. 경기: 공동체.
노기남 외(2020). 『사회복지법제와 실천』. 서울: 동문사.
노길희 외(2022). 『사회복지개론』. 경기: 지식공동체.
노병일(2018). 『사회문제론』. 경기: 양서원.
노병일(2019). 『사회복지정책론』. 경기: 공동체.
노병일(2020). 『사회보장론』. 경기: 공동체.
노안영·강영신(2011). 『성격심리학』. 서울: 학지사.
류기덕 외(2022). 『사회복지개론』. 경기: 공동체.
류기형 외(2018). 『사회복지개론』. 경기: 양서원.
류연규(2021). 『사회복지정책론』. 서울: 신정.
박경일(2020). 『사회복지정책론』. 경기: 공동체.
박계자 외(2022). 『프로이트 정신분석상담』. 서울: 조은.
박광덕(2021). 『사회복지개론』. 경기: 양서원.
박병금 외(2016). 『사회복지실천기술론』. 경기: 정민사.
박병금·최은희(2016). 『사회복지실천기술론』. 경기: 정민사.
박병현(2015). 『사회복지정책론』. 경기: 정민사.
박아청(2008). 『청소년과 아이덴티티』. 경기: 교육과학사.
박언하 외(2019). 『인간행동과 사회환경』. 서울: 동문사.
박옥희 외(2020). 『사회복지조사론』. 서울: 학지사.
박원진 외(2018). 『사회복지행정론』. 경기: 양성원.

박종란 외(2020). 『노인복지론』. 서울: 정원.
박종란 외(2021). 『사회복지현장실습』. 서울: 조은.
박주현(2021). 『사회복지정책론』. 서울: 어가.
박진화 외(2020c). 『사회복지법제와 실천』. 경기: 지식공동체.
박진화(2020a). 『사회보장론』. 경기: 공동체.
박진화(2020b). 『사회복지역사』. 경기: 정민사.
박차상(2020). 『사회복지정책론』. 경기: 양성원.
박철현 외(2021). 『사회문제론』. 서울: 박영사.
박태정(2020). 『사회복지역사』. 경기: 공동체.
박화상 외(2023). 『사회복지와 문화다양성』. 서울: 박영스토리.
박희숙·강민희(2017). 『인간행동과 사회환경』. 서울: 창지사.
배경희 외(2021). 『장애인복지론』. 경기: 정민사.
배은영 외(2002). 『아동복지론』. 서울: 동문사.
백윤철 외(2020). 『사회복지법제와 실천』. 서울: 박영사.
서강훈(2019). 『사회복지 용어사전』. 서울: 창지사.
서동명(2020). 『사회복지법제와 실천』. 서울: 신정.
서보준 외(2018). 『사회복지조사』. 경기: 정민사.
서보준 외(2018a). 『사회복지정책론』. 경기: 지식공동체.
서보준 외(2020). 『사회복지개론』. 경기: 지식공동체.
서보준(2021). 『사회복지행정론』. 경기: 양성원.
서정민 외(2020). 『사회복지조사론』. 서울: 동문사.
손병덕 외(2019). 『인간행동과 사회환경』. 서울: 학지사.
손병덕 외(2021). 『사회복지개론』. 서울: 학지사.
손병덕(2020). 『사회복지정책론』. 서울: 학지사
송진영(2020). 『사회복지조사론』. 경기: 지식공동체.
신기원 외(2016). 『인간행동과 사회환경』. 경기: 공동체.
신명희 외(2013). 『발달심리학론』. 서울: 학지사.
신복기 외(2020). 『사회복지행정론』. 경기: 공동체.
신성자 외(2017). 『사회복지실천기술론』. 경기: 양성원.
신현석(2021). 『장애인복지론』. 경기: 공동체.

심상용 외(2021). 『사회복지역사』. 서울: 학지사
심상용(2017). 『사회복지행정론』. 서울: 학지사.
안범희(2011). 『성격심리학』. 서울: 하우.
양승일(2019). 『사회복지정책론』. 경기: 양서원.
양옥경 외(2018). 『사회복지실천론』. 경기: 나남.
양정하 외(2017). 『지역사회복지론』. 서울: 공동체.
양정하 외(2020). 『사회복지정책론』. 경기: 양서원.
엄명용 외(2018). 『사회복지실천의 이해』. 서울: 학지사.
엄태완 외(2020). 『인간행동과 사회환경』. 경기: 공동체.
염일열 외(2021). 『사회복지실천기술론』. 서울: 동문사.
오봉욱 외(2020). 『사회복지실천기술론』. 서울: 동문사.
오봉욱 외(2022). 『사회복지개론』. 서울: 동문사.
오세영(2021). 『사회복지정책론』. 서울: 신정.
오종희 외(2021). 『사회복지개론』. 경기: 정민사.
오종희 외(2021). 『사회복지행정론』. 서울: 학지사.
우수명 외(2021). 『지역사회복지론』. 경기: 지식공동체.
원석조 외(2021). 『사회복지개론』. 경기: 양서원.
원석조(2019). 『사회복지발달사』. 경기: 공동체.
원석조(2020). 『사회복지정책론』. 경기: 공동체.
유동철·홍재봉(2017). 『지역사회복지론』. 경기: 양서원.
유영준(2021). 『사회복지조사론의 이해』. 서울: 학지사.
윤가현 외(2016, 2019, 2022). 『심리학의 이해』. 서울: 학지사.
윤정숙 외(2023). 『사회복지개론』. 경기: 공동체.
이경준 외(2020). 『사회복지실천론』. 서울: 동문사.
이민훈 외(2021). 『사회복지시설 정보와 창업』. 경기: 어가.
이봉재(2018). 『사회복지조사론』. 서울: 신정.
이성기(2020). 『사회보장론』. 경기: 공동체.
이세형(2019). 『사회복지조사론』. 경기: 양성원.
이소희 외(2005). 『복지국가론』. 경기: 나남.
이억범 외(2014). 『심리학개론』. 서울: 동문사.

이영호 외(2018). 『인간행동과 사회환경』. 경기: 공동체.
이용재(2020). 『사회복지법제와 실천』. 경기: 양서원.
이우언 외(2017). 『인간행동과 사회환경』. 서울: 동문사.
이은주 외(2022). 『아동권리와 복지』. 경기: 지식공동체.
이인정 · 최해경(2020). 『인간행동과 사회환경』. 서울: 나남.
이정서 외(2021). 『사회복지행정론』. 경기: 정민사.
이정우(2023). 『연금과 노후소득보장』. 서울: 학지사.
이정자 외(2022). 『사회복지개론』. 서울: 조은
이주희 외(2013). 『심리학의 이해』. 경기: 공동체.
이채식 외(2021). 『장애인복지론』. 서울: 창지사.
임병우 외(2021). 『노인복지론』. 경기: 지식공동체.
임정문 외(2020a). 『노인복지론』. 서울: 동문사.
임정문 외(2020b). 『사회복지정책론』. 서울: 동문사.
임정문 외(2021). 『사회복지개론』. 서울: 동문사.
장갑수 외(2019). 『사회복지역사』. 경기: 양성원.
장수미 외(2017). 『사회복지실천기술론』. 서울: 학지사.
장수복 외(2020). 『인간행동과 사회환경』. 서울: 동문사.
장수한 외(2017). 『인간행동과 사회환경』. 경기: 공동체.
장익중 외(2023). 『아동복지론』. 서울: 학지사.
장혜령 외(2021). 『사회복지조사론』. 서울: 조은
전해황 외(2016, 2021). 『사회복지행정론』. 경기: 양서원.
정무성 외(2019). 『현대사회복지개론』. 서울: 신정.
정미경 외(2015). 『심리학개론』. 경기: 양서원.
정민기 외(2023a). 『사회복지학개론』. 서울: 박영스토리.
정민기 외(2023b). 『가족복지론』. 서울: 박영스토리.
정민기 외(2023c). 『사회복지와 인권』. 서울: 박영스토리.
정서영 외(2017a). 『인간행동과 사회환경』. 경기: 양서원.
정서영 외(2017b). 『상담이론과 실제』. 경기: 양서원.
정서영 외(2018). 『상담심리학』. 경기: 양성원.
정서영 외(2020). 『상담이론과 실제』. 서울: 하나의학사.

정영일 외(2021). 『조사방법론』. 서울: 한국방송통신대학교출판문화원.

정옥분(2015). 『전 생애 인간발달의 이론』. 서울: 학지사.

정종화 외(2021). 『사회복지현장의 이해』. 서울: 동문사.

조미숙(2022). 『아동복지론』. 서울: 동문사.

조미숙 외(2020a). 『사회복지실천기술론』. 서울: 동문사.

조미숙 외(2020b). 『사회복지실천론』. 서울: 동문사.

조성연(2021). 『21세기 청소년복지론』. 서울: 창지사.

조추용 외(2021). 『사회복지정책론』. 서울: 신정.

조학래(2019). 『사회복지실천론』. 서울: 신정.

조학래(2019, 2021). 『사회복지실천론』. 서울: 신정.

조학래(2020). 『사회복지조사의 이해』. 서울: 신정.

주경필(2021). 『사회복지실천론』. 서울: 한국방송통신대학교출판문화원.

지은구·조성숙(2012). 『지역사회복지론』. 서울: 학지사.

최덕경 외(2015). 『사회복지실천론』. 경기: 공동체.

최선화(2018). 『변화하는 사회복지』. 서울: 학지사.

최세영 외(2020). 『사회복지조사론』. 경기: 어가.

최세영 외(2021). 『사회복지실천론』. 경기: 어가.

최옥채 외(2017). 『사회복지실천론』. 경기: 양서원.

최옥채 외(2021). 『인간행동과 사회환경』. 경기: 양서원.

최원규 외(2021). 『사회복지역사』. 서울: 학지사.

최일섭 외(2018). 『사회복지개론』. 서울: 지식공동체.

최해경(2017). 『사회복지실천론』. 서울: 학지사.

최혜지 외(2021). 『사회복지실천론』. 서울: 학지사.

표갑수 외(2010). 『사회문제와 사회복지』. 경기: 학지사.

표갑수 외(2017). 『사회복지실천론』. 서울: 신정.

표갑수 외(2021). 『인간행동과 사회환경』. 서울: 신정.

한신애 외(2018). 『사회복지개론』. 경기: 양서원.

허완중(2020). 『헌법으뜸편(기본권론)』. 서울: 박영사.

현외성(2009). 『사회복지정책론』. 경기: 양서원.

현외성(2018). 『현대사회보장론』. 서울: 동문사.

현외성(2019). 『사회복지정책강론』. 경기: 양서원.

홍봉선 외(2019). 『청소년복지론』. 경기: 공동체.

홍봉수(2018). 『사회복지조사론』. 경기: 공동체.

홍봉수 외(2017). 『사회복지개론』. 서울: 공동체.

홍봉수 외(2019). 『사회복지실천기술론』. 경기: 공동체.

홍봉수 외(2021). 『사회복지법제와 실천』. 경기: 지식공동체.

홍숙자 외(2023). 『사회복지역사』. 경기: 양서원.

황인옥(2020). 『사회복지실천론기술론』. 경기: 지식공동체.

황인옥(2022a). 『사회복지개론』. 서울: 동문사.

황인옥(2022b). 『사회복지조사론』. 서울: 동문사.

황희숙 외(2020). 『사회복지개론』. 서울: 형설출판사.

황희숙 외(2021). 『장애인복지론』. 서울: 형설출판사.

2. 외국문헌

Abel−Smith, B.(1994). The Beveridge Report: Its origins and outcomes. In *Beveridge and Social Security: An International Retrospective.* edited by J. Hills, J. Ditch, and H. Glennerster. Oxford, UK: Oxford University Press.

Abel−Smith, B.(2015). *Social security: Government program.* http://global britannica. com/topic/social−security−government−program.

Baran, P. M. et al.(2017). *The Age of Monopoly Capital.* Monthly Review Press.

Barker, R. L.(1991, 2013). *The social work dictionary* (6th edition). NASW Press.

Berger, R. L., & Federico, R. C.(1982). *Human behavior: A social work perspective.* London: Longman.

Berlin, I.(1969). *Two Concepts of Liberty.* in I. Berlin(ed.) *Four Essays on Liberty.* NY: Oxford University Press, 118—172.

Berlin, I.(2002). *Liberty: Incorporating Four Essays on Liberty* (2nd Edition). Oxford University Press.

Beveridge, W. H.(201). *Full Employment in a Free Society (Works of William H. Beveridge): A Report(The Works of William H. Beveridge)* (1st Edition, Kindle Edition). Routledge.

Biestek, F. P.(1957, 2018). *The Case Work Relationship.* London: George Allen & Unwin.

Brody, R., & Nair, M. D.(2013). *Effectively Managing Human Service Organizations* (4th ed.). C.A.: Sage Publications, Inc.

Chu, K., & Gupta, S.(1998). *Social Safety Net.* IMF.

Collier, D., & Messick, R. E.(1975). Prerequisites versus diffusion; Testing alternative explanations of social security adoption. *American Political Science Review, 69(1)* : 299−315.

Compton, B. et al.(2004). *Social Work Processes* (6th ed.). Cengage Learning.

Cooper, M., & Lesser, J.(2014). *Clinical social work practice: An integrated approach* (5th ed.). Pearson.

Corey, G.(2016). *Theory and Practice of Counseling and Psychotherapy* (10th ed.). Cengage Learning.

Cournoyer, B. R.(2016). *The Social Work Skills Workbook* (8th Edition). Cengage Learning.

Dunham, A.(1970). *The New Community Organization*. New York: Thomas Y. Crowell Co.

Erikson, E. H. et al.(1994). *Vital Involvement in Old Age*. New York: W. W. Norton & Company.

Erikson, E. H.(1950, 1993a). *Childhood and Society*. New York: W. W. Norton & Company.

Erikson, E. H.(1959, 1994a). *Identity and the Life Cycle* (Kindle Edition). New York: W. W. Norton & Company.

Erikson, E. H.(1962). *Young Man Luther*. Peter Smith Pub Inc.

Erikson, E. H.(1963, 1978). *Childhood and Society*. New York: W. W. Norton & Co.

Erikson, E. H.(1965, 1994b). *Identity: Youth and Crisis*. New York: W. W. Norton & Company.

Erikson, E. H.(1970, 1993b). *Gandhi's Truth: On the Origins of Militant Nonviolence*. New York: W. W. Norton & Company.

Erikson, E. H.(1974, 1979). *Dimensions of a New Identity*. New York: W. W. Norton & Company.

Erikson, E. H.(1975). *Life History and Historical Moment*. NY: Norton.

Erikson, E. H.(1978). *Adulthood*. New York: W. W. Norton & Co Inc.

Erikson, E. H.(1993c). *Young Man Luther: A Study in Psychoanalysis and History*. New York: W. W. Norton & Company.

Erikson, E. H., & Coles, R.(2001). *The Erik Erikson Reader*. New York: W. W. Norton & Company.

Erikson, E. H., & Erikson, J. M.(1982, 1998). *The Life Cycle Completed* (Extended Version). New York: W. W. Norton & Company.

Erikson, E. H., & Kakar, S.(1993). *Identity and Adulthood*. Oxford University Press.

Esping-Andersen, G.(1990). *The Three Worlds of Welfare Capitalism* (1st edition Kindle Edition). Polity Press.

Evans, M. and Piachaud, D.(1996). Social security in Britain: The challenge of needs versus costs. In *Challenges to Social Security: An International Exploration.* edited by J. Midgley and M. B. Tracy. Westport, CT: Auburn.

Fitzpatrick, T.(2011). *Welfare Theory: An Introduction to the Theoretical Debates in Social Policy* (2nd Edition, Kindle Edition). Bloomsbury Academic.

Fraser, D.(2022). *The Beveridge Report: Blueprint for the Welfare State* (1st Edition, Kindle Edition). Routledge.

Friedlander, W. A.(1974). *Introduction to Social Welfare*, Englewood Cliffs. N.J.: Prentice-Hall, Inc.

Freud, A.(1900, 2022). *Die Traumdeutung* (German Edition). Grols Verlag.

Freud, A.(1936, 1946). *The ego and the mechanisms of defense.* New York: nternational Universities Press.

Freud, A.(1943). *Infants without families: The case for and against residential nurseries.* London: G. Allen & Unwin.

Freud, A.(1965, 2018). *Normality and pathology in childhood: Assessments of development* (1st Edition, Kindle Edition). Routledge.

Freud, A.(1966-1980). *The Writings of Anna Freud (8 Volumes).* New York: Indiana University of Pennsylvania.

Freud, A.(1968). *Indications for child analysis and other papers, 1945-1956.* International Universities Press.

Freud, A.(1968). *The writings of Freud, A.* New York: International Universities Press.

Freud, A.(1974). *Introduction to psychoanalysis' Lectures for child analysts and teachers, 1922-1935.* New York: International Universities Press.

Freud, A., & Burlingham, D.(1942). Young children in wartime: *A year's work in a residential nursery.* London: G. Allen & Unwin.

Freud, S.(1905, 2021). *Three essays on the theory of sexuality* (Special Edition). Independently published.

Freud, S.(1908, 1959). Character and anal eroticism (J. Riviere, trans.). *Collected Papers (Vol. 2).* New York: Basic Books.

Freud, S.(1913, 1959). The excretory functions in psychoanalysis and folklore (J. Riviere, trans.). *Collected Papers (Vol. 2).* New York: Basic Books.

Freud, S.(1920, 2020). *Beyond the pleasure principle.* Digireads.com Publishing.

Freud, S.(1923, 2018). *The Ego and the Id.* (Dover Thrift Editions). Dover Publications.

Freud, S.(1924a, 1989). The dissolution of the Oedipus complex. In P. Gay (Ed.). *The Freud reader.* New York: W. W. Norton (Original work published in 1924), 661–666.

Freud, S.(1924b, 1959). The passing of the Oedipus complex (J. Riviere, trans.). *Collected Papers (Vol. 2).* New York: Basic Books.

Freud, S.(1925, 1961). Some psychological consequences of the anatomical distinction between the sexes. In J. Strachey (Ed., & trans.). *The Standard Edition of the Complete Psychological Works of Sigmund Freud (Vol. 19).* London: Hogarth Press.

Freud, S.(1940, 2014). *An outline of psychoanalysis* (Kindle Edition). Brown Press

Freud, S.(1943). *A general introduction to psychoanalysis* (J. Riviere Ed., & Trans.). New York: Garden City Publishing Co.

Freud, S.(1949, 1977). Three essays on the theory of sexuality. In A. Richards (Ed.). *On sexuality: Three essays on the theory of sexuality and other works.* London and Harmondsworth: Penguin Books, 31–170.

Freud, S.(1964). Why War? In J. Strachey (Ed.). *Standard Edition of the Complete Psychological Works of Sigmund Freud (Vol. 22).* London: Hogarth Press.

Freud, S.(1966). *Introductory Lectures on Psychoanalysis.* N.Y.: Norton.

Furniss, N. and T. Tilton.(1977, 1979). *The Case for the Welfare State: From social security to social equality.* Bloomington: India Univ. Press.

Garland, D.(2016). *The Welfare State: A Very Short Introduction* (1st edition). Oxford University Press.

George V. and Wilding, P.(1984, 2023). *Impact of Social Policy* (Kindle Edition). London: Routledge.

George, V and Wilding, P.(1985, 2013). *Ideology and Social Welfare.* Routledge.

George, V. and Wilding, P.(1993, 1994). *Welfare and Ideology* (Revised edition). Hertfordshire. UK: Harvester Wheatsheaf.

George, V. and Wilding, P.(1994). *Globalisation and Human Welfare* (2002nd Edition, Kindle Edition). Red Globe Press.

George, V.(2018). *Social Security: Beveridge and After* (1st Edition, Kindle Edition). Routledge.

Germain, C. B.(1973). An ecological perspective in casework practice. *Social Casework. 54(6).*

Germain, C. B.(1979). Ecology and social work. In C. B. Germain(Eds.). *Social work practice: People and environments.* NY: Columbia University Press, 1−22.

Germain, C. B.(1984). *Social Work Practice in Health Care−An Ecological Perspective.* New York: The Free Press.

Germain, C. B.(2002). An ecological perspective on social work in the schools. In R. Constable, S. McDonald & J. P. Flynn(Eds.). S*chool social work: Practice, policy, and research perspectives* (5th ed.). Chicago: Lyceum, 25−35.

Germain, C. B., & Gitterman, A.(1980). *The life model of social work practice.* NY: Colombia University Press.

Germain, C. B., & Gitterman, A.(1987). Ecological Perspectives. In Minanhan et al.(Eds.). *Encyclopedia of Social Work.* MD: National Association of Social Workers.

Giddens, A.(1988, 2008). *The Third Way: The Renewal of Social Democracy.* Cambridge: Polity Press.

Giddens, A.(1991). *The Consequences of Modernity* (1st Edition Polity Press). Stanford University Press.

Giddens, A.(2000, 2013). *The Third Way and its Critics* (1st Edition, Kindle Edition). Polity Press.

Giddens, A.(2001). *The Global Third Way Debate.* Cambridge: Polity Press.

Giddens, A.(2013a). *Social Theory and Modern Sociology* (1st Edition, Kindle Edition). Polity Press.

Giddens, A.(2021). *Sociology* (9th edition). Polity Press.

Giddens, A.(2021a). *Essential Concepts in Sociology* (3rd Edition, Kindle Edition). Polity Press.

Gil, D.(1992). *Unravelling Social Policy: Theory, Analysis, and Political Action towards Social Equality* (Subsequent edition). Cambridge. Mass.: Schenkman Publishing Company.

Gilbert, N. and Specht, H.(1974, 1998). *Dimensions of Social Welfare Policy.* Englewood.

Gilbert, N. and Terrell, P.(2012, 2014). *Dimensions of Social Welfare Policy.* Pearson.

Gilbert, N.(1983). *Capitalism and the Welfare State: Dilemmas of Social Benevolence.* New Haven: Yale University Press.

Gilbert, N.(2004). *Transformation of the Welfare State: The Silent Surrender of Public Responsibility.* Oxford: Oxford University Press.

Goldstein, H.(1973). *Social Work Practice: A Unitary Approach.* Columbia: Univ. of South Carolina Press.

Gutierrez, G.(1992). Poverty from the perspective of the liberalization theory. in Hubert Campfens(ed.) *New Reality of Poverty and Struggle for Social Transformation.* Vienna, International Association of Schools of Social Work.

Gutierrez, L. M.(1989). *Empowerment in social work practice: Considerations for practice and education.* Paper presented at the annual meeting of the Council on Social Work Education. Chicago.

Gutierrez, L. M.(1990). Working with women of color: an empowerment perspective. *Social Work, 35* : 149-154.

Gutierrez, L. M.(1994). Beyond coping: An empowerment perspective on stressful life events. *Journal of Sociology and Social Welfare, 27(3)* : 201-219.

Hall, M. P.(1952, 2013). *The Social Services of Modern England* (1st Edition, Kindle). Routledge.

Higgins, J.(1981). *States of Welfare: Comparative analysis in social policy.* Oxford: Basil Blackwell & Martin Robertson.

Hollis, F.(1964, 1972). *Casework: A Psychosocial Therapy* (Second Edition). Random House, Incorporated.

International Labor Organization(1952, 2020). *Social Security* (Minimum Standards) Convention. http://ilolex.ilo.ch: 1567.

International Labor Organization(1984). *Into the Twenty−First Century: The Development of Social Security.* Geneva: ILO.

International Labor Organization(1984). *Into the Twenty−First Century: The Development of Social Security.* Geneva: ILO.

International Labor Organization(2000). Social Protection, Societies under Strain. *World of Work No. 36.*

International Labor Organization(2008). *Setting Social Security Standards in a Global Society.* Geneva, Switzerland: International Labor Office.

International Labor Organization(2014). *World Social Protection Report 2014/15: Building Economic Recovery, Inclusive Development and Social Justice.* Geneva, Switzerland: ILO.

International Labor Organization(2017). *World Social Protection Report 2017−19: Universal social protection to achieve the Sustainable Development Goals.* Geneva, Switzerland: ILO.

International Labor Organization(2020). *Social protection.* https://www.ilo.org /global/topics/social−v.issa.int/aiss/Topics/security/lang−en/index.htm.

International Social Security Association(2008). *Social security financing.* Social−security−financing#.

International Social Security Association(2015). *Annual Review.* Geneva, Switzerland: ISSA.

International Social Security Association(2016). *'Stepping it up' for gender equality: Social security's vital role.* https://vussa. int/resources.

International Social Security Association(2020a). *Social security: A fundamental human right.* https://ww1.issa.im/Understanding%20social %20security.

International Social Security Association(2020b). *Coronavirus – Social security responses*. https://wwl.issa.int/coronavirus.

Jansson, B.(1984). *Theory and Practice of Social Welfare Policy: Analysis, Processes and Current Issues*. California: Wadsworth Publishing Company.

Johnson, D.(2015). *Social Welfare: Politics and Public Policy* (8th Edition). Pearson.

Johnson, F. E. et al.(1997). Chapter 3, Rapport empathy, and reflection. In M. Hersen & V. Van Hasselt(eds.), *Basic Interviewing: A Practical Guide for Counselors and Clinicians*. Mahwah, NJ: Lawrence Erlbaum Associates Pub.

Johnson, L. C., & Yanca, S. J.(1989, 2009). *Social Work Practice: A Generalist Approach* (10th eds.), Boston: Person Education, Inc.

Johnson, P. J., & Rubin, A.(1983). Case management in mental health: A social work Domain? *Social work*, 28(1).

Kadushin, A.(1967, 1988). *Child Welfare Services* (Subsequent edition). Pearson College Div.

Kahn, A.(1979). *Social Policy and Social Services*. New York: Random House.

Keynes, J. M.(1936, 2017). *The General Theory of Employment Interest and Money*. Wordsworth Editions.

Levy, C. S.(1973). *The Value Base of Social Work*. Human Sciences Pr.

Lowe, R.(1993). *The Welfare State in Britain since 1945*. London: Palgrave Macmillan.

Marshall, T. H.(1950, 2021). *Citizenship and Social Class, and Other Essays*. Hassell Street Press.

Marshall, T. H.(1963). *Sociology at The Crossroads and other Essays*. London: Heinemann.

Meyer, C. (1985). Institutional Context of Child Welfare. In J. Hartman (Ed.), *A Handbook of Child Welfare*. New York : Free Press.

Midgley, J., & Tracy, M. B.(1996). *Challenges facing social security In Challenges to Social Security: An International Exploration*. Praeger.

Millar, J. et al.(ed.)(2004, 2018). Social security: Means and ends. In *Understanding Social Security: Issues for Policy and Practice*. (3rd edition). Bristol, UK:

Policy Press.

Mishra. R.(1984). *The Welfare State in Crisis: Social Thought and Social Change.* Sussex: Wheatsheaf Books.

Muraskin, W.(1975). Regulating the Poor: review article. *Contemporary Sociology: A Journal of Review, Vol. 4, No. 6.*

Norlin, J. M. et al.(2008). *Human Behavior and the Social Environment: Social System Theory* (6th ed.). N.Y.: Pearson.

O'Brien, M., & Penna, S.(1998). *Theorising Welfare: Enlightenment and Modern Society* (1st Edition, Kindle Edition) SAGE Publications Ltd.

O'Connor, J.(1973, 2001, 2017). *The Fiscal Crisis of the State* (1st Edition, Kindle Edition). Routledge.

Pampel, F. C., & Williamson, J. B.(1989, 2022). *Age, Class, Politics, and the Welfare State* (Kindle Edition). Cambridge: Cambridge Univ. Press.

Perlman, H. H.(1957, 1965). *Social Casework: A Problem-Solving Process-A Fresh, Unifying Approach to Casework Practice.* University Of Chicago Press.

Perlman. H. H.(1974, 1986, 2017). The problem-solving model. In F. Turner(Eds.). *Social Work Treatment: Interlocking theoretical approaches* (6th ed.). Oxford University Press.

Phillips, H.(1957). *Essentials of Social Group Skills.* New York: Columbia University Press.

Piaget, J.(1923). Le langage et la pensée chez l'anfant. Switzerland: Delachaux & Niestlé. Piaget, J.(1924). *Le Jugement et la raisonnement chez l'enfant.* Switzerland: Delachaux & Niestle.

Piaget, J.(1948). *La Naissance de l'intelligence chez l'enfant.* Switzerland: Delachaux & Niestle.

Piaget, J.(1952, 2013). *The Origins of Intelligence in Children.* New York: Norton.

Piaget, J.(1954, 2013). *The Construction Of Reality In The Child* (The International Library of Psychology). New York: Routledge.

Piaget, J.(1956, 2013). *The Children's Conception of Space.* Routledge.

Piaget, J.(1963, 2001). *The Psychology of Intelligence (Routledge Classics) (Volume 92)*. New York: Routledge.

Piaget, J.(1973). *The Child and Reality: Problems of Genetic Psychology*. New York: Grossman Publishers.

Piaget, J.(1985). *The Equilibration of Cognitive Structures: The Central Problem of Intellectual Development*. Chicago: University of Chicago Press.

Piaget, J.(2015). *The Child's Conception Of The World*. CreateSpace Independent Publishing Platform.

Piaget, J., & Inhelder, B.(1969, 2019). *The Psychology of the Child* (Kindle Edition). New York: Basic Books.

Pincus, A., & Minahan, A.(1973). *Social Work Practice: Model and method*. E. Peacock Publishers. Inc.

Pinker, R.(1974). Social Policy and Social Justice. *Journal of Social Policy, 3(1)*.

Piven, F. F., & Cloward, R. A.(1971, 1993). *Regulating the Poor: The Functions of Public Welfare* (Updated ed. edition). Vintage.

Popper, K(1962, 2002). *Conjectures and Refutations: The Growth of Scientific Knowledge* (2nd Edition). Routledge.

Rawls, J. B.(1971, 2005). *A Theory of Justice* (reissue edition). Belknap Press of Harvard University Press.

Reid, K. E.(1996). *Social Work Practice with Groups: A Clinical Perspective* (2nd ed.). Pacific Grove, CA: Brooks Cole.

Reid, W. J., & Epstein, L.(ed.)(1972, 1977). *Task–Centered Practice*. NY: Columbia University Press.

Richmond, M. E.(1917, 2018). *Social diagnosis*. Forgotten Books.

Richmond, M. E.(1922, 2015). *What is Social Case Work? an Introductory Description*. Palala Press.

Roberts, R. W., & Nee, R. H.(1970). *Theories of Social Casework*. Chicago: The University of Chicago Press.

Rogers, C. R.(1951, 2020). *Client–Centered Therapy* (Audiobook) Hachette Audio UK.

Rogers, C. R.(1954). *Psychotherapy and Personality Change*. Chicago: Univ. Press.

Rogers, C. R.(1957). The Necessary and Sufficient Conditions of Therapeutic Personality Change. *Journal of Counseling Psychology, 21* : 95－103.

Rogers, C. R.(1959). A Theory of Personality and Interpersonal Relationships as Developed in the Client－centered Framework. In S. Koch (ed.). *Psychology, A Study of Science: Formulations of the Person and the Social Context, 3* : 184－256. NY: McGraw－Hill.

Rogers, C. R.(1965, 2020). Client Centered Therapy. Hachette Audio UK Rogers, C. R.(1967). Autobiography. In E. Boring, & G. Lindzey (eds.). NY: Appleton－Cenairy－Crofts. *A History of Psychology in Autobiography, 5* : 341－384.

Rogers, C. R.(1969, 1987). *Freedom to Learn: A view of what education might become*. Columbus: Charles Merrill.

Rogers, C. R.(1961). *On Becoming a person A therapist's view of psychotherapy*. Boston: Houghtin Minfflin.

Rogers, C. R.(1977). *Carl Rogers on Personal Power: Inner Strength and Its Revolutionary Impact*. NY: Delacote.

Rogers, C. R.(1980). *A Way of Being*. Boston: Houghton Mifflin.

Rogers. C. R.(1942, 2007). *Counseling and Psychotherapy*. Rogers Press.

Romanyshyn, J. M.(1971). *Social Welfare: Charity to Justice*. Random House.

Rothman, J.(1995, 2005). Approaches to community intervention. In J. Rothman, J. L. & Erlich, J. E. Tropman (Eds.). *Strategies of community intervention*. Itasca. IL: F. E. Peacock.

Rothman, J.(2007). Multi Modes of intervention at the macro level. *Journal of community practice, 75(4)* : 11－40.

Salzberger－Wittenberg, I.(1970, 1973). *Psychoanalytic Insight and Relationships: A Kleinian Approach* (Library of Social Work). Routledge & Kegan Paul Books. (Library of Social Work). Routledge & Kegan Paul Books.

Saville, J.(1957－1958). The Welfare State: an historical approach. *New Reasoner, 3(25)*.

Shapiro, J. P.(2011). *No pity: People with disabilities, forgiving a new civil rights movement*. New York: Times Books.

Sheafor, B. W. et al.(1997, 2017). *Techniques and Guidelines for Social Work Practice* (10th ed.). New York: Pearson.

Simon, B. L.(1994). *The Empowerment Tradition in American Social Work: A History*. New York: Columbia University Press.

Simon, R A.(1971). *Decision Making and Organizational Design, In Organization Theory*. New York: Penguin Books.

Skidmore, M. G. T. et al.(1991, 1999). *Introduction to Social Work* (5th. ed.). NJ: Prentice－Hall.

Skidmore, R. A.(1994). *Social Work Administration: Dynamic Management and Human Relationship* (3rd Edition). Pearson Education.

Skocpol, T. (1996). *Social Policy in the United States* (Reprint Edition). Princeton University Press.

Smally, R. E.(1967). *Theory for Social Work Practice*. New York: Columbia University Press.

Swain, P.(2002). *In the shadow of the law: The legal context of social work practice*. Sydney: The Federation Press.

Taylor, G.(2007). *Ideology and Welfare* (1st Edition, Kindle Edition). Palgrave Macmillian.

Temple, W.(1941). *Citizen and Churchman* (2nd Edition). London: Eyre And Spottiswoode.

Temple, W.(1950). *christianity and social order* (Third edition). Harmondsworth etc.: Penguin.

Titmuss. R. M.(1950, 1976). *Problems of Social Policy*. Greenwood Pub Group.

Titmuss. R. M.(1960). *The Irresponsible Society*. Fabian Society.

Titmuss. R. M.(1967). *Choice and "The Welfare State"*. Fabian Society.

Titmuss. R. M.(1968). *Commitment to Welfare*. Pantheon Books.

Titmuss. R. M.(1974). *Social Policy: An introduction*. London: George Allen & Unwin.

Titmuss. R. M.(2018). *Birth Poverty and Wealth–a Study of Infant Mortality*. Palala Press.

Titmuss. R. M.(2019). *The Gift Relationship: From Human Blood to Social Policy* (First edition). Policy Press.

Townsend, P.(1979). *Poverty in the United Kingdom: A survey of household resources and standards of living*. Harmonds Worth, Penguin.

Townsend, P.(1979). *Poverty in the United Kingdom: A survey of household resources and standards of living*. Harmonds Worth, Penguin.

Wagner, A.(1891). *Über soziale Finanz und Steuerpolitik, Archiv Für Soziale Gesetzgebung und Statistik Bd.* IV.

Walker, R.(2014). *The Shame of Poverty* (Kindle Edition). OUP Oxford.

Weinbach, R. W.(1993, 2014). *The Social Worker as Manager–A Practical Guide to Success* (7th ed.). Pearson Education.

Wempe, B.(2017). *T. H. Green's Theory of Positive Freedom* (3rd edition). Imprint Academic.

Wilensky, H. L.(1958). *Industrial society and social welfare: The impact of industrialization on the supply and organization of social welfare services in the United States*. Russell Sage Foundation.

3. 기타

보건복지부(2022). 「제2차 아동정책기본계획('20-'24)」.

통계청(2022). 「2022 고령자 통계」.

행정안전부(홈페이지, 2023). 「주민등록 인구 및 세대현황」.

여성가족부(홈페이지, 2023).

한국사회복지사협회(홈페이지, 2023).

찾아보기

Index

저자 소개

Author Profile

정민기

중부대학교 일반대학원 경영학과 박사
중앙대학교 사회개발대학원 아동복지학과 석사
청운대학교 호텔경영학과 학사
세한대학교 휴먼서비스학과 겸임교수
청운대학교 사회복지학과 겸임조교수
에코i숲어린이집 원장 / 사)한국청소년문화진흥협회 심사위원
＜저서＞ 사회복지학개론, 가족복지론, 사회복지와 인권, 사회복지행정론

강장미

청운대학교 사회복지학과 학사
광운대학교 상담복지정책대학원 사회복지학과 석사
중부대학교 일반대학원 사회복지학과 박사
한마음노인재가복지센터 대표
한마음노인요양보호사교육원 대표
호원대학교 사회복지학과 겸임교수 / 서강대학교 평생교육원 강사
서울한영대학교 사회복지학과 객원교수
중부대학교 일반대학원 사회복지경영학과 주임교수
＜저서＞ 사회복지학개론, 인간행동과 사회환경, 사회복지조사론

김미영

강서대학교 교육대학원 상담심리학과 석사
중부대학교 일반대학원 사회복지학과 박사과정
가족지원센터 상담사 / 육아종합지원센터 전문상담사
단향어린이집 원장 / 강서양천환경운동연합 강사
서울시강서구환경교육센터 운영위원
세한대학교 휴먼서비스학과 겸임교수
극동대학교 사회복지과 겸임교수
＜저서＞ 사회복지학개론

김영철

강서대학교 사회복지대학원 사회복지학과 석사
순복음대학원대학교 사회복지학과 박사
공동모금회 배분심사위원 / 사회복지공무원 역량강화 교육강사
성평등교육 전문강사 / 주민참여예산 심의위원
희망나눔재단 이사 / 디딤병원 총괄본부장
명지대학교 복지경영학과 특임교수 / 호원대학교 사회복지학부 겸임교수
<저서> 사회복지학개론, 가족복지론, 사회복지행정론, 장애인복지론,
사회복지실천론, 인간행동과 사회환경, 정신건강론

심호섭

경복대학교 복지행정과 졸업
중부대학교 한방보건제약학과 학사
서울성경신학대학원대학교 사회복지학 석사
사회복지실천정책학회 책임연구원
<저서> 사회복지학개론

전은경

총신대학교 교육대학원 유아교육과 석사
중부대학교 일반대학원 사회복지학과 박사
아기천사어린이집 원장
세한대학교 휴먼서비스학과 겸임교수
사) 한국장애인가족협회 이사
경기대학교 평생교육원 교수
<저서> 사회복지학개론

사회복지학개론

초판발행　2023년 7월 10일

지은이　정민기 · 강장미 · 김미영 · 김영철 · 심호섭 · 전은경
펴낸이　노　현

편　집　김다혜
기획/마케팅　조정빈
표지디자인　Ben Story
제　작　고철민 · 조영환

펴낸곳　㈜ 피와이메이트
서울특별시 금천구 가산디지털2로 53, 한라시그마밸리 210호(가산동)
등록 2014. 2. 12. 제2018-000080호
전　화　02)733-6771
f a x　02)736-4818
e-mail　pys@pybook.co.kr
homepage　www.pybook.co.kr
ISBN　979-11-6519-391-1　93330

정　가　23,000원